DIGITALE LANDSCHAFTS-FOTOGRAFIE

FOTOGRAFIEREN WIE ANSEL ADAMS UND CO.

2., AKTUALISIERTE UND ERWEITERTE AUFLAGE

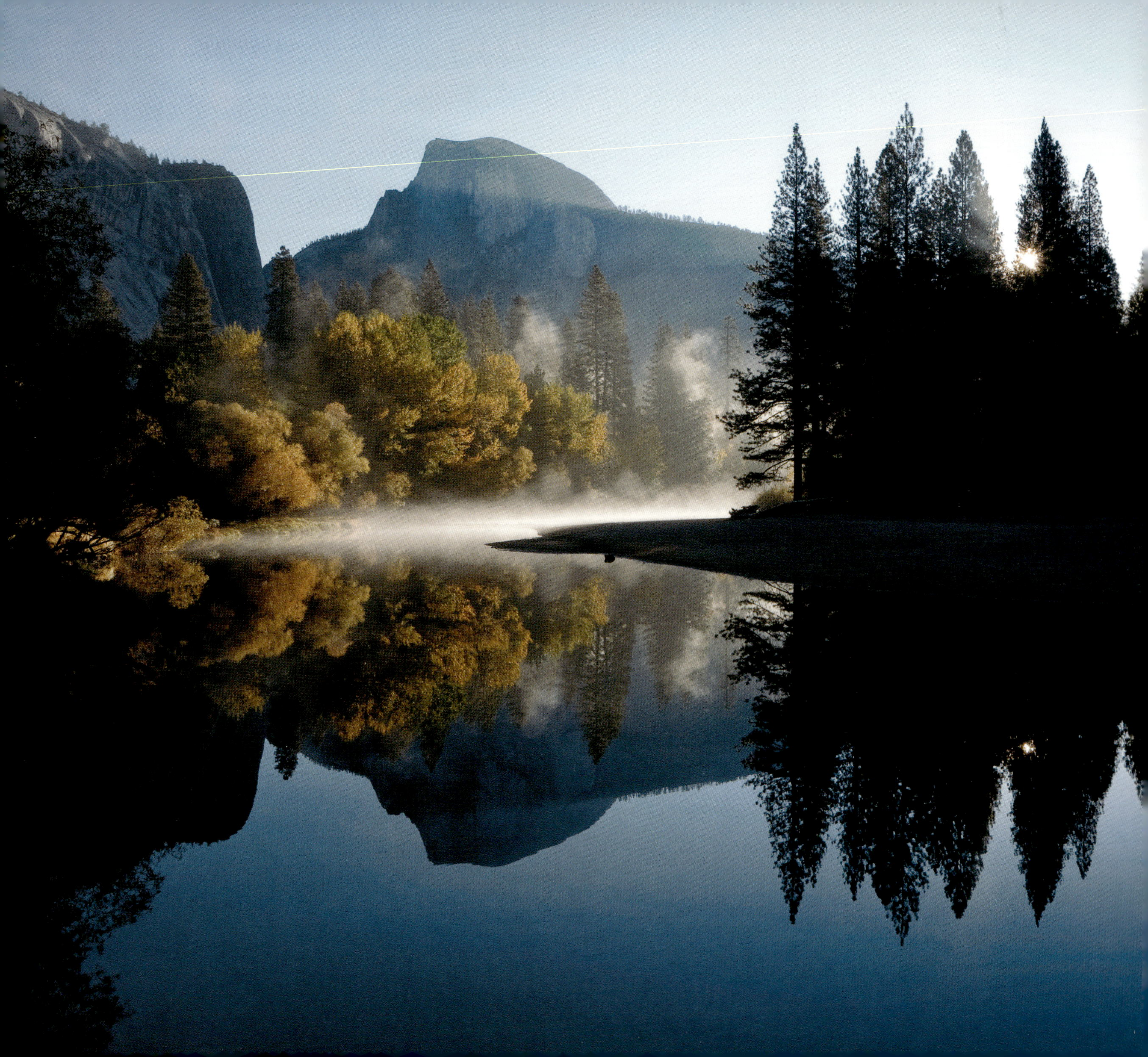

DIGITALE LANDSCHAFTS-FOTOGRAFIE

FOTOGRAFIEREN WIE ANSEL ADAMS UND CO.

2., AKTUALISIERTE UND ERWEITERTE AUFLAGE

MICHAEL FRYE

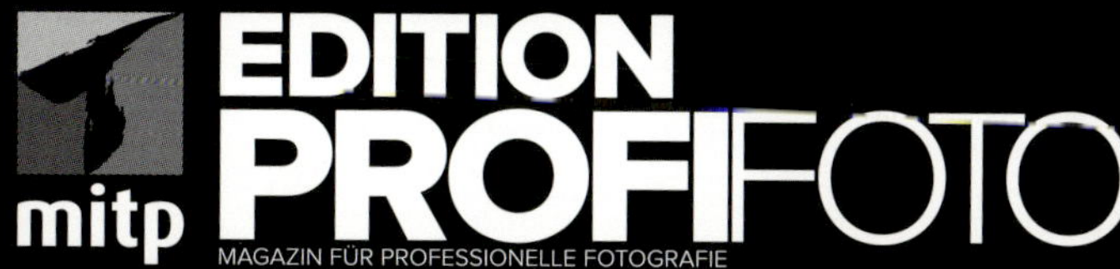

Bibliografische Information der
Deutschen Nationalbibliothek
Die Deutsche Nationalbibliothek verzeichnet diese Publikation in der Deutschen Nationalbibliografie; detaillierte bibliografische Daten sind im Internet über <http://dnb.d-nb.de> abrufbar.

ISBN 978-3-95845-238-1
2. Auflage 2015

www.mitp.de
E-Mail: mitp-verlag@sigloch.de
Telefon: +49 7953 / 7189 - 079
Telefax: +49 7953 / 7189 - 082

First published in Great Britain in 2009
by ILEX, an imprint of Octopus Publishing Group Ltd
Carmelite House, 50 Victoria Embankment,
London EC4Y 0DZ

Lektorat: Sabine Janatschek
Übersetzung: Claudia Koch
Covergestaltung: Christian Kalkert

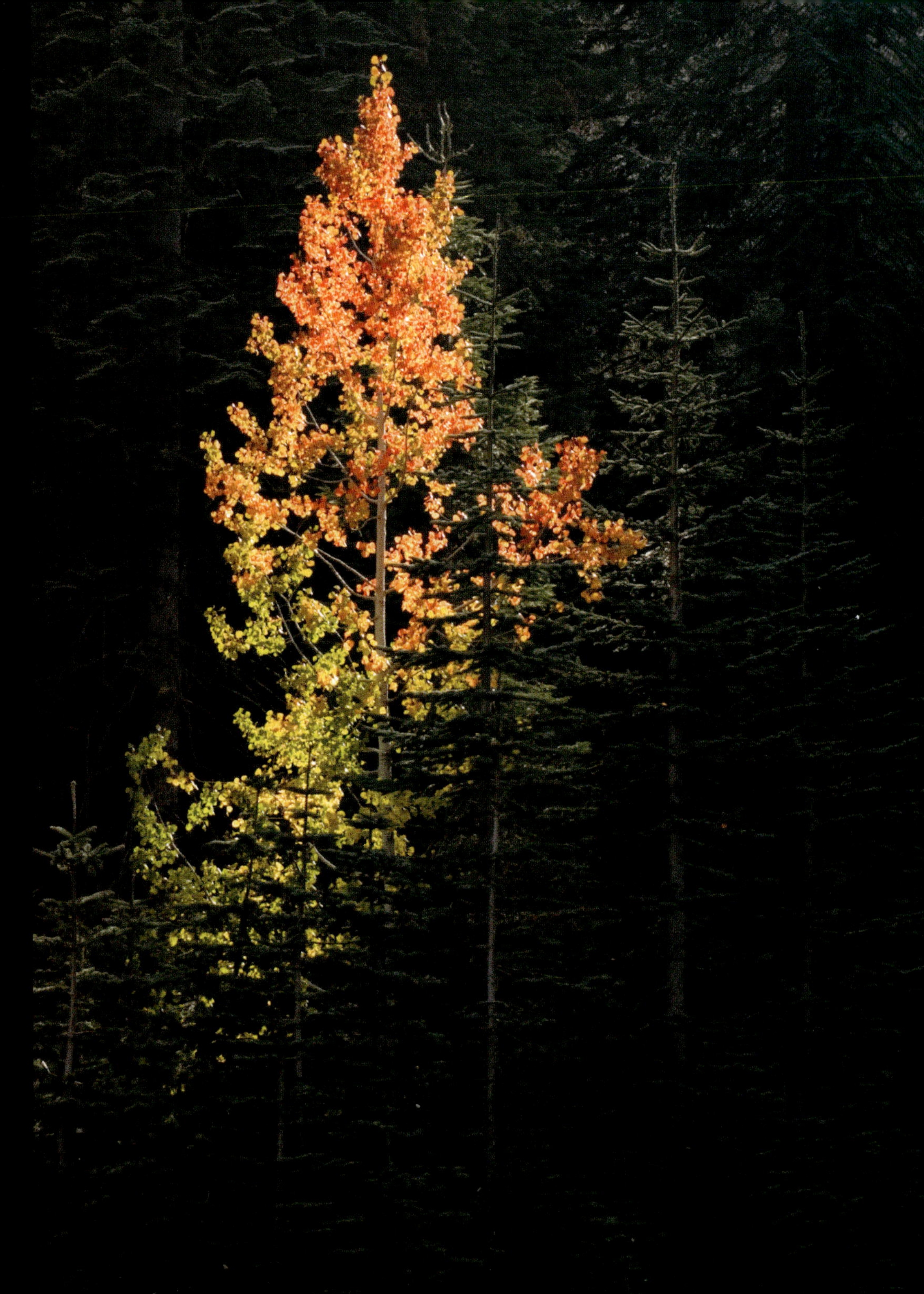

Inhalt

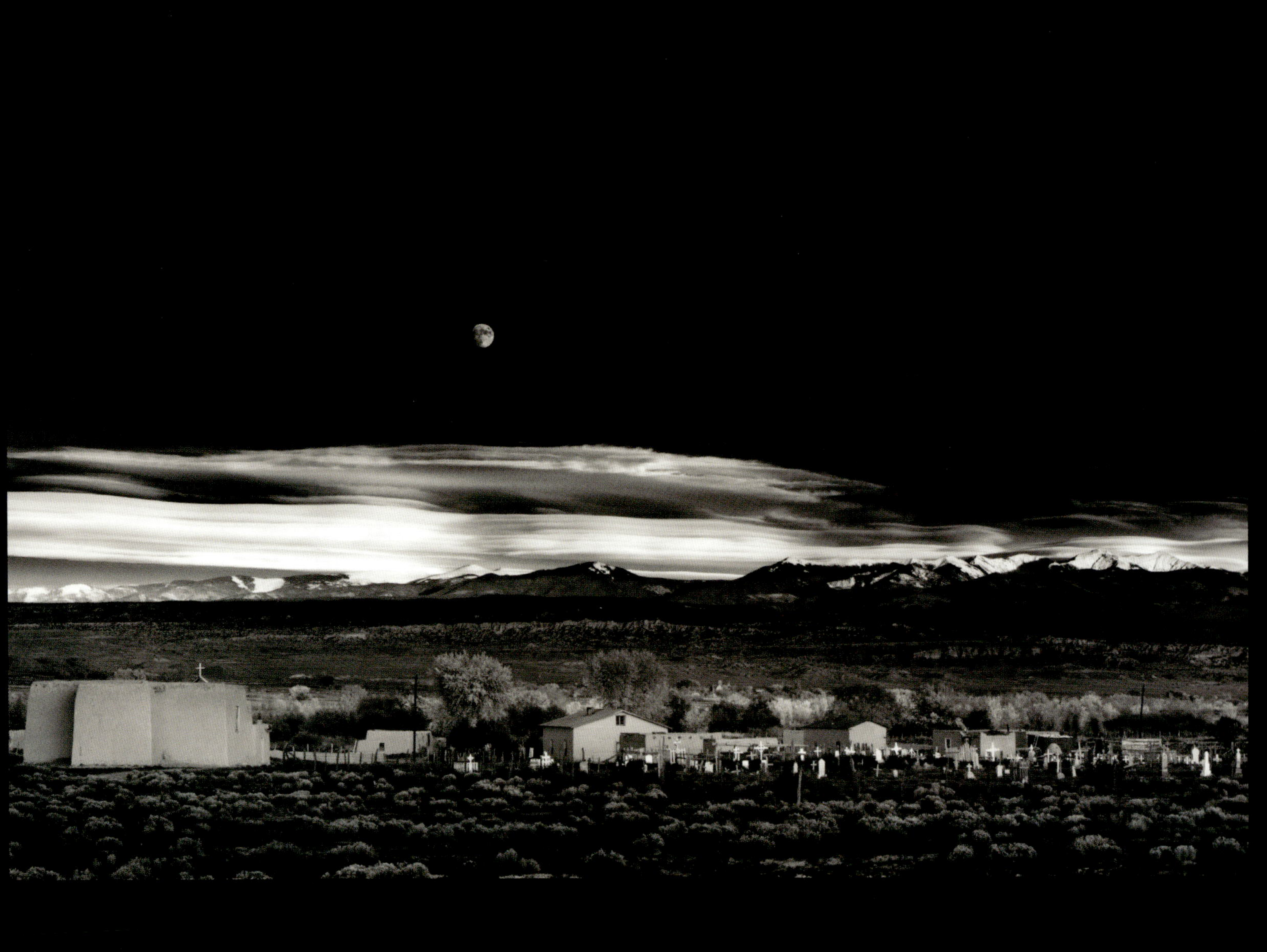

Moonrise, Hernandez, New Mexico, 1941, Ansel Adams

Dieses Foto steht für Ansel Adams' Vision, Kameratechnik und Dunkelkammerfähigkeiten. Auf der Fahrt nach Santa Fe blickte er nach links und sah etwas, was er als »unvermeidliches Foto« bezeichnete. Ihm erschien es unumgänglich, aber wie viele andere Fotografen hätten das Potenzial dieser Szene tatsächlich erkannt? Und wie viele hätten sich für genau diese Bildkomposition entschieden? Der Himmel nimmt in diesem erstklassigen Bild mehr als die Hälfte des Raumes ein. Die meisten hätten wahrscheinlich mit einem längeren Objektiv fotografiert und näher hineingezoomt. Adams wusste jedoch, dass der ausladende Himmel für die majestätische Stimmung dieser Szene nur von Vorteil ist.

Nachdem er sich die Aufnahme ausgemalt hatte, stieß er auf ein Problem: Er konnte seinen Lichtmesser nicht finden! Er erinnerte sich dann irgendwie an die Luminanz des Mondes und konnte daraufhin die Belichtung ausrechnen. Seine Entscheidungen waren geschickt, instinktiv und exakt. Die jahrelange Erfahrung hat beim ihm dafür gesorgt, dass die Technik nur an zweiter Stelle steht.

Trotz seiner meist korrekten Berechnungen, stellte ihn das Negativ etwas auf die Probe. Adams intensivierte den Vordergrund, um den Kontrast zu stärken und wendete während des Drucks ausführliches Abwedeln und Nachbelichten an. In den ersten Abzügen ließ er den Himmel hell. Im Laufe der Jahre hat er ihn jedoch immer dunkler gemacht, bis er fast schwarz wurde und die Dramatik dieser Szene verstärkte. Als neue Papiere und Entwicklerlösungen zur Verfügung standen, entwickelte sich Adams' Interpretation immer weiter. Er war neuen Werkzeugen und Möglichkeiten gegenüber immer sehr aufgeschlossen.

EINLEITUNG

»Ich bin mir sicher, dass der nächste Schritt das elektronische Bild ist. Ich hoffe, dass ich das noch erleben darf. Ich glaube daran, dass das kreative Auge immer funktionieren wird, egal, welche technologischen Neuerungen entwickelt werden.«
–Ansel Adams

Als Ansel Adams das schrieb, steckte die Digitalfotografie noch in den Kinderschuhen. Heutzutage werden die meisten Aufnahmen mit digitalen Sensoren gemacht, der Film wird immer mehr in den Hintergrund gedrängt. Können uns die Landschaftsmeister der Vergangenheit wie Adams, Edward Weston und Eliot Porter in diesem digitalen Zeitalter überhaupt noch etwas beibringen? Gilt das, was sie durch Experimentieren mit Film, Papier und Entwicklerlösungen herausgefunden haben, auch für Fotografen, die sich die Histogramme auf dem Monitor ihrer Kamera ansehen oder Gradationskurveneinstellungen am Monitor vornehmen?

Die Antwort lautet: Ja. Als Ansel Adams zusammen mit Fred Archer 1940 das Zonensystem entwickelte, bot er damit Fotografen ein wunderbares Werkzeug, mit dem sie ihre Bilder kontrollieren konnten – allerdings nur Schwarzweißfilm und nur mit Großformatkameras, bei denen die einzelnen Blätter einzeln entwickelt wurden. Heutzutage haben Fotografen deutlich mehr Kontrolle – auch in Farbe.

Solch beispiellose Stärke erzeugt wunderbare Möglichkeiten, kann jedoch auch zu Verwirrung führen. Wie wenden Sie diese Kontrollen an? Wie weit sollten Sie gehen? Können Sie das Rad neu erfinden und von vorn beginnen? Nein, weil die Werkzeuge vielleicht unterschiedlich sind, die Grundprinzipien von Adams, Weston und Porter jedoch immer noch gelten.

Visualisierung und Technik

Adams, Weston und Porter haben alle immer wieder die Wichtigkeit der Visualisierung hervorgehoben – die Fähigkeit, sich den fertigen Abzug vorzustellen und alle zur Verfügung stehenden Werkzeuge zu nutzen, um dieses Ergebnis zu erzielen.

Vielleicht scheint die Visualisierung in einem Zeitalter, in dem man sich die Fotos direkt nach der Aufnahme ansehen kann, nicht mehr so wichtig. Die unzähligen Möglichkeiten, die dem Digitalfotografen zur Verfügung stehen, sorgen jedoch dafür, dass die Visualisierung wichtiger ist denn je. Stellen Sie sich Lichter- und Tiefendetails in einem kontrastreichen Bild vor? Egal, mit wie viel Kontrast Sie es zu tun haben, es ist inzwischen möglich, im ganzen Bild Details zu zeigen, indem mehrere Aufnahmen in Photoshop oder einer HDR (High Dynamic Range)-Software miteinander kombiniert werden. Sie müssen vorher jedoch eine genaue Vorstellung davon haben, um die verschiedenen Belichtungen aufzunehmen. Wollen Sie mehr Schärfentiefe, als Ihr Objektiv darstellen kann? Das müssen Sie vorhersehen und mehrere Aufnahmen mit unterschiedlichem Fokus machen. Wenn Sie keine genaue Vorstellung von dem haben, was Sie erreichen wollen, dann vergessen Sie vielleicht einen wichtigen Schritt, um dieses Ziel zu erreichen.

Sobald Sie eine Vorstellung vom gewünschten Ergebnis haben, müssen Sie die dafür nötigen Schritte durchlaufen. Weston sagte: »Man kann die Bedeutung der Technik gar nicht genug betonen. Egal, wie gut das eigene Feingefühl funktioniert, ohne Technik, dieses 'Mittel zum Zweck', zögert und stolpert man nur herum, um dann schließlich an der Masse nicht umgesetzter Sehnsüchte zugrunde zu gehen.«

Adams entwickelte das Zonensystem, um mit dem schwierigsten Aspekt der Fotografie – der Belichtung – besser umgehen zu können. Auch wenn das direkte Feedback von Digitalkameras dieses Problem etwas vereinfacht hat, bleibt das Zonensystem die einzige Möglichkeit, Belichtung wirklich zu verstehen und zu meistern. Mit ihm lässt sich auch der Kontrast besser verstehen und kontrollieren – ein wichtiger Schritt in Richtung ausdrucksstarke und tonwertreiche Abzüge – Tonwertbereiche, für die Adams berühmt war.

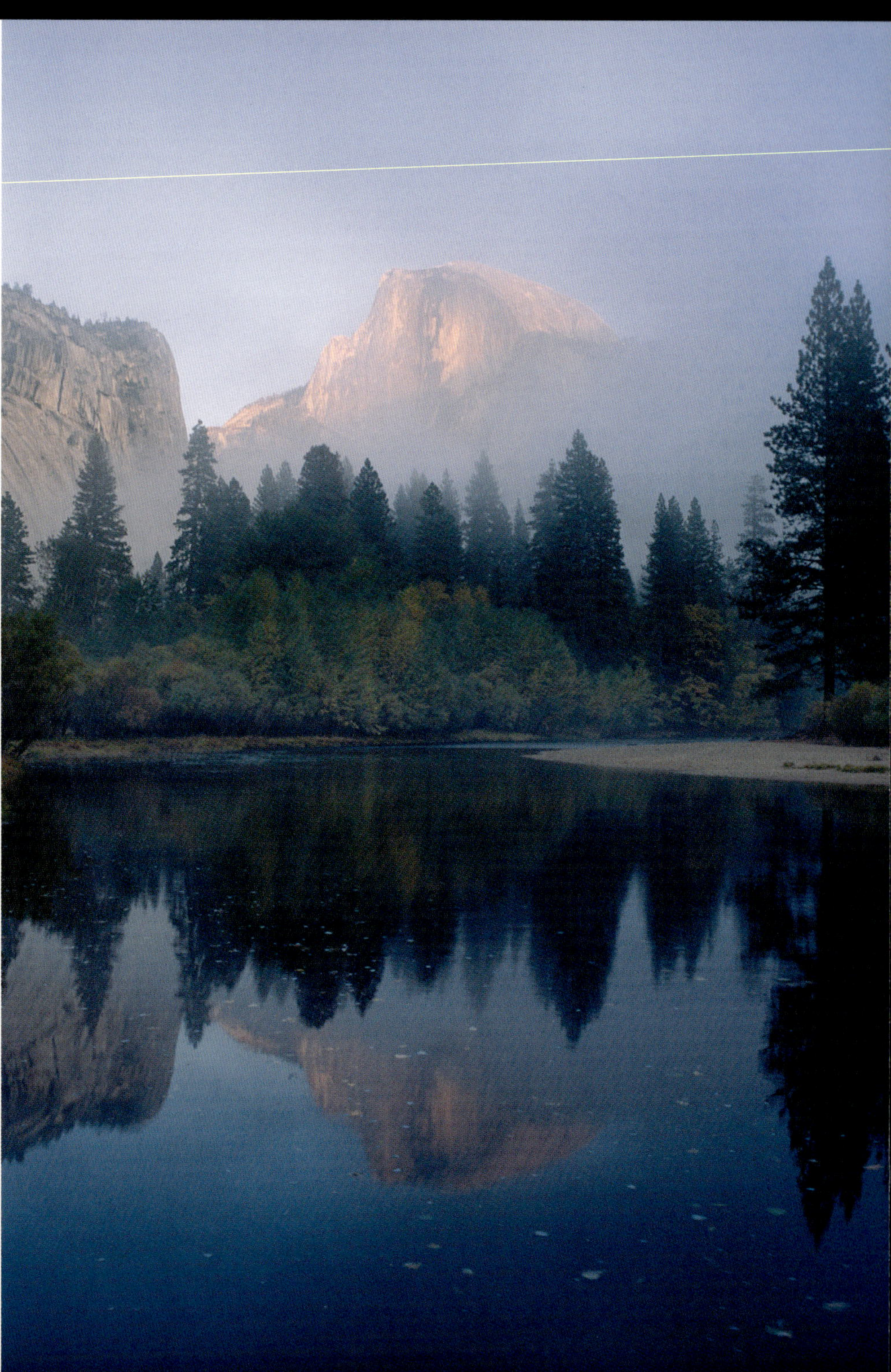

Die Kunst des Sehens

Auch wenn die Technik so wichtig ist, so ist sie doch immer nur die Grundlage. Weston sagte: »Kunst ist ein Selbstzweck, Technik ein Mittel zu diesem Zweck; das eine kann man lehren, das andere muss man können.« Er wusste, dass die Technik zu Höherem berufen war.

Auch wenn man »Kunst« nicht lehren kann, so kann doch jeder seine Fähigkeit, Licht zu sehen und stärkere Kompositionen zu erstellen, verbessern. Wenn Sie Ihre Augen trainieren, Licht, Farbe, Tonwerte, Linien und Formen zu sehen, besitzen Sie die visuellen Werkzeuge, mit denen sich ausdrucksstarke Bilder erzeugen lassen.

In diesem Bereich – dem Bereich von Vision und Kreativität – hat sich nichts geändert. Kameras, egal, ob digital oder analog, sind nur Werkzeuge. Das »kreative Auge« muss weiterhin funktionieren, so erhoffte es sich Adams. Digitalkameras können die Kreativität verstärken und bieten Raum zum Experimentieren und für sofortige Änderungen und Verbesserungen, denn schließlich wird kein Film verschwendet.

Idealerweise arbeiten Video und Technik zusammen, um eine intensive Stimmung zu erzeugen. Eliot Porter sagte: »Die eigentliche Qualität eines Fotos besteht in der emotionalen Wirkung, die es hervorruft. Diese ist ein Maß des Erfolgs des Autors bei der Umsetzung seiner emotionalen Reaktion auf das Motiv in fotografische Begriffe.« Landschaftsfotos müssen nicht einfach nur schön sein. Die besten Aufnahmen rufen beim Betrachter bestimmte Gefühle und Reaktionen hervor. Nutzen Sie die zur Verfügung stehenden Werkzeuge – Linien, Formen, Farben, Tonwerte, Belichtung, Schärfentiefe usw. –, um diese Stimmung zu vermitteln.

Druck und Digitale Dunkelkammer

Den Ausdruck zu erstellen, ist der letzte Schritt, Ihre Vorstellung zu verwirklichen. Adams sagte: »Ich stelle mir das Negativ als Partitur und den Ausdruck als Aufführung vor, bei der emotionalen und ästhetischen Vorstellungen des Fotografen während der Belichtung dargestellt werden.«

Bis vor nicht allzu langer Zeit benötigte man für die Aufführung eine gut ausgestattete Dunkelkammer sowie etliche Jahre Erfahrung. Heutzutage brauchen Sie nur noch einen Computer, Software und einen Drucker. Natürlich spielt auch die Erfahrung noch ein Rolle, aber nicht mehr so stark. Die Werkzeuge sind recht leicht anzuwenden, trotzdem brauchen Sie Urteilsvermögen und Vorstellungskraft, um großartige Abzüge von eher mittelmäßigen zu unterscheiden. Wie viel Kontrast ist ausreichend? Sollte es in einem Ausdruck immer schwarze und weiße Bereiche geben? Wie viel Sättigung ist zu viel? Die Meister der vergangenen Jahre lehren uns genau dieses Urteilsvermögen.

Die digitale Reise des Autors

In den Anfangstagen meiner Fotokarriere arbeitete ich hauptsächlich mit Farbdiafilm. Dabei handelt(e) es sich um ein flexibles Medium mit hohem Kontrast. Abzüge von Dias zu erstellen ist etwas schwieriger und lässt nicht ganz so viel Kontrolle zu. Deshalb behandelten ich und andere Farbfotografen das Dia als fertiges Produkt. Die richtige Belichtung war die, die im Lichtkasten am besten aussah und ein guter Abzug entsprach dem Dia.

Lange bevor Digitalkameras in Mode kamen, scannte ich meine Filme mit einem Trommelscanner, bearbeitete die Scans in Photoshop und druckte sie mit einem der ersten Digitaldrucker aus. Bei diesem Vorgehen hatte ich deutlich mehr Kontrolle und konnte meine Meinung auch ändern. Selbst mit Dias war es jetzt möglich, mehrere gescannte Belichtungen miteinander zu kombinieren und so einen größeren Kontrastbereich darzustellen. Ich begann, den Film nicht als finales Produkt zu behandeln sondern eher als einen Zwischenschritt. Wichtig war es, so viel Lichter- und Tiefendetails wie möglich aufzunehmen, Feineinstellungen konnte ich auch später vornehmen.

Im Zuge der Digitalkameras entwickelte sich mein Ansatz weiter. Ich behandle Raw-Dateien als Rohinformationen. Es kann sein, dass mehrere Belichtungen notwendig sind, um alle Details in den hellsten und dunkelsten Bereichen des Motivs aufzunehmen. Ich habe eine genaue Vorstellung vom Ergebnis. Dabei ist mir aufgefallen, wie ähnlich dieser (für mich) neue Ansatz dem von Adams, Weston, Porter, und anderen Meistern der Landschaftsfotografie ist. Die Raw-Datei ist wie ein Negativ – ein Zwischenschritt. Das fertige Bild kann gedruckt oder auf dem Bildschirm betrachtet werden. Für die Interpretation des Bildes stehen mir mehr Möglichkeiten zur Verfügung als Adams oder Weston.

Das ist der Beginn des digitalen Zeitalters, in dem die Möglichkeiten unbegrenzt sind. Ausgestattet mit moderner Technologie und dem Wissen aus der Vergangenheit, können wir die Kunst der Landschaftsfotografie hoffentlich auf eine nächste Stufe bringen und weiterhin Bilder machen, die die Schöhnheit und das Wunder der Natur zeigen. Ich glaube daran, dass unsere »kreativen Augen« auch im digitalen Zeitalter funktionieren, so wie es auch Adams hoffte.

Half Dome, Nebel und der Merced River, Yosemite National Park

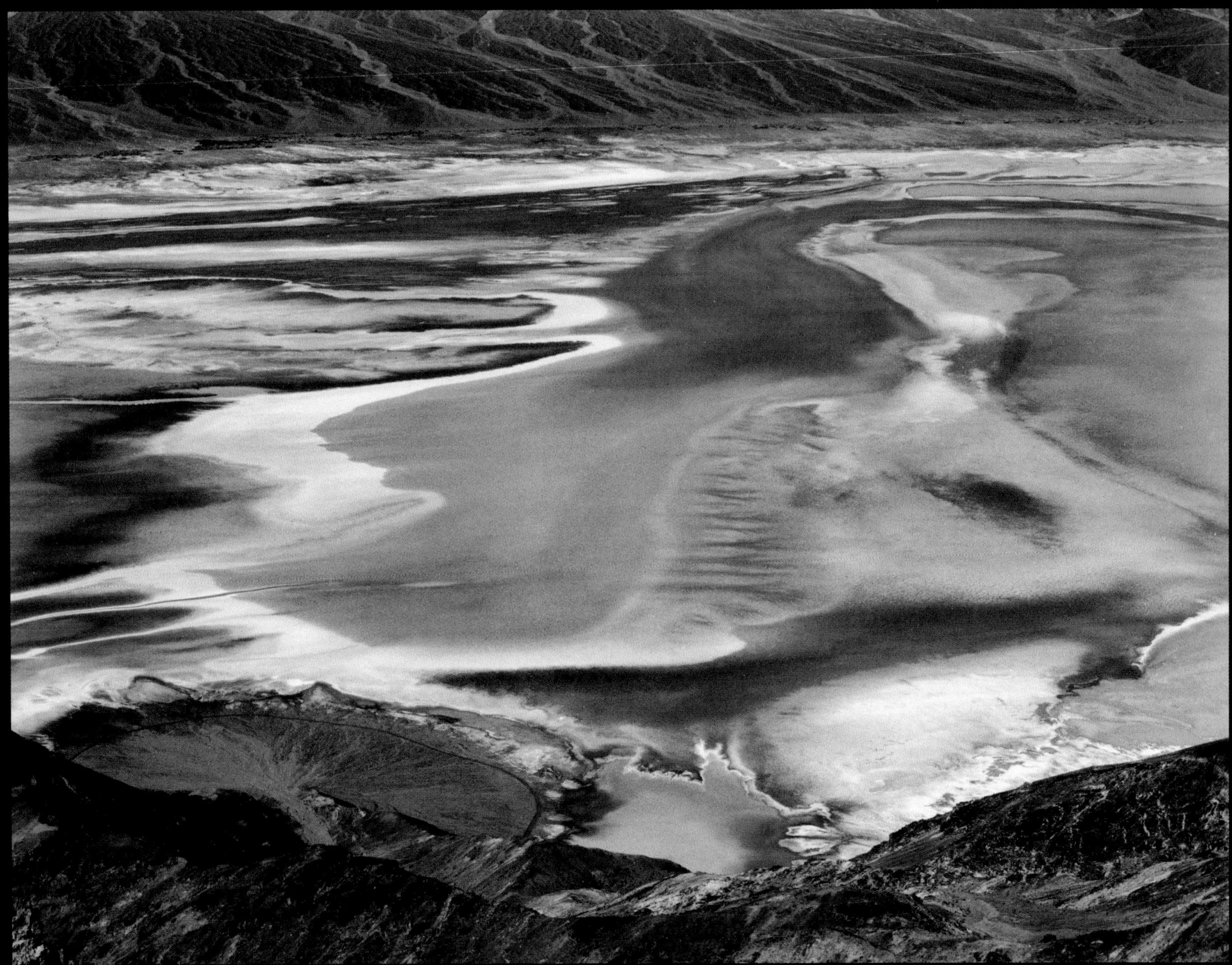

Dante's View, Death Valley, 1938, Edward Weston

Egal, ob er Akte, Paprika oder die Landschaften von Point Lobos und im Death Valley fotografierte, Edward Weston hatte einen einfachen, direkten und abstrakten Stil, der Generationen von Fotografen beeinflusste. Er war stets bemüht, das Wesen seiner Motive herauszuarbeiten, statt sich selbst damit auszudrücken: »Ohne Tricks und Täuschungen habe ich die Quintessenz des Objekts vor meiner Kamera aufgenommen – keine Interpretation – eine oberflächliche Phase, eine temporäre Stimmung.«

Weston war sechzehn Jahre älter als sein Freund Ansel Adams, lernte sein Handwerk also, bevor Adams das Zonensystem entwickelt hatte. Er konnte mit den Materialien seiner Zeit jedoch gut umgehen und erstellte Abzüge, die auf heutigen Auktionen für bis zu 1,6 Millionen Dollar versteigert werden.

Weston wusste, dass gute Technik eine der Grundlagen war: »Ein Fotograf perfektioniert seine Technik aus demselben Grund, aus dem ein Pianist übt – denn je besser er sein Werkzeug beherrscht, desto besser kann er ausdrücken, was er sagen will.« Er wusste aber auch, dass die Technik höheren Zielen dient: »Meine Arbeit ist nie intellektuell. Ich fotografiere nie, wenn ich von meinem Motiv nicht emotional gefangen bin. Technik um ihrer selbst willen interessiert mich nicht. Sie ist nur ein Mittel zum Zweck. Wenn meine Technik dem entspricht, was ich sehe, dann reicht das aus.«

KAPITEL 1
TECHNISCHE GRUNDLAGEN

»Ein ausgezeichnetes Konzept kann von fehlerhafter technischer Umsetzung zerstört oder durch richtige Technik brillanter werden.«
– Edward Weston, 1934

Die Technik ist die Grundlage, auf der ein Foto aufbaut. Die bildliche Botschaft geht verloren, wenn das Bild unscharf oder drei Blendenstufen überbelichtet ist. Die Ikonen der Landschaftsfotografie wie Weston, Eliot Porter und Ansel Adams waren alle großartige Künstler – Männer mit Visionen und Vorstellungskraft – aber auch erfahrene Handwerker. Mit heutigen Standards betrachtet war ihre Ausrüstung damals sehr rudimentär, trotzdem konnten sie gut damit umgehen. Wenn nicht, wären ihre Arbeiten schon vor langer Zeit in Vergessenheit geraten.

Spielt die Technik im Digitalzeitalter noch eine Rolle? Können wir nicht einfach den Autofokus und Programmmodus der Kamera aktivieren? Auch wenn die Belichtung nicht stimmt oder das Bild nicht scharf ist, lässt sich das nicht einfach in Photoshop korrigieren?

Ansel Adams stellte sich dieselben Fragen. Wenn das Negativ nicht perfekt ist, warum es nicht einfach in der Dunkelkammer korrigieren? Er antwortete: »Man kann aus nichts nichts herstellen – ein schlechter Fokus, fehlende Details, Störungen oder unglückliche Kompositionen lassen sich nicht einfach so korrigieren.« Eine Sache hat sich jedoch vielleicht geändert – ein erfahrener Retuscheur kann einige physische Störungen korrigieren. Allerdings besitzt Photoshop noch keinen »Unglückliche-Bildkomposition«-Filter. Verwackelte oder unscharfe Bilder lassen sich mit keiner Software korrigieren. Leichte Unter- oder Überbelichtungen lassen sich zwar beheben, aber mit einer perfekten Belichtung erzielen Sie immer noch die besten Ergebnisse. Adams wusste, dass eine präzise Technik die einzige Möglichkeit war, wunderschöne Abzüge zu erstellen.

Bildqualität

Adams und Weston waren Gründungsmitglieder der Gruppe *f*/64. Diese Gruppe reagierte auf den in den 1920ern sehr beliebten weichen Fokus und bildhaften Stil mit einem reinen fotografischen Look. Sie waren der Meinung, dass alles in einem Foto scharf sein und es eine große Schärfentiefe geben muss (deshalb »*f*/64« – eine sehr kleine Blende – als Name für die Gruppe) und auf Glanzpapier gedruckt werden sollte, um möglichst viele Details zu zeigen.

Um diese Details zu betonen, fotografierten Porter, Adams und Weston die meiste Zeit mit Großformatkameras (4×5, 5×7 oder 8×10). Die heutigen Digitalkameras können schon bei kleineren Größen außerordentlich viele Details darstellen – allerdings müssen sie dafür mit Sorgfalt bedient werden. Der moderne Landschaftsfotograf und Meister Galen Rowell schrieb darüber, wie er mit seiner 35-mm-Kamera möglichst viele Details herausholte, indem er sie wie eine Großformatkamera nutzte. Er verwendete also ein Stativ und kleine Blenden für möglichst viel Schärfentiefe sowie einen feinkörnigen Film. Dasselbe – Stativ, kleine Blende, kleiner ISO – trifft für aktuelle Digitalkameras im 35-mm-Stil zu.

Visualisierung und das Zonensystem

Adams schrieb: »Der Begriff Visualisierung bezieht sich auf den gesamten emotional-mentalen Prozess einer Fotoaufnahme, als solcher ist er einer der wichtigsten Konzepte der Fotografie. Er schließt die Fähigkeit ein, das fertige Bild zu antizipieren, bevor es belichtet ist, so dass die verwendeten Einstellungen dem gewünschten Ergebnis zuträglich sind.«

Für Adams waren Technik, Visualisierung und das Zonensystem untrennbar. Er nutzte einen Spotmesser, um den Kontrast einer Szene zu messen, belichtete und entwickelte das Negativ, um die Werte zu überprüfen und den Kontrast zu erhöhen oder zu verringern. Die Digitaltechnik ist anders, aber die Visualisierung ist immer noch von Bedeutung. Hier trifft Vorstellungskraft auf Technik. Stellen Sie sich ein Bild vor und versuchen Sie es bestmöglich umzusetzen.

Adams' meisterliches Können bei der Fotoausgabe beeinflusste seine Entscheidungen hinter der Kamera. Er kannte die Möglichkeiten und Grenzen einer Dunkelkammer. Im digitalen Zeitalter bestimmen die Kenntnisse im Umgang mit der Bildbearbeitungssoftware den Ansatz für Ihre Aufnahmen. Je besser die Techniken, die Sie beherrschen, desto mehr Möglichkeiten stehen Ihnen zur Verfügung.

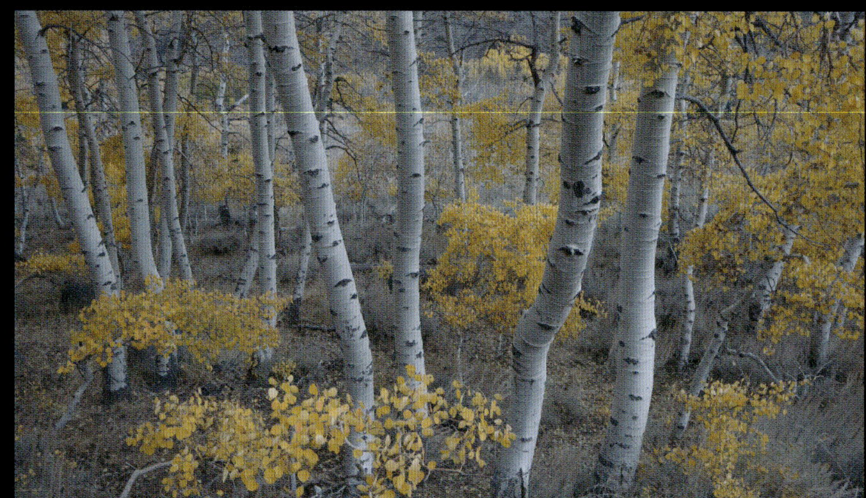

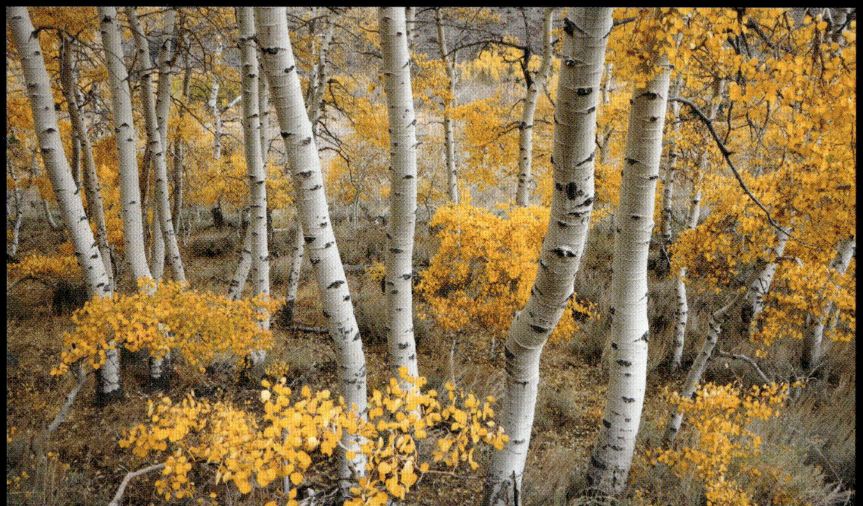

Erhöhten Kontrast darstellen

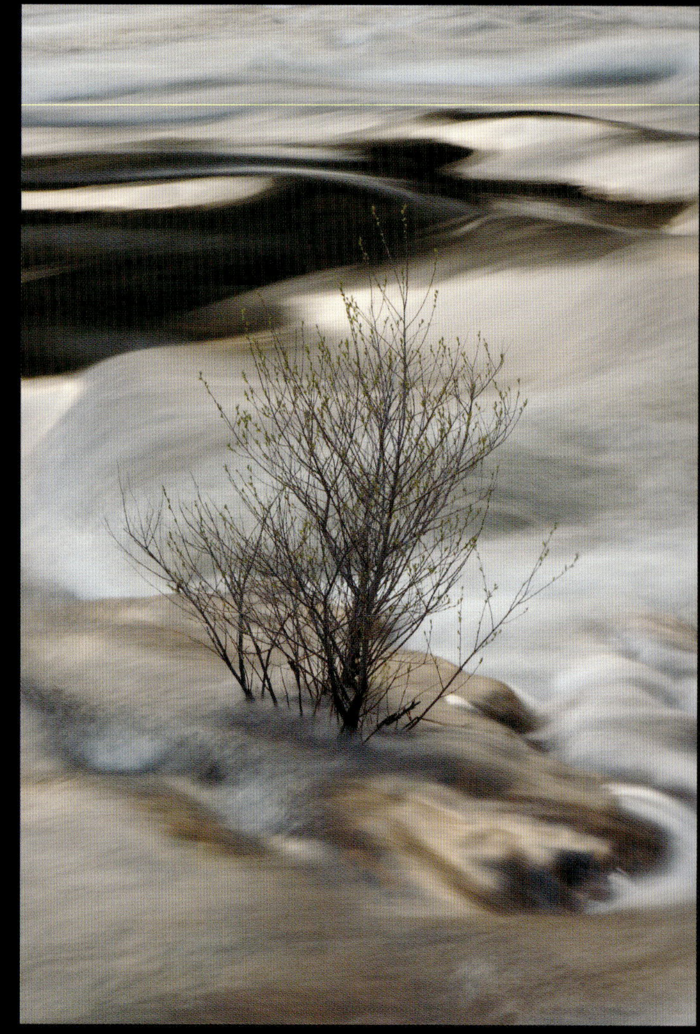

Bewegung darstellen

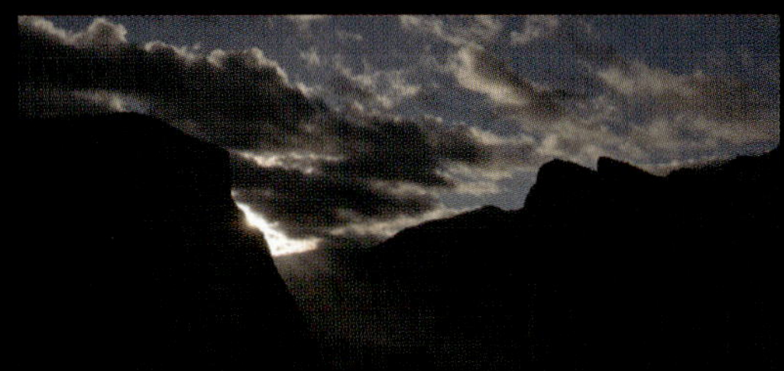

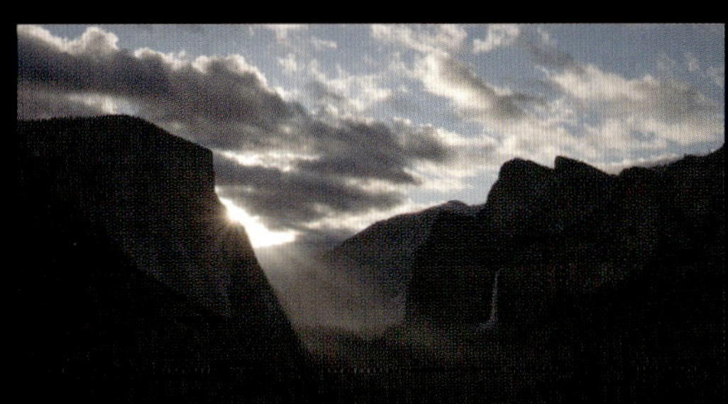

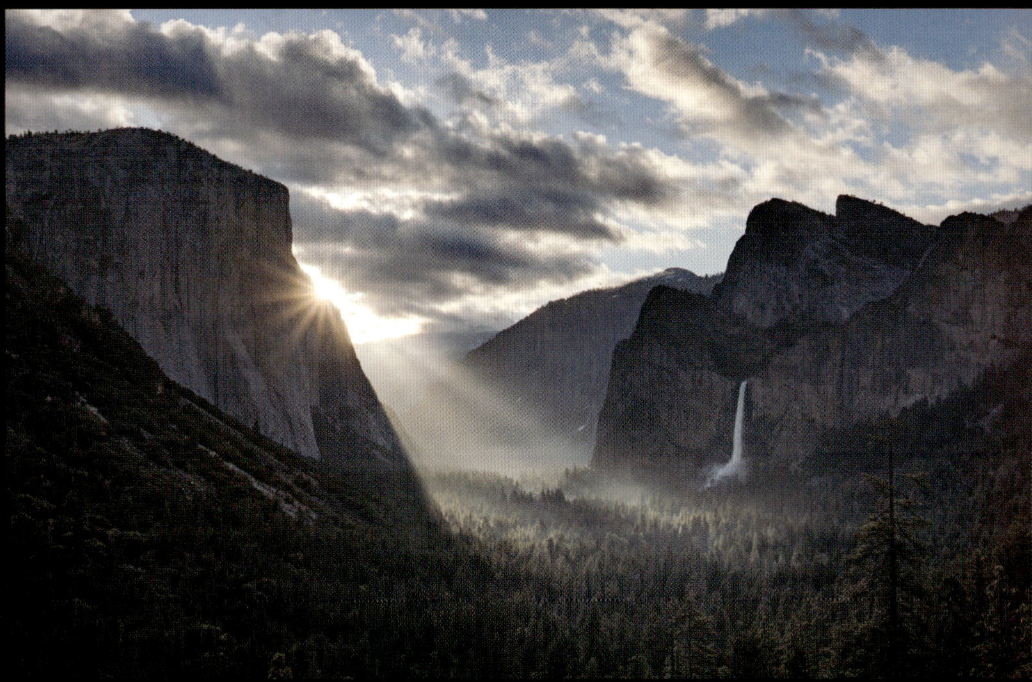

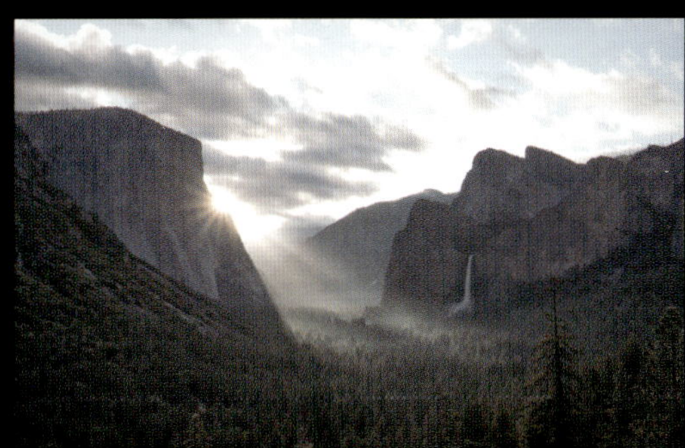

Reduzierter Kontrast

Für diese kontrastreiche Szene vom Tunnel View im Yosemite Park musste ich den Kontrast verringern und die Relationen der Tonwerte zueinander anpassen. Von den drei Originalbelichtungen, jeweils im Abstand von zwei Belichtungsstufen aufgenommen, ist die mittlere vielleicht der beste Kompromiss, allerdings sind die Lichter nahe der Sonne ausgeblichen und die Schatten im unteren Bildbereich zugelaufen. Ich überblendete die Bilder mit LR/Enfuse, (mehr dazu auf Seite 150), so verschoben sich die Tonwerte relativ zueinander deutlich. Im fertigen Bild erkennen Sie Details in den Schatten und alle außer den hellsten Lichtern, außerdem bleiben die Luminanz und Dramatik des Aufnahmemoments erhalten.

BILDQUALITÄT

Megapixel und Sensorgröße

»Ihre Ausrüstung spielt keine Rolle. Wichtig ist, dass Sie sie so intensiv einsetzen, dass sie automatisch Ihre Sicht erweitert, zu einem dritten Auge wird.«
—Edward Weston

Bei vergleichbaren Kameras sorgt die höhere Auflösung dafür, dass feinere Details aufgenommen werden können – Blätter, Tannennadeln, Grashalme – für Landschaftsfotografen ein wichtiger Fakt. Aus Aufnahmen mit einer 36-Megapixel-Kamera lassen sich große Abzüge herstellen (bis zu 70x100 cm), die in der Auflösung 10x13-cm-Filmaufnahmen gleichkommen.

Brauchen Sie eine so hohe Auflösung? Das hängt davon ab, ob Sie große Abzüge anfertigen wollen und wie pingelig Sie bei der Bildschärfe sind. 20 Megapixel (oder auch weniger) reichen für die meisten Anwender bereits aus. Andererseits ist der Unterschied zwischen 20 und 36 Megapixel bereits in Abzügen moderater Größe deutlich zu erkennen. Wenn Ihnen also lupenreine Details wichtig sind, sollte Ihre Kamera wenigstens 30 Megapixel schaffen.

Um möglichst viel aus einer Kamera herauszuholen, brauchen Sie scharfe Objektive und gute Technik – mehr dazu in »Schärfe kontrollieren« auf Seite 20

Werfen Sie Pixel nie ohne Not weg. Verwenden Sie immer die höchste Auflösung, zu der Ihre Kamera in der Lage ist, und archivieren Sie Ihre Master-Dateien mit dieser Auflösung (mehr dazu auf Seite 117).

Bildrauschen

Bildrauschen ist wie Filmkörnung – es handelt sich dabei um ein Punktmuster, das vor allem in glatten Bereichen sichtbar ist (Himmel, Wasser). Im Unterschied zur Filmkörnung ist das Bildrauschen nicht gleichmäßig verteilt. In den Tiefen, den dunklen Bereichen, ist es deutlicher. Hohe ISO-Werte und lange Belichtungszeiten begünstigen das Rauschen außerdem.

Allgemein gilt: Je größer der Sensor ist, desto geringer ist der Rauscheffekt. Vollformatsensoren erzeugen typischerweise weniger Bildrauschen als APS- oder Micro-Four-Thirds-Sensoren, denn die einzelnen Fotodioden sind größer und können so mehr Licht aufnehmen. Die neuesten APS- und Micro-Four-Thirds-Sensoren haben das Bildrauschen gut im Griff und erzeugen exzellente Bilder, wobei sie jedoch nicht an die herausragende Qualität von Vollformat- und Mittelformat-Sensoren heranreichen.

Bildrauschen kontrollieren

Mit einem stabilen Stativ können Sie mit niedrigen ISO-Werten und langen Belichtungszeiten arbeiten, ohne sich um Kameraverwacklungen sorgen zu müssen.

Bildrauschen wird offensichtlicher, wenn Sie versuchen, dunkle Bildbereiche und Schatten und einer Bildbearbeitungssoftware aufzuhellen. Der nächste Schritt bei der Bewältigung von Bildrauschen liegt also in der richtigen Belichtung. Das Bild sollte immer so hell wie möglich sein, ohne Details in den Lichtern zu verlieren. Wenn in einer Szene zu viele Details sowohl in Lichtern als auch Schatten vorhanden sind, müssen Sie eventuell zwei oder mehr Aufnahmen mithilfe einer Software kombinieren.

Bei den meisten Kameras gibt es eine Rauschreduzierung bei hohen ISO-Werten. Diese Option gilt nur für JPEGs, bei Raw-Aufnahmen können Sie sie also ausgeschaltet lassen. Bei JPEGs kann die Rauschreduzierung bei hohen ISO-Einstellungen jedoch hilfreich sein.

Die meisten Kameras verfügen außerdem über eine Rauschreduzierung bei langen Belichtungszeiten. Dazu brauchen Sie jedoch viel Zeit, denn nach einer Belichtung von 30 s macht die Kamera eine zweite, gleich lange Aufnahme mit geschlossenem Verschluss und analysiert die dunkle Aufnahme, um das Rauschen aus der ersten Belichtung herauszurechnen. Allerdings wird dadurch nicht das zufällige Bildrauschen reduziert, das häufig bei langen Belichtungszeiten vor allem in den Tiefen-Bereichen auftritt, sondern sogenannte »Hot Pixels« (zufällige weiße, rote, grüne und blaue Pixel), die selbst in Raw-Dateien vorkommen. Falls Ihre Kamera viele solcher Bildfehler erzeugt, lohnt sich diese Einstellung durchaus, aber die zusätzlich nötige Zeit ist vor Ort ein ernstzunehmender Faktor, vor allem, wenn sich die Bedingungen schnell ändern. Einige wenige Hot Pixels lassen sich auch in der Bildbearbeitung reduzieren, so dass Sie auf die doppelte Belichtungszeit verzichten können.

Als letzte Instanz kann auch eine Software bei der Rauschreduzierung helfen. Mehr dazu lesen Sie auf Seite 34, zur Software auf Seite 164 und zur Kombination mehrerer Bilder auf Seite 52.

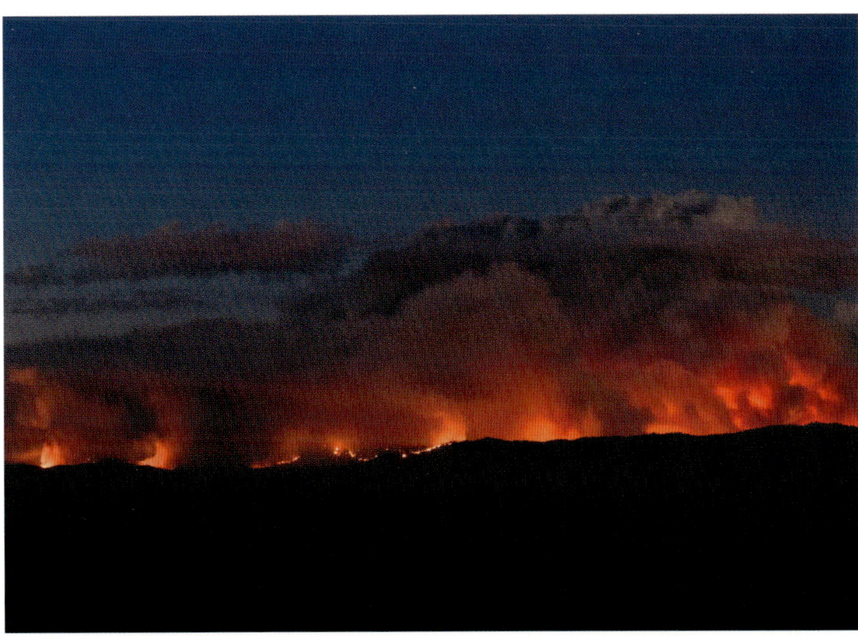

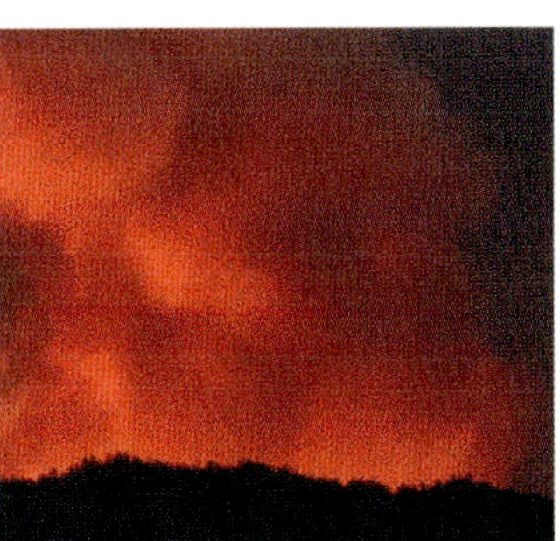

1

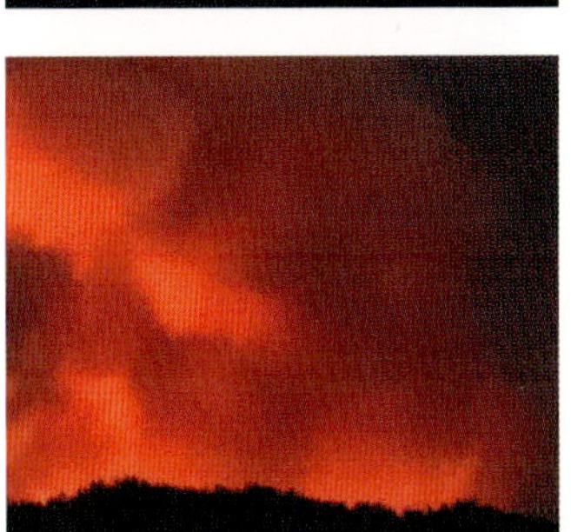

2

Bildrauschen durch hohen ISO-Wert

In dieser 15-Sekunden-Belichtung von einem Brand nahe Yosemite entstand bei ISO 1600 deutliches Bildrauschen, was ich jedoch in Lightroom reduzieren konnte (2).

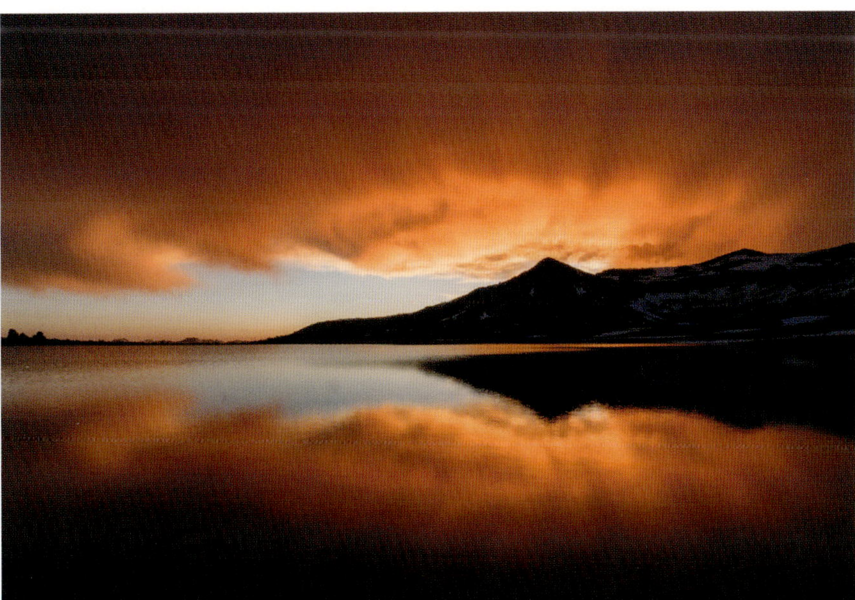

1

2

Rauschen in den Tiefen

Zwar wurde diese Szene in den Bergen des Yosemite bei ISO 100 aufgenommen, dennoch war der Kontrast sehr hoch und beim Aufhellen der Tiefen und Reflexionen entstand Bildrauschen (1). Dieses reduzierte ich selektiv mit dem Korrekturpinsel in Lightroom (2).

Lichter wiederherstellen

Auf diesem Bild auf South Carolina waren die hellsten Wolken ausgewaschen. Da es sich jedoch um eine Raw-datei handelte, konnte ich die Details in den Wolken mittels Bildbearbeitungssoftware wiederherstellen. Bei JPEGs sind überbelichtete Lichter nicht zu retten.

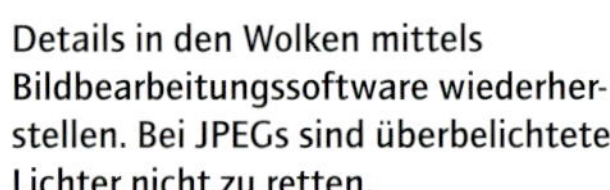

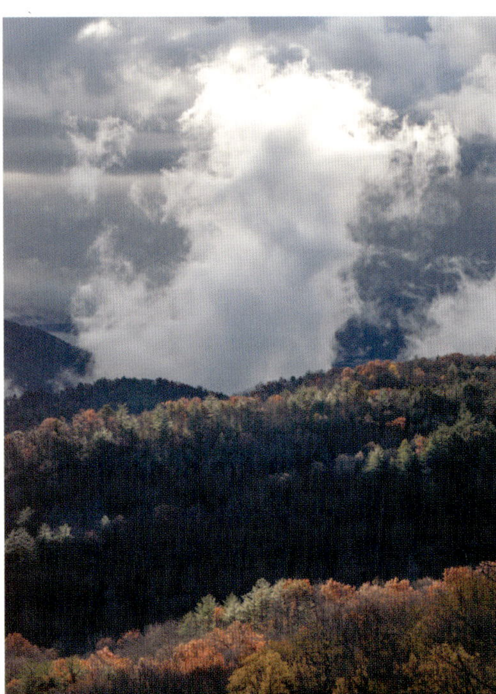

1

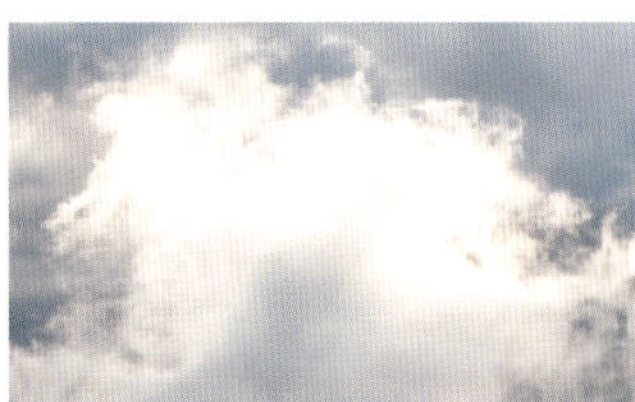

2

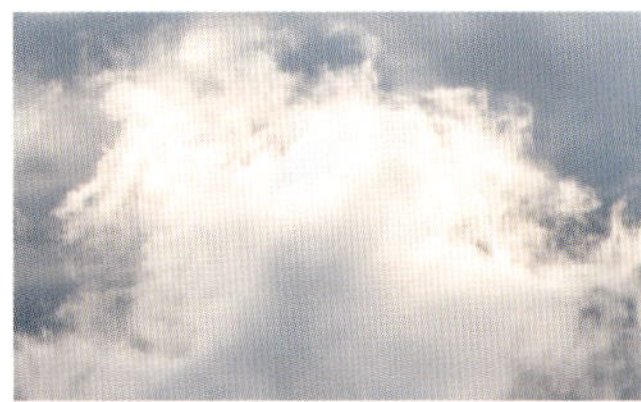

3

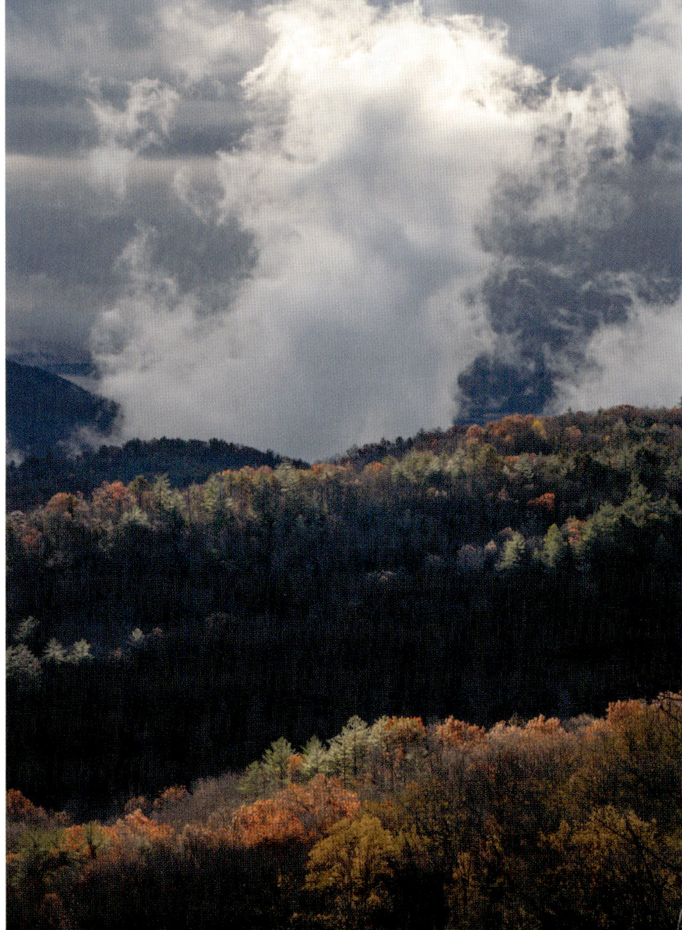

4

1 Original Raw-Datei
2 Detailansicht der überbelichteten Wolken der original Raw-Datei
3 Detailansicht der wiederhergestellten Lichter
4 Verarbeitete Raw-Datei

Kameraeinstellungen

Raw vs. JPEG

Dieses Thema wird von Befürwortern beider Seiten immer wieder heiß diskutiert. In Wirklichkeit hat jeder Modus seine Vor- und Nachteile. Bei JPEGs handelt es sich um Raw-Dateien, die bereits in der Kamera verarbeitet und in das JPEG-Format komprimiert wurden. Aufgrund einiger Einstellungen, die in der Kamera vorgenommen werden, kann das Bild später nur schwer verändert werden, jedoch sind die Dateien deutlich kleiner.

Raw

Vorteile:

- Belichtungsfehler lassen sich leicht korrigieren. Überbelichtete Lichter können manchmal gerettet werden.
- Größerer Dynamikumfang (bessere Möglichkeit, Tiefen- und Lichterdetails zu erhalten).
- Bessere Korrektur des Weißabgleichs.
- Scharfzeichnen, Kontrast- und Sättigungseinstellungen werden erst nach der Verarbeitung vorgenommen und können individuell auf das Bild angepasst werden.
- Alle Original-Bilddaten bleiben erhalten.
- Größere Auswahl der Farbräume (Adobe RGB, sRGB, etc.).

Nachteile:

- Größere Dateien benötigen mehr Speicherplatz – sowohl auf der Speicherkarte der Kamera als auch auf der Festplatte des Computers.
- Das Schreiben der Bilder auf die Festplatte dauert länger.
- Nicht alle Programme können Raw-Dateien lesen. Inzwischen gibt es aber einige exzellente Programme wie Adobe Photoshop Lightroom oder Apple Aperture, die direkt mit Raw-Dateien arbeiten können.

JPEG

Vorteile:

- Benötigen weniger Speicherplatz.
- Die Bilder werden schneller auf die Festplatte geschrieben.
- Viele Programme, inklusive Webbrowser, PowerPoint etc., können die Bilder direkt anzeigen.

Nachteile:

- Belichtungsprobleme lassen sich schwieriger korrigieren.
- Besitzen einen kleineren Dynamikumfang (es ist schwieriger, Details sowohl in den Tiefen als auch in den Lichtern zu erhalten).
- Schwierigere Korrektur des Weißabgleichs.
- Schärfe, Kontrast und Sättigung werden bereits in der Kamera eingestellt und lassen sich später nur schwer oder gar nicht korrigieren.
- Die Originaldaten verschwinden, sobald das Bild in der Kamera verarbeitet wird.
- Kleinere Auswahl der Farbräume.

JPEGs sind wie Dias und Raw-Dateien wie Negative. Bei JPEGs werden die meisten Entscheidungen über das Aussehen des Bildes bereits getroffen, bevor der Auslöser gedrückt wird – im Nachhinein lassen sich nur noch einige wenige Optionen anpassen. Raw-Dateien müssen immer verarbeitet werden und enthalten deutlich mehr Tiefen- und Lichterdetails – wie Negative. Raw-Bilder können unterschiedlich interpretiert werden: mit viel oder wenig Kontrast, einer starken oder schwachen Sättigung etc.

Wenn Adams, Porter oder Weston heutzutage mit einer Digitalkamera arbeiten könnten, würden sie sicherlich alle im Raw-Modus fotografieren. Denn die Meister wollen die beste Bildqualität mit den meisten Informationen und den besten Möglichkeiten, spätere Änderungen vorzunehmen. Das gilt vor allem für Landschaftsaufnahmen, wo es nicht so sehr darauf ankommt, die Dateien schnell auf die Festplatte zu schreiben. Henri Cartier-Bresson würde vielleicht im JPEG-Modus fotografieren, Adams jedoch nicht.

Viele Fotografen lassen sich von Raw-Dateien unnötigerweise einschüchtern. Man kann ganz einfach mit ihnen umgehen. Selbst Schnappschüsse und Tierfotos nehme ich im Raw-Format auf, denn dann lassen sich Fehler leichter korrigieren – und Fehler (vor allem in der Belichtung) passieren bei sich schnell bewegenden Objekten sehr leicht. Zwei der größten Nachteile des Raw-Formats sind schon fast verschwunden: Speichermedien werden von Tag zu Tag günstiger und es gibt immer mehr Software, die Raw-Dateien direkt verarbeiten kann. Der Hauptnachteil ist, dass es deutlich länger dauert, die Dateien zu schreiben. Wenn Ihre Kamera 27 Serienbilder im JPEG-Format aufnehmen kann, dann sind es im Raw-Format lediglich 9 Aufnahmen. Für Sport- und Tierfotografen ist das JPEG-Format deshalb deutlich besser geeignet – Sie müssen eben besser auf die Belichtung achten.

Die meisten Kameras können gleichzeitig Raw- und JPEG-Dateien aufnehmen – allerdings dauert das noch länger und es wird noch mehr Speicherplatz benötigt. Entscheiden Sie sich lieber für das eine oder das andere. Nehmen Sie JPEGs auf, wählen Sie die größte Dateigröße und die beste Qualität.

Bildstile

Bei den meisten Kameras können Sie zwischen verschiedenen Bildstilen oder Aufnahmemodi wählen, wie Standard, Porträt, Neutral, Landschaft etc. Diese Einstellungen gelten nur für JPEGs. Raw-Dateien sehen immer gleich aus, wenn Sie sie in der Software anschauen, egal, welcher Stil in der Kamera eingestellt ist. Auf dem Kameradisplay (und den begleitenden Histogrammen) sind jedoch JPEGs zu sehen, die die Kamera entsprechend des gewählten Stils erzeugt. Bei den meisten Kameras entsteht die Vorschau aus dem Standard-Stil und kommt der Raw-Datei am nächsten.

Bei JPEGs sorgt der Landschaft-Stil für Biss und Kontrast, wobei zu viel Kontrast bei den meisten Landschaftsaufnahmen ein Nachteil ist: Details in Lichtern und Schatten gehen verloren. Darum empfehle ich auch bei JPEGs den Standard-Stil.

Kontrast

Der Kontrast kann für jeden Bildstil eingestellt werden. Wieder betrifft das nur JPEGs, aber vielleicht wollen Sie mit dieser Einstellung experimentieren, damit die Vorschau auf dem Kameradisplay besser zur unverarbeiteten Raw-Datei passt.

Bei JPEGs empfehle ich eine möglichst niedrige Kontrasteinstellung. Eine der Grundregeln bei digitalen Aufnahmen ist: Der Kontrast lässt sich leicht erhöhen, aber nur sehr schwer verringern. Zwar können Ihre Bilder bei einer geringen Kontrasteinstellung in der Kamera flau wirken, das lässt sich jedoch später leicht beheben, außerdem profitieren Sie von mehr Details in den Tiefen und LIchtern kontrastreicher Szenen.

Schärfen

Auch die Schärfe-Einstellungen lassen sich für jeden Bildstil einstellen. Zwar sollten Sie Ihre Bilder unbedingt scharfzeichnen, aber nicht hier: Ich empfehle, in der Kamera nicht oder nur wenig scharfzuzeichnen. Durch zu starkes Schärfen enstehen hässliche Artefakte wie Leuchtstreifen um Kanten, die sich später in der Software kaum beheben lassen. Eine konservative Herangehensweise ist hier also besser. Wieder gilt das nicht bei Raw-Dateien.

1

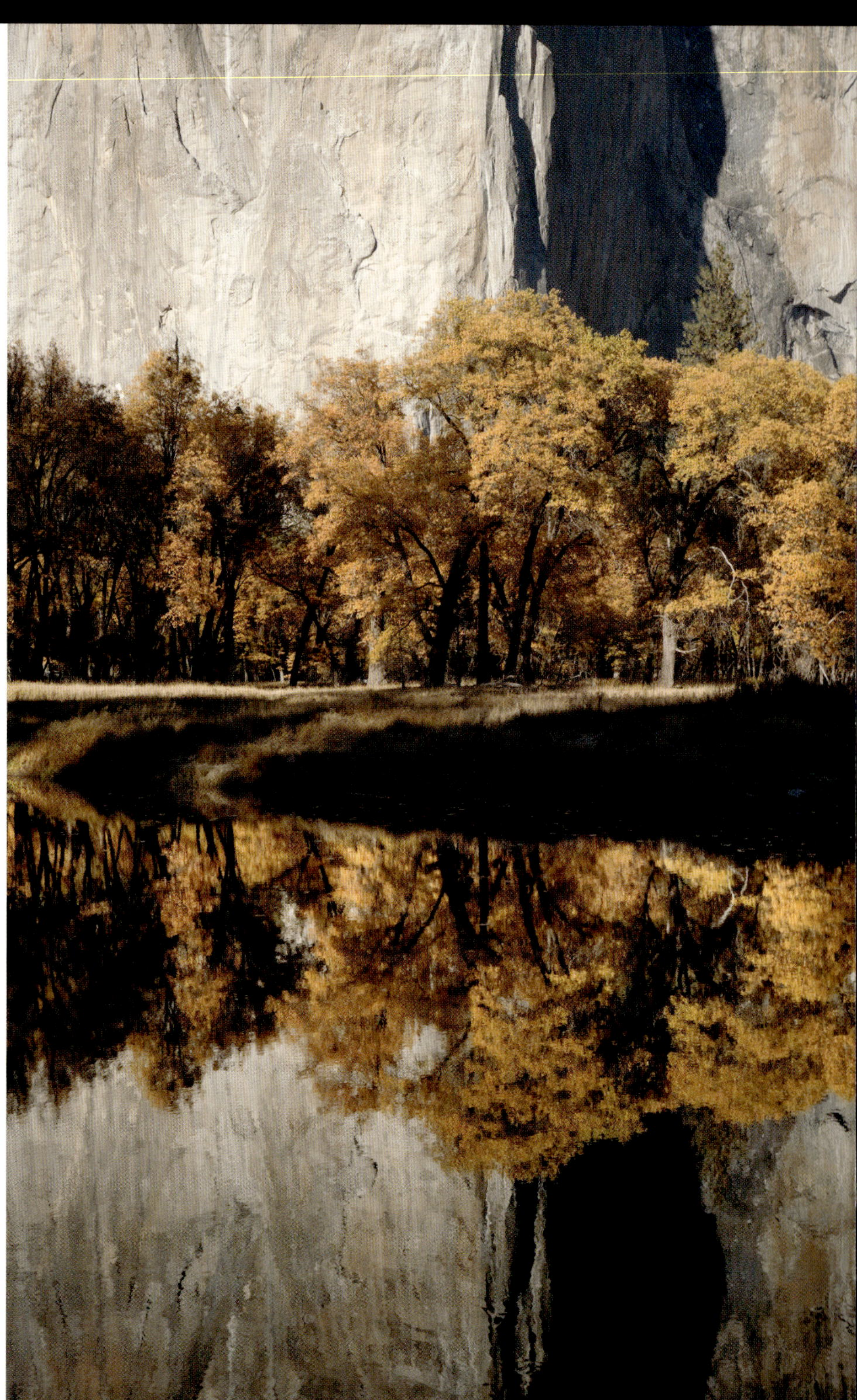

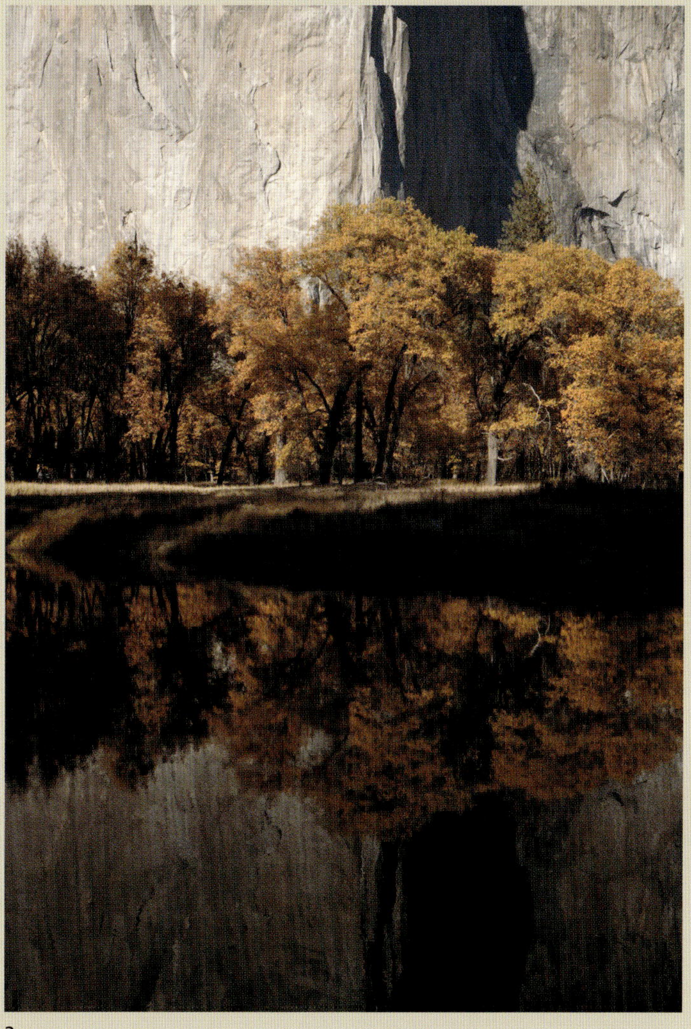
2

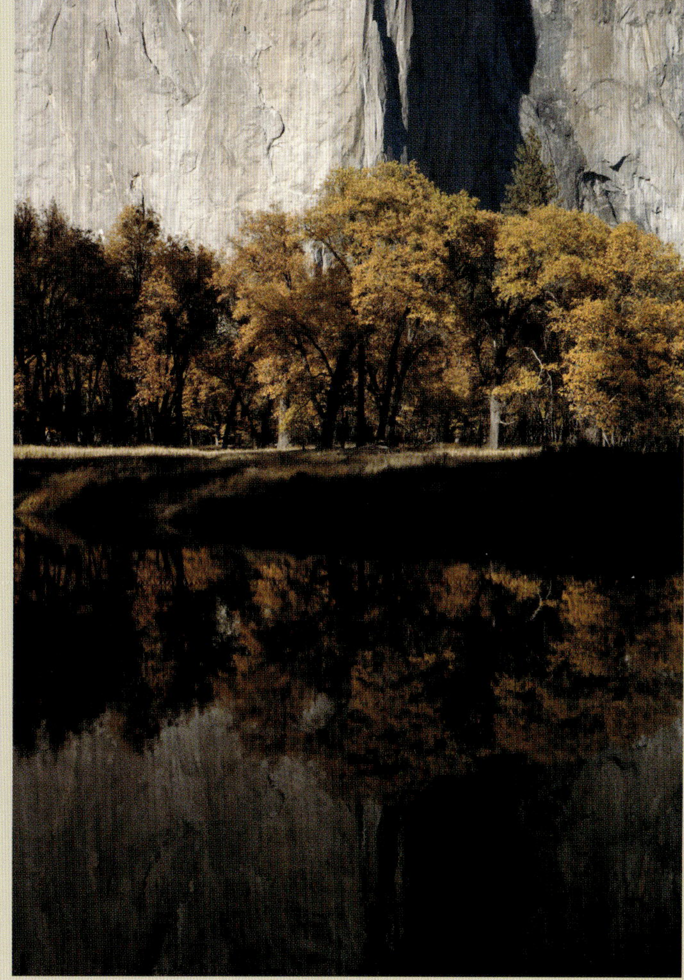
3

1 verarbeitete Raw-Datei
2 Raw-Original
3 JPEG-Original

Kontrast in Raw- und JPEG-Dateien

Das Original-JPEG ist kontrastreicher als die Raw-Datei, auch wenn in der Kamera die kleinste Kontrasteinstellung gewählt wurde. Die Tiefen im JPEG sind vollständig schwarz, während in der Raw-Datei in diesen Bereichen noch Spuren von Details zu erkennen sind. Ich konnte den unteren Bereich des Raw-Bildes aufhellen und noch mehr Details herausarbeiten – das ist beim JPEG nicht möglich.

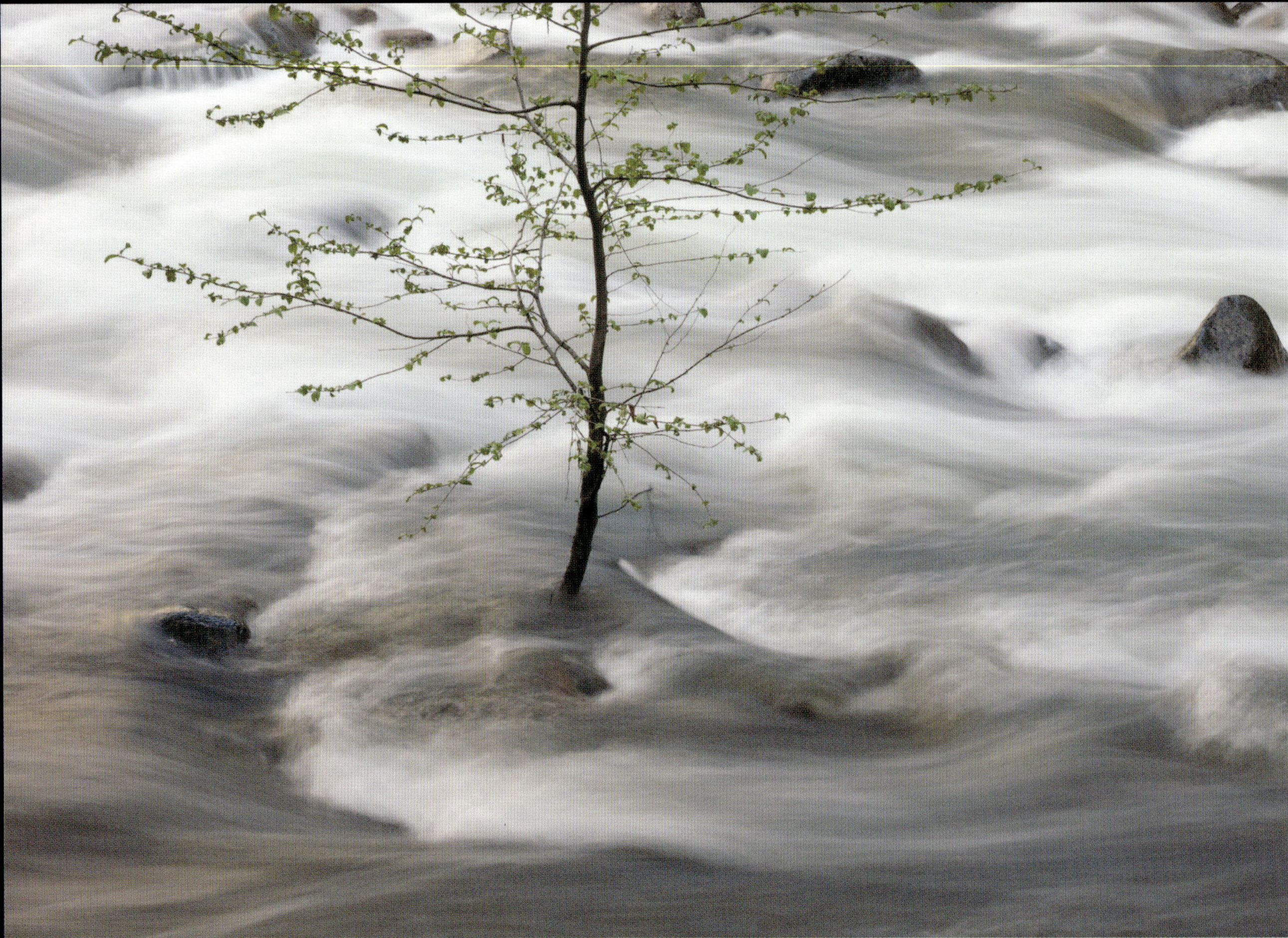

1. Ein fester Untergrund
Ein Stativ sorgt dafür, dass Bäume und Steine während der Belichtungszeit von einer Sekunde scharf abgebildet werden.

2. Bewegungen einfrieren
Die Verschlusszeit von 1/250 s war ausreichend, um die Bewegung eines Wasserfalls im Vosemite Nationalpark einzufrieren.

3. Manueller Fokus
Wenn der Autofokus nicht funktioniert, wechseln Sie in den manuellen Fokus, wie ich es hier getan habe.

1

SCHÄRFE KONTROLLIEREN

Wollen Sie jeden einzelnen Grashalm deutlich ablichten oder das Bild leicht weichzeichnen? Die Entscheidung liegt bei Ihnen. Sie sollten in der Lage sein, jedes Detail so darzustellen, wie Sie es wünschen und Weichzeichnung erzielen, wenn es passt. Schärfe – auch wenn sie fehlt – ist ein wunderbares Werkzeug.

Zunächst müssen Sie jedoch die Regeln lernen, bevor Sie sie brechen können. Sie müssen also wissen, wie Sie alles scharf darstellen, bevor Sie mit Weichzeichnungen beginnen. Wir sehen uns zunächst Gründe für versehentliche Unschärfe an und wie Sie diese vermeiden.

Kameraverwacklungen

Fotografieren Sie mit einer eher langen Belichtungszeit aus der Hand, dann haben Sie das Rezept für unscharfe Bilder. Abhilfe ist jedoch ganz einfach: ein Stativ. Ein Stativ ist für die Landschaftsfotografie genauso wichtig wie die Kamera oder das Objektiv. Die Leute geben sehr viel Geld für teure Kameras und tolle Objektive aus und sparen dann am Stativ. Kaufen Sie sich ein gutes Stativ! Es sollte robust sein, so groß, dass Sie auf Augenhöhe fotografieren können und leicht zu bedienen. Am Ende müssen Sie damit zurechtkommen.

Sie sollten auf jeden Fall im Besitz eines Fernauslösers oder einer Fernbedienung sein, sonst bewegt sich die Kamera auch auf einem Stativ immer ein wenig, wenn Sie den Auslöser betätigen. Manchmal geht auch der Selbstauslöser, wenn Sie jedoch das Stativ für ein Blumenfoto aufstellen und dann zehn Minuten lang warten, dass sich der Wind – zumindest für eine Sekunde – legt, dann wünschten Sie sich sicherlich einen Fernauslöser. Bildstabilisatoren sind auch nicht für Stative gedacht und können Ihr Bild sogar verwackeln. Schalten Sie ihn also aus (es sei denn, es gibt eine Stativ-Einstellung).

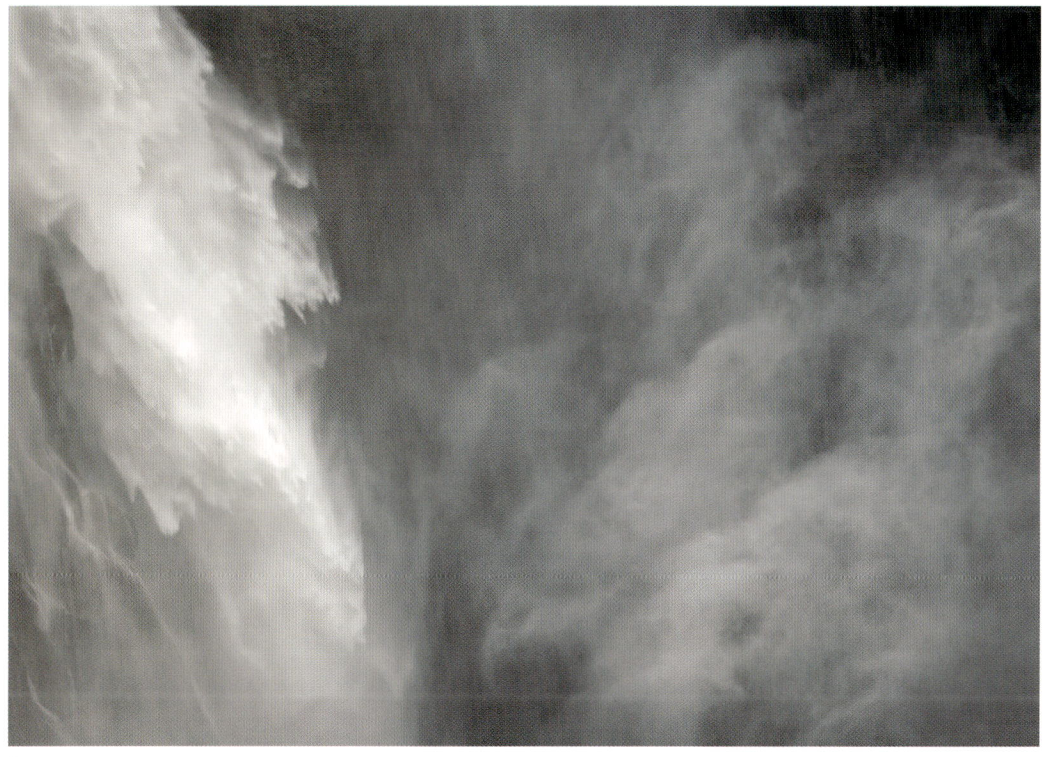

2

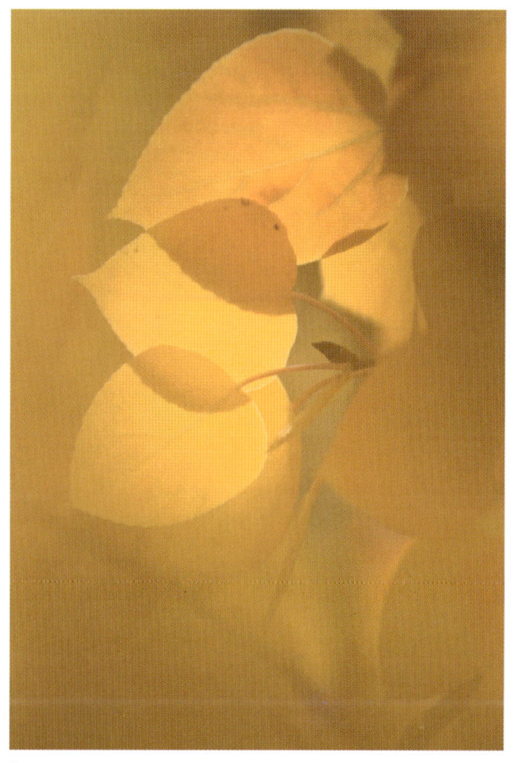

3

Objektbewegungen

Landschaften bestehen nicht nur aus Felsen. Oft haben Sie es auch mit fließendem Wasser, im Wind wehenden Blumen oder Ästen zu tun. Um Bewegungen einzufrieren, benötigen Sie eine kurze Verschlusszeit oder ausreichend Geduld, um darauf zu warten, dass die Bewegungen aufhören. Wie lang muss die Verschlusszeit sein? Das hängt davon ab, wie sich das Objekt im Bildausschnitt bewegt. Eine relativ lange Belichtung friert Bewegungen ein, die sich zu Ihnen hin oder von Ihnen weg bewegen; für Bewegungen quer durch das Bild benötigen Sie eine deutlich kürzere Belichtungszeit. Die Erfahrung ist der beste Lehrer, zoomen Sie in die Vorschau hinein.

Fokus

Manchmal ist eine Aufnahme einfach unscharf! Das kann passieren, wenn sich der Autofokus auf etwas anderes als auf das Hauptobjekt konzentriert. Werden Sie nicht zum Sklaven des Autofokus – wechseln Sie zum manuellen Fokus, wenn nötig. Auf der anderen Seite ist einer der Hauptgründe für unscharfe Fotos darin zu finden, dass Sie vergessen haben, zum Autofokus zurückzuschalten.

Objektivschärfe

Die meisten Objektive sind bei mittleren Blenden wie *f*/8 und *f*/11 am schärfsten. Bei größten Blenden (*f*/2.8 oder *f*/4) werden die Ecken des Bildes etwas unscharf. Bei kleineren Blenden (*f*/16 und *f*/22) sorgt die Diffraktion für eine leichte generelle Unschärfe. Versuchen Sie wenn möglich, mit *f*/8 und *f*/11 zu arbeiten, aber nutzen Sie ruhig auch *f*/16 oder *f*/22 für größere Schärfentiefe. Die Diffraktion ist nur in großen Abzügen zu sehen und lässt sich häufig auch durch Schärfen der Raw-Datei korrigieren (siehe Seite 162).

Schärfentiefe

Die Schärfentiefe bestimmt, wie viel eines Fotos vom Vorder- zum Hintergrund dargestellt wird. Profifotografen nutzen die Schärfentiefe und wissen mit ihr umzugehen, während die meisten Amateure nichts damit anfangen können. Profis wissen, dass sie dieses kritische Element nicht dem Automatikmodus einer Kamera überlassen können.

Meister der Landschaftsfotografie wie Porter, Weston und Adams haben meistens versucht, alles scharf darzustellen - bis sie 1932 die Gruppe *f*/64 (siehe Seite 11) gründeten. Ein Teil ihrer Grundsatzerklärung lautet: »Der Name dieser Gruppe ist von einem Blendenwert des fotografischen Objektivs abgeleitet. Es steht in hohem Maße für die Eigenschaften wie Klarheit und Schärfe des fotografischen Bildes, die für die Arbeit der Mitglieder dieser Gruppe wichtige Gestaltungsmittel sind.«

Heute werden die unterschiedlichsten Stile - auch impressionistische Stile - akzeptiert. Ansel Adams oder Edward Weston nachzuahmen, ist jedoch nie eine schlechte Idee. In den meisten Landschaftsaufnahmen sollte sich deshalb alles im Fokus befinden, es sei denn, es gibt einen speziellen Grund, der dagegen spricht - beispielsweise wenn die Aufmerksamkeit auf ein bestimmtes Objekt gerichtet werden soll.

Faktoren, die die Schärfentiefe beeinflussen

Das Objektiv

Theoretisch besitzt ein Teleobjektiv dieselbe Schärfentiefe wie ein Weitwinkelobjektiv. Das trifft jedoch nur zu, solange Sie von der Vergrößerung und nicht vom Abstand zwischen Kamera und Objekt sprechen. Allerdings tendieren wir dazu, eher auf die Distanz zu gehen als auf die Vergrößerung. In diesem Zusammenhang erzeugen Weitwinkelobjektive eine größere Schärfentiefe. Bei *f*/22 kann mit einem 28-mm-Objektiv alles von 1 m bis in die Unendlichkeit scharf sein; bei einem 100-mm-Objektiv und derselben Blende kann der scharfe Bereich nur zwischen 4 m und der Unendlichkeit liegen.

Sensorgröße

Die meisten digitalen Spiegelreflexkameras sind mit kleinen Sensoren in APS-Größe ausgestattet. Mit diesen Kameras ist es einfacher, alles im Fokus darzustellen, weil Sie mit kürzeren Objektiven arbeiten können. Mit 35-mm-Film oder einem Vollformatsensor brauchen Sie ein 32-mm-Objektiv, um dieselbe Sicht zu erhalten wie mit einem 20-mm-Objektiv bei einem APS-Sensor.

Schwache Schärfentiefe

Mit Blende *f*/4 konnte ich den Großteil dieses Sonnenhuts scharf ablichten; die weit geöffnete Blende verwandelt die Blumen im Hintergrund in gelbe Farbtupfer.

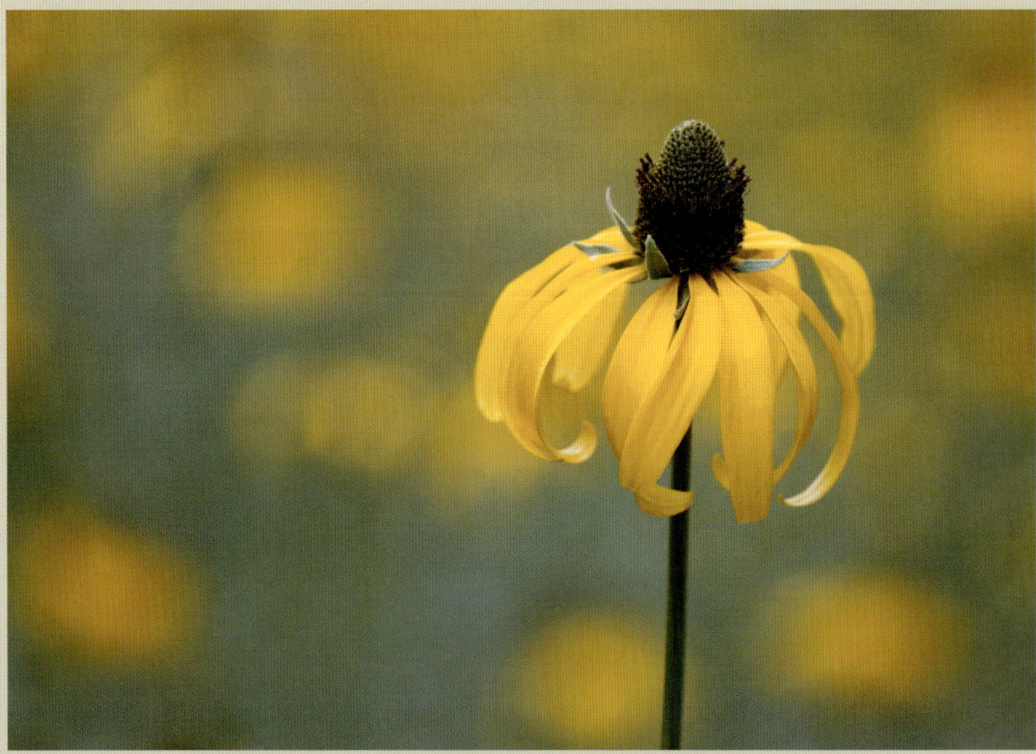

Blende oder Blendenstufe
Je kleiner die Blende, desto größer die Schärfentiefe. Ist *f*/22 eine kleine oder große Blende? Und was ist mit *f*/4? Hier eine einfache Merkhilfe: Je größer die Blendenzahl, desto größer die Schärfentiefe; je kleiner die Blendenzahl, desto kleiner die Schärfentiefe. Eine große Blendenzahl, z.B. *f*/16 oder *f*/22, erzeugt also eine große Schärfentiefe; eine kleine Zahl wie *f*/4 oder *f*/5,6 sorgt für eine schwache Schärfentiefe.

Falls Sie eher der mathematische Typ sind, hilft es vielleicht zu wissen, dass diese Zahlen Brüche bzw. verhältnisse sind. *f*/8 bedeutet 1/8; *f*/11 bedeutet 1/11; *f*/16 bedeutet 1/16 und so weiter. Größere Blendenzahlen stehen also immer für einen kleineren Bruch, eine kleinere Blende und mehr Schärfentiefe.

Geringe Schärfentiefe

Ein Objekt isolieren

- Nutzen Sie ein Teleobjektiv; je länger, desto besser. Es ist schwierig, mit einem Teleobjektiv alles im Fokus zu halten, dafür ist es einfacher, unerwünschte Dinge außen vor zu lassen.
- Verwenden Sie eine kleine Blendenzahl (eine große Blende) wie *f*/4 oder *f*/5,6 (kleine Zahl, schwache Schärfentiefe).
- Wählen Sie einen möglichst großen Abstand zwischen Objekt und Hintergrund. Je weiter entfernt der Hintergrund ist, desto unschärfer wird er.

Es klingt einfach und ist es auch. Was jedoch, wenn Sie Blende *f*/16 brauchen, um das gesamte Objekt scharf abzulichten, der Hintergrund aber trotzdem unscharf werden soll? Machen Sie eine Aufnahme, die Sie sich auf dem LCD der Kamera ansehen – vielleicht sieht der Hintergrund okay aus. Wenn nicht, überlegen Sie, ob die Blume komplett scharf sein muss. Vielleicht fokussieren Sie nur die wichtigsten Teile und wählen *f*/4 oder *f*/5,6.

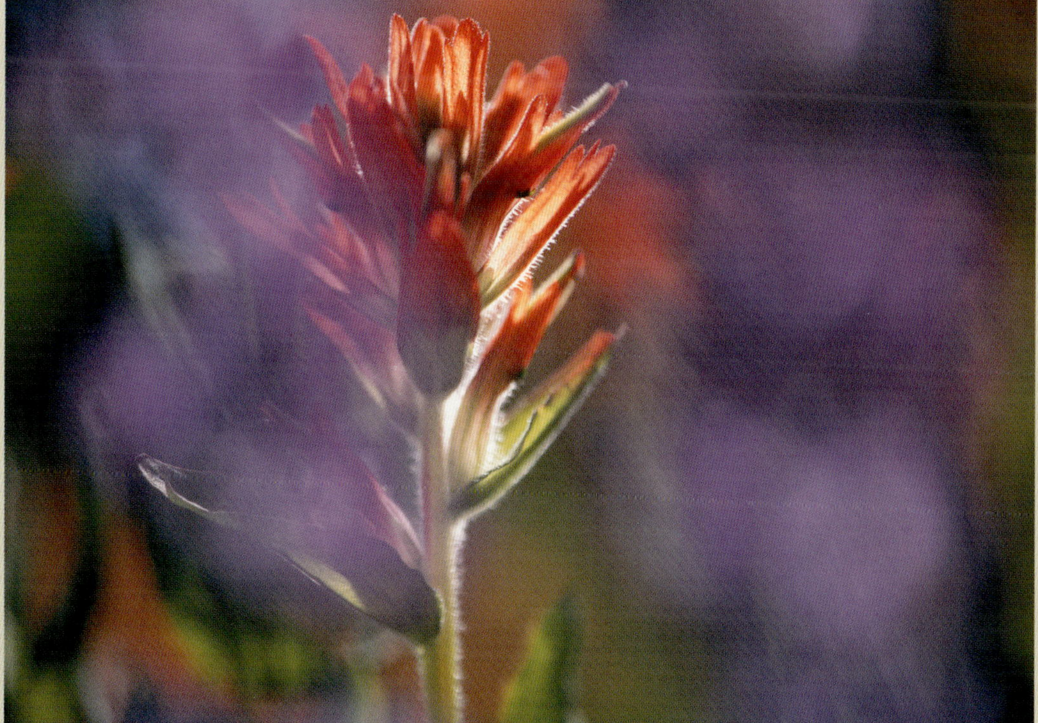

Verwaschene Farben

Ich versuche, unscharfe Blumen zwischen der Kamera und dem Hauptobjekt zu platzieren, um die Farben etwas zu verwaschen. Der Fokuspunkt ist wichtig, denn nur wenn ein Objekt scharf ist, ist es interessant genug, um die Aufmerksamkeit des Betrachters auf sich zu ziehen.

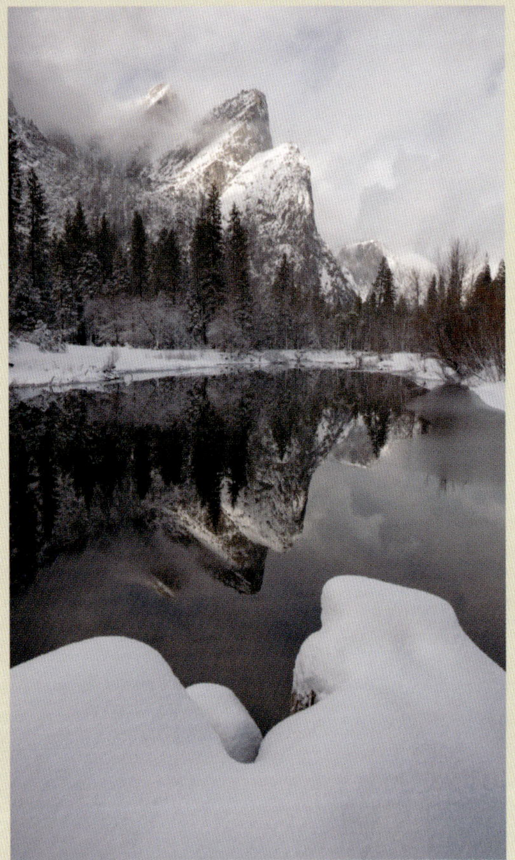

Schärfentiefe mit einem Weitwinkelbjektiv

Der Schnee im Vordergrund ist nur etwa einen halben Meter von der Kamera entfernt, während sich die Berge (die »Drei Brüder«) in der Unendlichkeit befinden. Mit einem sorgfältigen Fokus und Blende *f*/22 sowie einem 24-mm-Objektiv kann alles scharf dargestellt werden.

Tolle Schärfentiefe

Alles im Fokus

Solange Sie kein Objekt in Ihrem Motiv isolieren wollen, sollten Sie versuchen, alles im Fokus zu halten. Machen Sie keine halben Sachen: Stellen Sie alles scharf dar oder isolieren Sie ein Objekt.

Wie bekommen Sie alles in den Fokus?

1) Wählen Sie ein Objektiv und den Bildausschnitt.

2) Fokussieren Sie irgendwo zwischen Vorder- und Hintergrund. Sie sollten dafür den manuellen Fokus verwenden. Wo genau sollten Sie fokussieren? Manche sagen, ungefähr ein Drittel zwischen dem Objekt, das sich am nächsten zur Kamera befindet und dem am entferntesten. Aber was ist ein Drittel zwischen einem halben Meter und Unendlichkeit? Wenn Sie irgendwo zwischen Vorder- und Hintergrund – eher näher am Vordergrund – fokussieren, sind Sie auf dem richtigen Weg. Schauen Sie durch den Sucher und versuchen Sie, das nächste und das entfernteste Objekt gleichmäßig unscharf abzulichten. Um noch genauer zu sein: Folgen Sie den Schritten im Abschnitt »Fokus für maximale Schärfentiefe«.

3) Nutzen Sie eine große Blendenzahl (eine kleine Blende) wie *f*/16 oder *f*/22. Fixieren Sie die Kamera auf einem Stativ. Bei Motiven ohne Bewegung können Sie einfach die kleinste Blende wählen und auf das Beste hoffen. Diffraktion wird ein Problem sein, aber wenn Sie bei *f*/11 oder *f*/16 alles scharf haben, wird das Foto allgemein auch schärfer sein.

Aber woher wissen Sie, ob das reicht? Skalen für die Schärfentiefe sind selten geworden und Vorschauen schwer einzuschätzen. Allerdings bieten alle Digitalkameras ein großartige Möglichkeit, die Schärfe zu testen: den LCD-Monitor.

Machen Sie eine Aufnahme, wechseln Sie in den Wiedergabe-Modus und zoomen Sie hinein. Sehen Vorder- und Hintergrund genauso scharf aus wie die Mitte? Sehen Sie sich das nächstgelegene und am weitesten entfernte Objekt an. Zoomen Sie nicht zu weit hinein, sonst sieht alles verschwommen aus. Verwenden Sie auch jedes Mal dieselbe Vergrößerungsstufe.

4) Wählen Sie die Belichtungszeit. Bei der Zeitautomatik wird diese automatisch eingestellt; im manuellen Modus müssen Sie sie selbst wählen (siehe Seite 40). Ist das erste Bild zu hell oder zu dunkel, passen Sie die Belichtungszeit an, behalten Sie die Blende jedoch bei.

Kleine Blenden (große Blendenzahl) in schwachen Lichtbedingungen erfordern meistens eine kurze Verschlusszeit. Verwenden Sie ein Stativ! Für eine schnelle Verschlusszeit – um beispielsweise einen Wasserfall einzufrieren – sollte sich mit *f*/8 oder *f*/11 statt mit *f*/16 oder *f*/22 alles im Fokus befinden. Mit einem höheren ISO-Wert können Sie sowohl eine kleine Blende als auch eine schnelle Verschlusszeit nutzen.

5) Drücken Sie auf den Auslöser!

Maximale Schärfentiefe

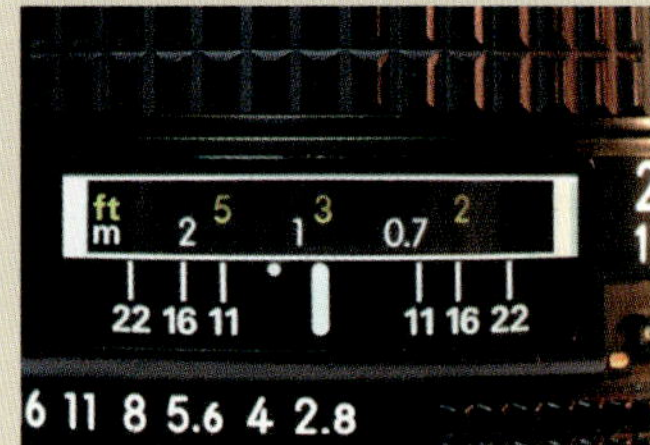

Fokussieren Sie zunächst das Objekt, das sich am nächsten an der Kamera befindet – merken Sie sich den Wert des Fokusrings (hier 3).

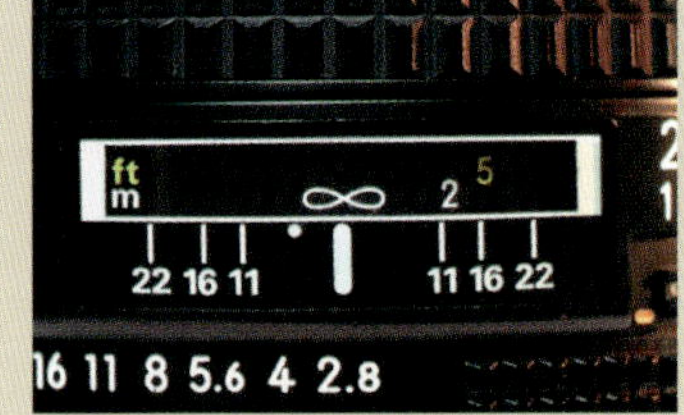

Fokussieren Sie anschließend das Objekt, das sich am weitesten von der Kamera weg befindet und merken Sie sich den Wert auf dem Fokusring (hier Unendlichkeit).

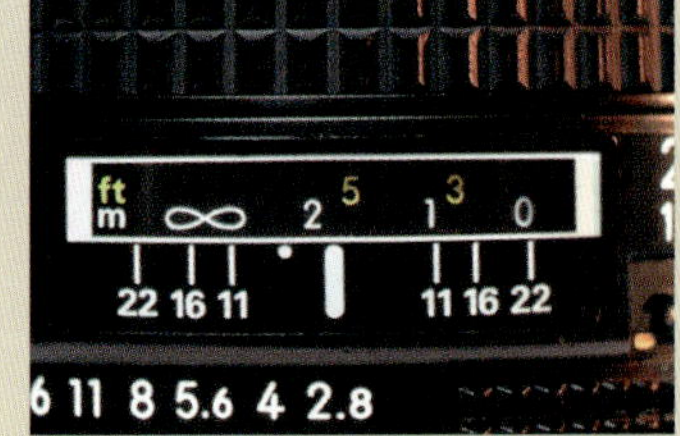

Wählen Sie dann einen Fokus, der genau zwischen diesen beiden Werten liegt.

Den ISO-Wert erhöhen

Dieser stürmische Nachmittag am Mono Lake erforderte eine kurze Verschlusszeit, um sowohl die Bewegungen der Wellen einzufrieren, als auch eine große Schärfentiefe zu erzielen. Ich erhöhte den ISO-Wert auf 400, so dass zwar ein leichtes Bildrauschen entstand, ich aber mit 1/125 s und *f*/16 fotografieren konnte.

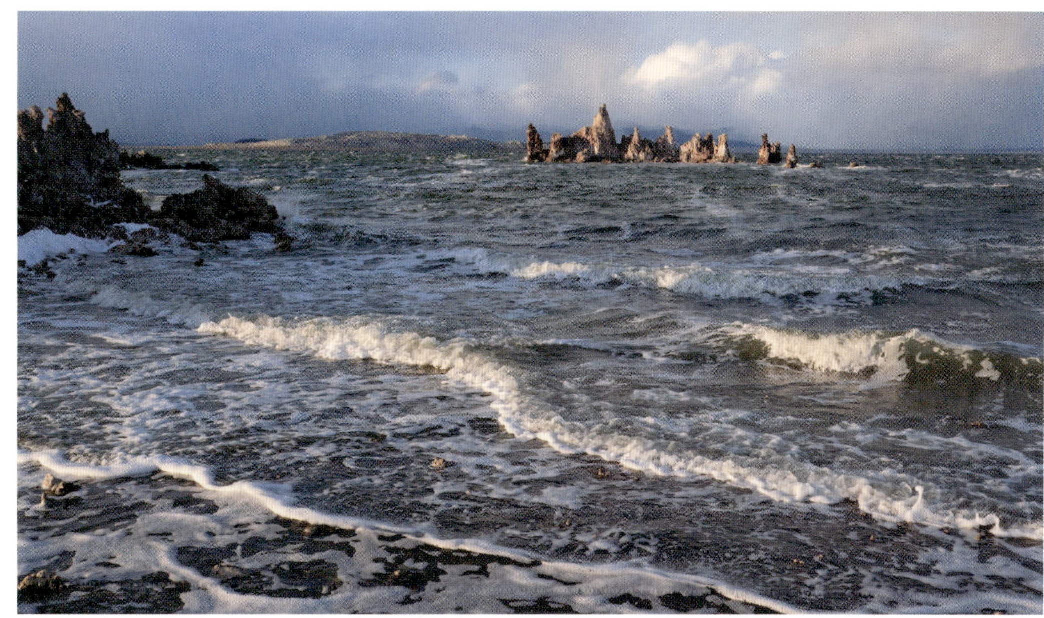

Schärfentiefe mit einem Teleobjektiv

Mit Teleobjektiven kann es schwierig werden, ausreichend Schärfentiefe einzufangen - vor allem bei größeren Kameraformaten. Ich brauchte einen präzisen Fokus und Blende *f*/32, um sowohl den kanadischen Judasbaum im Vordergrund als auch die Felsen im Hintergrund mit meiner Mittelformatkamera (6 × 4,5 cm) und dem 150-mm-Objektiv scharf abzulichten.

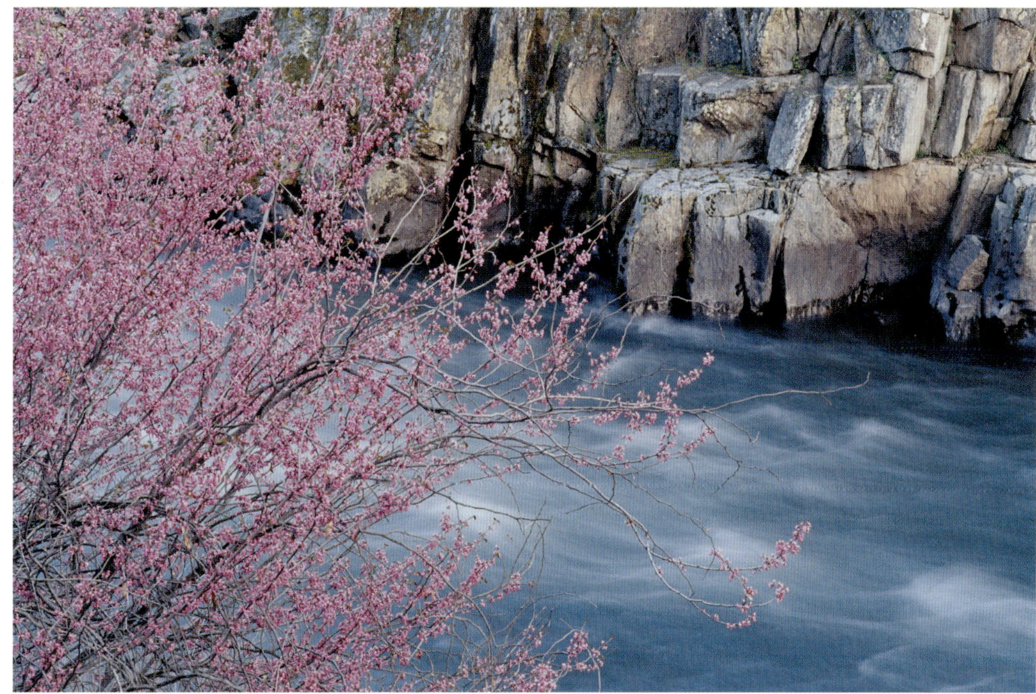

Schärfentiefe mit Focus Stacking ausdehnen

Manchmal reicht selbst die kleinste Blende nicht aus, um alles scharf abzulichten. Adams, Weston und Porter umgingen dieses Problem, indem sie den Fokus ihrer Großformatkamera änderten. Einen ähnlichen Effekt können Sie mit einem Tilt-Shift-Objektiv erreichen. Aber selbst ohne Großformatkamera oder ohne teures Tilt-Shift-Objektiv können Sie die Schärfentiefe ausdehnen – kombinieren Sie einfach mehrere Aufnahmen mithilfe einer Bildbearbeitungssoftware. Wie das geht, erkläre ich Ihnen in Kapitel 3 auf Seite 154. Zunächst müssen Sie jedoch die Bilder aufnehmen, die alle wichtigen Informationen enthalten. Der Fokusbereich sollte zwischen den Aufnahmen überlappen und jeder Teil der Szene muss abgedeckt werden – sollte also mindestens in einer der Aufnahmen scharf sein.

Ich empfehle Ihnen für die Aufnahmen eine mittlere bis kleine Blende. *f*/16 ist eine gute Wahl – sie ist klein genug für etwas Schärfentiefe, aber nicht so klein, um das Bild ernsthaft zu schwächen (viele Objektive verlieren bei der kleinsten Blende an Schärfe).

Sie benötigen unbedingt ein Stativ, um Kamerabewegungen zu vermeiden. Arbeiten Sie mit einer manuellen Belichtung, um eine Konsistenz zwischen den einzelnen Bildern sicherzustellen. Bei JPEGs sollten Sie auch einen manuellen Weißabgleich wählen. Die Reihenfolge ist egal, Hauptsache, Sie behalten sie bei. Sie können zunächst den Vordergrund fokussieren, dann etwas weiter hinten usw. Nutzen Sie die Schärfentiefevorschau der Kamera oder zoomen Sie in die Vorschau hinein, um sicherzustellen, dass sich der Fokus überschneidet.

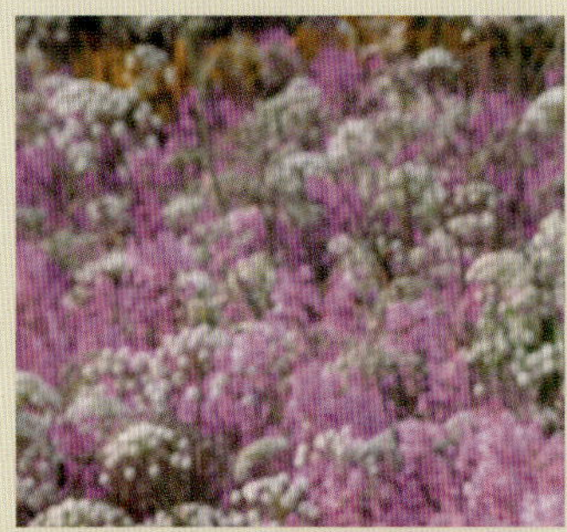

Vergrößerung oben links

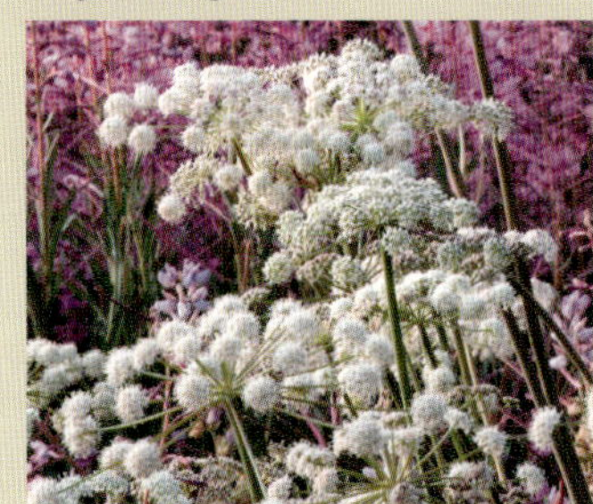

Vergrößerung unten links

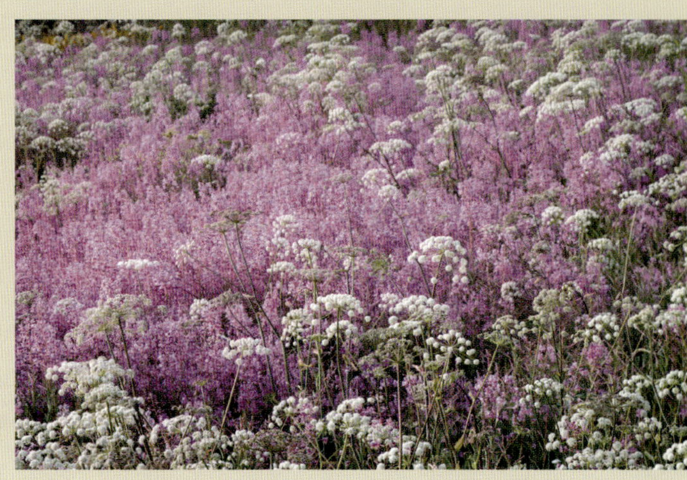

1

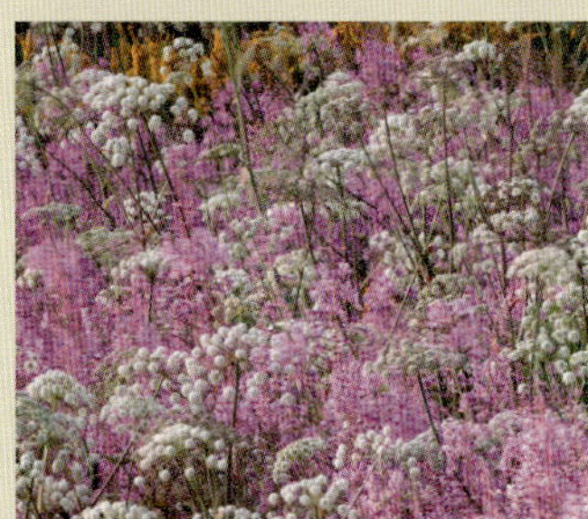

Vergrößerung oben links

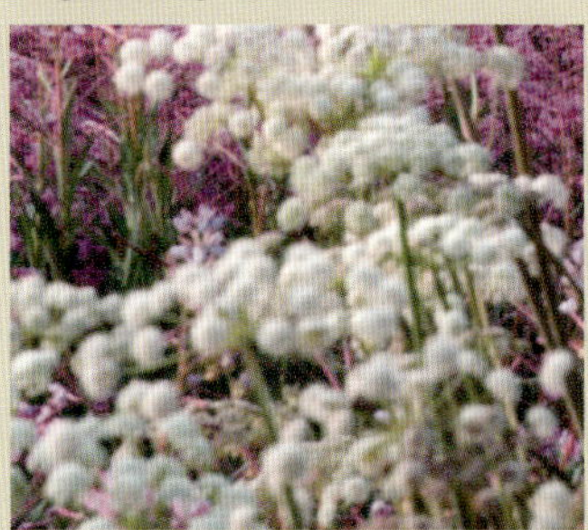

Vergrößerung unten links

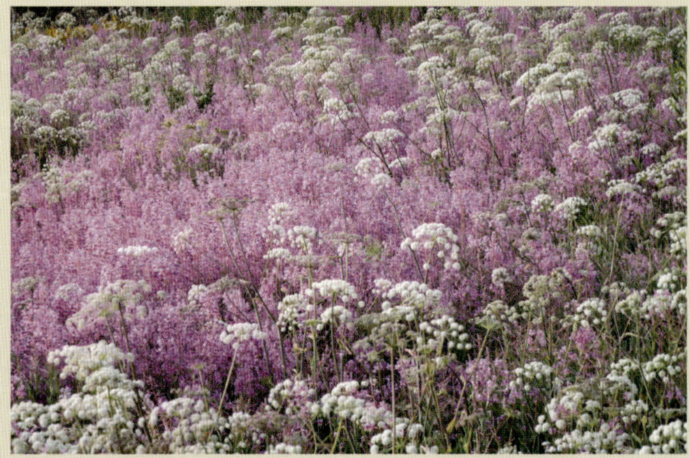

2

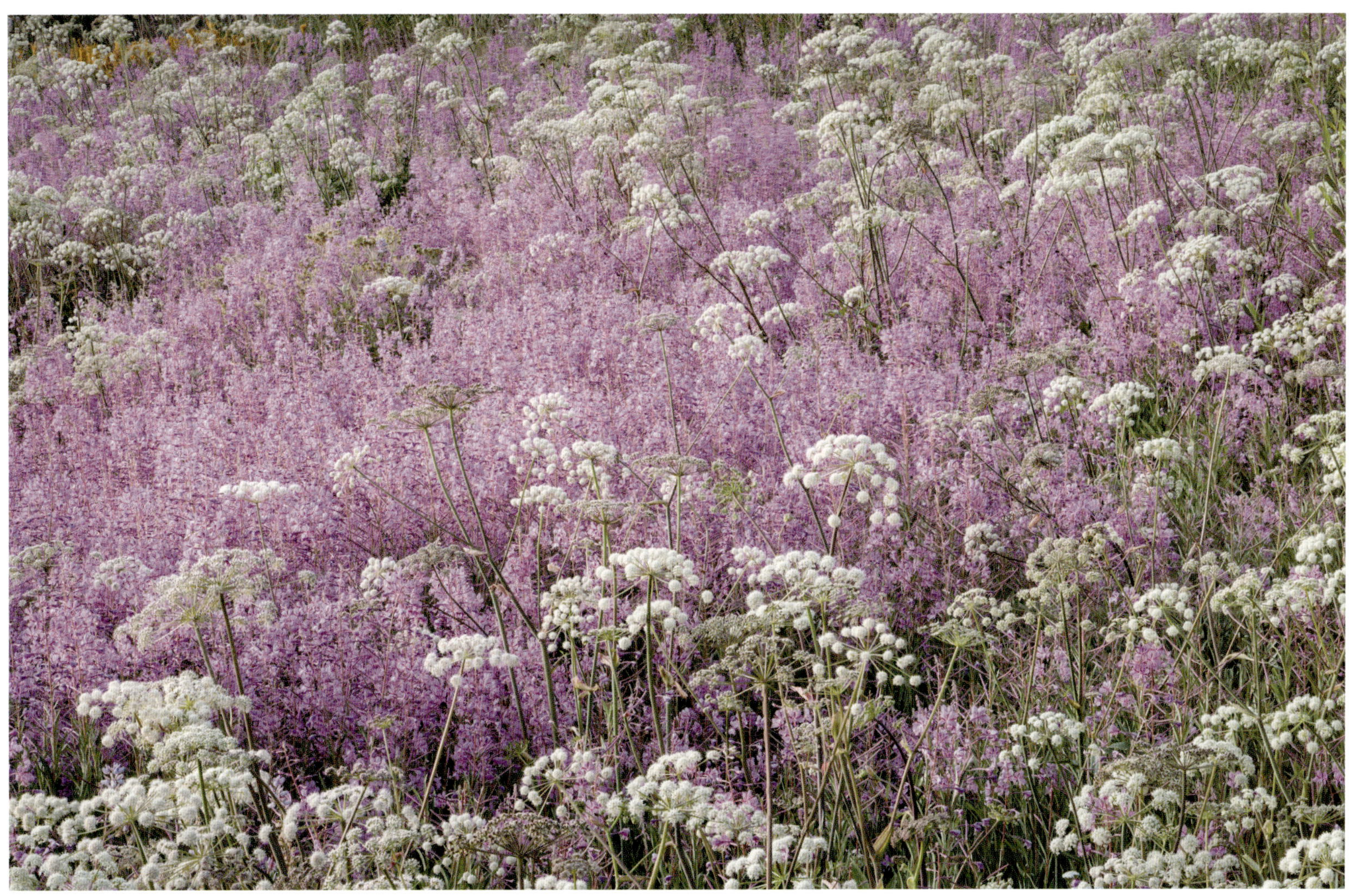

3

Bilder der Schärfentiefe wegen kombinieren

Für diese Szene reichte mir die Schärfentiefe selbst bei der kleinsten Blende nicht aus, also kombinierte ich zwei Aufnahmen. Bei *f*/22 fokussierte ich auf den Vordergrund und machte das erste Bild (1, gegenüber), dann fokussierte ich auf den Hintergrund und machte die zweite Belichtung (2, gegenüber). Ich achtete darauf, dass sich der Fokus bei beiden Aufnahmen überlagerte. Ich überblendete die beiden Bilder mit Helicon Focus, so entstand die finale Version, in der alles scharf ist (3, oben).

FILTER

Filter sorgen nicht dafür, dass schlechte Aufnahmen zu guten Aufnahmen werden, sie können gute Fotos jedoch deutlich besser machen. Ich hatte nie viele Filter dabei. Im heutigen digitalen Zeitalter trage ich eigentlich nur noch Pol- und Neutraldichtefilter bei mir – die anderen verstauben in meiner Kameratasche, denn sie lassen sich in einer Bildbearbeitungssoftware leicht nachstellen.

Polfilter

Das ist der wahrscheinlich nützlichste aller Filter für Landschaftsaufnahmen. Die meisten Leute wissen, dass ein Polfilter einen blauen Himmel abdunkeln und Wolken betonen kann, die Hauptaufgabe dieses Filters kennen sie jedoch nicht: Er kann Reflexionen ausblenden.

Reflexionen verringern

Das erste Wasserfallbild wurde ohne Polfilter aufgenommen, das zweite mit. Beachten Sie, wie der Filter die Reflexionen auf den nassen Steinen minimiert und deren Farben betont.

Denken Sie jedoch auch daran, dass Reflexionen manchmal wichtig sind! Die Spiegelung eines Berges in einem ruhigen See sollten Sie nicht entfernen.

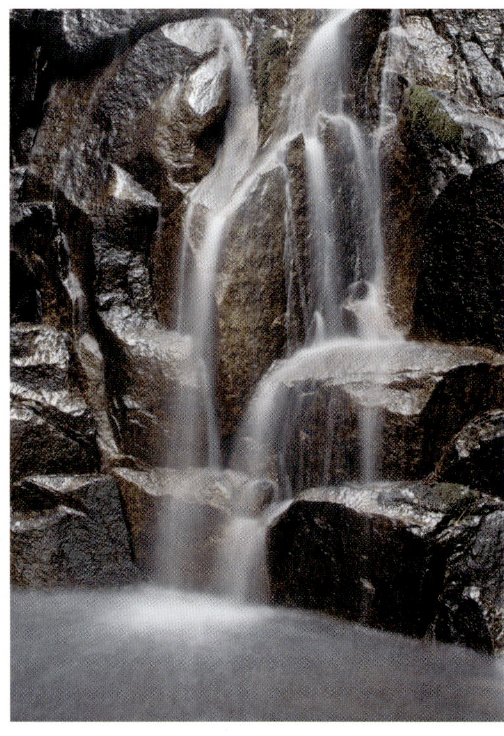

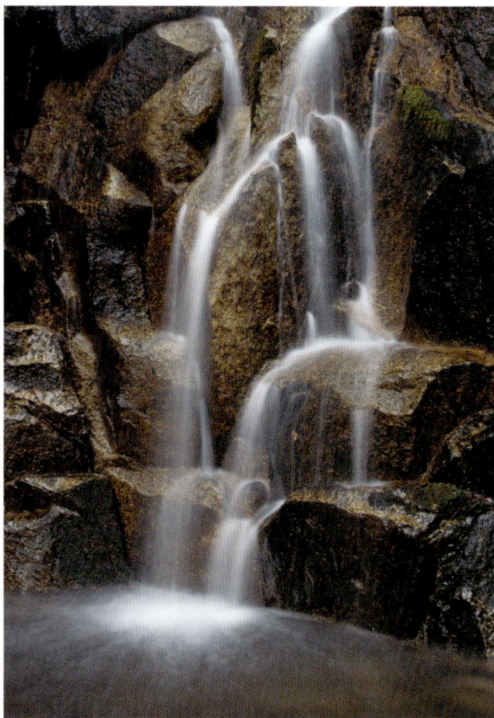

Regenbogen

Wenn Sie den Polfilter auf seine maximale Stärke drehen – so dass Reflexionen verschwinden und der blaue Himmel abgedunkelt wird – lässt er Regenbögen vollständig verschwinden. Wenn Sie ihn von diesem Punkt aus noch einmal um 90 Grad drehen, wird der Regenbogen betont, wie hier zu sehen.

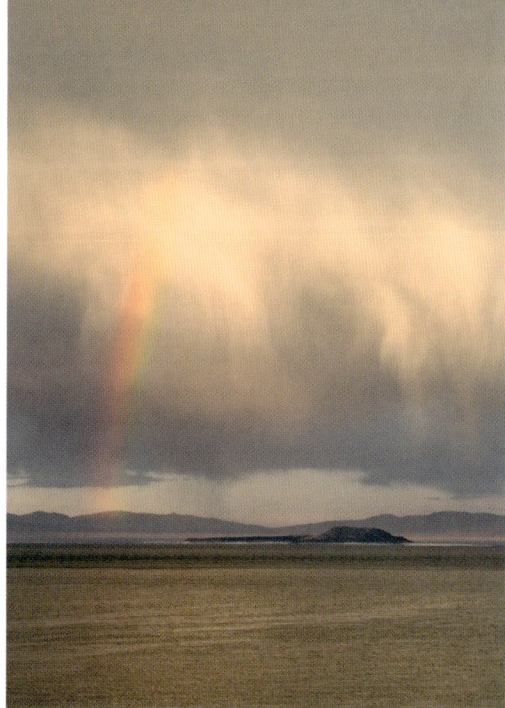

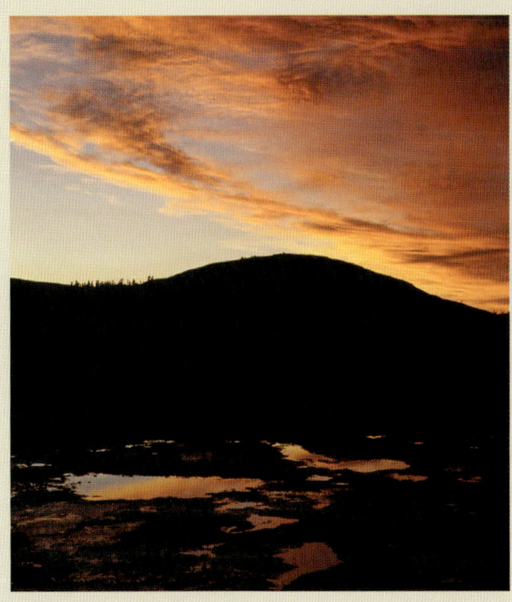

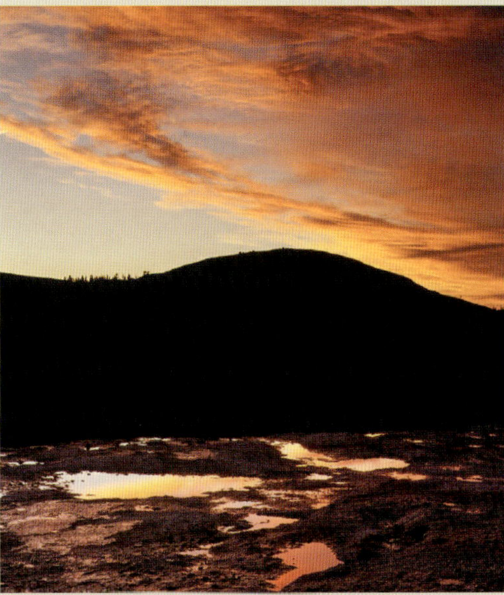

Aufgehellter Vordergrund

Ich verwendete einen Grauverlaufsfilter für die zweite Aufnahme des Pothole Dome, den grauen Bereich legte ich über die obere Bildhälfte. Darum wurde der untere Bildbereich im Verhältnis zum oberen aufgehellt.

Grauverlaufsfilter

Grauverlaufsfilter balancieren den Kontrast zwischen hellen und dunklen Bildbereichen aus. Der Filter ist halb grau und halb klar mit einem Verlaufsübergang zwischen diesen beiden Bereichen. Ich verwendete einen solchen Filter im Foto rechts und platzierte den grauen Bereich des Filters über der oberen Bildhälfte. Beachten Sie, wie der untere Bildbereich im Vergleich zum oberen aufgehellt wurde.

Neutraldichtefilter sind recht teuer und nicht ganz einfach anzuwenden. Ich benutze diesen Filter eigentlich auch nicht mehr, seit ich den Effekt viel besser in Photoshop oder Lightroom reproduzieren kann (siehe Seite 139).

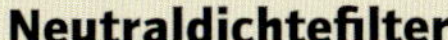

Neutraldichtefilter

Neutraldichtefilter beschränken die Lichtmenge, die den Sensor erreicht, so dass Sie mit langen Belichtungszeiten auch in heller Umgebung arbeiten können. In dieser Meereslandschaft an der Küste Kaliforniens konnte ich durch einen vierstufigen ND-Filter 3 Sekunden lang belichten und so im Wasser ganz weiche Strukturen erzeugen.

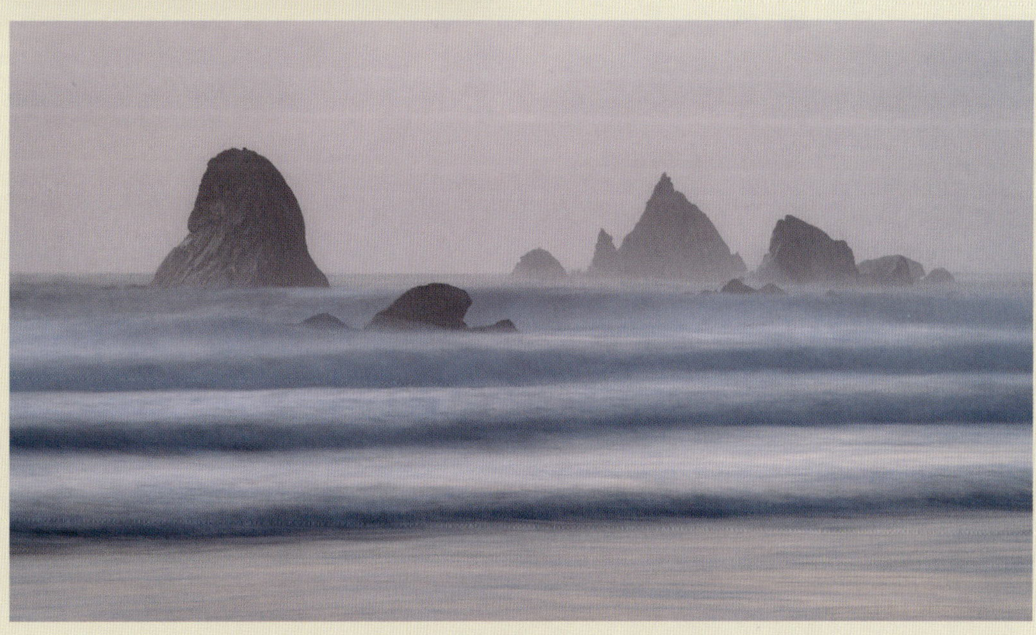

Filter für Schwarzweißaufnahmen

Mehr als ein Jahrhundert haben Fotografen mit Farbfiltern gearbeitet, um Tonwertbeziehungen in Schwarzweißbildern zu verändern. Ein Rotfilter lässt rote Objekte beispielsweise heller erscheinen und dunkelt Objekte, die sich auf der anderen Seite des Farbspektrums befinden – Cyan, Grün und Blau – deutlich ab. Ein Grünfilter hellt grüne Objekte (oder grünnahe Farben wie Gelb und Cyan) auf und dunkelt Rot, Orange und Magenta ab. Ein klassisches Beispiel ist der rote Apfel neben einem grünen Apfel. In einer Schwarzweißaufnahme haben beide Äpfel ohne einen Filter einen mittelgrauen Farbton. Mit einem Rotfilter wird der rote Apfel heller, der grüne dunkler; mit einem Grünfilter wird der grüne heller und der rote Apfel dunkler.

Im digitalen Zeitalter sind diese Filter jedoch nicht mehr vonnöten. Die Umwandlung eines Farbbildes in Graustufen mithilfe einer Software bietet deutlich mehr Möglichkeiten. Es ist möglich, mit dem Pinsel die Farbe eines Motivs zu ändern, bevor ein Filter angewendet wird – beispielsweise um grüne Bäume rot einzufärben und dann einen Rotfilter anzuwenden. Auf Seite 126 zeige ich Ihnen, wie das geht. Selbst wenn Sie also vorhaben, ein Graustufenbild zu erstellen, ist es besser, es ohne jegliche Filter (außer vielleicht einem Polfilter) in Farbe aufzunehmen und dann umzuwandeln.

Im Raw-Modus haben Sie keine Wahl: Raw-Dateien werden immer in Farbe aufgenommen. Falls Ihre Kamera Schwarzweißbilder aufnehmen kann, dann gilt das nur für JPEGs. Aber selbst im JPEG-Modus ist es besser, die Bilder in Farbe aufzunehmen. Den Schwarzweißmodus der Kamera brauchen Sie höchstens, um auszuprobieren, wie eine Szene in Schwarzweiß aussieht. Sie könnten auch gleichzeitig ein Raw und ein JPEG aufnehmen, um zum einen die Schwarzweißversion zu sehen, gleichzeitig aber alle Farbinformationen zu erhalten. Beachten Sie, dass jede Kamera mit der Schwarzweißumwandlung anders umgeht: Einige wandeln die Aufnahme so um, als wäre ein Rotfilter angewendet worden.

1

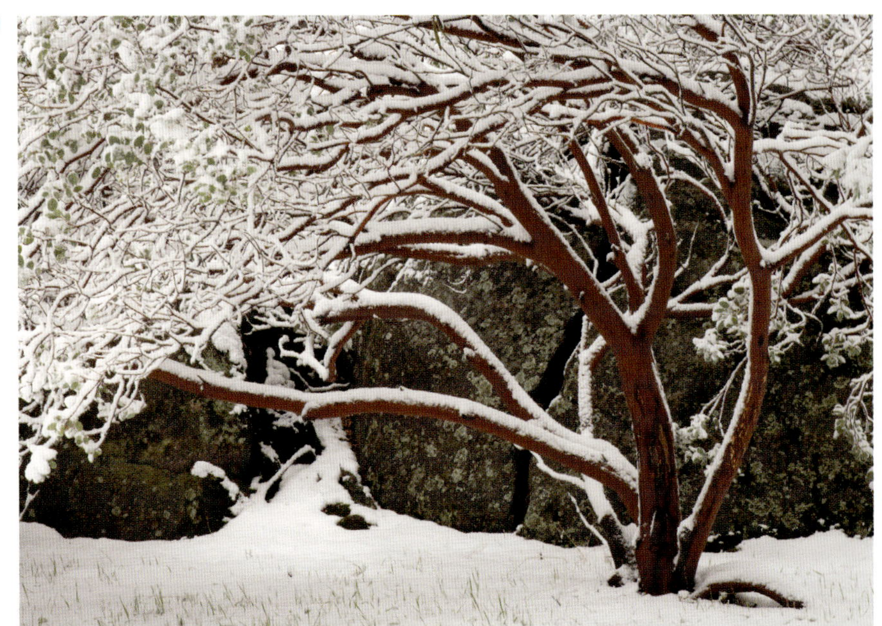

2

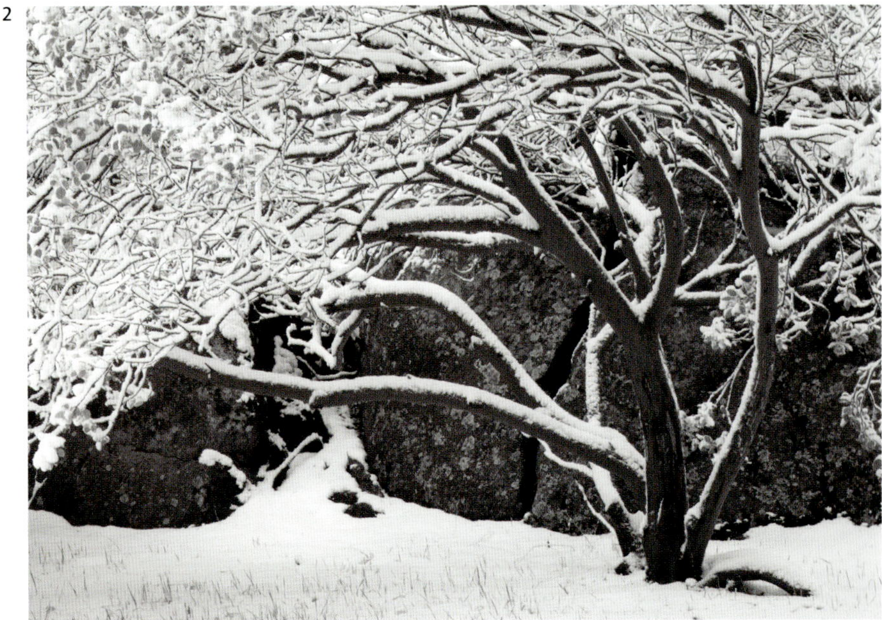

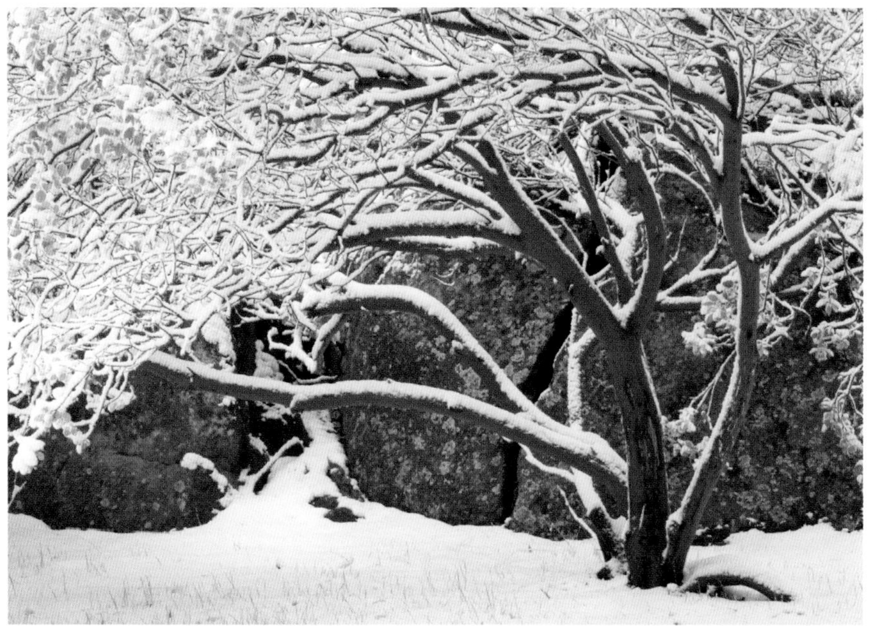
3

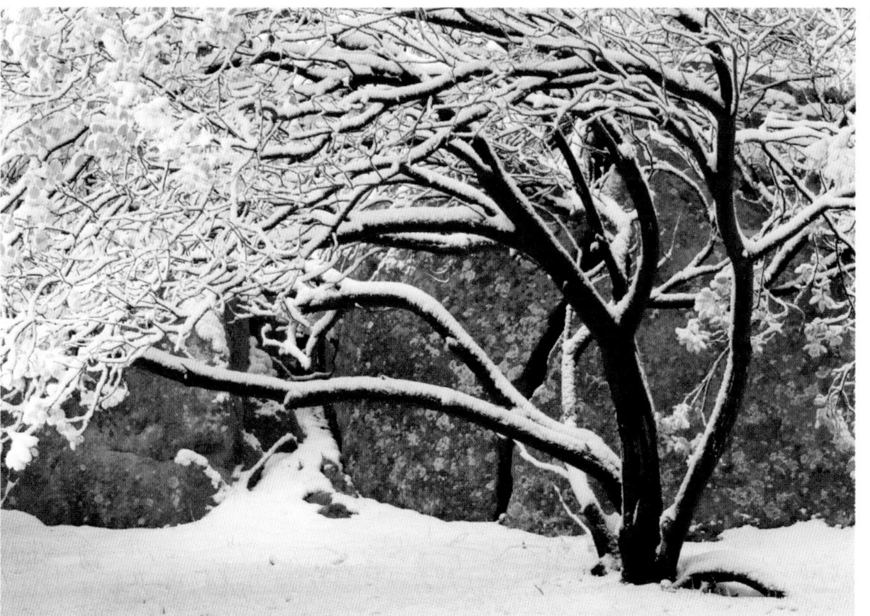
4

Tonwerte trennen

1. Bei diesem Bild handelt es sich ursprünglich um ein Farbfoto.

2. Es wurde ohne irgendwelche Filter in Graustufen umgewandelt. Der Baumstamm geht in den dahinter liegenden Stein über: Beide weisen denselben Grauton auf.

3. Selbst nach der Anwendung des Software-Äquivalents eines Grünfilters ist kaum eine Trennung zwischen Baum und Stein zu erkennen. Ich versuchte es mit Ersatzfiltern aller herkömmlicher Filter, allerdings ohne Erfolg.

4. Dann versuchte ich es damit: Ich änderte die Farbe der Äste in der Software in einen Magenta-Ton und wendete erneut das Äquivalent eines Grünfilters an. Schließlich konnte ich den Stein etwas heller und die Äste etwas dunkler gestalten.

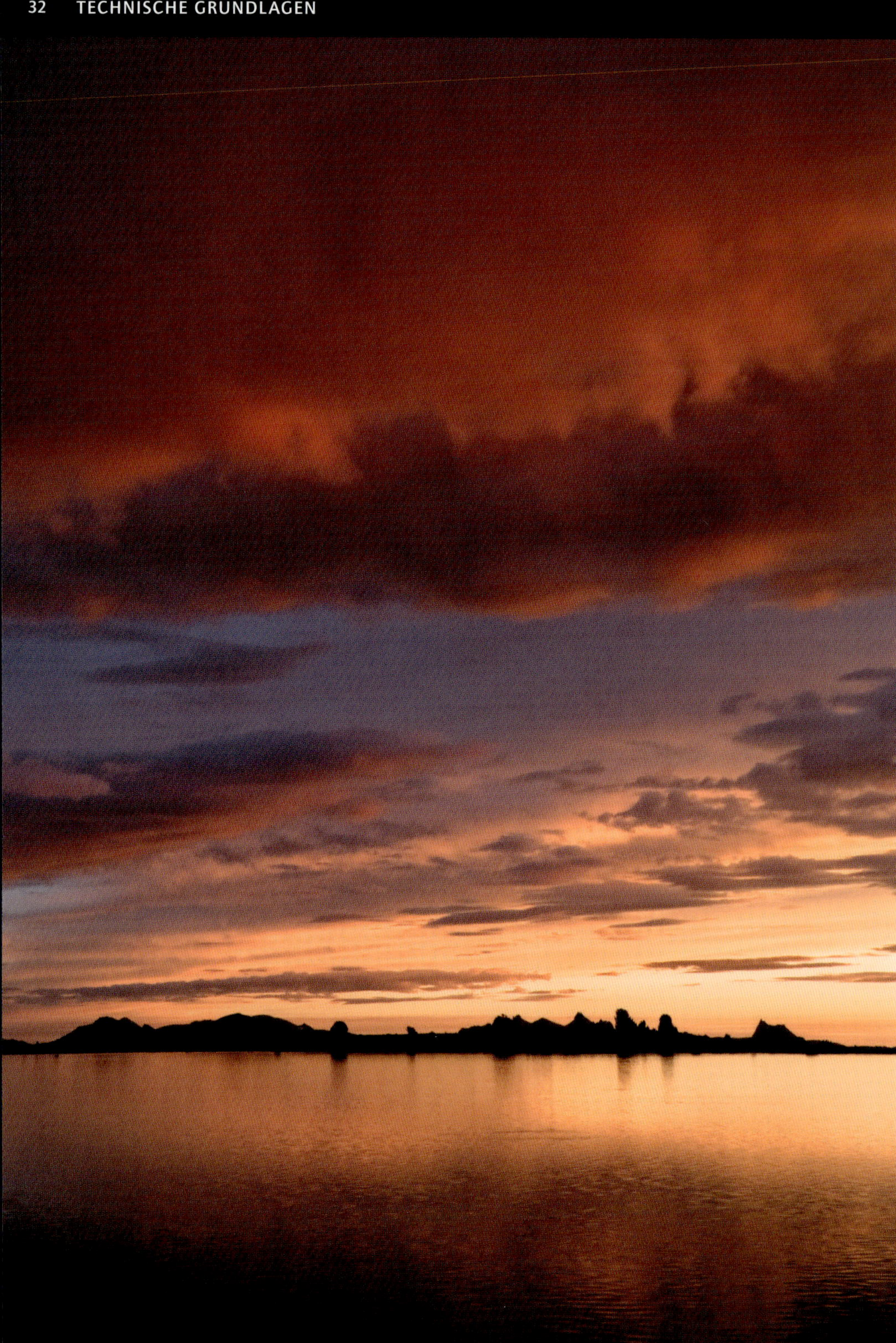

WEISSABGLEICH

Bei Farbaufnahmen ist es wichtig, einen korrekten Weißabgleich zu erzielen – er muss aber noch nicht in der Kamera perfekt sein, denn selbst JPEGs können später noch angepasst werden. Hier ein paar Vorschläge für den Umgang mit dem Weißabgleich:

Für Raw-Bilder

Verwenden Sie einfach den automatischen Weißabgleich der Kamera. Das Ergebnis wird schon ganz gut, die Feinkorrektur nehmen Sie in der Software vor (siehe Seite 130). Wenn Sie wissen, dass es mit dem Weißabgleich etwas schwieriger wird, integrieren Sie in einem der Bilder eine Farbtafel und klicken Sie später in der Software mit der Pipette auf eine der Farben dieser Tafel. Ich nutze eine solche Tafel immer bei Aufnahmen in der Dämmerung oder mit gemischten Lichtverhältnissen (künstlichem und natürlichem Licht).

Für JPEGs

Testen Sie den automatischen Weißabgleich Ihrer Kamera zunächst bei verschiedenen Lichtbedingungen: Sonne, Schatten, Wolken, Dämmerung, Sonnenuntergänge usw. Wenn das gut funktioniert – die Ergebnisse fast immer passen, dann behalten Sie den automatischen Weißabgleich einfach bei. Leichte Korrekturen können Sie immer noch in einer Bildbearbeitungssoftware vornehmen. Funktioniert der automatische Weißabgleich nicht so gut, müssen Sie ihn korrigieren. Wählen Sie den Weißabgleich manuell. Alle Szenen mit wenigstens einer Spur Sonnenlicht sollten mit dem Tageslicht-Weißabgleich aufgenommen werden.

Die Farbtemperatur eines Sonnenuntergangs

Die Farben eines Sonnenuntergangs können den automatischen Weißabgleich einer Kamera leicht täuschen. Das lässt sich jedoch schnell korrigieren, indem Sie einfach den Tageslicht-Weißabgleich aktivieren oder in der Software eine Farbtemperatur von rund 5000K wählen.

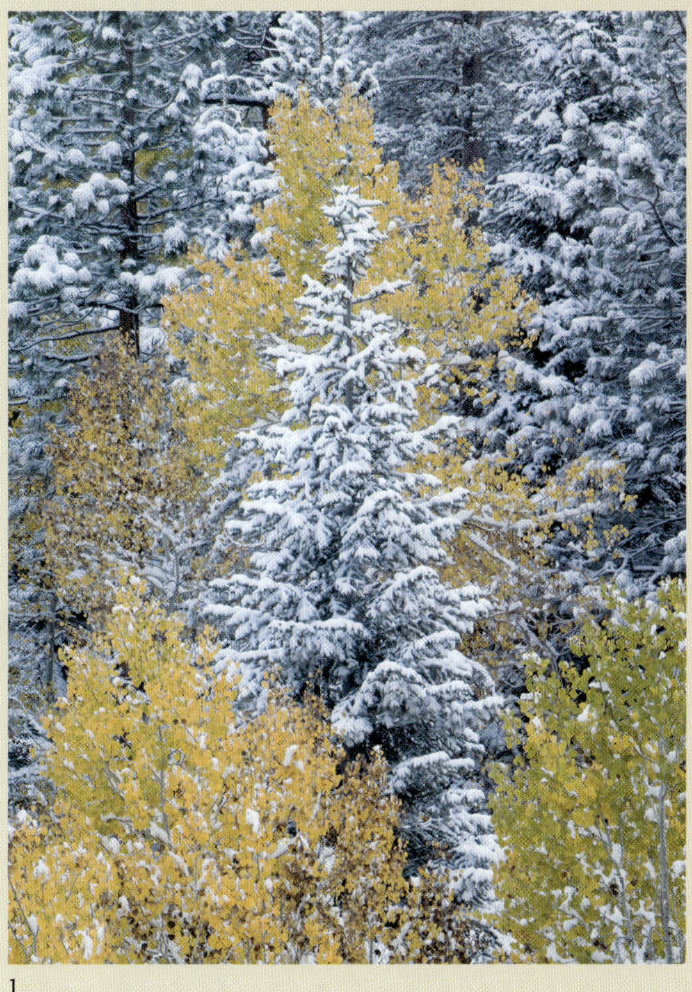

1

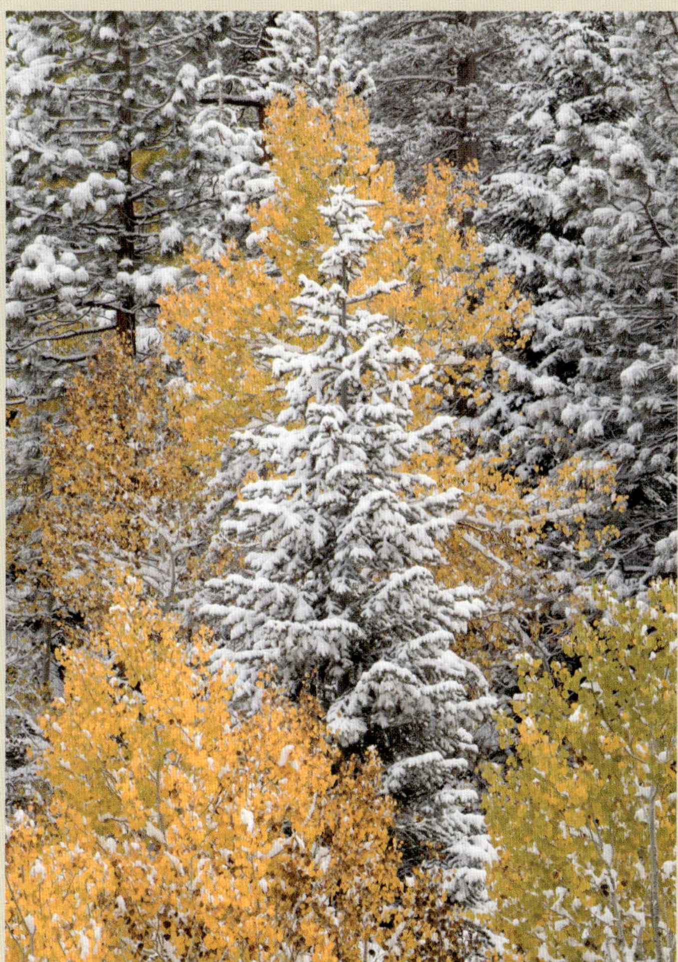

2

1 Automatischer Weißabgleich der Kamera
2 Korrigierter Weißabgleich

Weißabgleich für Schatten

Im Schatten wählte der automatische Weißabgleich der Kamera eine Farbtemperatur von 4800K für diese Raw-Datei – viel zu blau. Ich änderte die Farbtemperatur mithilfe einer Software in 7000K, um den Schnee neutraler zu gestalten und die Farben insgesamt aufzuhellen.

BELICHTUNG UND HISTOGRAMM

Die Belichtung ist das wohl schwierigste technische Problem in der Fotografie - mit den Digitalkameras ist jedoch alles deutlich einfacher geworden. Heißt das, dass Sie einfach den Programmmodus aktivieren und das Gehirn ausschalten können? Nein, leider nicht! Sie müssen trotzdem noch etwas nachdenken. Die Grundprobleme der Belichtung haben sich nicht geändert. Der einzige Unterschied ist, dass Sie jetzt sofort sehen, ob die Belichtung gelungen ist oder nicht.

Beurteilen Sie die Belichtung nicht nach dem Aussehen auf dem LCD-Monitor der Kamera. Denn auf diesen können Sie sich nicht verlassen. Er eignet sich, um die Bildkomposition oder die Verschlusszeit zu überprüfen, aber nicht, um die Belichtung zu beurteilen. Es gibt zwei gute Möglichkeiten, die Belichtung eines Digitalbildes zu untersuchen: ein Histogramm und einen kalibrierten Monitor. Der LCD-Monitor Ihrer Kamera kommt an einen kalibrierten Monitor nicht heran, er bietet jedoch ein Histogramm.

Die meisten Kameras sind außerdem mit einer Belichtungswarnung ausgestattet. Bei der Betrachtung eines Bildes werden überbelichtete Bereiche hervorgehoben oder blinken auf. Da die Lichter den wichtigsten Bereich in einem Bild darstellen - darauf konzentriert sich der Blick des Betrachters - und weil es schwierig sein kann, überbelichtete Lichter zu retten, sollten Sie diese Warnungen ernst nehmen. Wenn kleine, unwichtige Bereiche ausgewaschen werden, ist das okay (insbesondere bei Raw-Dateien, bei denen Details eventuell wiederherstellbar sind), große, wichtige Bildbereiche sollten jedoch nicht aufblinken.

Das Blinken informiert Sie jedoch nur über die Lichter. Das Histogramm hingegen verrät Ihnen etwas über das gesamte Bild, wenn Sie es zu lesen wissen.

Rechter Rand

Der wichtigste Bereich des Histogramms ist die rechte Seite, denn dort befinden sich die Lichter. Sollten Pixel den rechten Rand des Histogramms berühren oder ist eine Spitze wie hier zu sehen, bedeutet das, dass einige Pixel überbelichtet und Bildbereiche ausgewaschen sind.

Linker Rand

Pixel, die den linken Rand des Histogramms berühren, stehen für rein schwarze Bereiche ohne Details.

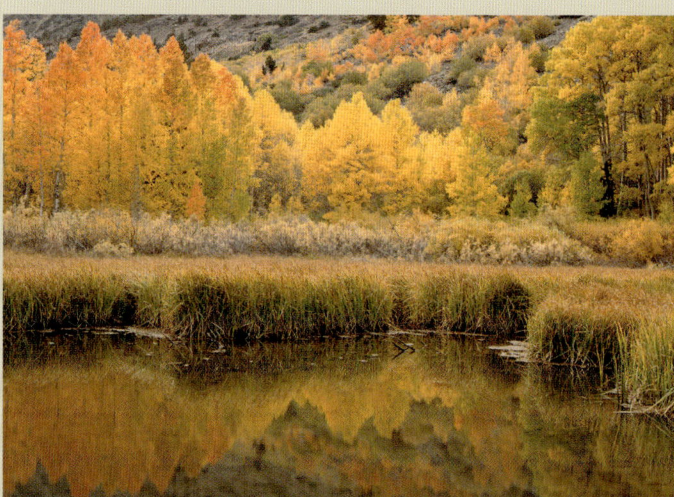

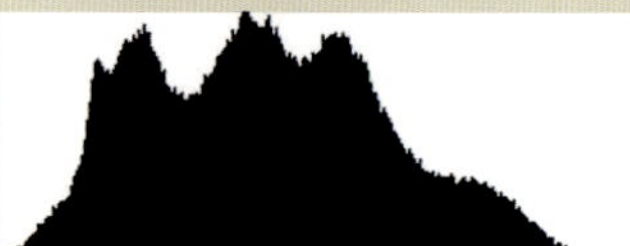

Perfekte Belichtung

Idealerweise sollen sowohl in den Tiefen als auch in den Lichtern Details zu erkennen sein: Nichts ist ausgewaschen, nichts vollständig schwarz, im Histogramm berühren keine Pixel den linken oder rechten Rand - wie in dieser Aufnahme des Lundy Canyon im Osten der Sierra Nevada.

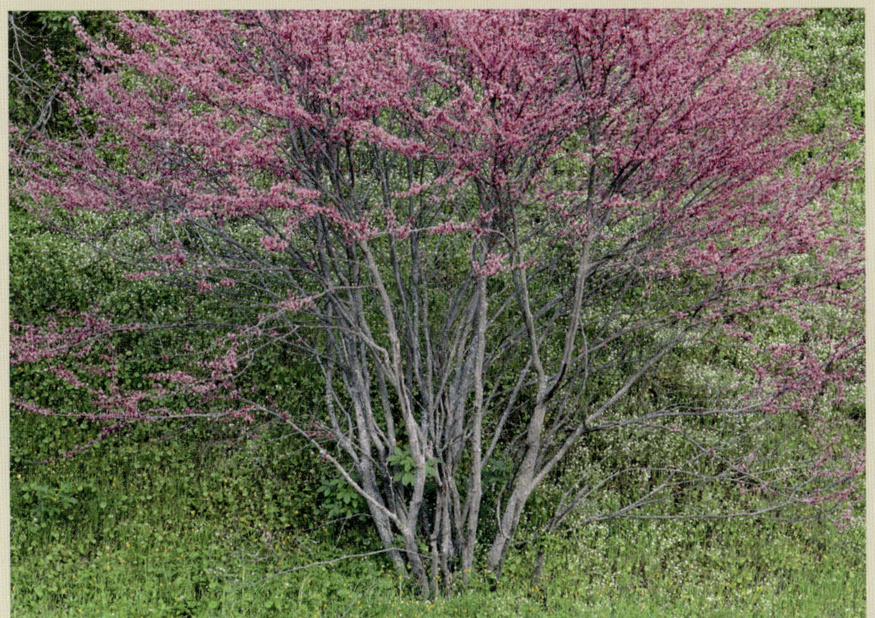

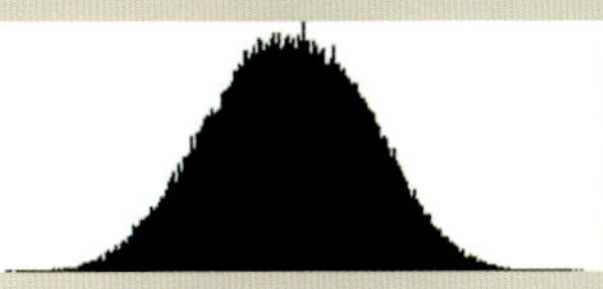

Die Form spielt keine Rolle

Ein Histogramm zeigt, wie die hellen und dunklen Pixel in einem Bild verteilt sind. Diese Aufnahme eines japanischen Judasbaumes zeigt nur wenig Kontrast und viele mittlere Tonwerte – im Histogramm sammeln sich die Pixel daher in der Mitte. Das Bild der Möwen auf der Pier enthält keine mittleren Tonwerte; die Aufnahme wird vom hellen Wasser dominiert, die Möwen und die Pier bilden einen wunderbaren Kontrast. Im Histogramm ist rechts eine große Spitze zu sehen – das Wasser. Links ist nur ein kleiner Berg zu erkennen – die Möwen und die Pier. Beide Aufnahmen sind korrekt belichtet. Die Form des Histogramms spielt keine Rolle; es handelt sich einfach um zwei völlig verschiedene Aufnahmen und genau das zeigen die Histogramme. Wichtig sind die linken und rechten Kanten – vor allem die rechte.

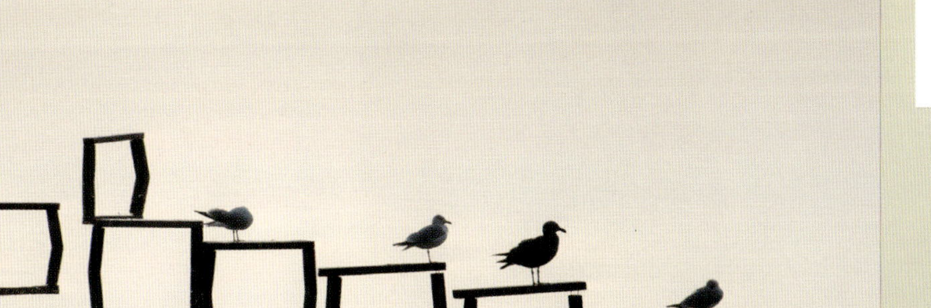

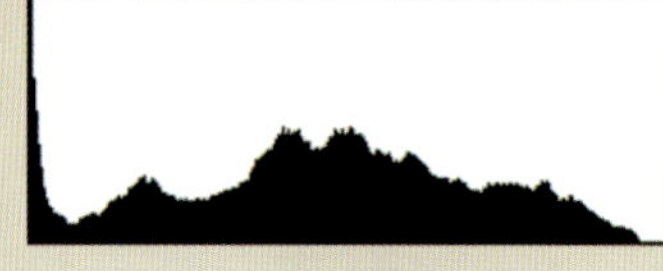

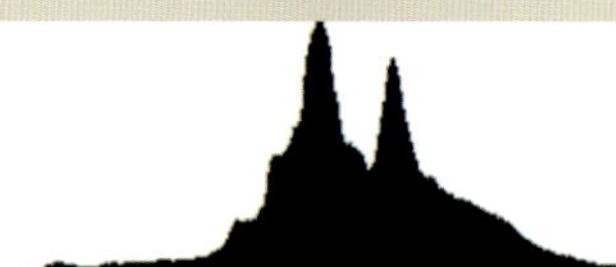

Details in den Lichtern erhalten

Das obere Histogramm gehört zu einer Aufnahme mit schwarzen Tiefen und Details in den Lichtern. Das untere Histogramm hingegen gehört zu einem Foto mit Details in den Tiefen und ausgewaschenen Lichtern. In den meisten Landschaftsaufnahmen sind jedoch die hellen Bereiche wichtiger – das erste Histogramm ist daher besser als das zweite.

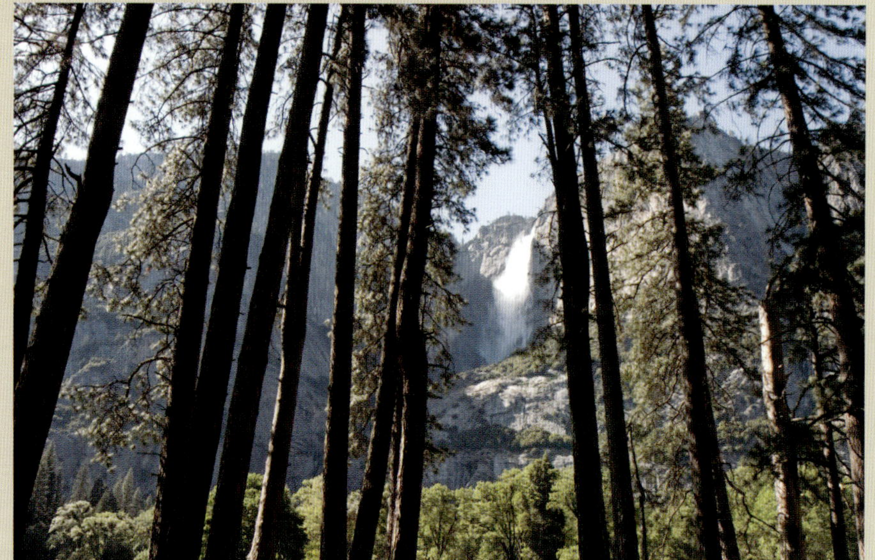

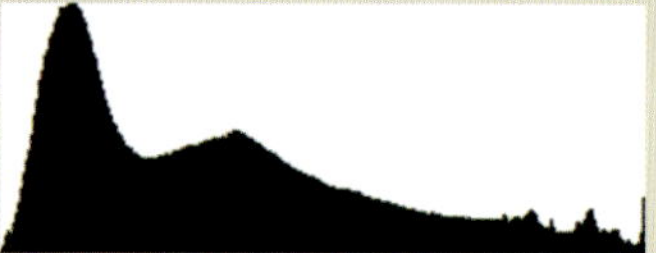

Überbelichtete, kontrastreiche Bilder

Die allgemeine Belichtung dieser Aufnahme der Yosemite Falls ist ganz gut, allerdings erscheint der Wasserfall (ein wichtiger Bereich) ausgewaschen. Das ist an der kleinen Spitze am rechten Rand des Histogramms ganz gut zu erkennen.

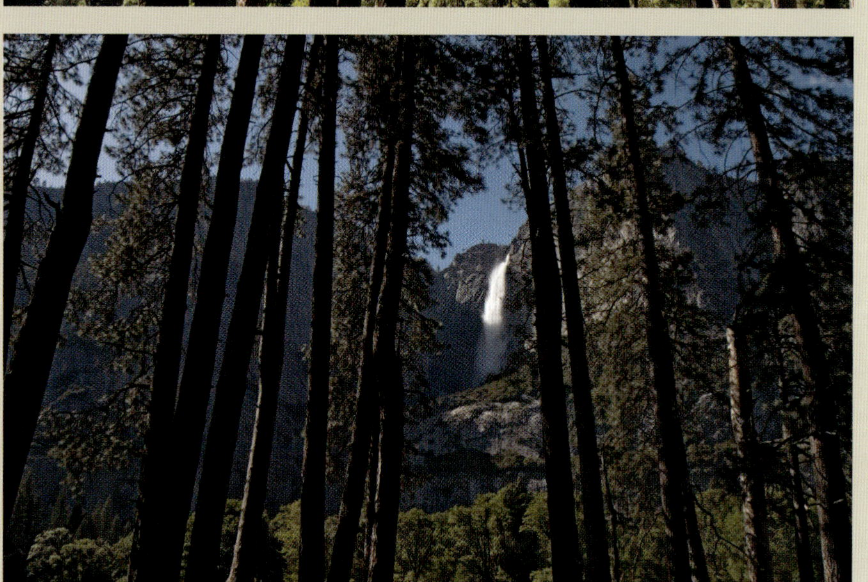

Korrekt belichtete, kontrastreiche Bilder

Hier ist die Szene deutlich besser belichtet – der Wasserfall erscheint nahezu weiß und enthält Details und Strukturen. Die winzigen Pixel unten rechts im Histogramm stellen den Wasserfall dar. Links ist zu erkennen, dass einige Pixel vollständig schwarz sind, aber das ist besser als eine Überbelichtung der wichtigen Lichter.

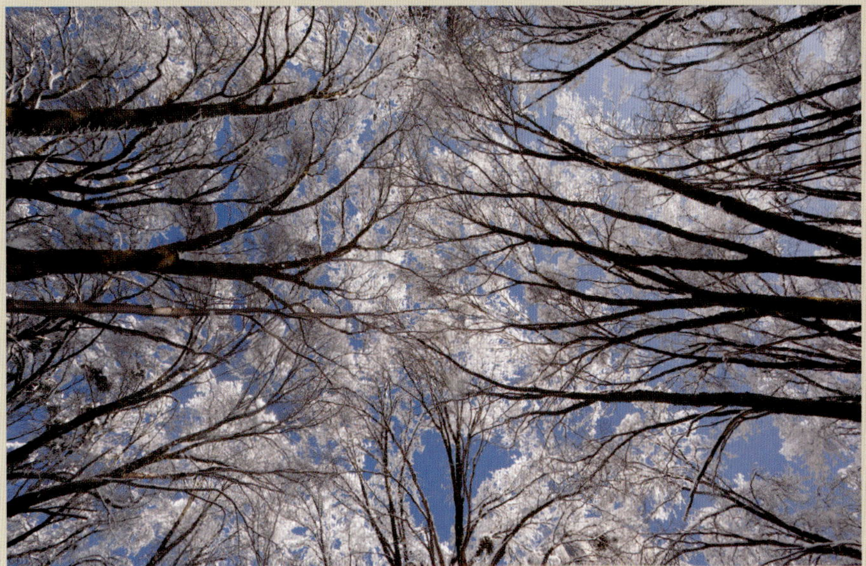

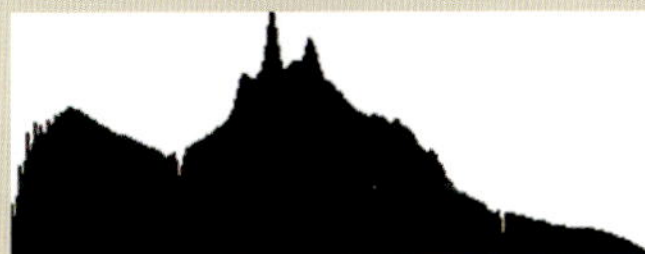

Lichter sind wichtig

Der von Sonnenstrahlen durchflutete Schnee und die dunklen Äste erzeugen in dieser Aufnahme einen wunderschönen Kontrast. Das Histogramm zeigt perfekt belichtete Lichter: Es befinden sich Pixel am rechten Rand, ohne diesen jedoch zu berühren. Einige Tiefen in den Ästen erscheinen vollständig schwarz - wie am linken Rand des Histogramms zu sehen. Das ist ist jedoch besser als ausgewaschene Lichter und die schwarzen Bereiche verstärken die Wirkung des Bildes.

Was ist wichtiger: Lichter oder Schatten?

Die meisten Szenen sind zu kontrastreich, um sowohl in den Tiefen als auch in den Lichtern genug Details zu erhalten. In einem solchen Fall müssen Sie entscheiden: Sollen die Details in den Lichtern erhalten bleiben und einige Tiefen schwarz werden? Oder wünschen Sie sich Details in den Tiefen und dürfen einige Lichter ausgewaschen werden?

Das Motiv bestimmt die Antwort. Sind die Lichter oder die Tiefen entscheidender? In den meisten Landschaftsaufnahmen sind die Lichter wichtiger. Warum? Weil die Aufmerksamkeit des Betrachters zuerst auf die hellen Bildbereiche fällt - er merkt also sofort, wenn diese überbelichtet sind. Zweitens sehen wir auch in der Realität Details in hellen Bereichen (außer natürlich, wenn wir direkt in die Sonne schauen oder sich die Sonne auf Wasser oder Glas spiegelt), in den Tiefen sind hingegen eher selten Details zu erkennen. Ausgewaschene Lichter erscheinen in einem Foto eher unnatürlich - rein schwarze Bereiche sind hingegen ganz normal.

Wenn Sie sich also entscheiden müssen, dann sollten Sie in 99 % der Fälle die Tiefen außer Acht lassen und die Lichter erhalten. Die hellsten Pixel sollten sich eher auf der rechten Seite des Histogramms befinden, jedoch nicht den Rand berühren. Da die helleren Tonwerte in Digitalbildern in der Regel mehr Informationen enthalten, sollten Sie Ihre Bilder so hell wie möglich aufnehmen, ohne sie jedoch überzubelichten.

In den meisten Fällen bringen kleine rein schwarze Bereiche TIefe und Kraft in ein Bild. Wenn Sie jedoch sowohl in den Tiefen als auch den Lichtern Details brauchen, ist das mit Raw-Dateien besser möglich, oder Sie montieren mehrere Belichtungen in Photoshop oder einer HDR-Software. Mehr dazu lesen Sie auf Seite 52.

Die kurze Antwort

Lassen Sie sich nicht verwirren. Belichtungen lassen sich recht leicht mit einem Histogramm bewerten: Bei den meisten Landschaftsaufnahmen stellen Sie die Belichtung am besten so ein, dass die hellsten Pixel nahe am rechten Rand des Histogramms liegen, ihn jedoch nicht berühren. So einfach ist das.

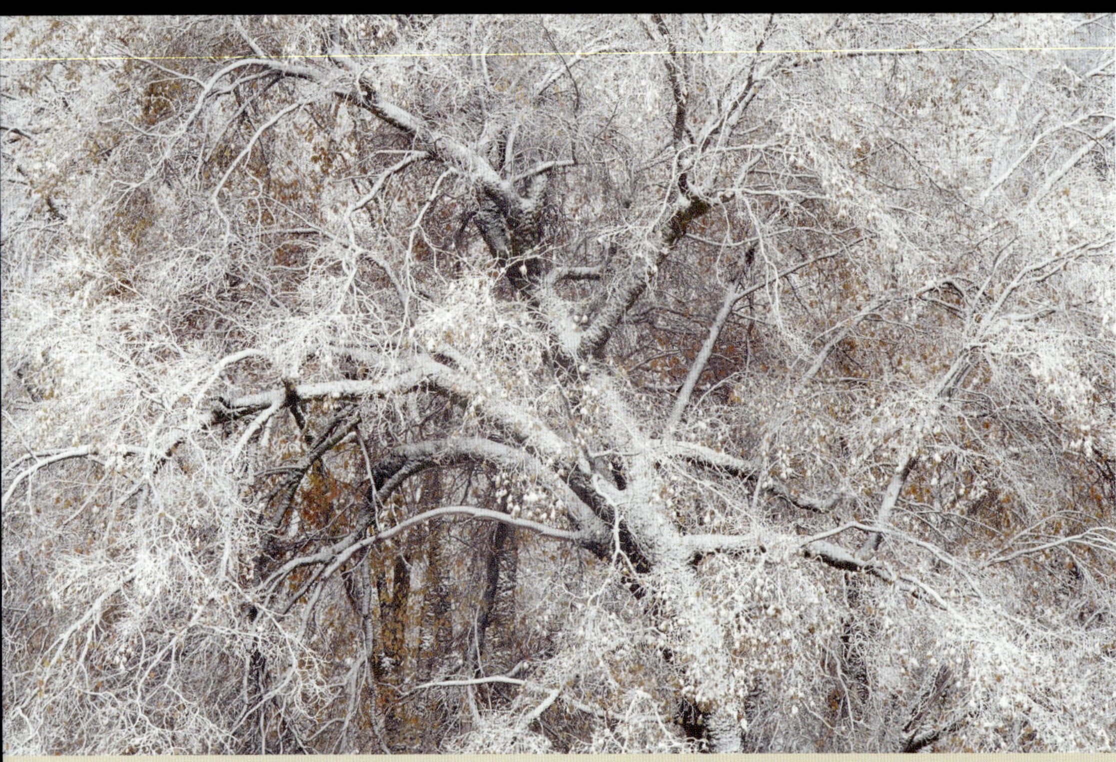

1

Belichtungskompensation

Mit ein bisschen Übung können Sie vorhersagen, bei welchen Bildern eine Belichtungskompensation notwendig ist und diese auch direkt einstellen.

1. Handelt es sich um ein hauptsächlich helles Bild - beispielsweise eine Schneelandschaft -, beginnen Sie mit einem positiven Wert (+1,0).

2. Ein hauptsächlich dunkles Bild, wie auf der rechten Seite zu sehen, erfordert einen negativen Wert (versuchen Sie es zunächst mit -1,0).

Belichtung bei Digitalkameras

Messung

Die meisten Kameras sind mit drei Messmethoden ausgestattet: mittenbetont, Spotmessung und einer Mehrfeld- (Canon) bzw. Matrixmessung (Nikon). Diese Mehrmeldmessungen evaluieren die hellen und dunklen Bereiche im Bild, um - zumindest rein theoretisch - die beste Belichtung zu errechnen.

Belichtungen mit einer mittenbetonten, Matrix- oder Mehrfeldmesung neigen dazu, sich in der Mitte zwischen den hellsten und dunkelsten Bildbereichen anzusiedeln - es wird ein Durchschnitt aus allen Tonwerten ermittelt. Das funktioniert ganz gut, wenn der Kontrast relativ schwach ist, bei kontrastreichen Bildern sind die Lichter in der Regel deutlich heller als die Durchschnittsbelichtung, so dass sie leicht ausgewaschen erscheinen. Mit der Spotmessung lassen sich diese Probleme vermeiden, denn dabei werden nur kleine Bildbereiche gemessen - aber auch nur, wenn Sie genau wissen, was Sie tun, also mit dem Zonensystem arbeiten.

In Verbindung mit dem Histogramm können alle Messmethoden zur perfekten Belichtung führen. Bei Landschaftsaufnahmen gibt es drei mögliche Ansätze: Zeitautomatik mit Belichtungskompensation, manueller Modus mit mittenbetonter Messung und das Zonensystem mit einer Spotmessung. Wofür Sie sich entscheiden, hängt vom Motiv und Ihrer Erfahrung ab.

Bei den meisten Kameras können Sie sich auch beschnittene Bereiche anzeigen lassen - diese blinken meist rot auf.

Zeitautomatik mit Belichtungskompensation

Da Sie im Zeitautomatikmodus die Schärfentiefe kontrollieren können, eignet sich dieser Modus für Landschaftsaufnahmen deutlich besser als die Programm- oder die Blendenautomatik. Nutzen Sie die mittenbetonte oder Mehrfeldmessung und wählen Sie eine Blende (*f*-stop). Wie auf Seite 23 erklärt, sollten Sie sich für eine kleine Blende (*f*/16 oder *f*/22) entscheiden, um alles scharf abzulichten; mit einer großen Blende (*f*/2,8 oder *f*/4) isolieren Sie das Objekt vom Hintergrund. Die Kamera wählt die Verschlusszeit automatisch. Beachten Sie, dass kleine Blenden zu kurzen Verschlusszeiten führen - verwenden Sie also ein Stativ.

Machen Sie die Aufnahme und sehen Sie sich das Histogramm an. In den meisten Situationen wird es gut aussehen. Großartig - Sie haben es geschafft! Ist das Histogramm jedoch nach links oder rechts verschoben, müssen Sie die Belichtungskompensation nutzen. Ist das erste Bild überbelichtet - die Pixel konzentrieren sich im Histogramm ganz rechts - müssen Sie einen negativen Wert einstellen. Beginnen Sie mit -1,0 (eine Blendenstufe dunkler). Ist die Aufnahme unterbelichtet -, die Pixel konzentrieren sich auf der linken Seite - geben Sie einen positiven Werte ein. Probieren Sie es zunächst mit +1,0 (eine Blendenstufe heller). Haben Sie den richtigen Wert gefunden, müssen Sie die Belichtungskompensation im Anschluss wieder auf Null stellen!

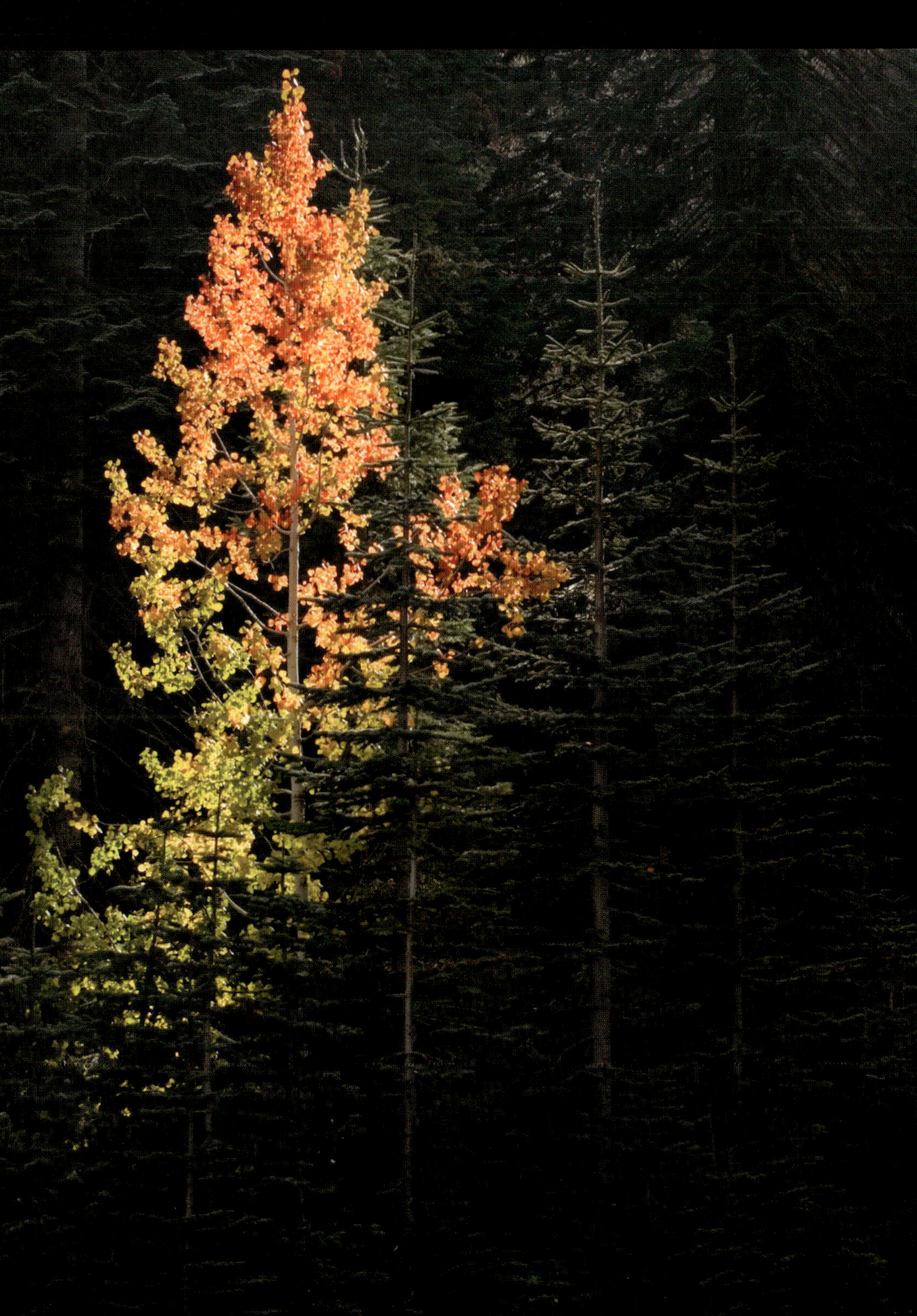

2

Was ist mit Belichtungsreihen?

Viele Fotografen glauben, dass Belichtungsreihen (Bracketing) ihre Belichtungsprobleme lösen. Allerdings kann diese Methode zu einem völlig falschen Ergebnis führen. Ich habe schon viele Situationen erlebt, in denen die Belichtungsmessung der Kamera zwei oder drei Belichtungsstufen heller wählte, als eigentlich korrekt waren. Selbst bei einer Belichtungsreihe mit jeweils einer Blendenstufe Unterschied wäre das dunkelste Bild immer noch zu hell. Wenn Sie eine Belichtungsreihe aufnehmen, sollten Sie trotzdem immer die Histogramme überprüfen und sicherstellen, dass mindestens eine Aufnahme korrekt belichetet ist. Belichtungsreihen funktionieren auch dann nicht, wenn das Timing entscheidet. Der beste Moment ist dann mit Sicherheit über- oder unterbelichtet.

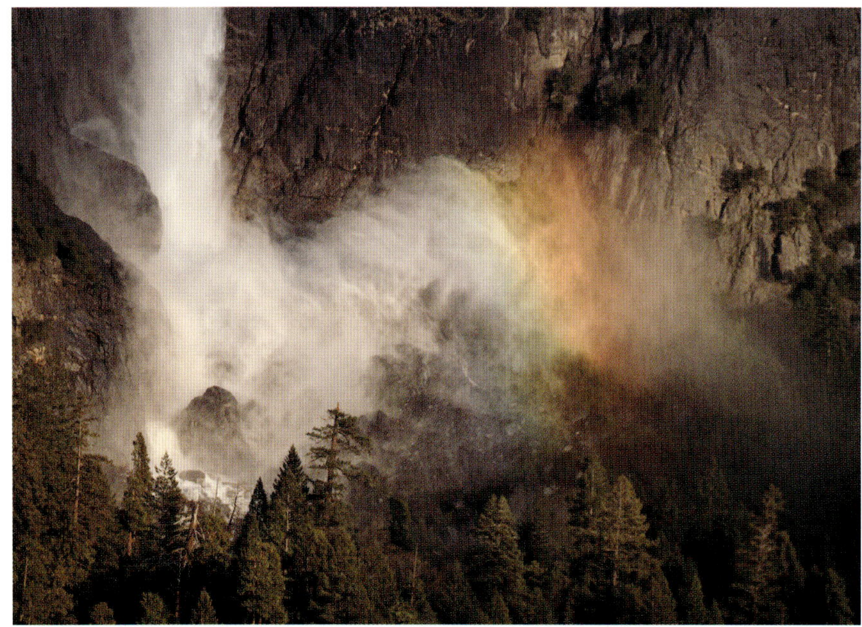

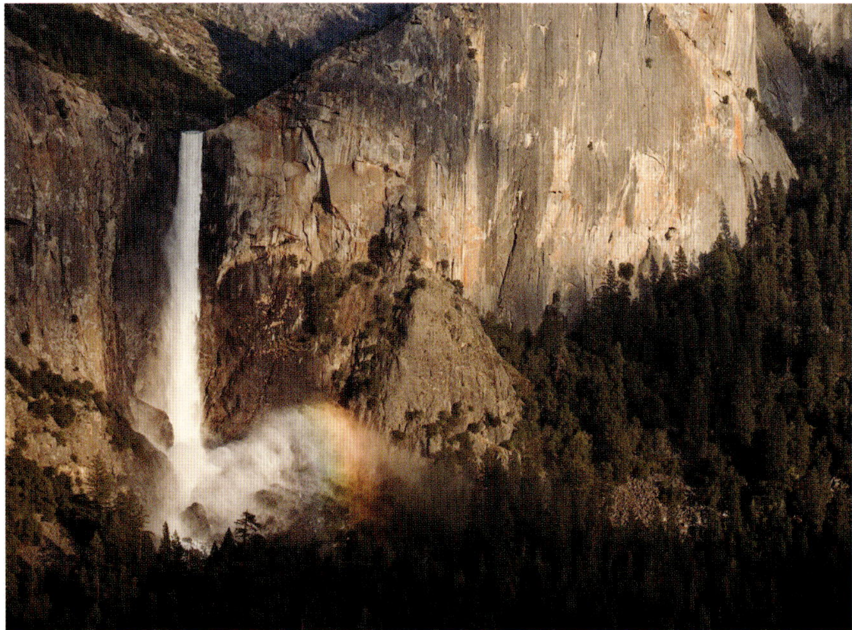

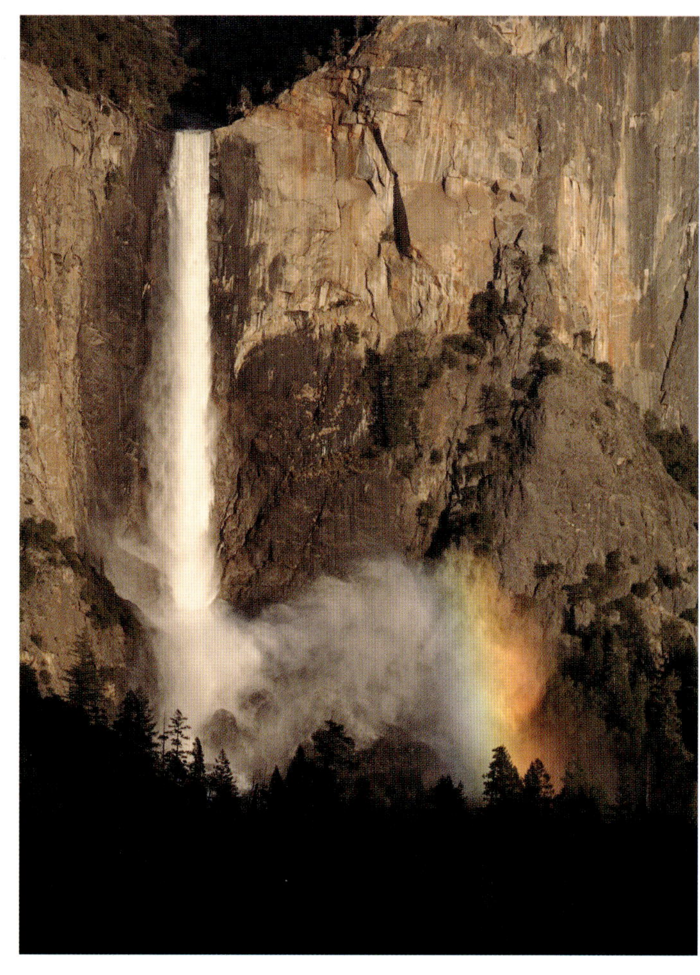

Konsistenz bei manueller Belichtung

Für diese Bilderserie stellte ich manuell eine Belichtung von 1/125 s bei *f*/5,6 ein (inklusive Polfilter und ISO 100). Ich wusste, dass die Belichtung so lange gleich bleiben wird, wie sich das Licht nicht ändert und alle Aufnahmen dasselbe Licht enthalten – den Wasserfall.
So konnte ich mich auf die Bildkomposition und das Timing konzentrieren, ohne mich um die Kameraeinstellungen kümmern zu müssen.
Bei einem der automatischen Modi müsste ich beim Ein- und Auszoomen die Belichtungskompensation anpassen. Bei den Nahaufnahmen müsste ich einen positiven Wert einstellen, während der dunkle Bereich in der Hochformataufnahme einen negativen Wert erfordert.

Manuelle Belichtung mit mittenbetonter Messung

Wechseln Sie in den manuellen Modus Ihrer Kamera und nutzen Sie entweder die mittenbetonte, die Matrix- oder die Mehrfeldmessung. Stellen Sie zunächst die Blende ein, um die Schärfentiefe zu kontrollieren. Um alles scharf abzulichten, wählen Sie eine kleine Blende (*f*/16 oder *f*/22); um das Objekt vom Hintergrund zu trennen und diesen unscharf erscheinen zu lassen, stellen Sie eine große Blende ein (*f*/2,8 oder *f*/4). Auf Seite 22 erfahren Sie mehr über Blenden und Schärfentiefe.

Jetzt zur Verschlusszeit: Die meisten Kameras sind mit einer Anzeige ausgestattet, die Über- oder Unterbelichtung anzeigt. Drehen Sie das Rad für die Verschlusszeit, bis der Wert Null zu sehen ist. Wird die Verschlusszeit zu lang, nutzen Sie ein Stativ.

Machen Sie eine Aufnahme und sehen Sie sich das Histogramm an – in den meisten Fällen wird es gut aussehen. Zeigt das Histogramm jedoch eine Über- oder Unterbelichtung an oder schlägt die Belichtungswarnung an, müssen Sie die Verschlusszeit anpassen. Ändern Sie nicht die Blende.

Ist das erste Bild zu hell – die Pixel sammeln sich am rechten Rand des Histogramms –, müssen Sie die Verschlusszeit verkürzen. Haben Sie mit 1/125 s begonnen, dann wählen Sie jetzt 1/250 s (je kürzer die Verschluss- oder Belichtungszeit, desto weniger Licht trifft auf den Sensor und desto dunkler wird das Bild). Ist das Bild zu dunkel – berühren die Pixel die linke Seite des Histogramms –, brauchen Sie eine längere Belichtungszeit. Haben Sie mit 1/125 s begonnen, wählen Sie nun 1/60 s. Passen Sie den Wert so lange an, bis sie mit dem Ergebnis zufrieden sind.

Warum den manuellen Modus nutzen?

Beide Ansätze – Zeitautomatik und manueller Modus – sind ähnlich. Wenn dem so ist, gibt es dann einen Grund, den manuellen Modus zu verwenden? Ja! Im Zeitautomatik-Modus (oder einem der anderen automatischen Modi) lassen viele Kameras eine Belichtungskompensation nur um zwei Blendenstufen zu. Manchmal reicht das aber nicht aus, deshalb sollten Sie in den manuellen Modus wechseln.

Außerdem stellt der manuelle Modus eine Konsistenz der Belichtung für verschiedene Aufnahmen ein und derselben Szene sicher. In den automatischen Modi ändert sich die Belichtung, sobald Sie die Kamera bewegen, weil der Belichtungsmesser andere helle und dunkle Bereiche ausliest. In einer Totalansicht ist das Bild möglicherweise gut ausbalanciert, während bei einer Nahaufnahme die Belichtung möglicherweise aufgehellt wird, um die dunkleren Bereiche zu kompensieren. Wenn sich das Licht jedoch nicht geändert hat, dann sollte sich auch die Belichtung nicht ändern! Wenn Sie im manuellen Modus fotografieren, brauchen Sie die Belichtungskompensation weniger.

Manuelle Einstellungen sind auch wichtig, wenn Sie Panoramabilder zusammensetzen oder die Schärfentiefe mittels Belichtungsreihen erhöhen wollen, indem Sie mehrere Bilder in einer Software miteinander kombinieren. In beiden Fällen ist eine konsistente Belichtung unabdingbar.

Schließlich ist der manuelle Modus am besten geeignet, um die Belichtung zu verstehen und korrekt anzuwenden – um die einfachsten Kameraeinstellungen zu begreifen, ihr Zusammenspiel untereinander zu erkennen und die Auswirkungen auf ihre Aufnahme am Beispiel zu sehen.

Histogramme und Zebras im Live View

Mit Live View oder einem elektronischen Sucher können viele Kameras ein Histogramm anzeigen, manche sogar eine Warnung vor Überbelichtung (die sogenannten »Zebras«), ein Äquivalent der blinkenden Bereiche, bevor Sie den Auslöser durchdrücken.

Mit diesen Funktionen können Sie die Belichtung schnell und akkurat einstellen, bevor Sie den Auslöser drücken, und somit langwieriges Probieren vermeiden. Bei einem Live-View-Histogramm drehen Sie am Einstellrad für die Belichtungskompensation (im Modus Zeitautomatik) oder für die Belichtungszeit (im manuellen Modus), bis der hellste Bereich des Histogramms nahe dem rechten Rand liegt, ihn jedoch nicht berührt. Bei den »Zebras« korrigieren Sie die Belichtung, bis die blinkenden Bereiche gerade so verschwunden sind.

Das Zonensystem

»Ich halte das Zonensystem in der Farbfotografie für sehr wertvoll, vor allem für die Belichtung, allerdings sind sehr feine Abstimmungen dafür nötig.«
–Ansel Adams

1940 entwickelte Ansel Adams zusammen mit seinem Mentor an der Art Center School in Los Angeles, Fred Archer, das Zonensystem. Fotografen wussten schon lange, dass sie den Kontrast eines Negativs anpassen können, wenn sie die Entwicklungzeit verändern: Kürzere Entwicklungszeit bedeutet weniger Kontrast; längere Entwicklung erhöht den Kontrast. Adams und Archer waren die ersten, die das verifizierten und es mit der Belichtung in Zusammenhang brachten. Sie entwickelten einen präzisen Ablauf, um die Hell- und Dunkelwerte einer Szene zu messen, das fertige Bild zu visualisieren, das Negativ zu belichten und zu entwickeln und dabei den Kontrast zu erzeugen, der den Vorstellungen des Fotografen entsprach.

Dieses System trifft heutzutage noch genauso zu, wenn Sie mit einem Schwarzweißfilm fotografieren, aber lässt es sich auch auf die Digitalfotografie übertragen? In der Digitalfotografie gibt es eine ganz grundlegende Regel: es ist einfach, den Kontrast zu erhöhen, jedoch schwierig oder gar unmöglich, ihn zu verringern. Sieht ein Bild zu flau aus, ist es kein Problem, es später in der Software etwas aufzupeppen. Ist der Kontrast jedoch zu stark – überschreitet er den Dynamikumfang der Kamera –, werden Teile des Bildes rein schwarz oder rein weiß.

Es ist aber nicht alles verloren, wenn Sie in einem kontrastreichen Bild Details sowohl in den Tiefen als auch in den Lichtern benötigen. Später auf Seite 52 zeige ich Ihnen, wie Sie den Dynamikumfang ausdehnen können. Für den Moment nehmen wir jedoch an, dass der Kontrastbereich fix ist. Ist das Zonensystem dann noch nützlich? Ja, um die Belichtung schnell und akkurat einzustellen. Die Belichtungsmethoden, die ich bisher beschrieben habe, erfordern etwas Übung. Mit dem Zonensystem gelangen Sie schneller zur perfekten Belichtung. Mit etwas Übung finden Sie die korrekte Belichtung in 90 Prozent der Fälle bereits beim ersten Versuch.

Auch wenn Sie mit einer anderen Methode vielleicht schneller sind (z. B. mit Live-View-Histogramm oder »Zebras«), ist das Zonensystem zum Verständnis und für die Kontrolle von Belichtung und Kontrast sehr wertvoll. Damit können Sie gut lernen, wie sich die Tonwerte einer Szene zum Dynamikbereich Ihrer Kamera verhalten und wie sie sich bei der Verarbeitung des Bildes verschieben.

Um das Zonensystem nutzen zu können, brauchen Sie einen Spotmesser und müssen die Kamera im manuellen Modus bedienen. Der Spotmesser kann in die Kamera eingebaut sein, Sie können ihn aber auch in der Hand halten – es gilt nur: je kleiner der Spot, desto besser.

Die Zonen

Das Orignal-Zonensystem von Adams und Archer enthält elf Zonen – von Null bis zehn. Bei Digitalkameras kommt es aber hauptsächlich auf die Zonen drei bis sieben an. Sehen Sie sich die Tabelle rechts an und beginnen Sie in Zone 5. Diese stellt den mittleren Tonwertbereich der Szene dar. Alles, was eine Blendenstufe dunkler ist, ist Stufe 4, zwei Blendenstufen dunkler Zone 3 usw. Alles eine Stufe heller ist Zone 6, zwei Blendenstufen heller Zone 7 usw. Alles in Zone 2 – drei Blendenstufen unter der Mitte – ist mit einer typischen Digitalkamera zu dunkel, um noch Details zu zeigen, während in Zone 3, die auch schon recht dunkel ist, noch Details zu sehen sind. Alles in Zone 8 – drei Blendenstufen über der Mitte – ist zu hell, um gute Details zu zeigen, während Zone 7, die auch recht hell ist, noch Details enthält.

Bei Farbaufnahmen müssen Sie auch noch die Farbe berücksichtigen, nicht nur die Details. Eine helle Farbe verliert über Zone 6 hinaus an Sättigung, auch wenn sie in Zone 7 noch Details enthält – sie ist dann aber einfach sehr blass. Eine dunkle Farbe kann nicht unter Zone 4 gehen, ohne schmutzig zu wirken.

Zonen und Histogramme

Dieses Diagramm zeigt in etwa, wie sich die einzelnen Zonen zu einem Histogramm verhalten. Pixel, die nach rechts oder links verschoben wurden, zeigen an, dass Teile des Bildes außerhalb des Histogramms liegen.
Die Spitze auf der rechten Seite des Histogramms zeigt Pixel, die überbelichtet wurden – Zone 8 oder höher. Überbelichtete Pixel sollten nach Möglichkeit vermieden werden, wenn Sie die Belichtung mithilfe des Histogramms beurteilen. Alles ganz links in diesem Histogramm befindet sich in Zone 2 oder niedriger – es ist also schwarz.

0 Reines Schwarz

1 Fast schwarz

2 Wenige Details

3 Dunkel mit guten Details, aber schlammige Farbe

4 Dunkle Farbtöne und Farben

5 Mittlere Farbtöne und Farben

6 Helle Farbtöne und Pastellfarben

7 Hell mit Struktur, aber verblasste Farben

8 Wenige Details, meist aber ausgewaschen

9 Fast Weiß

10 Papierweiß

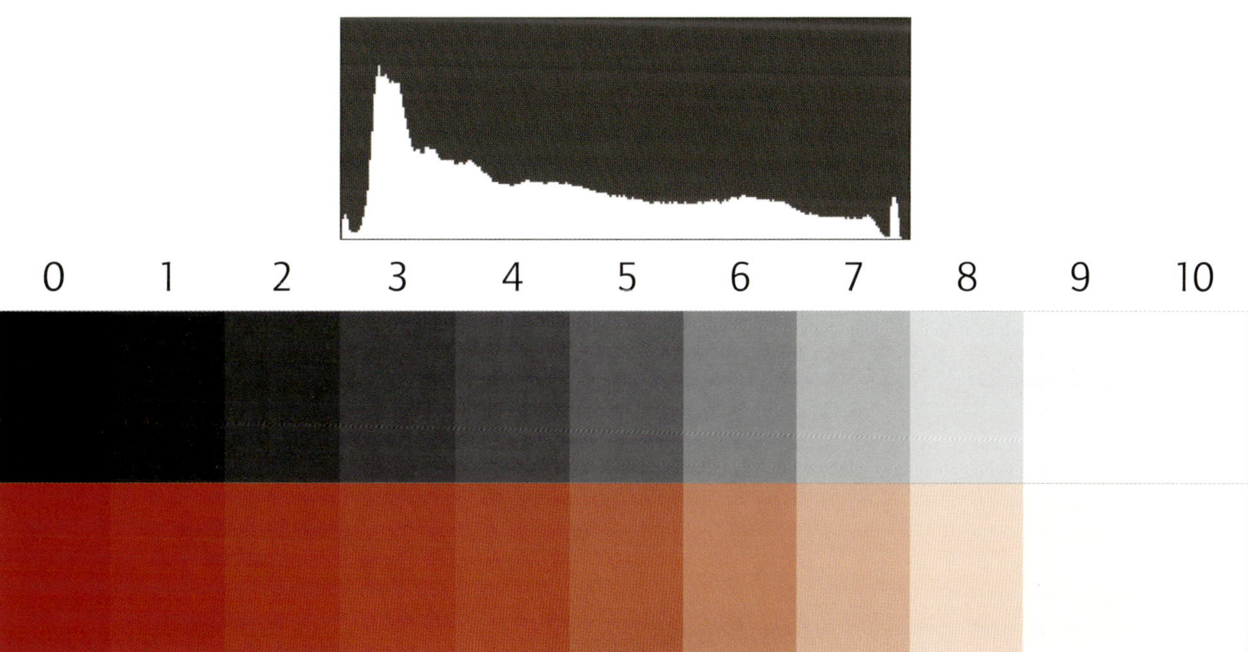

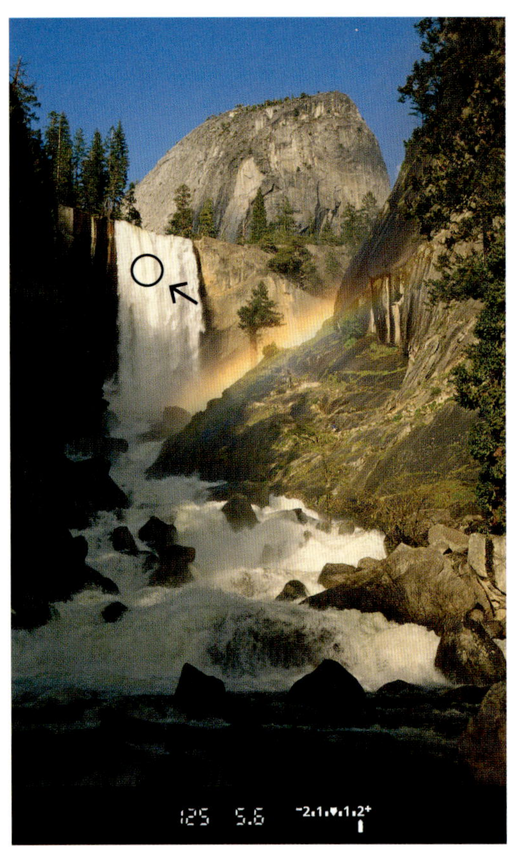

Weiße Bereiche

Der sonnendurchflutete Wasserfall in dieser Aufnahme enthält die wichtigsten Lichter. Ein Spotmesser ergibt für das weiße Wasser die Werte 1/125 s bei *f*/11. Alles, was weiß oder nahezu weiß ist wie dieser Wasserfall, ist ein perfekter Kandidat für Zone 7, deshalb öffnete ich die Blende um zwei weitere Blendenstufen auf *f*/5,6, um das Wasser in Zone 7 zu platzieren jedoch nicht auszuwaschen. (Ein Kamera-Spotmesser sollte den Wert +2 oder zwei Blendenstufen Überbelichtung angeben.) Da ich die Bewegungen des Wasserfalls einfrieren wollte und die Schärfentiefe keine Rolle spielte, behielt ich die Belichtungszeit bei und änderte nur die Blende.

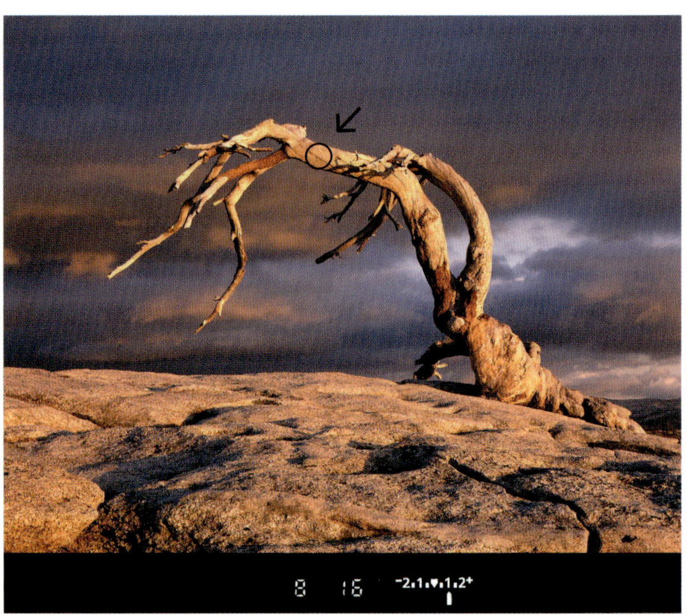

Helle Farben

Die wichtigsten Lichter hier sind die hellen Tonwerte im Baum. Die hellsten Punkte sind zu klein, um sie auszumessen, aber der eingekreiste Bereich fällt perfekt in Zone 6. Die Messung ergab die Werte 1/15 s bei *f*/16. Ich änderte die Belichtung in 1/8 s, um den Baum in Zone 6 zu platzieren. (Ein Kamera-Spotmesser sollte den Wert +1 oder eine Blendenstufe Überbelichtung ergeben.) Das Motiv stand still, die Kamera auf einem Stativ; alles sollte scharf abgelichtet werden, deshalb behielt ich die Blende *f*/16 bei und änderte die Belichtungszeit.

Das Zonensystem für Digitalkameras

Der einfachste Ansatz des Zonensystems konzentriert sich auf die Lichter und ignoriert die Tiefen. Suchen Sie die wichtigsten Lichter im Bild – keinen winzigen Punkt, kein spiegelndes Highlight, keine Lichtquelle (wie die Sonne) oder Bereiche ohne Details – mit Details und Strukturen.

Entscheiden Sie dann, in welcher Zone sich diese Lichter befinden sollen. Auch wenn es etwas kompliziert klingt, so ist es das nicht, denn eigentlich gibt es nur zwei Möglichkeiten. Zone 5 ist für die Mitteltöne da, Zone 8 ist ausgewaschen – zu hell für wichtige Lichter. Bleiben also noch die Zonen 6 und 7. Wählen Sie Zone 7 für weiße oder fast weiße Objekte (z.B. weißes Wasser, Schnee) und Zone 6 für andere Lichter (helle Grüntöne, Pastellfarben).

Nehmen Sie nun eine Spotmessung der ausgewählten Lichter vor. Stellen Sie sicher, dass der gesamte Bereich nur einen Tonwert aufweist; helle und dunkle Bereiche sollen sich nicht mischen. Ein kleiner Spotmesser ist unabdingbar. Nutzen Sie den Spotmesser der Kamera, zoomen Sie in die Szene hinein oder verwenden Sie ein längeres Objektiv. Nutzen Sie einen externen Spotmesser, achten Sie darauf, Filter zu kompensieren. Erhöhen Sie um anderthalb bis zwei Blendenstufen bei einem Polfilter oder halten Sie den Filter vor das Messgerät, um die Messung dadurch vorzunehmen.

Um das Licht in Zone 6 zu platzieren, erhöhen Sie die Belichtung ausgehend vom Messergebnis um eine Blendenstufe; für Zone 7 müssen Sie sie um zwei Blendenstufen erhöhen.

Wenn Sie das nicht tun und die Einstellungen des Messgeräts nutzen, werden die Lichter als mittlere Tonwerte (Zone 5) gerendert. Das Bild muss aufgehellt werden, um die Lichter in Zone 6 oder Zone 7 zu platzieren. Schlägt das Messgerät beispielsweise 1/125 s bei *f*/16 vor, verringern Sie die Verschlusszeit auf 1/60 s für Zone 6 oder 1/30 s für Zone 7.

Bei einem Kamera-Spotmesser müssen Sie diese Berechnungen nicht vornehmen. Richten Sie das Messgerät auf das Licht aus und verändern Sie Verschlusszeit oder Blende, bis zwei Stufen Überbelichtung für Zone 7 oder eine Stufe für Zone 6 erreicht sind.

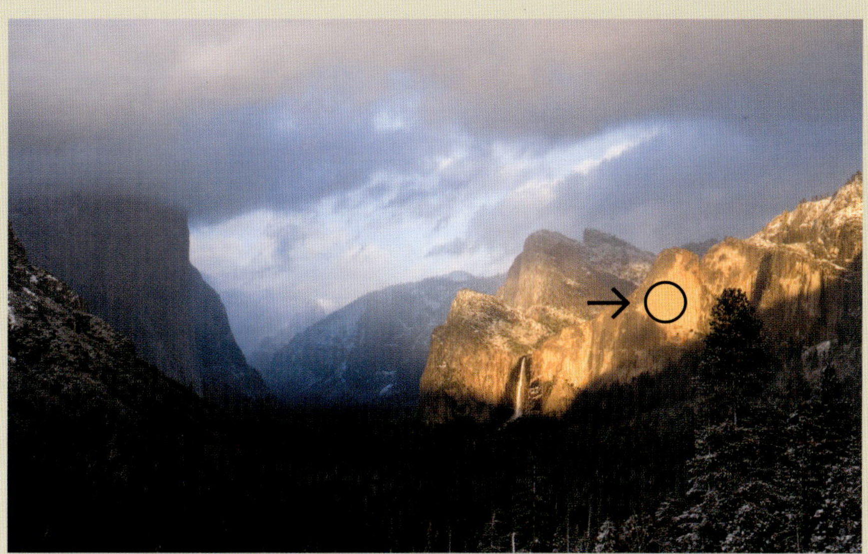

Farben des Sonnenuntergangs

Die goldenen Felswände sind nicht der hellste Bereich in diesem Foto, stellen jedoch den Brennpunkt dar. Die Farben eines Sonnenauf- oder Sonnenuntergangs in den Bergen sollten immer in Zone 6 festgehalten werden. Nach der Belichtung überprüfte ich das Histogramm, um sicherzustellen, dass die Wolken nicht überbelichtet wurden.

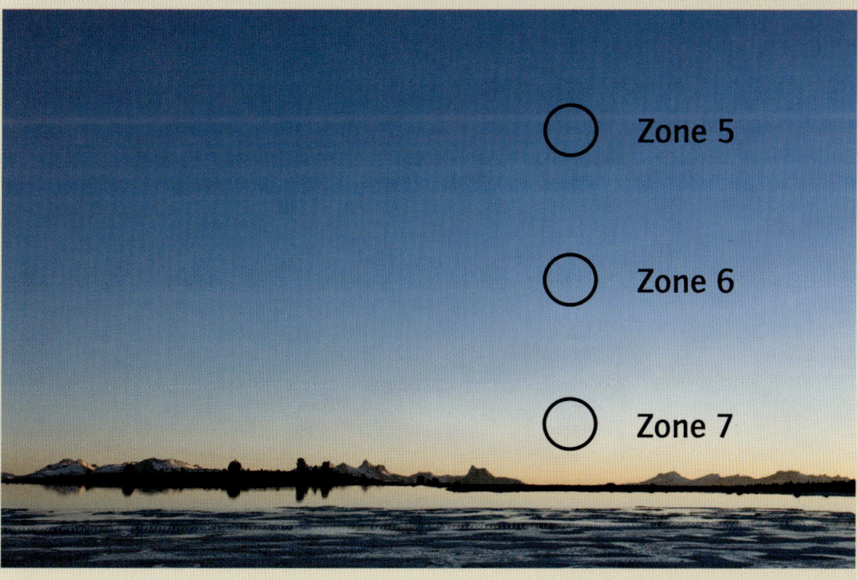

Himmel

Es ist schwierig, Himmel korrekt auszumessen, da sie in sich so verschieden sind. Ein Himmel wie dieser sollte mit dem Horizont in Zone 7 platziert werden; weiter nach oben dann Zone 6, Zone 5 usw.

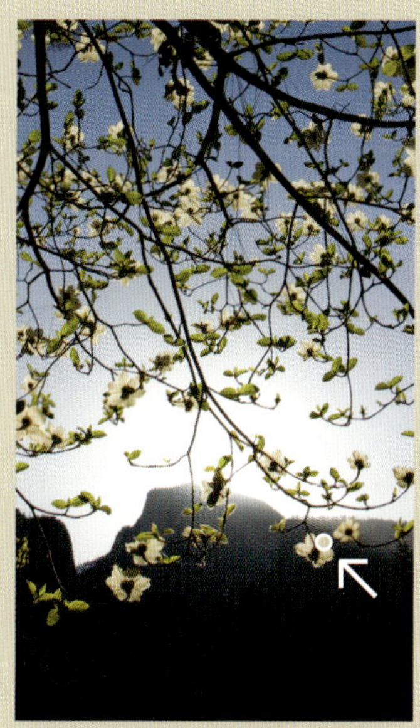

Winzige Lichter

Falls die Lichter im Bild so klein sind, dass sie sich nicht genau messen lassen, dann versuchen Sie, näher heranzukommen. Hier befinden sich die kritischen Lichter in den weißen Blüten. Selbst mit einer Ein-Grad-Spotmessung könnte ich den Kreis von dieser Kameraposition aus nicht nur mit der Blüte füllen. Ich ging deshalb näher heran, um nur das Blütenblatt auszumessen und es in Zone 7 zu platzieren.

Den nutzbaren Dynamikbereich Ihrer Kamera testen

Die vorangegangenen Beispiele setzten bei Digitalkameras einen festen und recht eingeschränkten Dynamikbereich voraus. Dieser kann jedoch von Kamera zu Kamera deutlich variieren. Zwar können Sie sicher davon ausgehen, dass die meisten Digitalkameras Details von Zone 3 bis Zone 7 aufnehmen können, modernere Digitalkameras gehen weiter und zeichnen Details auch in Zone 8 oder 9 nach oben und nach unten auch in Zone 2 oder gar 1 auf.

Allgemein gilt: Je größer der Sensor, desto größer ist auch der Dynamikbereich der Kamera. Vollformatkameras haben also normalerweise einen größeren Dynamikbereich als APS- oder Micro-Four-Thirds-Kameras. Die größte Einschränkung des praktisch einsetzbaren Dynamikbereichs droht durch das Bildrauschen. Bei vielen Kameras erzeugen aufgehellte Tiefen viel Bildrauschen, bei anderen Kameras können Sie Schattenbereiche aufhellen, ohne dass nennenswertes Rauschen entsteht.

Um den tatsächlichen, nutzbaren Dynamikbereich Ihrer Kamera zu testen, fotografieren Sie eine gleichmäßig ausgeleuchtete strukturierte Wand. Farbe und Farbton der Wand spielen keine Rolle, solange die Farbe nicht zu stark gesättigt ist. Achten Sie darauf, dass der fotografierte Bereich im gleichen Licht liegt – alles im Schatten oder alles in der Sonne. Verwenden Sie ein Stativ, um das Bild scharf und den Bildausschnitt unverändert zu halten.

Stellen Sie Ihre Kamera so ein, dass sie Raw-Bilder aufnimmt. Wählen Sie den manuellen Modus, den Standard-ISO-Wert Ihrer Kamera (meist 100) und den Standardmodus oder -bildstil. Wählen Sie eine mittlere Blende wie *f*/11 (für Vollformat; *f*/8 für APS-C oder *f*/5.6 für Micro-Four-Thirds). Testen Sie zuerst die Details in den Tiefen: Spot-messen Sie die Wand und legen Sie sie in Zone 3, indem Sie eine Belichtungszeit wählen, die zwei Stufen unter der gemessenen liegt, oder drehen Sie das Einstellrad für die Belichtungszeit, bis -2.0 angezeigt wird. Machen Sie Ihre erste Aufnahme, sorgen Sie dann mit der Belichtungszeit-Einstellung für eine Aufnahme, die 1/3 Stufe dunkler ist (oder 1/2, wenn Ihre Kamera nur in halben Stufen arbeitet). Dann wieder 1/3 Stufe dunkler und so weiter, bis Sie in Zone 0 ankommen – fünf Stufen unter dem gemessenen Wert.

Testen Sie dann die Lichter: Machen Sie eine Belichtung in Zone 7 bei +2.0 oder zwei Stufen heller, als der Belichtungsmesser vorgibt. Werden Sie dann immer um 1/3 Stufe (1/2 Stufe) heller, bis Sie Zone 10 erreicht haben – fünf Stufen heller als der gemessene Wert.

Öffnen Sie Ihre Bilder dann in Ihrer Raw-Verarbeitungssoftware und schauen Sie mal, wie viele Details Sie in den Tiefen und Lichtern finden. In Lightroom oder Adobe Camera Raw würde ich empfehlen, Sie verwenden nur den Belichtungs-Regler, um die helleren Bilder abzudunkeln (höher als Zone 7) und die dunkleren aufzuhellen (unter Zone 3). (Denken Sie aber daran, dass seit Lightroom 4 und Adobe Camera Raw 7 die Lichter automatisch korrigiert werden. Vielleicht ist es daher eine gute Idee, den Standardkontrast auszuschalten. Mehr zur Wiederherstellung der Lichter und den Standardeinstellungen finden Sie auf Seite 128.)

Wenn Sie wissen, wie viele Details Sie in scheinbar schwarzen Tiefenbereichen und ausgebrannten Lichtern Ihrer Raw-Dateien wiederherstellen konnten, vergleichen Sie die Bilder in Ihrer Raw-Software mit denselben Bildern auf dem Kamera-Display. Wann zum Beispiel setzen die Beschneidungen ein (blinkende Bereiche oder große Ausschläge am rechten Rand des Histogramms)? In Zone 7 1/2? In Zone 8? Wie viel weiter können Sie gehen, um Lichter-Details in Ihrer Software zu retten? Wann werden die Tiefen in Ihrem Histogramm beschnitten und wie weit können Sie in der Software noch sinnvolle Details in den Tiefen zurückholen?

Denselben Test können Sie auch mit höhren ISO-Werten ausführen. Der Dynamikbereich einer Kamera sinkt mit steigendem ISO-Wert, während das Rauschen in den Tiefen stärker wird.

Ausgerüstet mit dem neuen Wissen um den echten, verwendbaren Dynamikbereich Ihrer Kamera haben Sie nun die Grundlage, um den Bildkontrast zu verstehen – und Sie können bewusste Entscheidungen über die Belichtung bei Arbeiten vor Ort treffen. Wenn Sie zum Beispiel wissen, dass Sie Details in den Lichtern noch in Zone 9 retten können, ist es möglich, in einer kontrastreichen Szene eine Spotmessung auf den hellsten Punkt durchzuführen und diesen in Zone 9 zu legen (+4.0). Indem Sie so hell wie möglich belichten, erhalten Sie auch möglichst viele rauschfreie Schatten-Details und können in den meisten Fällen mit einer Aufnahme arbeiten, statt HDR oder andere Kombinationsmethoden einsetzen zu müssen.

Eine Warnung sollten Sie jedoch beachten: In der Software wiederhergestellte Lichter von Raw-Dateien enthalten nicht so viele Informationen wie normale Lichter, die im normalen Dynamikbereich Ihrer Kamera aufgenommen wurden. Um Details in den Lichtern wiederherzustellen, könnte die Kamera Informationen von nur einem oder zwei Farbkanälen verwenden statt von allen dreien und mit diesen unvollständigen Informationen die Lichter rekonstruieren. Das führt zuweilen zu Problemen, vor allem bei farbigen Lichtern. Selbst bei einer Kamera, die weiße Lichter in Zone 9 wiederherstellen kann, belasse ich farbige eher in Zone 7 oder niedriger. Generell sollten Sie eher konservativ zu Werke gehen und die Lichter nicht zu weit in die Randbereiche treiben, bis Sie Ihre Kamera in verschiedenen echten Situationen vor Ort ausreichend getestet haben.

1 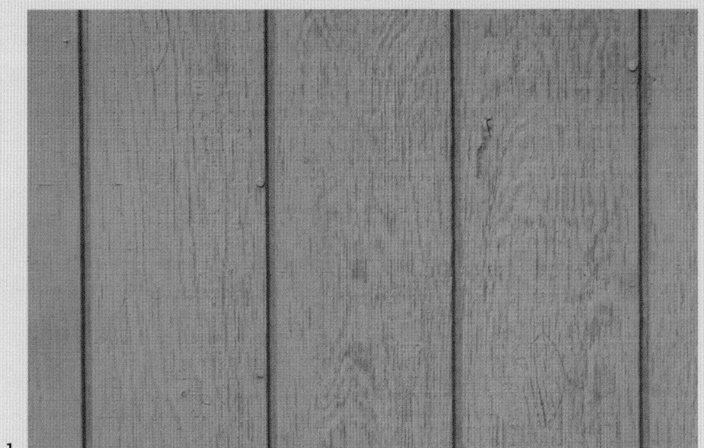

3 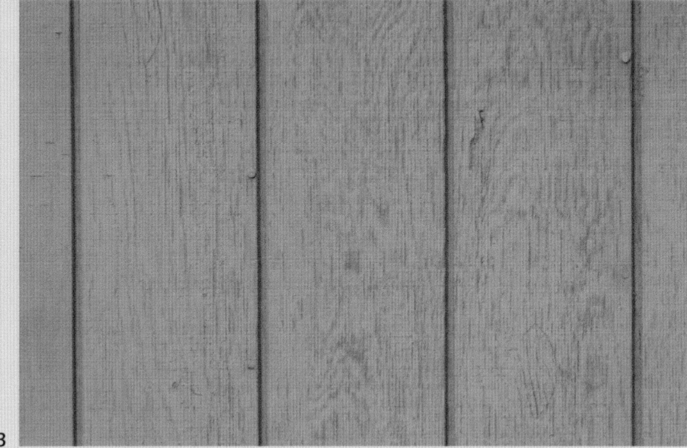

2 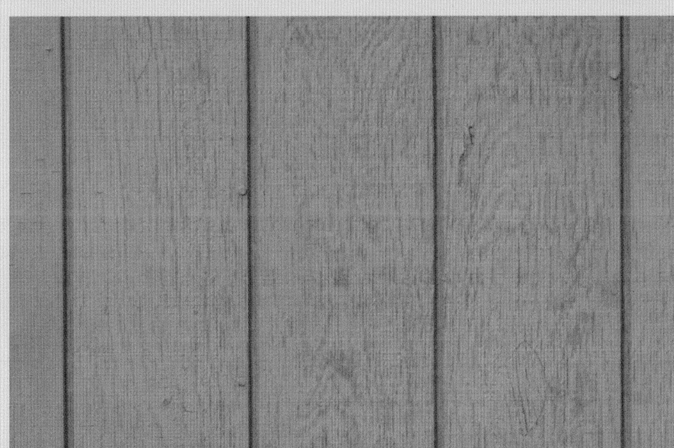

Test Dynamikbereich

Diese drei Bilder zeigen die Testaufnahmen von einer strukturierten Wand. Das erste Foto (1) wurde in Zone 5 belichtet (bei den von der Kamera gemessenen Einstellungen von 1/180 s bei *f*/11), und ist hier unverarbeitet direkt aus der Kamera mit den Standardeinstellungen in Lightroom zu sehen. Es sieht aus, wie es sein sollte: ein Mittelton aus Zone 5. Das zweite Bild (2) wurde in Zone 1 belichtet (vier Stufen unter den Kameramessungen). Dann schob ich den Belichtungs-Regler in Lightroom auf +4.00, um die Werte in Zone 5 zu holen. Das dritte Foto (3) wurde in Zone 9 belichtet (vier Stufen über den von der Kamera gemessenen Werten) und dann mit dem Belichtungs-Regler in Lightroom auf Zone 5 abgedunkelt. Alle sehen ähnlich aus.

Im zweiten und dritten Bild sind viele Details und Strukturen enthalten, obwohl sie um vier Stufen unterbelichtet (2) bzw. überbelichtet (3) waren. Einige Farbverschiebungen sind zu erkennen, aber normalerweise würden Sie Lichter kaum so stark abdunkeln bzw. Schatten kaum so stark aufhellen. Sie würden höchstens einen Tiefenwert auf Zone 3 aufhellen und einen Lichter-Wert auf Zone 7 abdunkeln. In beiden Fällen wäre eine Farbverschiebung weniger deutlich. Eingezoomt ins zweite Bild wird klar, dass die hellsten Bereiche im Bild zwar »heiß«, aber generell Struktur und Details gut zu erkennen sind. Der verwendbare Dynamikbereich dieser Kamera könnte also, zumindest in eingen Situationen, auf neun Zonen oder acht Belichtungsstufen ausgedehnt werden.

Grand Tetons, Wyoming, 1959, von Minor White

Wie Edward Weston pflegt auch Minor White eine Vorliebe für abstrakte Aufnahmen, aber seine besten Bilder kommunizieren häufig eine starke emotionale oder sogar spirituelle Botschaft – was in diesem berühmten Bild der Grand Tetons deutlich wird.

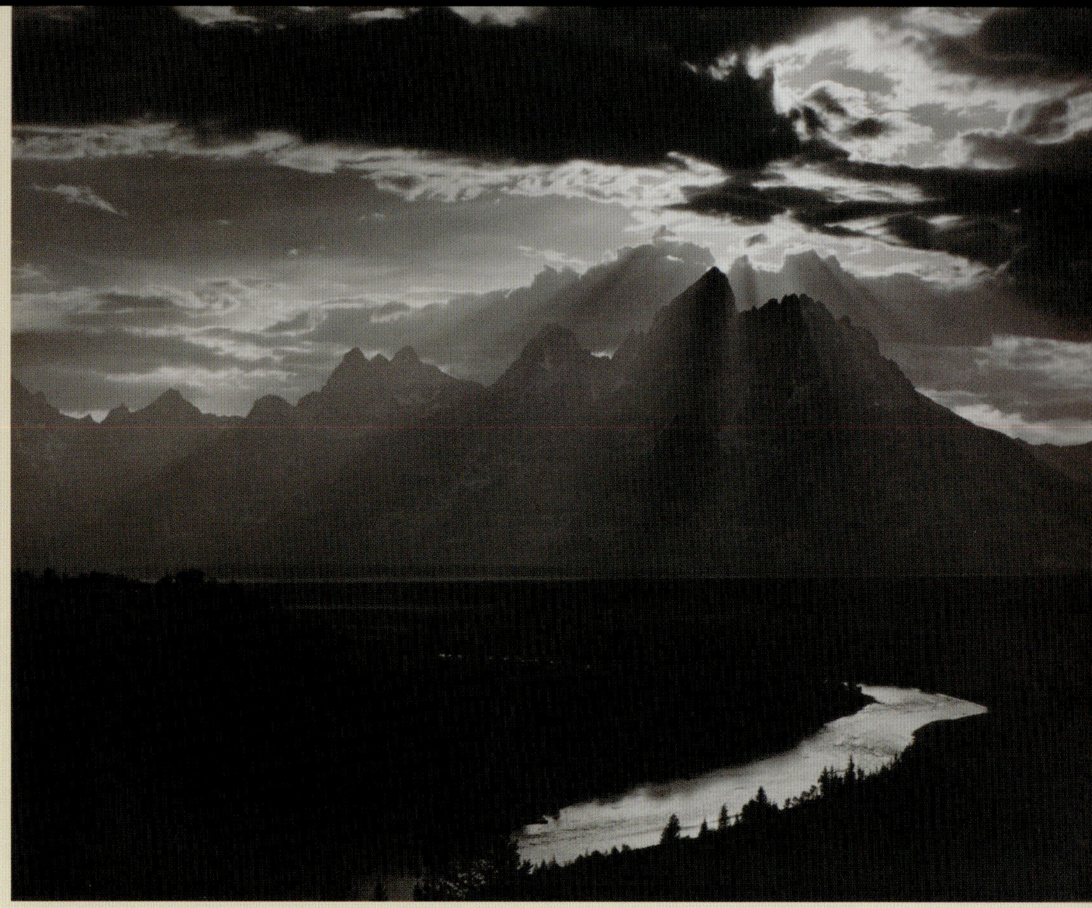

Kontrastbereich vergrößern und verkleinern

Minor White begann 1946 zusammen mit Ansel Adams an der California School of Fine Arts in San Francisco zu lehren. Als ihm Adams das Zonensystem erklärt, dachte er: »Warum ist mir das nicht eingefallen? – Das ist so einfach! Schon am Nachmittag habe ich das Zonensystem anderen Leuten erklärt.«

Er lehrte das Zonensystem Generationen von Fotografen in San Francisco, am Rochester Institute of Technology und dem MIT. Zu seinen Studenten gehörten auch Paul Caponigro und Jerry Uelsmann. Er kombinierte die praktischen Techniken des Zonensystems mit Meditation und Hypnose.

Das Herz des traditionellen Zonensystems ist die Möglichkeit, den Kontrastbereich des Negativs zu vergrößern oder zu verkleinern, um flauen Bildern mehr Eindruck zu verleihen bzw. in kontrastreichen Bildern Details in den Tiefen und Lichtern zu erhalten.

Bei Schwarzweißfilmen sind die Schatten relativ unbeeinflusst von Veränderungen in der Umgebung, also heißt das Mantra des Zonensystems: »Belichte die Tiefen und entwickle die Lichter.« Mit anderen Worten: Bestimmen Sie die korrekte Belichtung für die wichtigsten Tiefen und entwickeln Sie das Negativ dann so, dass Sie bestimmen, wie hell die hellsten Lichter wer-

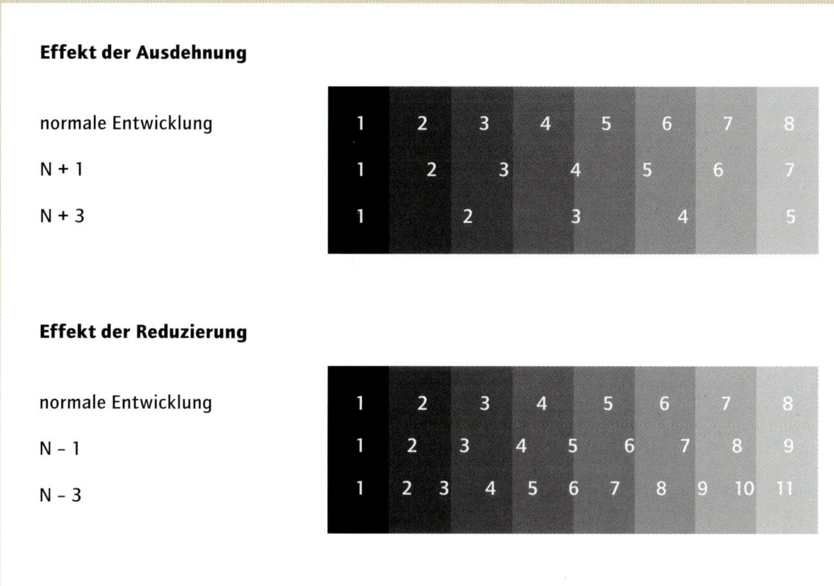

Eine Adaption des Diagramms für die Ausdehnung und Verkleinerung des Zonensystems von Minor White

Kontrastverstärkung mit Tonwertkorrektur oder Gradationskurven

Zone 1 2 3 4 5 6 7

Bild mit wenig Kontrast 4 5 6 7

leichte Kontrastverstärkung 4 5 6 7

deutliche Kontrastverstärkung 4 5 6 7

Mehrere Bilder kombinieren, um den Kontrast zu verringern

Drei Belichtungen mit jeweils einer Blendenstufe Unterschied nehmen sieben Detailzonen auf

Erste Belichtung

Zweite Belichtung

Dritte Belichtung

Die drei Bilder wurden mit einer Software kombiniert in die Zonen 3 bis 7

1 2 3 4 5 6 7

1 2 3 4 5 6 7

Ausdehnung und Verkleinerung für Digitalkameras

den sollen. Eine reduzierte Entwicklung bringt Lichter, die ansonsten überbelichtet würden, beispielsweise in Zone 7. Eine verstärkte Entwicklung drückt dumpfe Lichter aus Zone 5 in Zone 6 oder sogar in Zone 7 oder 8. Die Tiefen bleiben von diesen Änderungen ganz unbeeindruckt.

Das erste Diagramm (oben links) ist aus einem Diagramm entstanden, das Minor White als Hilfe bei der Unterrichtung des Zonensystems verwendet hat. Es zeigt den Effekt der Ausdehnung und Verringerung des Kontrasts durch eine veränderte Entwicklung - stärker oder weniger als normal. Bei der Reduzierung rutschen Bereiche, die sich normalerweise in Zone 9, 10 oder 11 befinden würden, in die Zonen 7 und 8. Bei einer Ausdehnung rutschen die Bereiche von Zone 5, 6 oder 7 in die Zonen 7 oder 8.

Bei Digitalkameras ist der Ansatz genau umgekehrt: Belichten Sie die Lichter und entwickeln Sie die Tiefen. Mit »entwickeln« ist dabei gemeint, den Kontrast mithilfe von Gradationskurven oder einer Tonwertkorrektur zu verstärken oder den Kontrast mit den Reglern in Lightroom oder Adobe Camera Raw zu verringern. Rechts sehen Sie eine Anpassung des Diagramms von White an Digitalkameras.

Wasserfall in South Carolina

Die Belichtungswerte wurden durch eine Spotmessung auf einen sonnenbeschienenen Fleck von weißem Wasser unten am Wasserfall bestimmt und dieser wurde in Zone 7 gelegt. Die tiefsten Schatten sind zwei Stufen dunkler, also Zone 4. Direkt aus der Kamera fehlt dem Bild Kontrast, es wirkt eher flau und ausgewaschen (1). In Lightroom verzichtete ich auf die standardmäßige Anhebung der Mitteltöne, um das Bild generell abzudunkeln (siehe Kapitel 3, Seite 128). Ich erhöhte den Kontrast, indem ich den Schwarz- und den Weißpunkt setzte und eine S-Kurve erstellte (2) (siehe Kapitel 3, Seiten 130–134). Das Diagramm zeigt, dass der Tonwertebereioh erweitert wurde, vor allem in den dunkleren Tonwerten, denn die tiefsten Schatten reichen jetzt von Zone 4 bis Zone 3 (3).

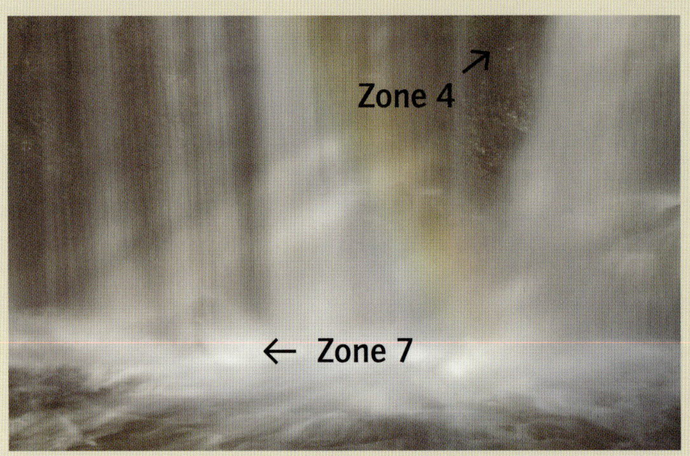

1

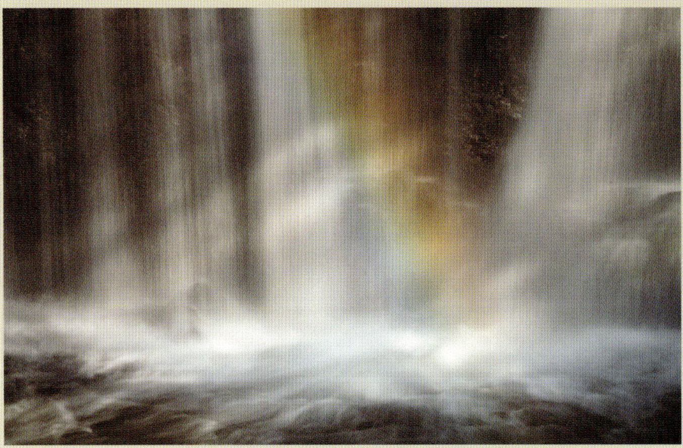

2

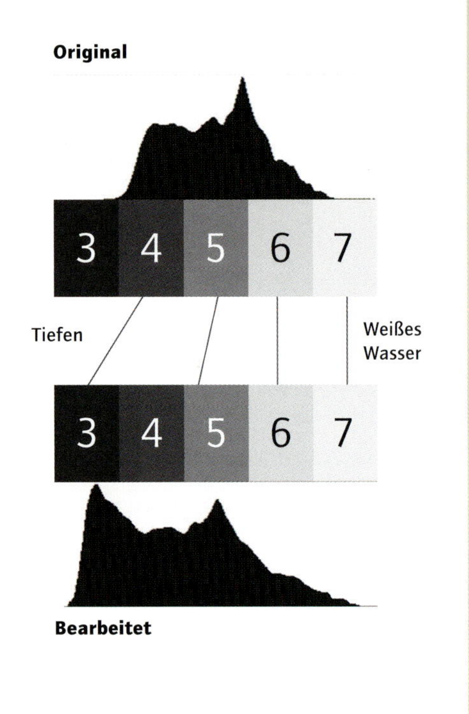

3

Erweiterung des Zonensystems

In der digitalen Bildverarbeitung lässt sich der Kontrast leicht erhöhen. Somit lässt sich die digitale Entsprechung der Erweiterung des Zonensystems mit verschiedenne Werkzeugen der digitalen Dunkelkammer leicht umsetzen (siehe Kapitel 3, Seiten 130–134).

Wie auf den vorherigen Seite vorgeschlagen, sollten Sie die Belichtung für Digitalbilder immer auf die Lichter aufbauen, indem Sie das Zonensystem verwenden, um die hellsten Lichter in Zone 6 oder 7 zu platzieren, oder indem Sie die hellsten Pixel zum rechten Rand des Histogramms schieben. Danach lässt sich der Kontrast durch Setzen des Schwarzpunktes und durch Nachdunkeln der Tiefen erhöhen, ebenso können Sie den Mittelton-Kontrast mit Gradationskurven oder einem Kontrast-Regler nachbearbeiten. Es kann auch helfen, den Weißpunkt zu verschieben, vor allem, wenn das Bild unterbelichtet ist. (Mehr Informationen zu Schwarz- und Weißpunkt und Kontrast finden Sie in Kapitel 3, Seiten 130–134.)

Diese Bilder und Beschriftungen oben zeigen zwei Beispiele des erweiterten Zonensystems mit Digitalfotos.

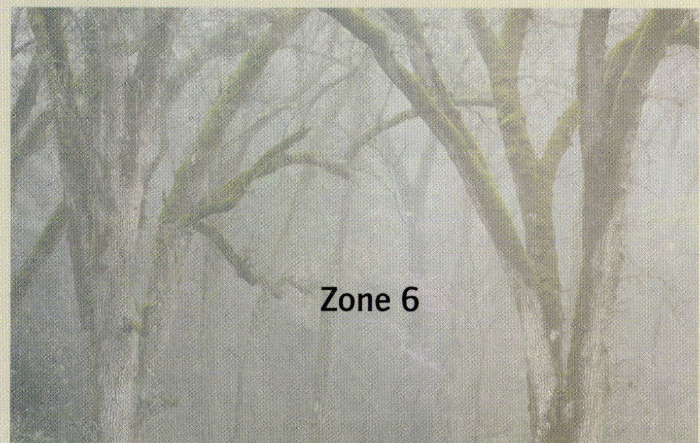

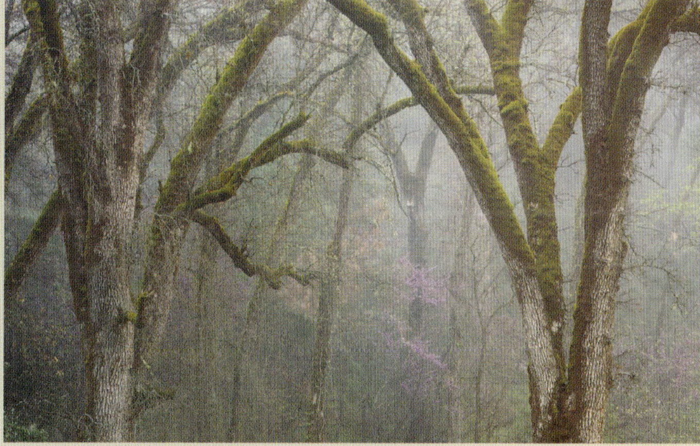

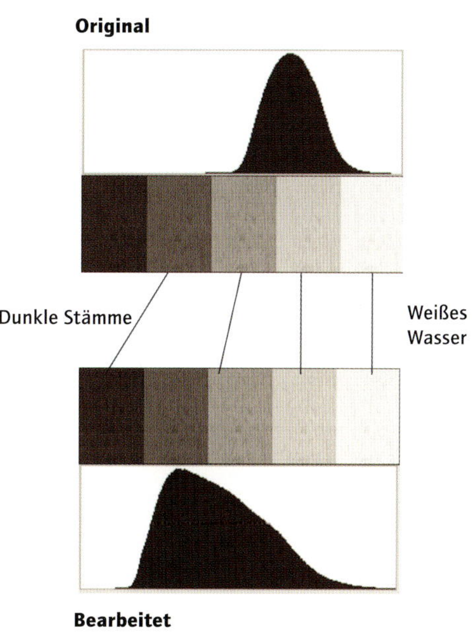

Buchen und Judasbäume im Nebel

Nebel sorgt häufig für sehr kontrastarme Szenen. Hier führte ich die Spotmessung auf die helleren Bereiche im Nebel aus und platzierte sie in Zone 6. Direkt aus der Kamera sieht das Bild flau und ausgewaschen aus (1). In Lightroom verzichtete ich erneut auf die normale Anhebung der Mitteltöne und fügte Kontrast hinzu, indem ich Schwarz- und Weißpunkt verschob (2). Das Diagramm zeigt die Ausdehnung der Tonwerte. Zu Beginn war das Histogramm sehr schmal, es reichte nur über drei Zonen. Nach der Verarbeitung fielen die dunkelsten Tonwerte von Zone 5 ca. in Zone 3 1/2 (3).

Kontraktion des Zonensystems

Während sich der Kontrast in Digitalbildern leicht erhöhen lässt, ist eine Verringerung und die entsprechende Kontraktion des Zonensystems schwieriger – wenn das Bild weiterhin natürlich aussehen soll. Aber es ist nicht unmöglich und wird mit neuen Werkzeugen auch einfacher.

In Kapitel 3 betrachten wir verschiedene Techniken der digitalen Dunkelkammer, um den Tonwertbereich zusammenzuziehen, hier geht es jedoch darum, vor Ort die notwenidgen Informationen aufzuzeichnen, um das gewünschte Bild zu erstellen.

Wenn Sie den Dynamikbereich Ihrer Kamera getestet haben (siehe Seite 46) und sich bei Ihren Belichtungen sicher sind, brauchen Sie selbst bei kontrastreichen Szenen vielleich gar keine Belichtungsreihe. Falls jedoch Zweifel bestehen, ob ein Bild ausreicht, sollten Sie Belichtungsreihen anfertigen, um die nötigen Details sowohl in den Lichtern als auch den Schatten aufzunehmen.

Benutzen Sie für Belichtungsreihen ein stabiles Stativ, um Kamerabewegungen zwischen den Aufnahmen zu vermeiden. Führen Sie dann eine Spotmessung auf den hellsten Lichterbereich durch. Legen Sie diesen in Zone 7 (zwei Stufen überbelichtet relativ zum Messwert). Machen Sie die Aufnahme und überprüfen Sie das Histogramm. Die hellsten Pixel sollten nahe dem rechten Rand liegen, ihn jedoch nicht berühren. Falls das nicht der Fall ist, korrigieren Sie entweder die Belichtungszeit oder die Blende, bis das Histogramm stimmt.

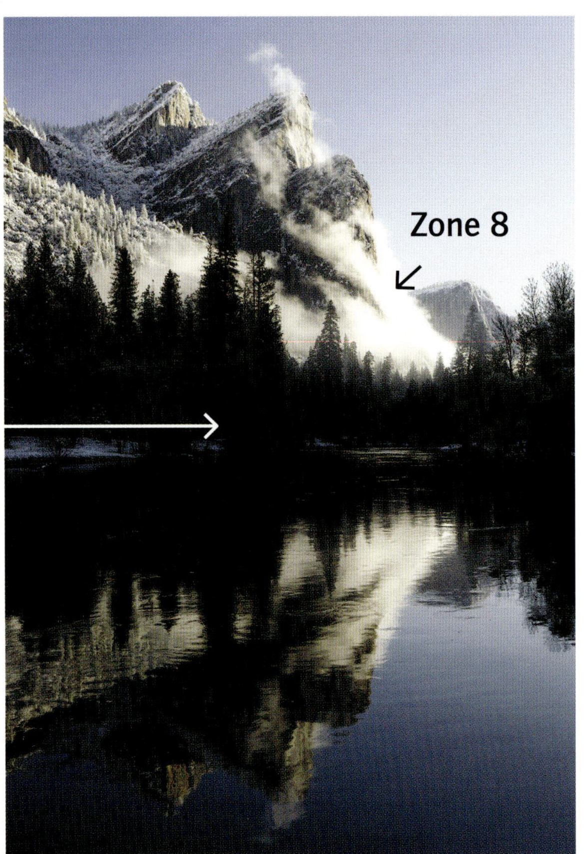

1

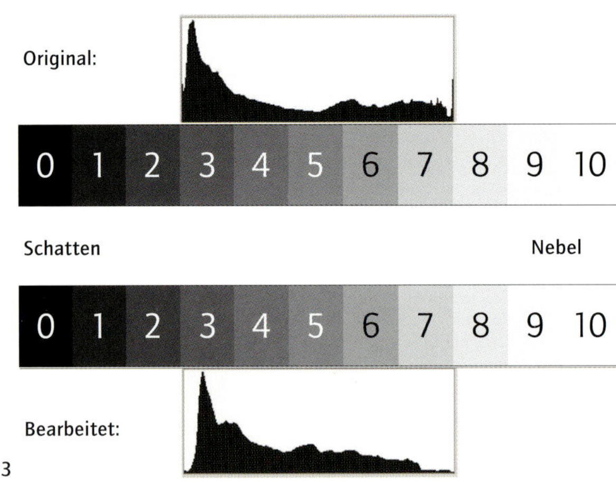

3

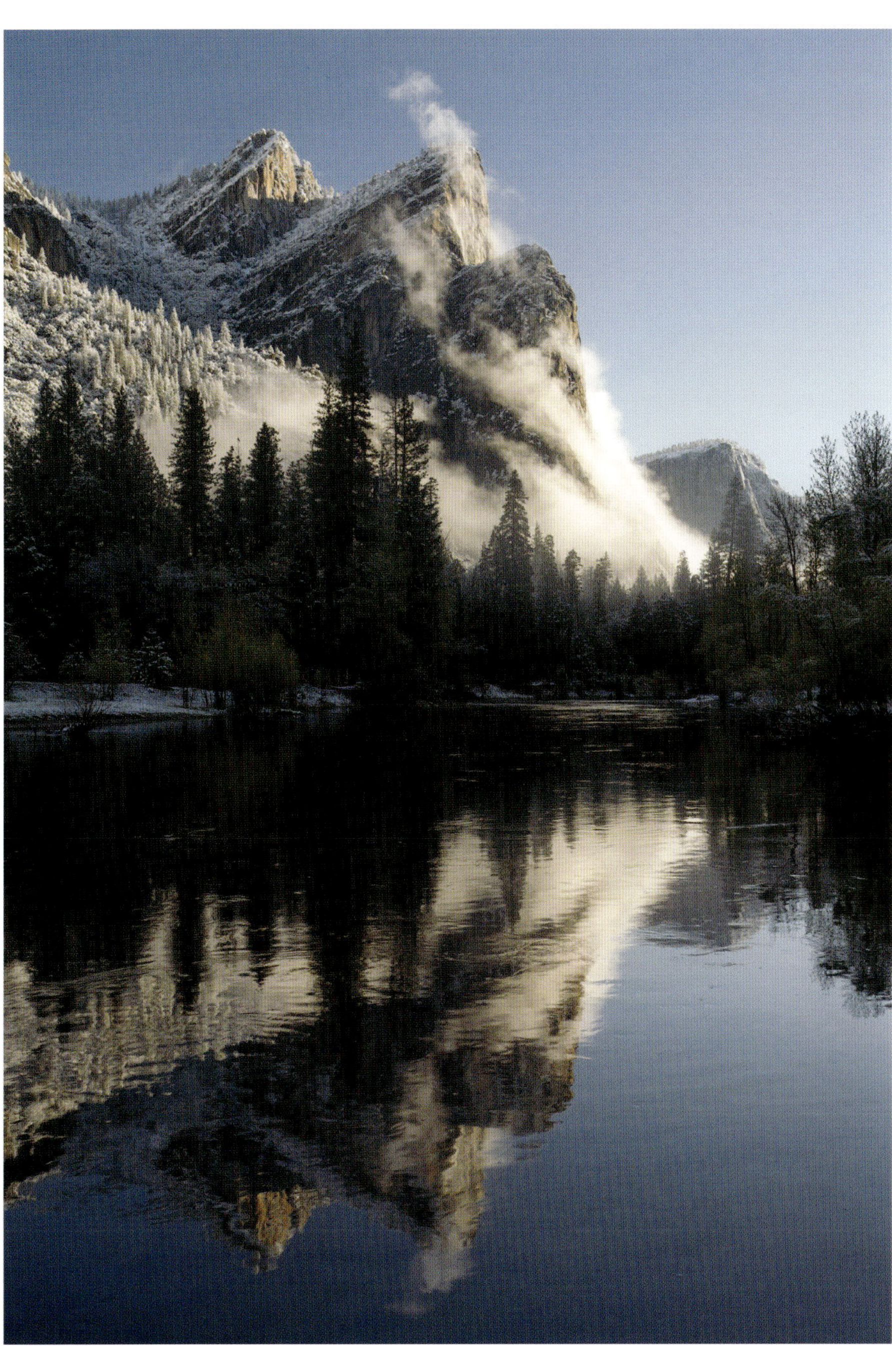
2

Kontraktion für eine Aufnahme der Three Brothers

Hier war der Kontrast hoch, aber nicht extrem. Die Spot-Messung erfolgte auf den hellsten Lichterbereich, den sonnenbeschienenen Dunst am Fuße der Three Brothers, ihn platzierte ich in Zone 8. Da ich die Kamera bereits in vielen Situationen getestet hatte (Canon 1 Ds Mark II), wusste ich, dass sich die Lichter trotz der Spitzlicht-warnung auf dem Kameradisplay in der Raw-Datei wiederherstellen ließen. Dann maß ich die dunkelsten Schatten in den Bäumen und stellte einen Unterschied von 6 Stufen fest, die Bäume gehörten also in Zone 2 (1). Ich wusste, dass es bei dieser Kamera leicht sein würde, Schattendetails aus Zone 2 wiederherzustellen, ohne zu viel Bildrauschen zu erzeugen. Eine Belichtung sollte also funktionieren, eine Belichtungsreihe brauchte ich nicht.

Die Raw-Datei wurde in Lightroom verarbeitet, vor allem mit den Lichter- und Tiefen-Reglern, dazu mit dem Verlaufsfilter, um das Wasser aufzuhellen (siehe Kapitel 3, Seite 144 für ein Beispiel einer Verarbeitung in Lightroom oder Adobe Camera Raw). Wie erwartet ließen sich die Details sowohl in den Lichtern als auch den Tiefen relativ leicht wiederherstellen, ebenso die Balance zwischen der Helligkeit oben und unten im Bild (2). Das Diagramm zeigt, wie der Tonwertbereich komprimiert wurde; die Werte von Zone 8 liegen jetzt in Zone 7, die Tiefen aus Zone 2 wurden auf Zone 3 aufgehellt (3).

Überprüfen Sie dann den linken Rand. Sind dort keine Pixel zu finden, enthalten die Tiefen Details und Sie müssen nichts weiter tun. Wir gehen einmal davon aus, dass es sich um eine kontrastreiche Szene handelt und einige Pixel den linken Rand berühren. Sie könnten jetzt die dunkelsten Tiefen ausmessen, um herauszufinden, um wie viel dunkler diese als die Lichter sind. Einfacher ist es jedoch, eine weitere Belichtung, eine Blendenstufe heller, aufzunehmen und das Histogramm erneut zu prüfen. Berühren immer noch Pixel den linken Rand, machen Sie die Belichtung noch eine Stufe heller – bis zwischen den dunkelsten Pixeln und dem linken Rand eine Lücke zu sehen ist. Jetzt gibt es in den Tiefen und in den Lichtern Details sowie ausreichend Tonwerte dazwischen.

Arbeiten Sie mit 1⅓ oder 1½ Blendenstufen-Intervallen. Zwei Blendenstufen sind okay; das ideale Intervall für eine Überblendung liegt aber zwischen 1 und 1½ Stufen.

Automatische Belichtungsreihen sind eher ungeeignet, bei der Kombination mehrerer Belichtungen ist es jedoch hilfreich, Objektbewegungen zu vermeiden. Sich schnell bewegende Wolken verändern bei einer manuellen Belichtungsreihe beispielsweise schnell ihre Position und dann wird es schwierig, die Aufnahmen in einer Software miteinander zu kombinieren. Mit einer automatischen Belichtungsreihe sind bis zu fünf Bilder in weniger als einer Sekunde möglich – Bewegungen werden minimiert. Stellen Sie nur sicher, dass in mindestens einem Bild Lichter- und in einem weiteren Tiefendetails zu erkennen sind.

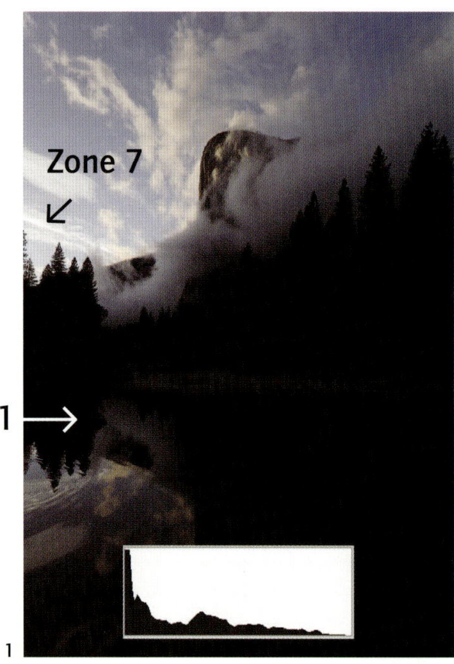

1

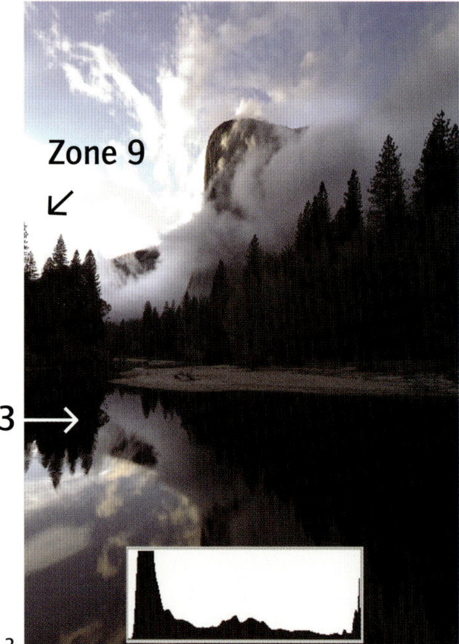

2

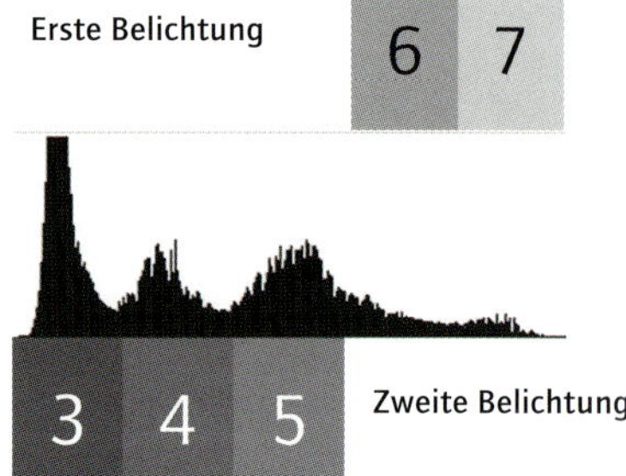

3 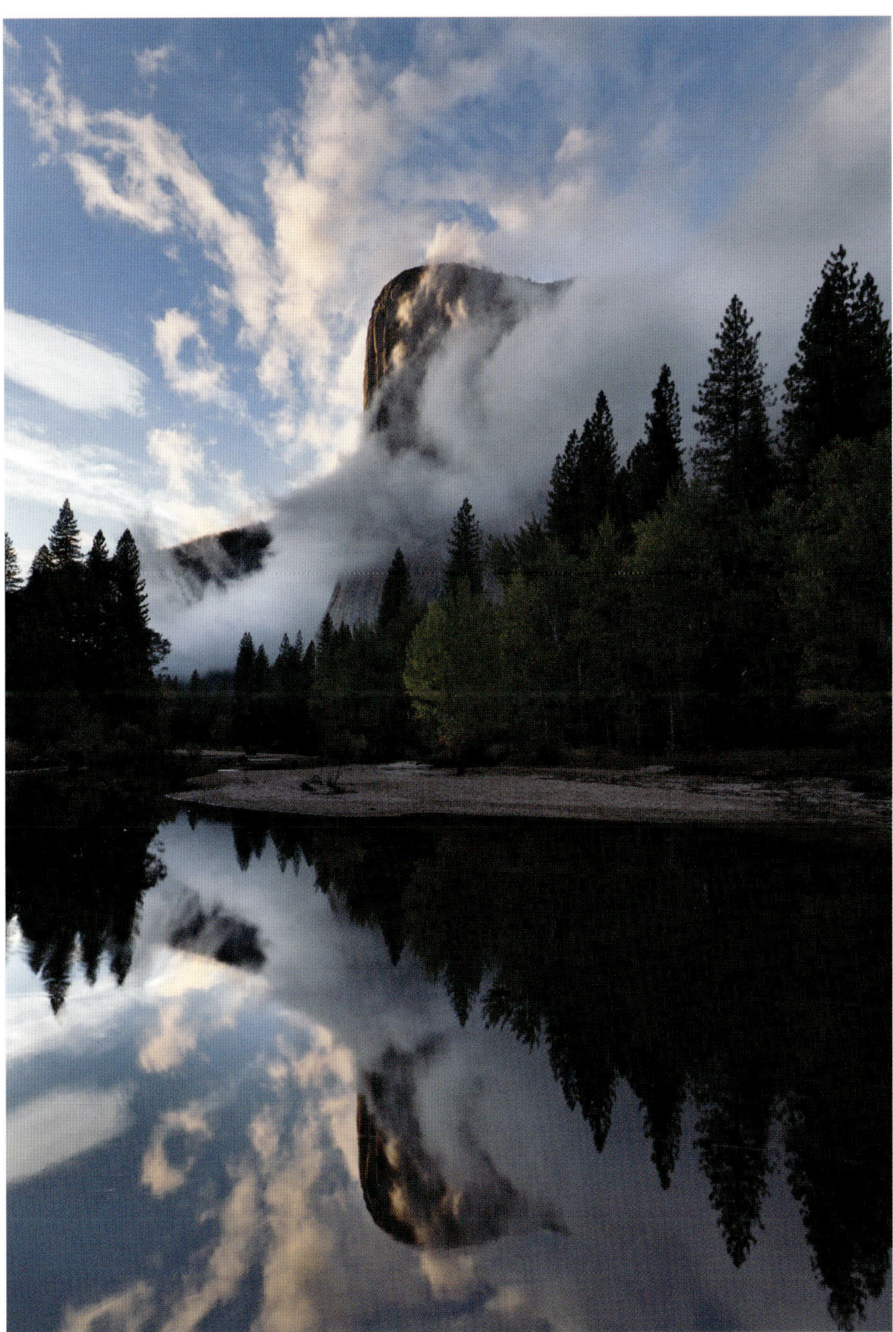

El Capitan: Kontraktion durch Überblenden zweier Aufnahmen

Von dieser kontrastreichen Szene machte ich zwei Aufnahmen. Für die erste führte ich eine Spotmessung auf die hellsten Lichter aus (die hellen Wolken links des El Capitan) und platzierte sie in Zone 7 (1). Dann folgte die Spot-Messung auf die dunkelsten Tiefen (die Reflexion der Bäume links im Bild), legte sie in Zone 3 und machte die zweite Aufnahme (2). Die Histogramme bestätigten, dass die Lichter aus Zone 7 im ersten Bild gute Details enthielten, ebenso die Tiefen aus Zone 3 im zweiten Bild.

Die beiden Belichtungen wurden in Photoshop montiert (mehr dazu in Kapitel 3, Seite 146), und ich hellte die Tiefen und Reflexionen weiter auf, um mehr Details in den dunkelsten Bereichen sichtbar zu machen. Das fertige Bild enthält Details sowohl in den Lichtern als auch den Tiefen, dazu wenig Rauschen. Es kommt meinen Vorstellungen von dieser Szene schon sehr nahe (3). Das Diagramm zeigt, wie das finale Bild die Lichterbereiche aus der ersten Belichtung (vor allem Tonwerte im Himmel in Zone 6 und 7) und die Tiefenbereiche aus der zweiten Belichtung verwendet (vor allem Bäume und Reflexionen in Zone 3 bis 5).

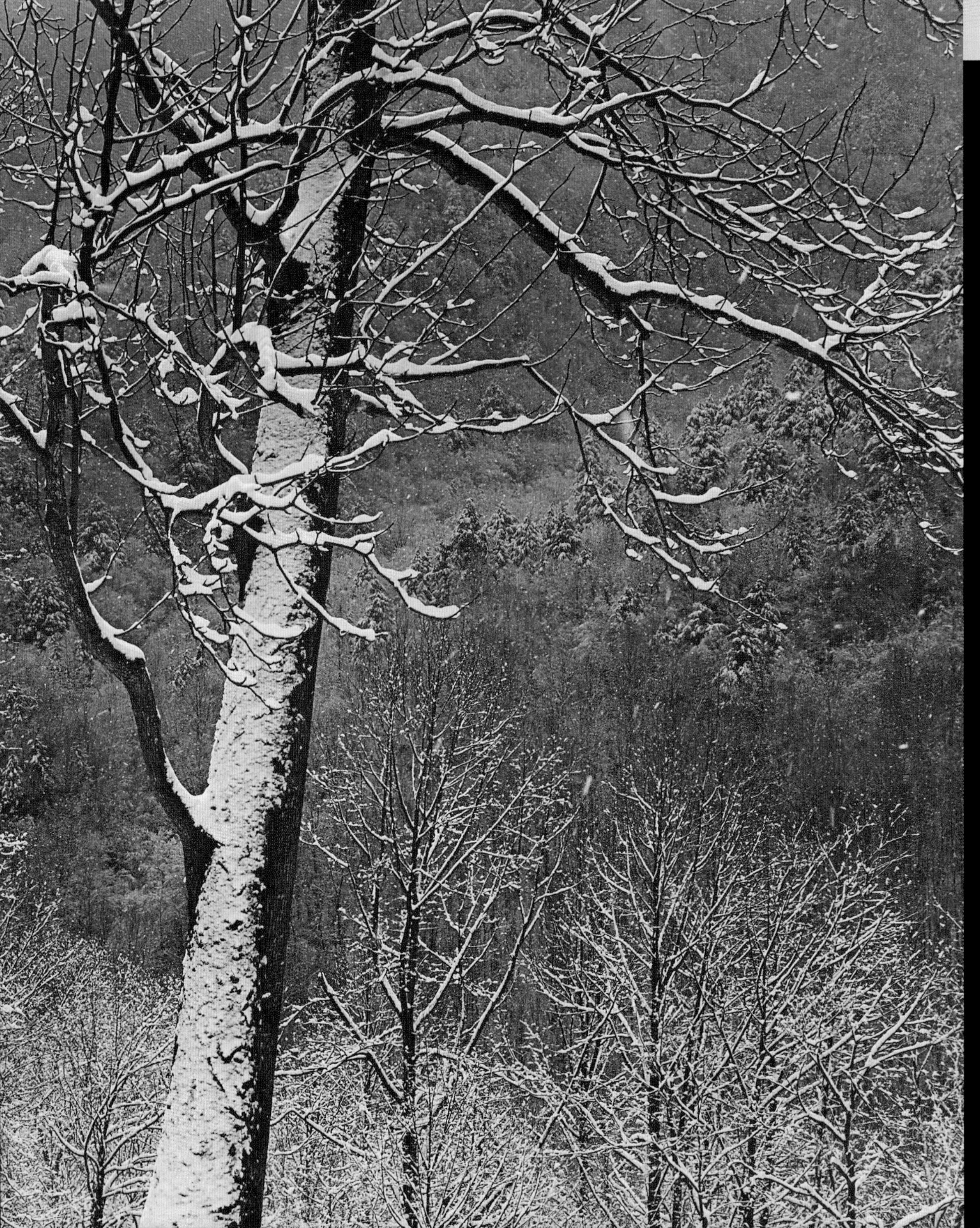

**Pool in Mystery Canyon,
Lake Powell, Utah,
von Eliot Porter**

Eliot Porter lehrte Generationen von Farbfotografen Landschaften zu sehen. Er wandelte die Grenzen seines Diafilms und eines sehr starken Kontrasts in einen Vorteil um, indem er sich auf vertraute Szenen konzentrierte und einzelne Farben und Muster betonte.

Porter gehörte zu den ersten Personen, die die Fotografie absichtlich nutzten, um den Naturschutz zu fördern. Dieses Bild, *Pool in Mystery Canyon,* wurde ursprünglich 1963 vom Sierra Club im Buch *The Canyon No One Knew* über den Glen Canyon veröffentlicht. Der Bau des Damms begann 1956, abgeschlossen wurde er 1966. Die Schärfe dieses Buches, die Verbindung von Porters wunderschönen Bildern und dem Wissen, dass die wunderschön dargestellten Szenen bald vom Wasser des Lake Powell verschlungen werden, half der Naturschutzbewegung, solche Tragödien in der Zukunft zu verhindern. Alles in allem veröffentlichte Porter fünf Bücher mit dem Sierra Club und sorgte dafür, dass der Naturschutz auch in der Politik zur Sprache kam.

KAPITEL 2
LICHT, KOMPOSITION UND DIE KUNST DES SEHENS

»Die wichtigste Eigenschaft eines Fotos ist dessen emotionale Wirkung.«
—Eliot Porter, 1987

Technik allein, obwohl wichtig, bringt Sie nicht weiter. Gute Technik mag Ihnen helfen, Ihre Idee umzusetzen, aber zuerst müssen Sie eine Idee haben - was hat sie sonst für einen Zweck? Wie Ansel Adams sagte: »Es gibt nichts Schlimmeres als ein scharfes Bild eines verschwommenen Konzeptes.«

Licht

Edward Weston sagte: »Das wichtigste Element, mit dem es der Fotograf zu tun hat, ist das Licht. Kamera, Objektiv, Film, Entwickler und Papier haben nur einen Zweck: Licht aufzunehmen und es zu präsentieren. Obwohl es so wichtig ist, ist das Licht viel zu unbekannt, nicht ausreichend studiert und wird von Fotografen oft verschmäht.«

Es scheint offensichtlich, dass die Landschaftsfotografie ein Verständnis von Licht erfordert, aber wie viele von uns haben das Licht studiert? Weston riet einmal einem Freund, er solle doch mit seiner Kamera rausgehen und das Licht studieren: Was macht es mit bekannten und unbekannten Objekten - einem Baum, einem Gesicht, einem wolkenlosen Himmel. Er sollte sich eine Szene einmal die Stunde ansehen, bis er lernte, die Objekte mithilfe von Lichtqualität zu bewerten und zu sehen. Sein Sohn Brett brachte es auf den Punkt: »Wenn du kein Gefühl für das Licht hast, kannst du es gleich vergessen.«

Komposition

Für viele Fotografen ist kein Aspekt der Fotografie so schwierig wie die Komposition. Vielleicht haben Leute aus diesem Grund versucht, Regeln für die Bildkomposition aufzustellen. Die Meister der Landschaftsfotografie der vergangenen Jahrzehnte stemmten sich jedoch einstimmig gegen solche Formeln. »Regeln der Bildkomposition zu folgen, bevor man eine Aufnahme gemacht hat, ist, als würde man erst die Gravitation zu Rate ziehen, bevor man spazieren geht«, sagte Weston.

Während Regeln (vielleicht ist »Richtlinien« das bessere Wort) in manchen Situationen ganz hilfreich sind, ist die Welt allerdings viel zu komplex, um jede Regel in allen Situationen anzuwenden. Es gibt jedoch eine Richtlinie, die immer gilt: Die besten Kompositionen enthalten nur das Wichtigste einer Szene oder eines Objekts, mehr nicht. Oder um noch einmal Weston zu zitieren: »Ein Objekt gut abzubilden, bedeutet nichts weiter, als es so stark wie möglich zu sehen und zu präsentieren.«

Gute Kompositionen haben auch immer noch etwas anderes gemeinsam: ein starkes, abstraktes Design. Zu oft tappen Fotografen in die Falle, eher in Form von Objekten anstatt in Form von Designs zu denken. Wenn sie beispielsweise einen Baum fotografieren, haben viele Fotografen eine Vorstellung davon, wie der Baum aussehen soll, anstatt die einzigartigen Qualitäten genau dieses Baumes herauszuarbeten. Wie Ansel Adams sagte: »Der Fotograf sollte nicht zulassen, von etwas gefangen zu werden, das ihn nur als Motiv interessiert. Wenn er das Bild nicht klar im Kopf vor Augen hat, wird das Ergebnis wahrscheinlich enttäuschend sein.«

Stimmung

Die besten Fotos sind nicht einfach nur interessant und schön, sie fangen auch eine Stimmung oder Gefühle ein. Sie rufen bestimmte Reaktionen beim Betrachter hervor. Adams war der Meinung, dass der Fotograf einem Objekt antworten muss, bevor es der Betrachter tut: »Ich habe Tausende Landschaftsmotive fotografiert, aber nur die Darstellungen, die sich während der Belichtung sehr intensiv anfühlten, haben die Zeit überstanden.«

Adams einzigartige Fähigkeit, die Anmut und Stimmung amerikanischer Landschaften einzufangen, ebneten seinen Weg in die Geschichte der Fotografie und eroberte die Herzen von Millionen von Zuschauern. Seine besten Aufnahmen zeigen die Qualität von Bergen oder Wüsten, er konnte aber auch wunderbar bestimmte Momente und deren Stimmungen (Licht, Wolken und das Wetter) einfangen.

Um Ihren Fotos Stimmung zu verleihen, müssen Sie mindestens genauso auf das Licht und das Wetter achten, wie es Adams getan hat. Nutzen Sie dazu alle optischen Möglichkeiten – Linien, Formen, Muster, Tonwerte, Farben, Bewegung, Belichtung und Schärfentiefe –, um die Stimmung einzufangen.

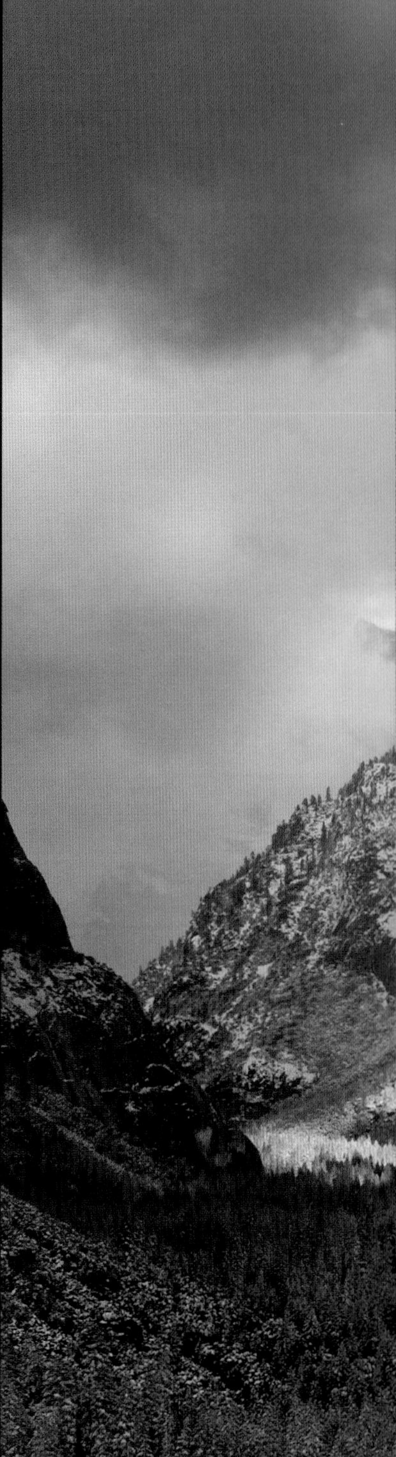

Half Dome, Cathedral Rocks, und Bridalveil Fall, Yosemite

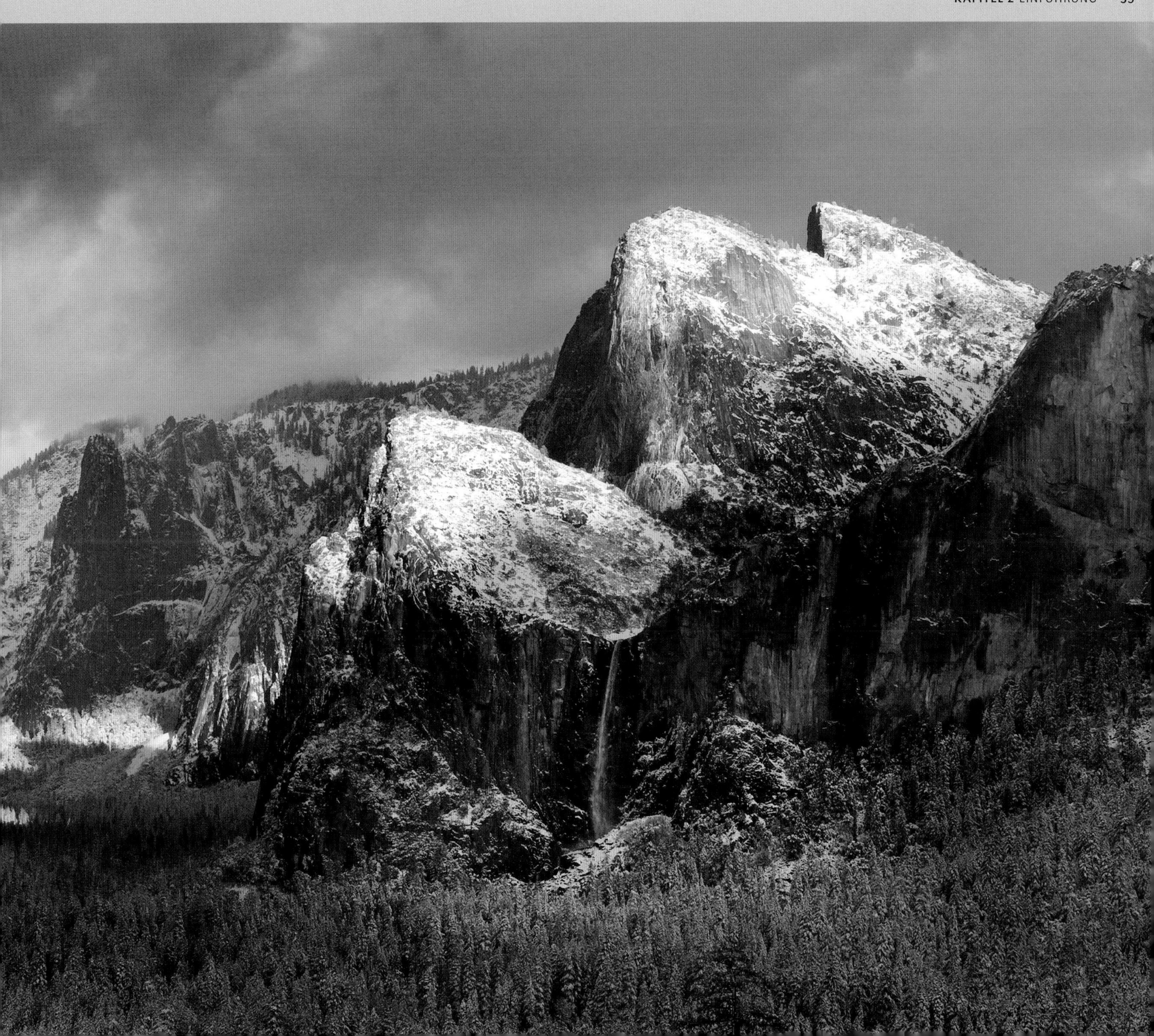

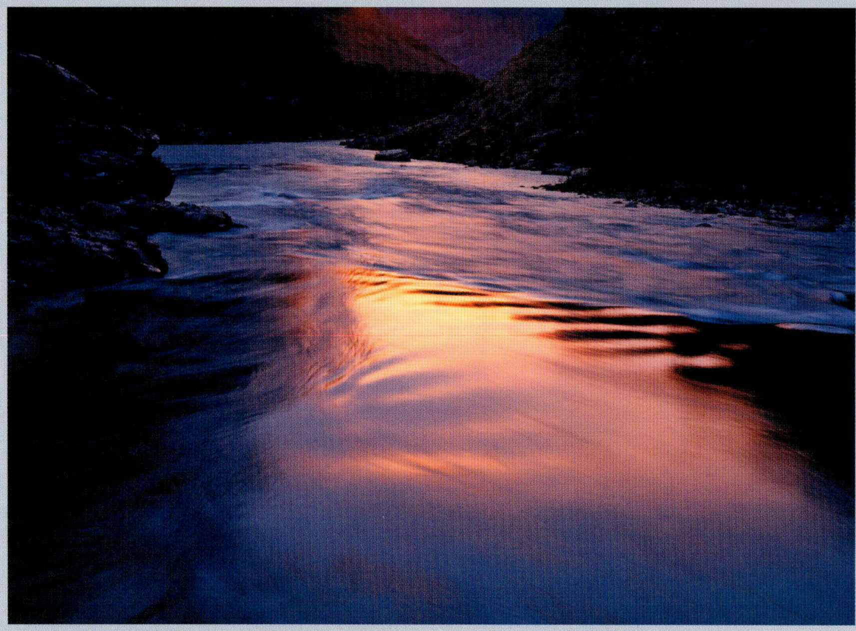

1

LICHT

»Man kann nicht oft genug betonen, dass reflektiertes Licht das Motiv des Fotografen ist. Ob man Schuhe, Schiffe oder Bohnerwachs fotografiert, das vom Motiv reflektierte Licht formt immer Ihr Bild.«
—Edward Weston

Wir fotografieren keine Objekte. Wir fotografieren das Licht, das von Objekten reflektiert. Ein tolles Motiv mit schlechtem Licht ergibt ein schlechtes Foto. Ein ganz gewöhnliches Objekt – das manche Menschen noch nicht einmal bemerken würden – kann mit dem richtigen Licht zu einem großartigen Foto werden. Landschaftsfotografen müssen die Sprache des Lichts fließend sprechen.

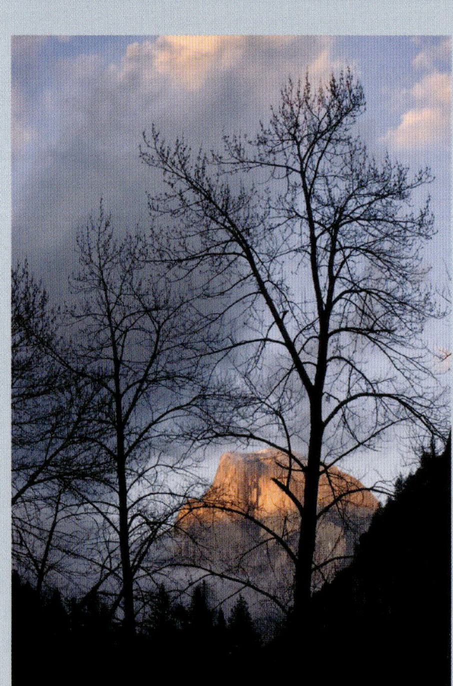

2

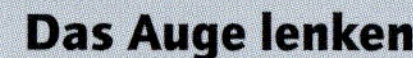

Das Auge lenken

1 Helle Bereiche

Sehen Sie sich dieses Foto vom Grand Canyon an. Auf was schauen Sie als Erstes? Wenn es die Bildmitte ist, dann sind Sie damit nicht allein. Helle Bereiche ziehen die Aufmerksamkeit auf sich, während unsere Augen – und unser Gehirn – dunkle Bereiche eher ignorieren.

2 Warme Farben

Warme Farben wie Rot, Orange, Gelb und Magenta ziehen die Aufmerksamkeit ebenfalls auf sich. In diesem Bild ist der Half Dome nicht heller als der Himmel, zeigt aber wärmere Farben.

3 Visuelle Konflikte

Ist der hellste Bereich im Foto nicht das Hauptobjekt – auf das der Betrachter schauen soll –, haben Sie ein Problem. Der sonnendurchflutete Bereich oben links (3A) lenkt die Aufmerksamkeit vom Wasserfall ab. Es entsteht ein visueller Konflikt zwischen Wasserfall und Felsen.

Bei einem solchen Konflikt fotografieren Sie das Motiv lieber noch einmal, wenn das Licht besser ist oder Sie probieren eine andere Bildkomposition. Hier (3B) nutzte ich ein längeres Objektiv und fotografierte lieber den unteren Bereich des Wasserfalls und den von der Sonne angestrahlten Baum. Jetzt heben sich die beiden Hauptobjekte von der dunkleren Umgebung ab und streiten nicht mit anderen hellen Bereichen um die Aufmerksamkeit.

4 Dunkle Bereiche

Die Ausnahme von der Regel, dass helle Bereiche die Aufmerksamkeit auf sich ziehen, tritt dann ein, wenn das Bild fast ausschließlich hell ist. Dann sucht sich das Auge dunkle Bildbereiche. Diese Kalkfelsen im Mono Lake heben sich gut von der helleren Umgebung ab.

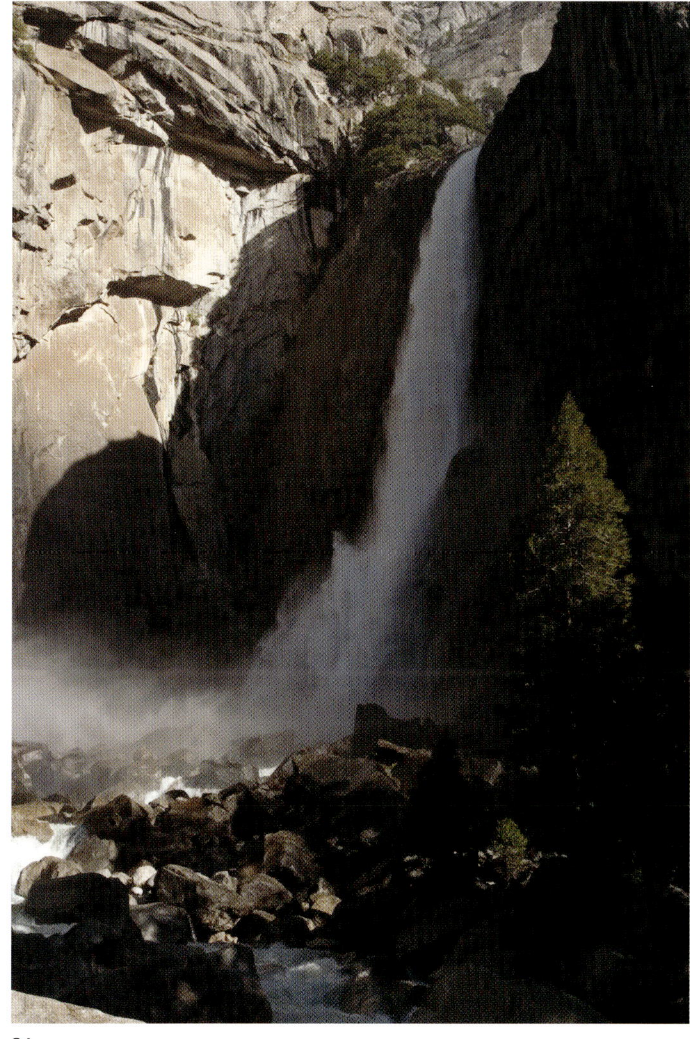

3A

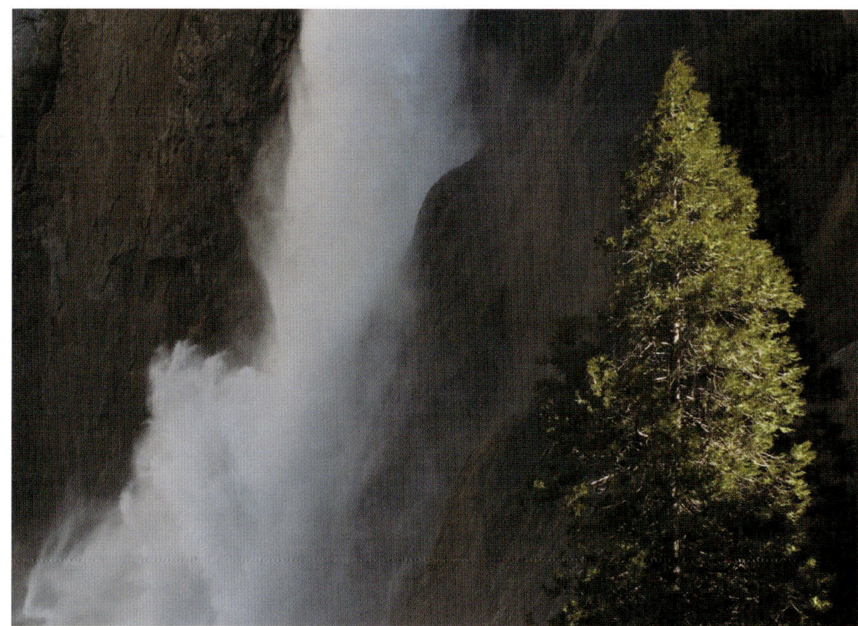

3B

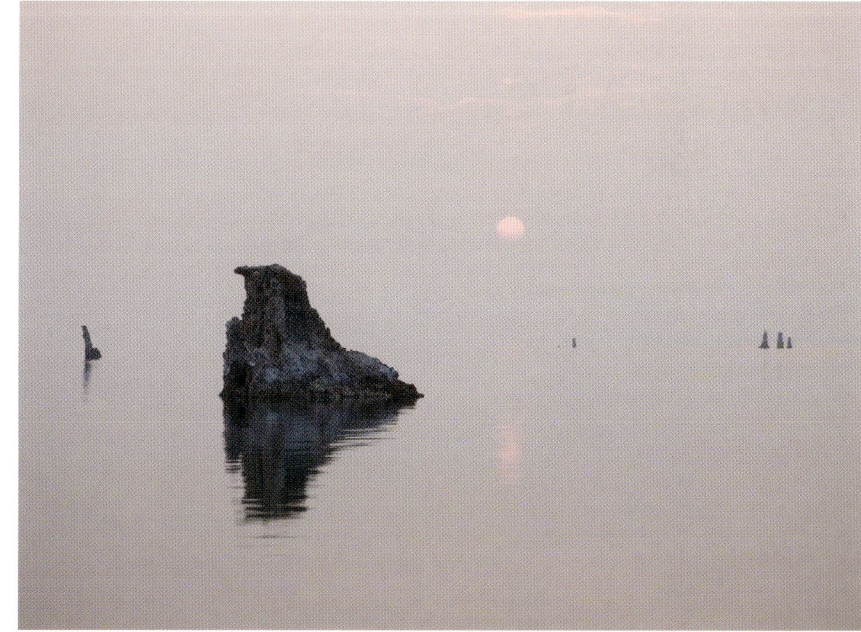

4

1

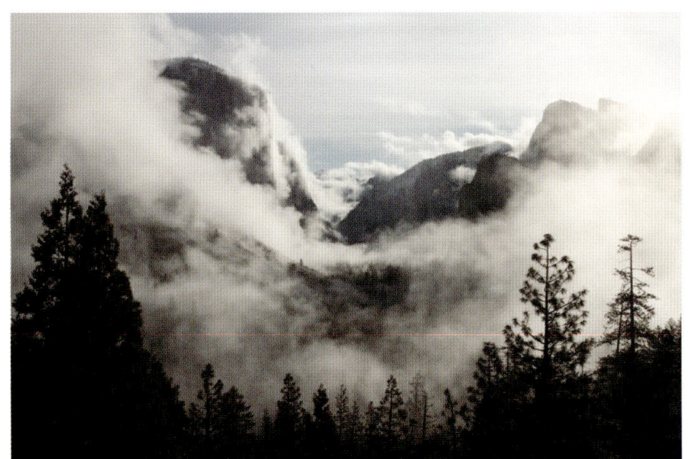

2

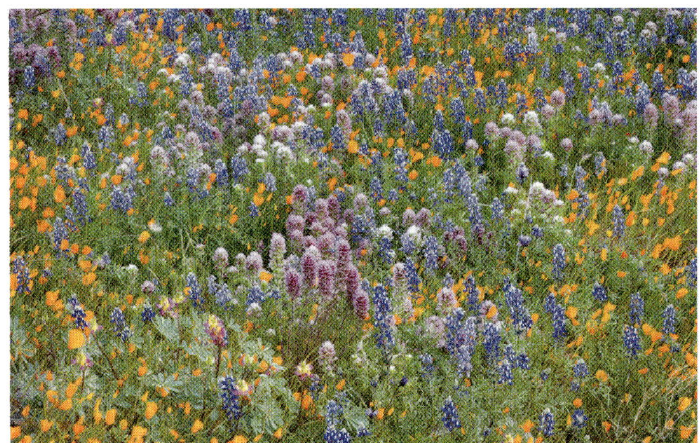

3

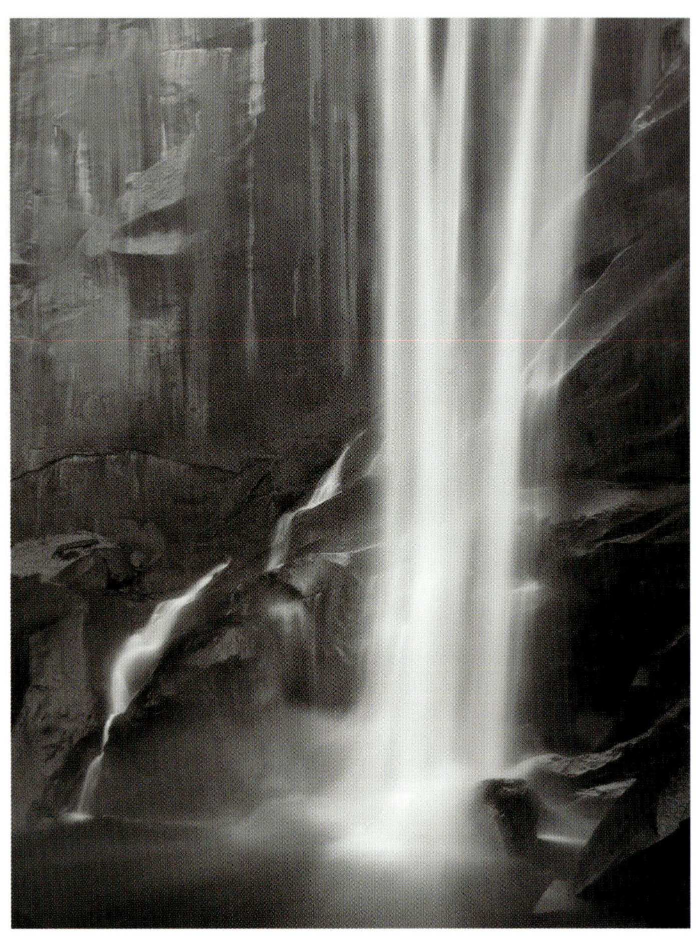

1 & 2. **Kontrast**

Ein Foto kann einen Hell-Dunkel-Kontrast, einen Farbkontrast oder beides aufweisen – mit kaum oder nur wenig Kontrast sieht ein Bild flau und uninteressant aus. Dieses Bild vom Tunnel View in Yosemite (1) zeigt einen starken Hell-Dunkel-Kontrast, aber nur wenig Farben, während die Blumen (2) einen intensiven Farbkontrast aufweisen und keine hellen Lichter oder dunklen Tiefen.

3. **Schwarzweiß**

Manche Fotografen sehen die Welt schwarzweiß und andere in Farbe. Nur wenige können beides ganz gut. Eliot Porter hat das verstanden: »Wenn Ansel Adams etwas fotografiert, sieht er es direkt als Schwarzweißbild, also fotografiert er es auch so. Ich hingegen sehe es direkt als Farbbild.« Adams ist bekannt für seine Abzüge mit reichhaltigen Tonwerten, von tiefem Schwarz bis brilliantem Weiß. Dieser Kontrast hilft, Dramatik zu vermitteln. Seine Bilder sind aber nicht grell. Die Bereiche mit reinem Schwarz und Weiß sind eher klein, weisen aber das volle Spektrum der dazwischenliegenden Grautöne auf. Wie Adams sagte: »Mit einem kleinen, aber feinen Tonwertbereich sind fabelhafte Effekte möglich.« Für gute Schwarzweißfotos muss man die Beziehung zwischen hellen und dunklen Tonwerten visualisieren. Die effektvollsten Bilder zeigen eine klare Gegenüberstellung von Licht gegenüber Dunkelheit oder umgekehrt, wie in diesem Bild des Bridalveil-Wasserfalls (3). Beachten Sie, dass es in diesem Bild kaum reines Weiß oder reines Schwarz gibt. Die meisten Tonwerte reichen von Dunkel- bis Mittelgrau mit einigen hellgrauen Bereichen im Wasserfall.

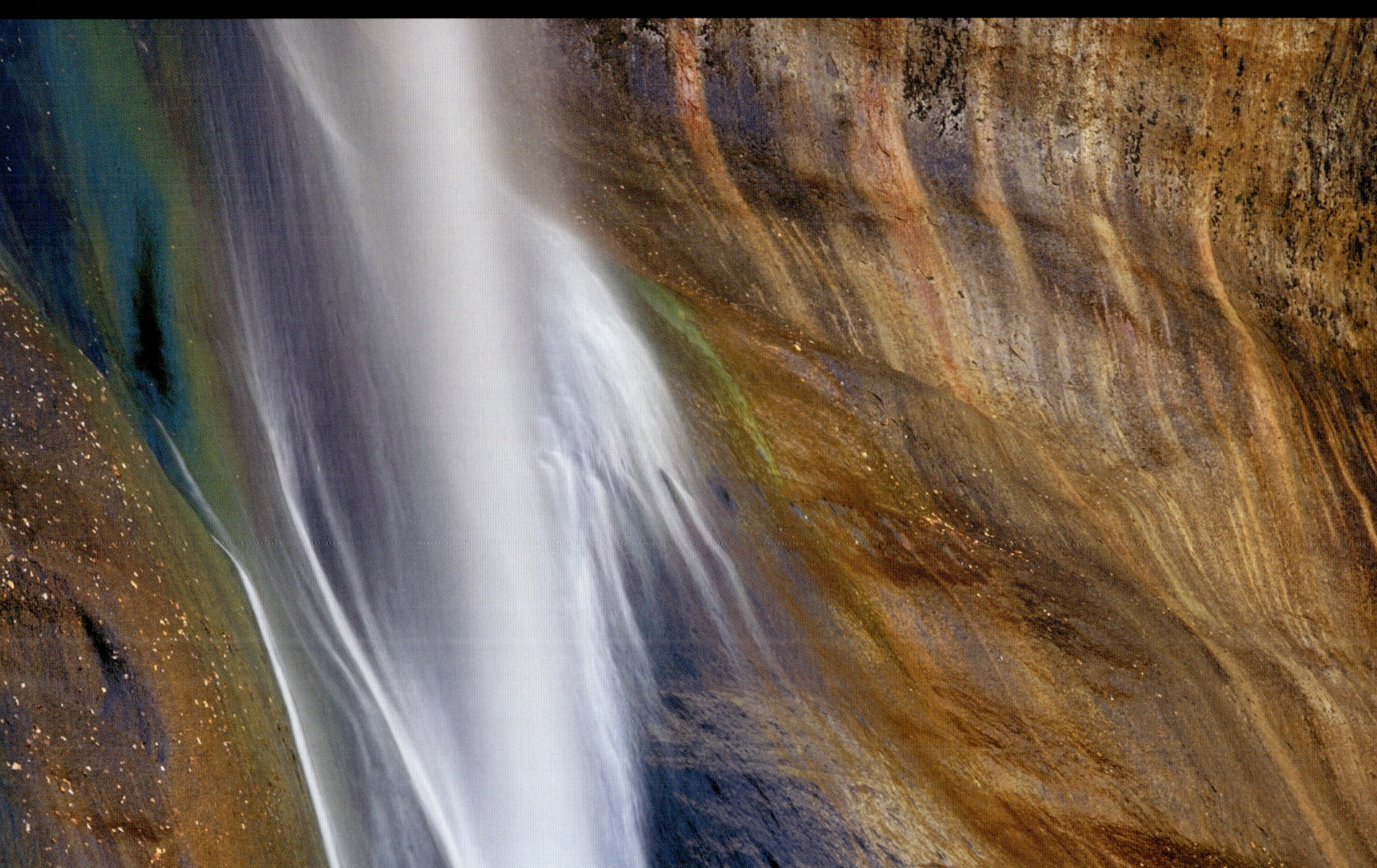

4

4. **Farbe sehen**

Fotografen, die in Farbe »sehen«, finden oft farbige Objekte und bauen drumherum eine Bidkomposition auf. Sie machen die Farbe zum Motiv der Aufnahme. Zarte Farben funktionieren oft besser als reichhaltige, gesättigte Farben. Dieses Bild von den Calf Creek Falls in Utah zeigt keine leuchtenden Rot- oder Gelbtöne, aber die reichhaltigen und so unterschiedlichen Farben verleihen dem Bild Kontrast und Struktur – in Schwarzweiß würde die Aufnahme längst nicht so gut wirken. Kompositionen lassen sich um eine Farbe erstellen, allerdings funktioniert eine willkürliche Anordnung der Farben nicht – Sie müssen schon etwas Anordnung in das Ganze bringen. Hier helfen die parallelen Linien im Gestein und im Wasserfall, die Farbpalette etwas besser zu organisieren

1

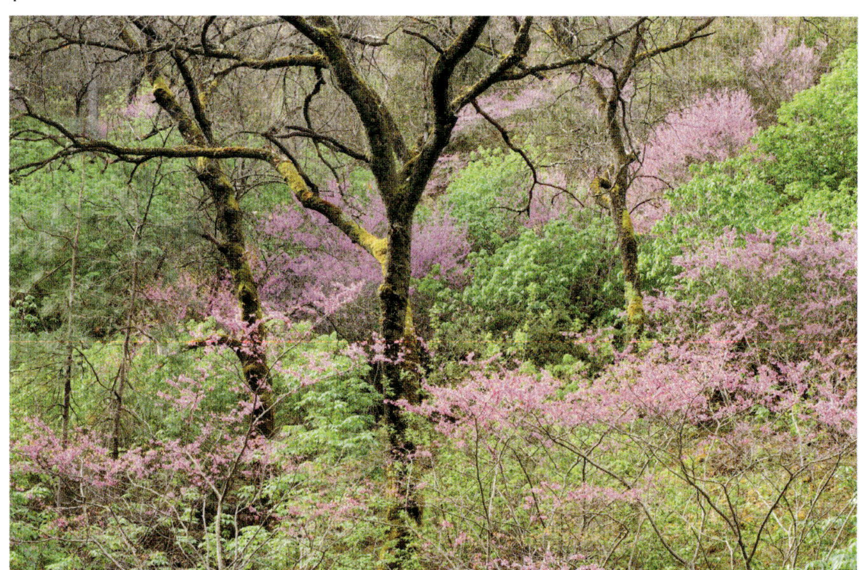

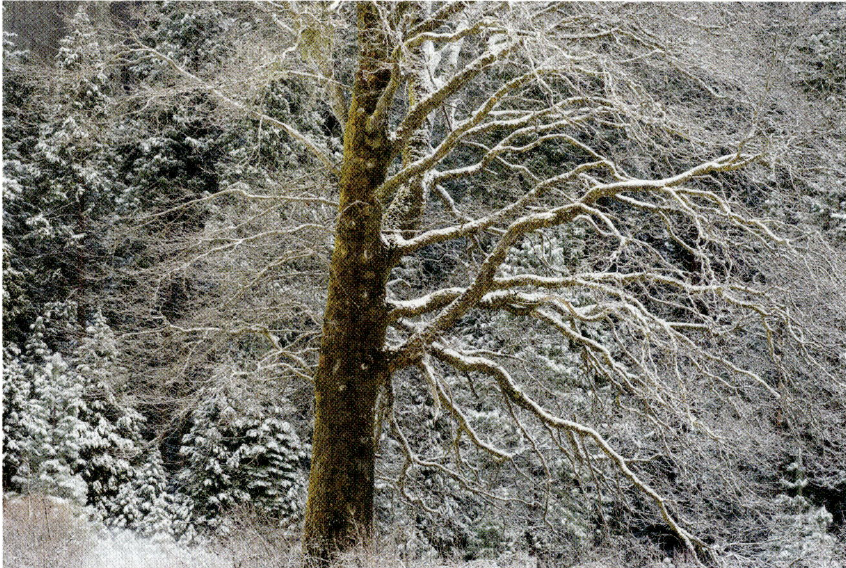

2

Die vier Grundtypen des Lichts

Weiches Licht

»Ich begann, die Wirkung des Umgebungslichts auf meine Motive zu erkennen, von einem blauen oder bedeckten Himmel, und zu erkennen, dass direktes Sonnenlicht oft nachteilig ist und fleckige, ablenkende Muster erzeugt.«
—Eliot Porter, 1987

Porter war eine der ersten Personen, die das erkannt haben, was seitdem viele Fotografen wissen: dass weiches Licht oftmals die beste Ergänzung für farbige Motive ist. Ohne direktes Sonnenlicht ist das Licht weich und gestreut und trifft mehr oder weniger gleichmäßig aus allen Richtungen auf das Objekt. Da das Licht selbst keinen Kontrast bietet, muss das Objekt diesen Kontrast aufweisen. Das ist tolles Licht für Blumen, Herbstlaub oder andere farbige Motive.

Wälder stellen oft eine chaotische Anordnung von Baumstämmen, Ästen und Blättern dar. Schatten oder ein bewölkter Himmel kann diese Szenen vereinfachen, aber nur, wenn helle Bereiche des Himmels aus dem Bild gehalten werden. Wie Ansel Adams feststellte: »Ein Problem bei Waldaufnahmen ist, dass durch die Bäume oft Bereiche des Himmels zu sehen sind, was die Tonwertkomposition des Bildes durcheinander bringt. In der Realität sind solche Unterbrechungen logisch und werden akzeptiert, in der Fotografie sind sie extrem störend. Der Himmel ist in der Regel deutlich heller als die Blätter - das kann zu einer Überbelichtung und reinem Weiß führen.« Teleobjektive helfen, die Bildkomposition einzugrenzen.

Weiches Licht und weiche Farben

Während Sonnenlicht Farben erdrücken kann, lässt weiches Licht die Farben leuchten, wie im oberen Bild zu sehen.

Zarte Farben

Farben müssen nicht intensiv sein, um effektiv zu sein. Weiches Licht betont die zarten Farbtöne des schneebedeckten Baumes in der unteren Abbildung.

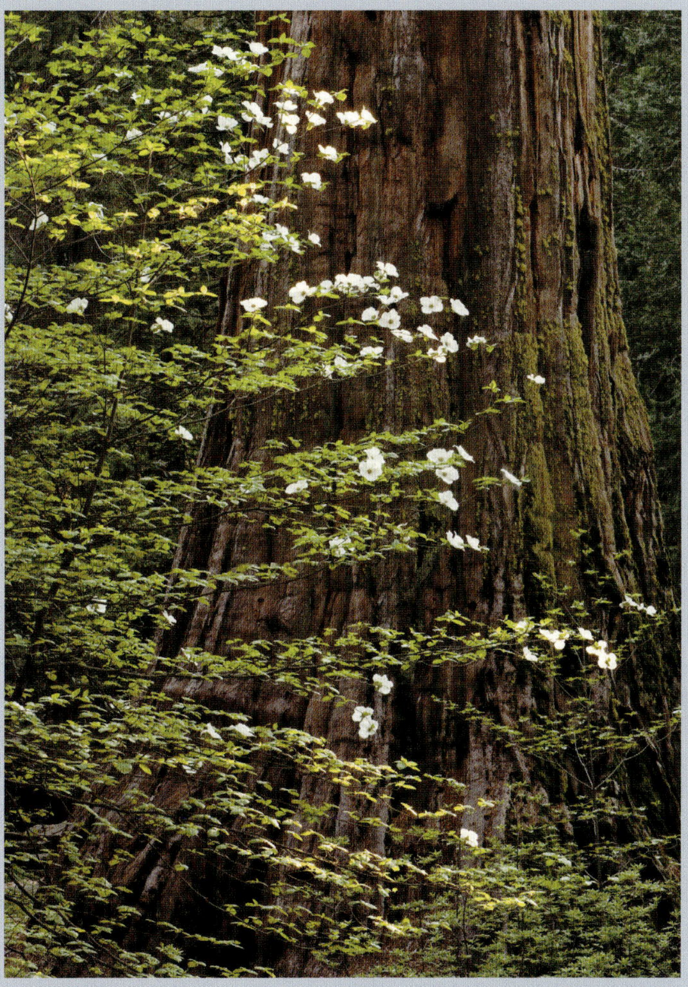

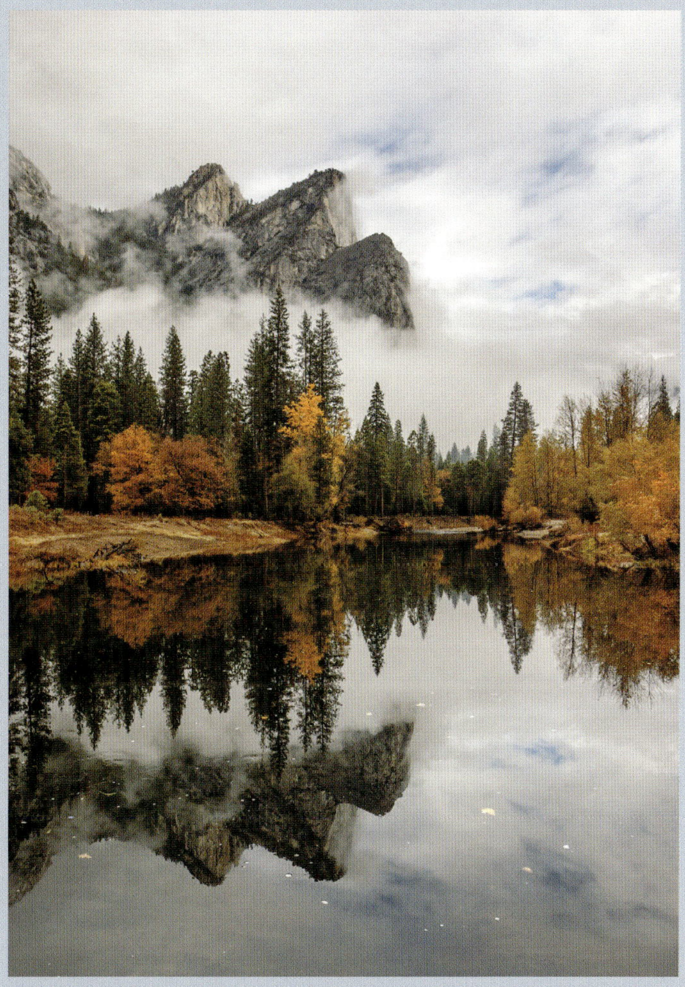

Vereinfachung

Waldmotive sind oft chaotisch und das Sonnenlicht, das hier und da durch die Bäume fällt, trägt zusätzlich zur Verwirrung bei. Weiches, schattiges Nachmittagslicht vereinfachte dieses Motiv.

Große Landschaften

Weiches Licht funktioniert bei mittelgroßen und kleinen Motiven am besten. Große, ausschweifende Landschaften lassen sich im diffusen Licht nur schwer fotografieren, denn diese Szenen brauchen häufig den Biss von Sonne und Schatten. Außerdem kann der Himmel hell und ausgewaschen sein und das Auge von interessanteren Dingen darunter ablenken. Dieses Foto der Three Brothers ist eine seltene Ausnahme. Es funktioniert, weil ein Kontrast da ist, auch ein Farbkontrast, und weil der Himmel blaue Flecken hat und nicht völlig leer ist.

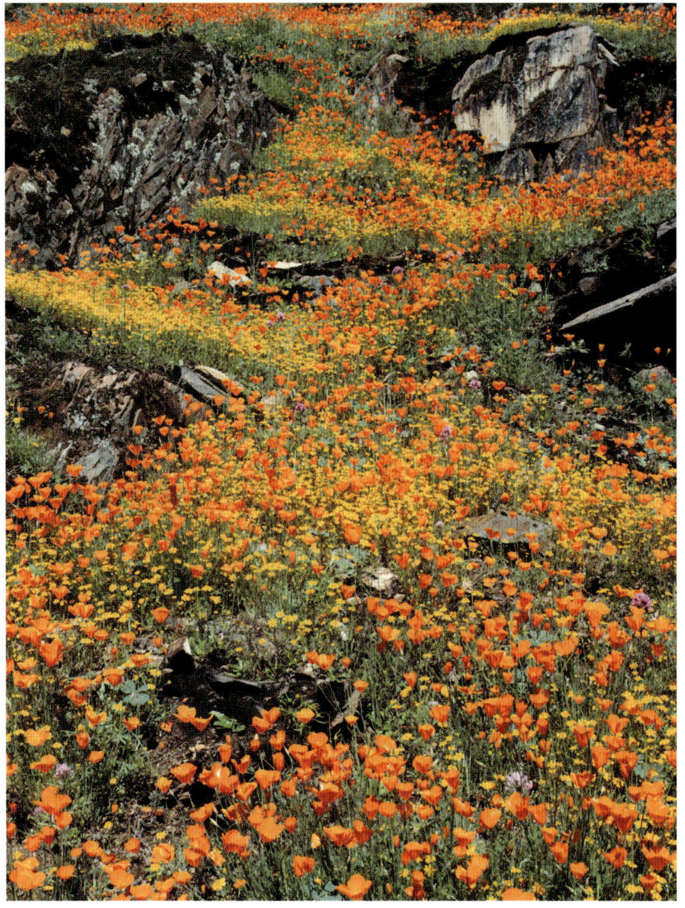

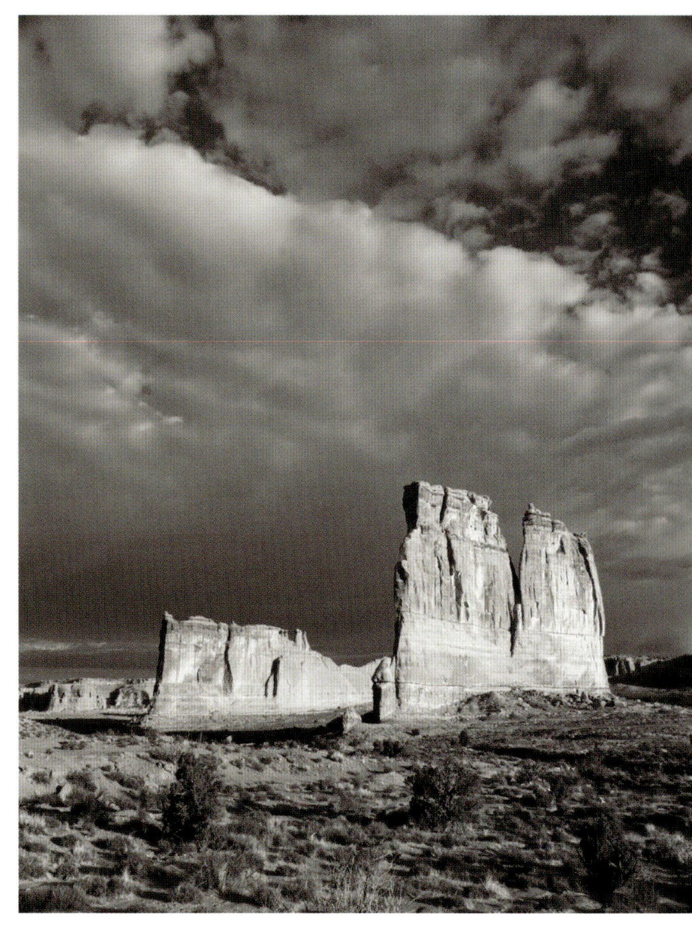

Licht von vorne

Von vorn ausgeleuchtete Farben

Wenn wir die Sonne im Rücken haben, entsteht ein gleichmäßiges – fast weiches – Licht und die Schatten befinden sich hinter dem Objekt. Bei manchen Motiven reicht diese gleichmäßige Beleuchtung nicht aus, bei farbigen Motiven, wie dieser Blumenwiese, funktioniert sie ganz gut. Die Schatten sind klein und helfen, die Farben voneinander zu trennen.

Das Licht vierteln

Für Szenen mit mangelnder Farbe ist direktes Licht von vorn oft zu flau. Wenn Sie stattdessen einen leichten Winkel erzeugen – die Sonne über die Schulter anstatt direkt hinter Sie stellen – entstehen Schatten, Kontrast und Struktur, wie in dieser Aufnahme des Courthouse Towers im Arches National Park in Utah. Achten Sie auf die diagonal verlaufenden Schatten, die links an den Felsen vorbeilaufen.

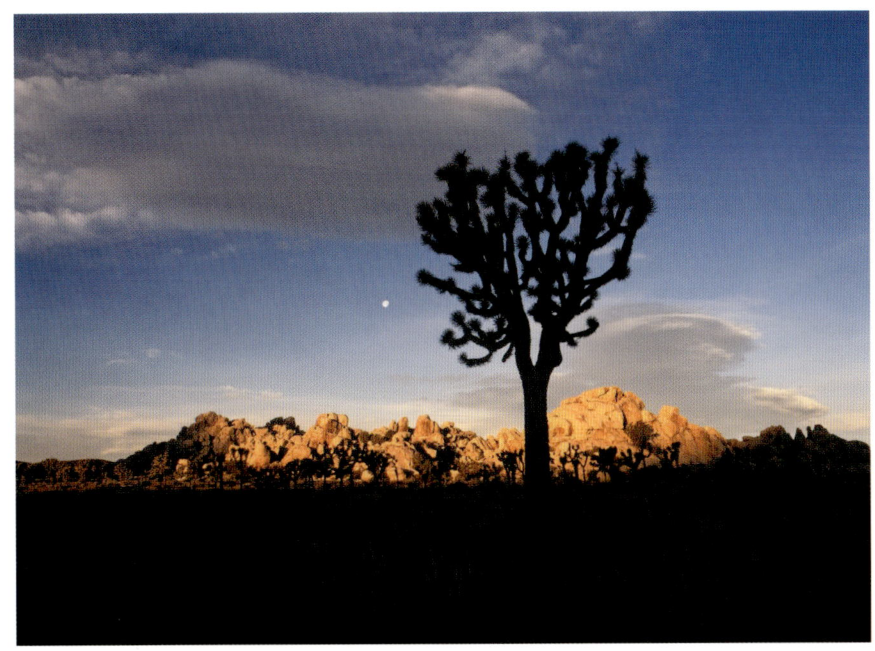

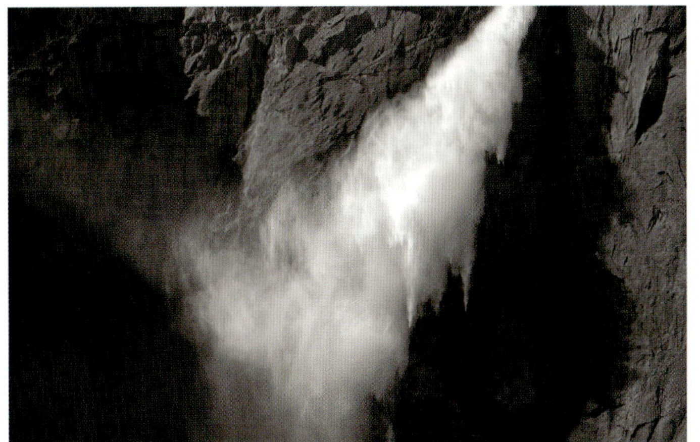

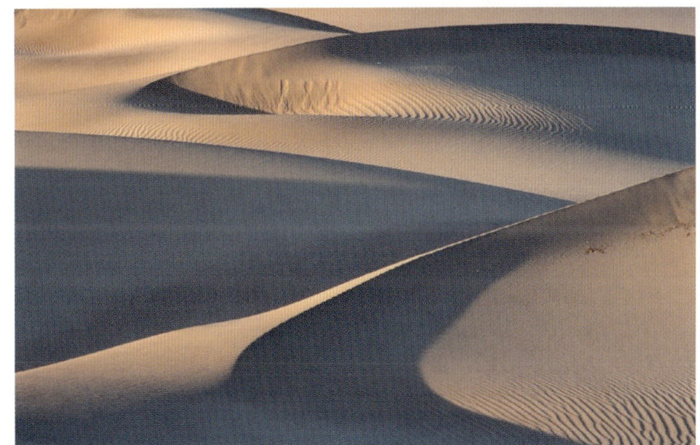

Silhouetten durch Licht von vorn

Silhouetten assoziieren wir in der Regel mit Gegenlicht, ich persönlich mag jedoch Silhouetten am liebsten, bei denen das Licht von vorn kommt. Zu solch einer Situation kommt es, wenn Sie die Sonne im Rücken haben und das Objekt vor Ihnen im Schatten liegt. In dieser Aufnahme aus dem Joshua Tree National Park streift die Sonne die Felsen, ist aber noch nicht beim Baum angelangt.

Licht von der Seite

Struktur und Form

Licht von der Seite kann sehr exquisit sein, vor allem dann, wenn die Sonne sehr tief am Himmel steht. Es kann Strukturen, Rundungen oder dreidimensionale Formen eines Objekts betonen. Im Bild der Yosemite Falls betont das Licht von der Seite die Strukturen des Wassers und der Felsen; in den Sanddünen des Death Valley werden Struktur und Form betont.

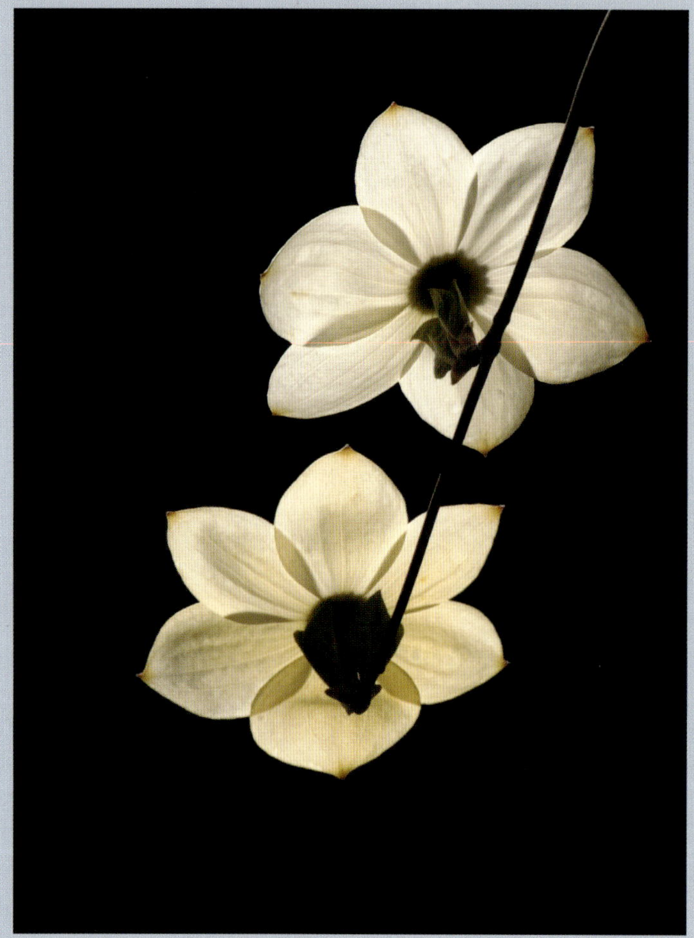

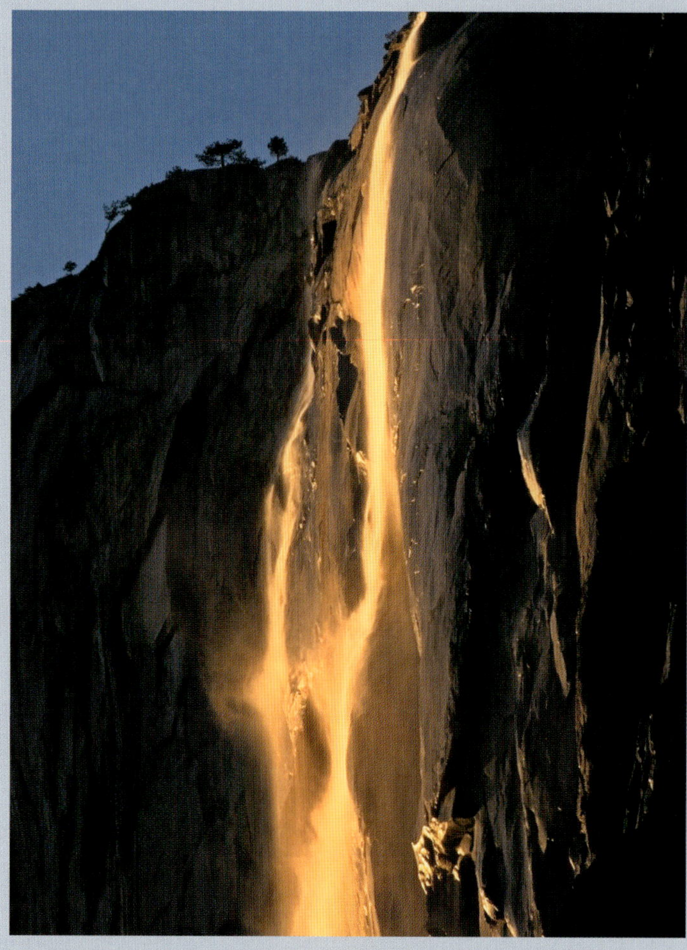

Gegenlicht

Viele Fotografen vermeiden Gegenlicht. Vielleicht haben sie einmal eine Sofortbildkamera besessen und zu sehr auf den Satz aus der Bedienungsanleitung gehört, der da lautet: »Fotografieren Sie immer mit der Sonne im Rücken.« Ignorieren Sie diesen Ratschlag bitte und blicken Sie auch einmal in die Sonne. Gegenlicht ist zu interessant, als dass man es meiden sollte. Okay, die Belichtung ist etwas schwieriger und es besteht die Gefahr von Blendenflecken, aber wenn es funktioniert, entstehen wunderschöne Ergebnisse.

Lichtdurchlässigkeit

Durchscheinende Objekte scheinen zu glühen, wenn sie von hinten beleuchtet werden – vor allem, wenn sie sich vor einem dunklen Hintergrund befinden. Für die Blütenblätter (links) wählte ich ein paar schattige Bäume als Hintergrund und ein 200-mm-Objektiv, um helle, sonnendurchflutete Bereiche auszuschließen.

Dieses Foto des Horsetail-Wasserfalls in Yosemite (rechts) nutzt dasselbe Prinzip – ein durchscheinendes Objekt mit Gegenlicht vor einem dunklen Hintergrund. Der Wasserfall wird nur etwa eine Woche im Jahr auf diese Art von der untergehenden Sonne beleuchtet, während sich die Felsen im Hintergrund im Schatten befinden und den perfekten Hintergrund darstellen.

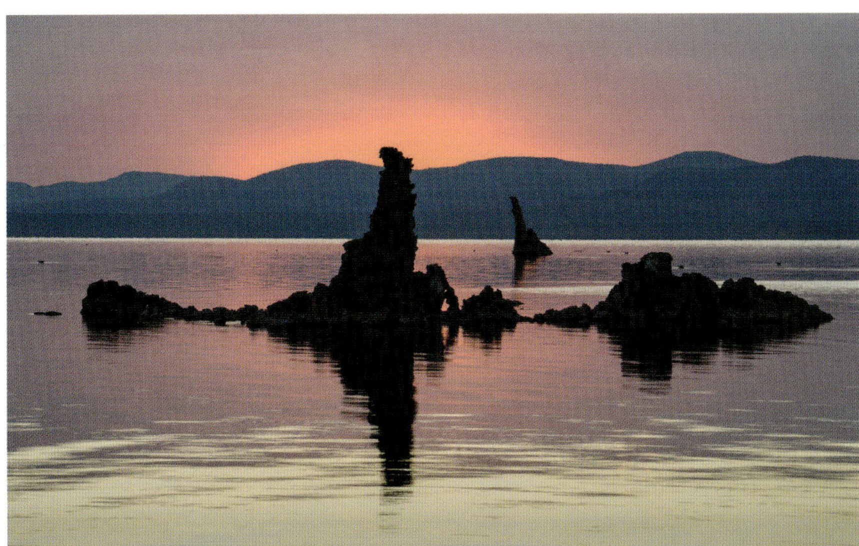

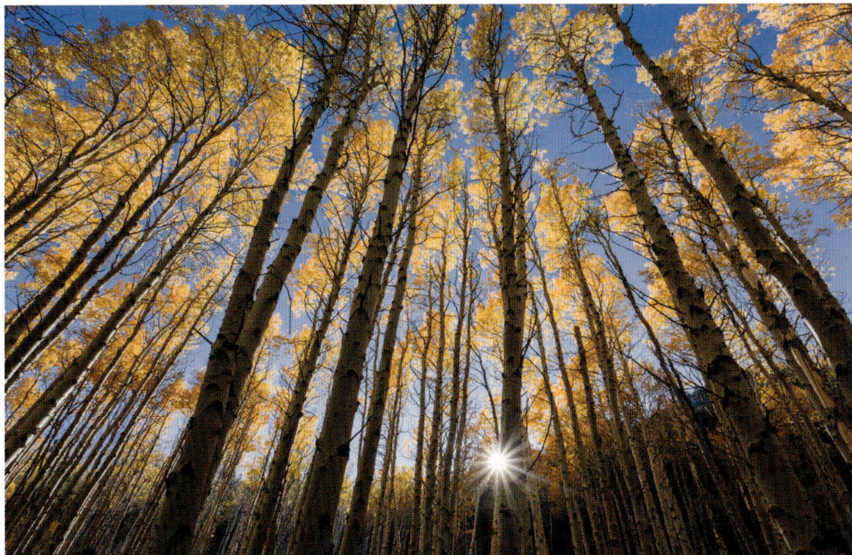

Silhouetten

Gegenlicht kann ebenso Silhouetten erzeugen. Das ist dann das umgekehrte Konzept: Sie setzen kein durchscheinendes Objekt vor einen dunklen Hintergrund, sondern ein deckendes Objekt vor einen hellen Hintergrund. Da die Silhouette in der Regel schwarz ist oder zumindest ganz dunkel, muss sie interessante Linien oder Formen aufweisen (wie diese Kalkformationen am kalifornischen Mono Lake).

Blendenflecke

Wenn Sie die Kamera in die Sonne ausrichten, können Blendenflecke entstehen – helle Flecken, Streifen, Sechsecke oder einfach ein allgemein verwaschener Look. Befindet sich die Sonne außerhalb des Bildrahmens, strecken Sie einfach die Hand aus und erzeugen Sie vor dem Objektiv etwas Schatten, damit diese Artefakte verschwinden. Achten Sie natürlich darauf, dass die Hand nicht im Bild zu sehen ist! Und da es schwierig ist, die Kamera nur mit einer Hand zu halten und mit der anderen Schatten zu erzeugen, sollten Sie ein Stativ verwenden.

Es ist auch möglich, die Sonne im Bildrahmen zu platzieren, aber dann müssen Sie sie hinter irgendetwas verstecken (z.B. einem Baum oder einem Gebäude), um Lichtreflexe zu vermeiden. Versuchen Sie, nur einen Teil der Sonne, der hinter dem Objekt hervorschaut, einzufangen, um das Bild mit einem hellen Brennpunkt zu versehen, Blendenflecke jedoch zu vermeiden. Eine kleine Blende (*f*/16 oder höher) erzeugt Sonnenstrahlen.

In diesem Foto der Sierra Nevada positionierte ich einen Großteil der Sonne hinter einem Baum, um Blendenflecke zu vermeiden. Zudem wählte ich eine kleine Blende (*f*/16), um diesen Sonneneffekt zu erzeugen. Diese Aufnahme zeigt Silhouetten (die Baumstämme) und durchscheinende Objekte (das Laub).

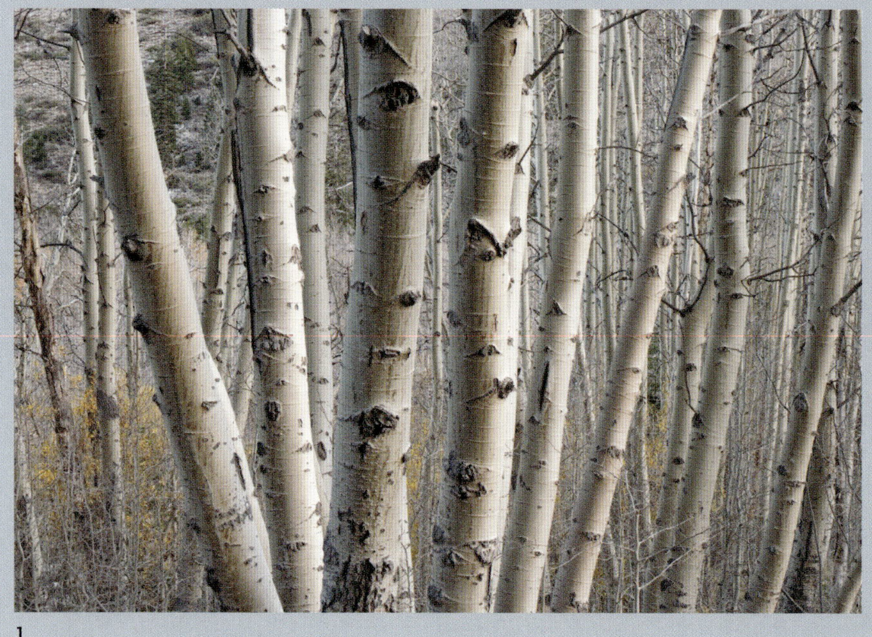
1

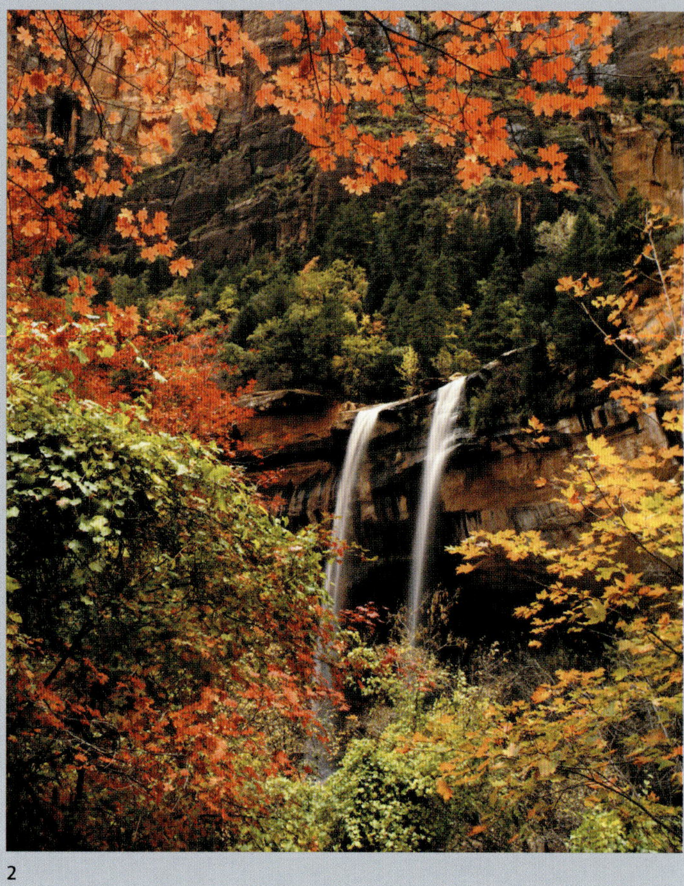
2

Noch einen Schritt weiter: Die Feinheiten des Lichts

»Die Möglichkeiten, die natürliches Licht bietet, sind unendlich vielseitig. Ein Menschenleben würde nicht ausreichen, alle Beleuchtungsmöglichkeiten eines einzigen Motivs auszuschöpfen, und die Welt ist voller Motive, die nie eine Kamera gesehen haben.«
—Edward Weston

Weiches gerichtetes Licht

Weiches Licht ist nicht einheitlich oder gleichmäßig – es ist auf einer Seite immer etwas stärker. Ich fotografierte die Espenstämme (1) nachdem die Sonne rechts (wenn Sie auf das Bild blicken) aus dem Bild verschwunden war. Volles Sonnenlicht wäre für diese Szene zu stark, weiches Licht von der Seite betont hingegen die Formen und Strukturen der Baumstämme.

Bei wolkenverhangenem Himmel trifft mehr Licht auf die Oberseite eines Objekts als auf den unteren Bereich. In diesem Foto der Emerald Pools im Zion National Park (2) richtete ich die Kamera leicht nach oben aus, um weiches Gegenlicht für die Bäume zu erzeugen. Die durchscheinenden Blätter scheinen zu glühen, da das Licht hauptsächlich von hinten kommt; der Kontrast wird jedoch nicht zu intensiv.

Nutzen Sie gerichtetes weiches Licht so, wie seine grellen Verwandten: weiches Licht von vorn für Farbkontrast; weiches Licht von der Seite für Strukturen und Formen und weiches Gegenlicht für durchscheinende Objekte.

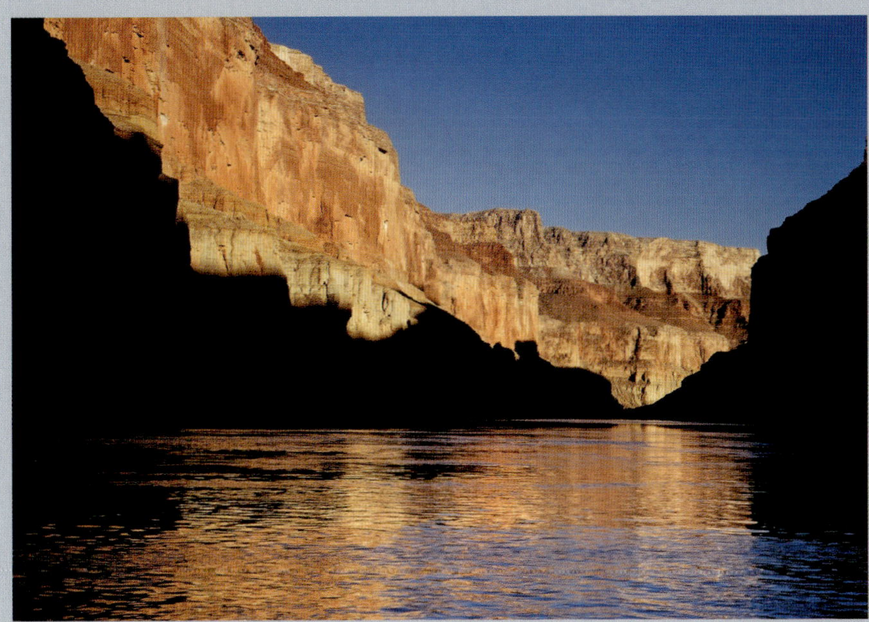

3

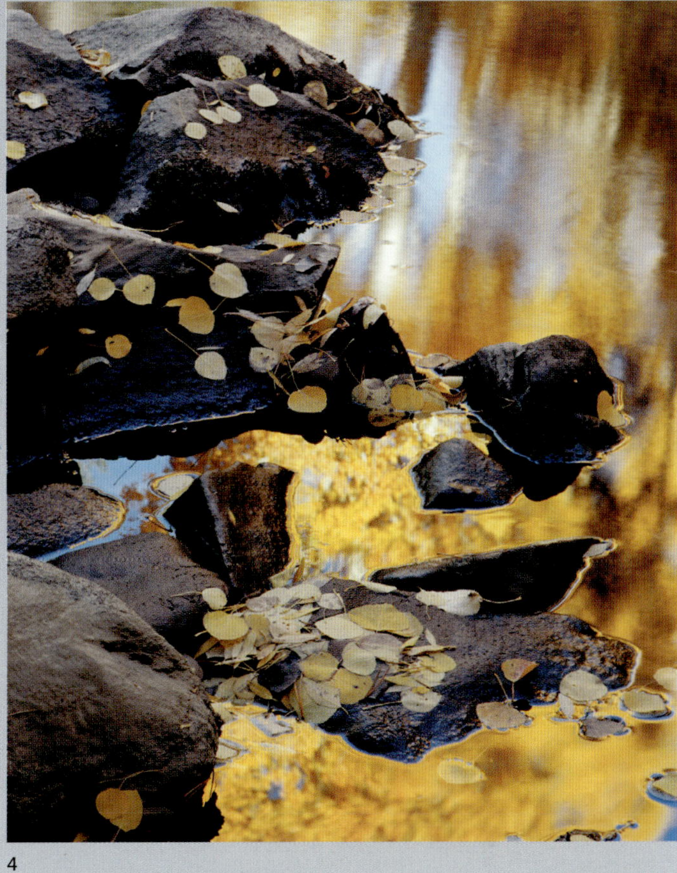

4

Reflexionen

»In Pfützen und Gräben reflektiert das Wasser den Himmel und erzeugt so in der Umgebung interessante Effekte durch eine völlig neue Farbe.«
—Eliot Porter

Die besten Reflexionen zeigen sonnenbestrahlte Objekte, die sich in schattigem Wasser reflektieren. Sonnenlicht auf der Wasseroberfläche zerstört die Reflexionen. Halten Sie nach Bergen oder Bäumen Ausschau, die spätes Sonnenlicht einfangen und durch die das Wasser darunter bereits in Schatten getaucht ist (oder umgekehrt am frühen Morgen).

Weiches, spiegelähnliches Wasser ist toll, aber nicht zwingend notwendig. Wellen, die die unterschiedlichsten Farbtöne reflektieren, sind oft viel interessanter. Eine kurze Verschlusszeit friert die Bewegungen ein, während eine lange Belichtung die Wasseroberfläche leicht weichzeichnet.

Das Foto vom Grand Canyon (3) zeigt schattiges Wasser, in dem sich die sonnenbestrahlten Felsen und der Himmel spiegeln. Hier wirkt das strukturierte Wasser sehr schön. Die Aufnahme aus der Sierra Nevada (4) zeigt sonnenbestrahlte Bäume, die sich in einem Flüsschen spiegeln. Eine lange Verschlusszeit zeichnete die Wellen weich.

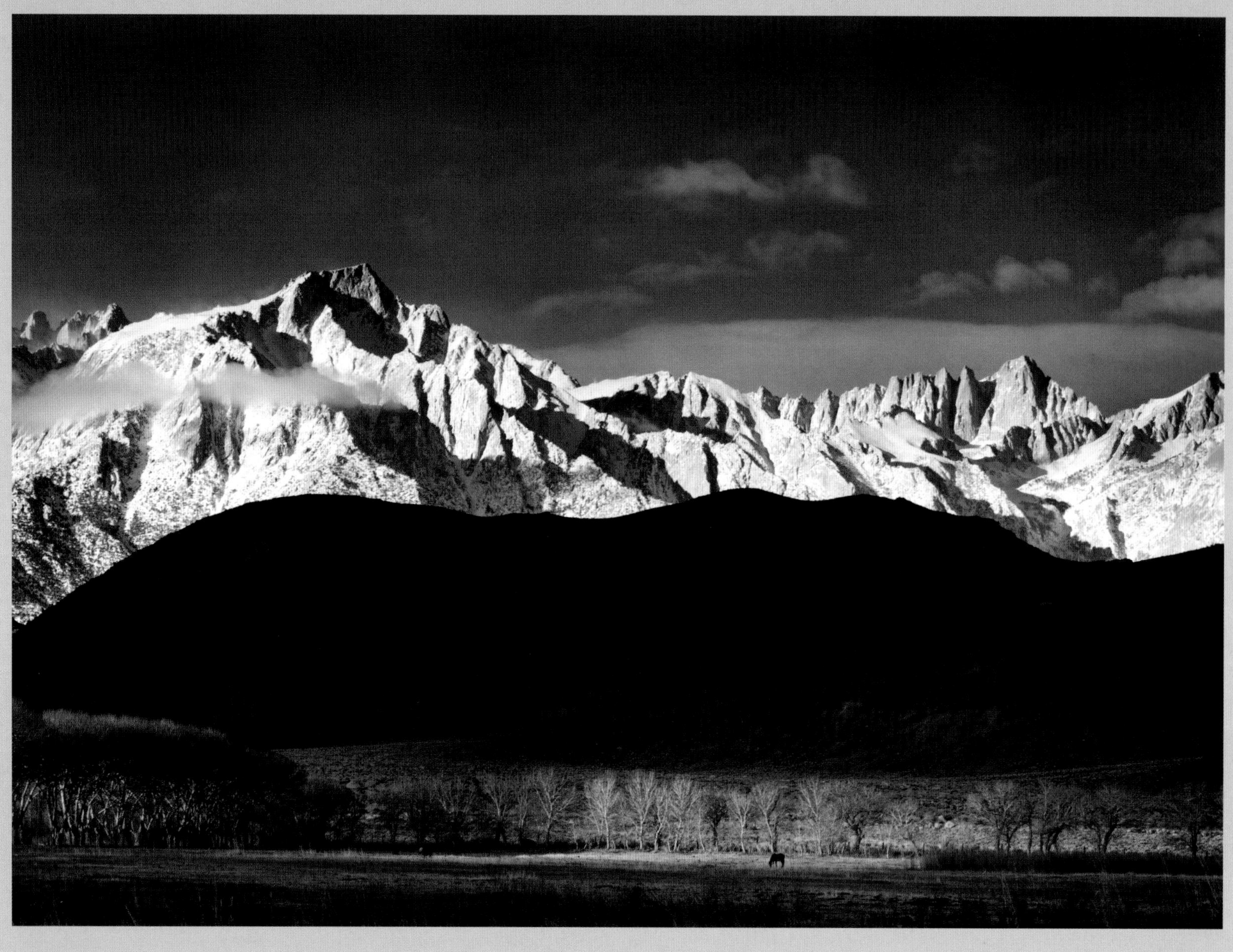

Chiaroscuro (Helldunkel)

Chiaroscuro ist ein Begriff, der verwendet wird, um einen Stil zu beschreiben, der mit dramatischen Kontrasten zwischen hell und dunkel arbeitet. Rembrandt ist einer von vielen, wenn auch wohl der bekanntesten Vertreter dieser Kunstform. In der Landschaftsfotografie können Sonne und Wolken zusammen ein Chiaroscuro erzeugen.

Sonnenstrahlen tauchen einen Teil der Landschaft in Licht, während der Rest im Schatten liegt – es entsteht ein Kontrast, selbst wenn Sie die Sonne im Rücken haben. Schön ist es natürlich, wenn die Sonne die interessantesten Punkte betont, aber dafür brauchen Sie Zeit, Geduld und etwas Glück. »Warten« und »Fotografie« werden in einigen Wörterbüchern synonym verwendet.

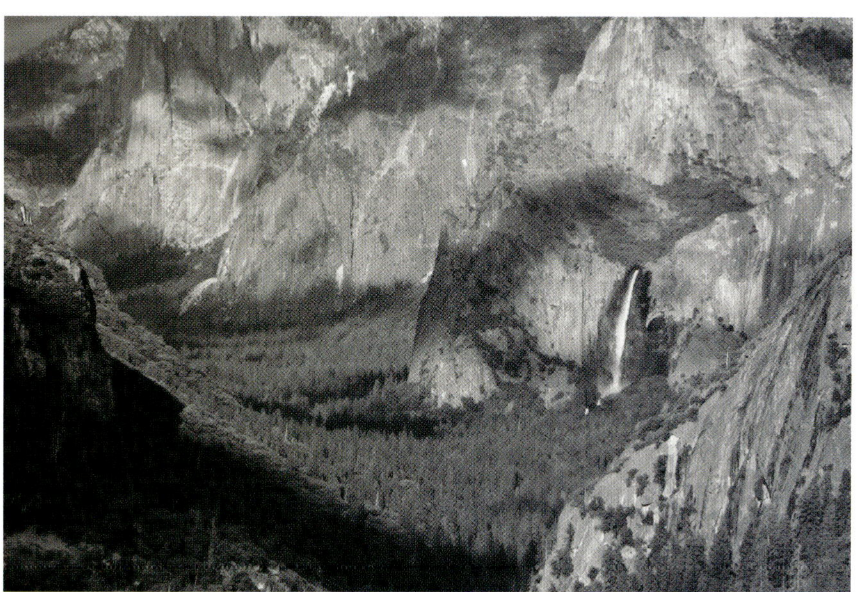

Winter Sunrise, Sierra Nevada, From Lone Pine, von Ansel Adams

Ansel Adams war mit den feinen Aspekten natürlichen Lichts sehr vertraut und nutzte dieses Wissen auch, um seinen Fotos eine emotionale Wirkung zu verleihen. Mit seiner Frau Virginia stellte er seine Kamera an einem kalten Morgen in der Nähe von Lone Pine, im Osten der Sierra Nevada, auf und wartete auf Licht, Wolken und ein kooperierendes Pferd. »Ein grasendes Pferd stand mir in der Sonne mit einer stoischen Ruhe direkt gegenüber. Ich machte verschiedene Belichtungen mit Licht und Schatten, aber das Pferd kooperierte nicht und ähnelte einem entfernten Baumstumpf.« Mit den letzten Sonnenstrahlen zeigte das Pferd dann doch noch sein Profil und Adams machte seine Aufnahme. »Innerhalb einer Minute war der gesamte Bereich sonnendurchflutet und das natürliche Chiaroscuro verschwunden.«

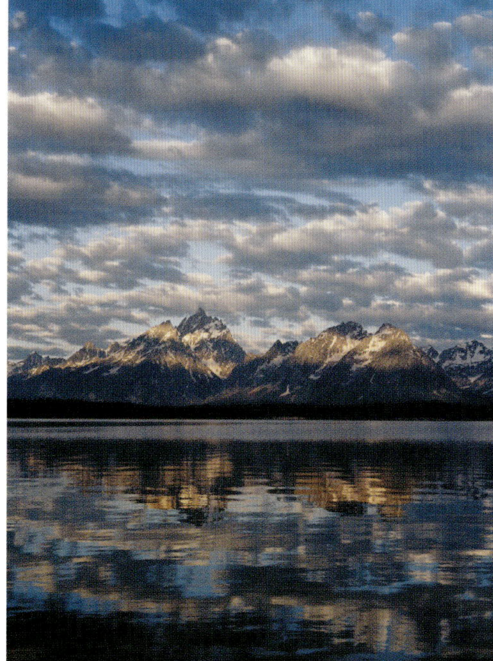

Bei diesem ersten Bild des Yosemite Valley hatte ich Glück und fand ein fast perfekt ausbalanciertes Muster aus Sonne und Schatten vor – ein Lichtstreifen traf sogar den Brennpunkt, den Bridalveil-Wasserfall. Das zweite Bild zeigt eine weitere Traumkombination aus Wetter und Licht – die Sonne bricht durch die Wolken hindurch und beleuchtet die Berge.

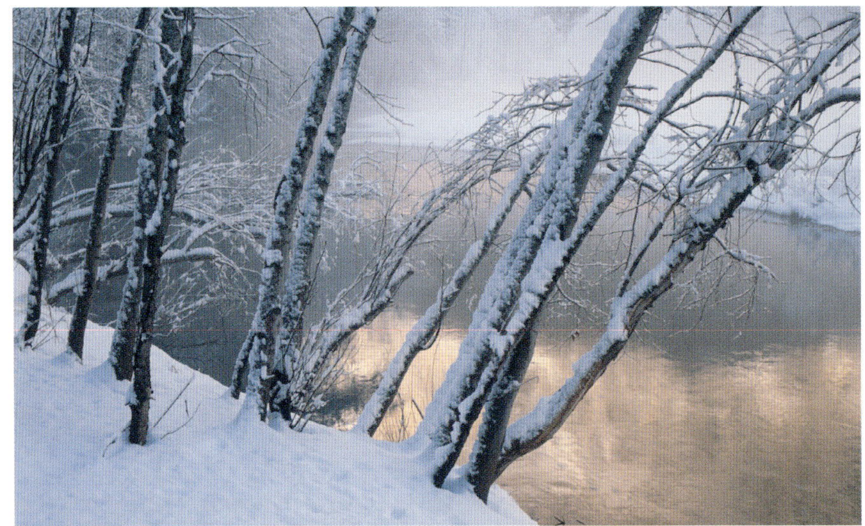

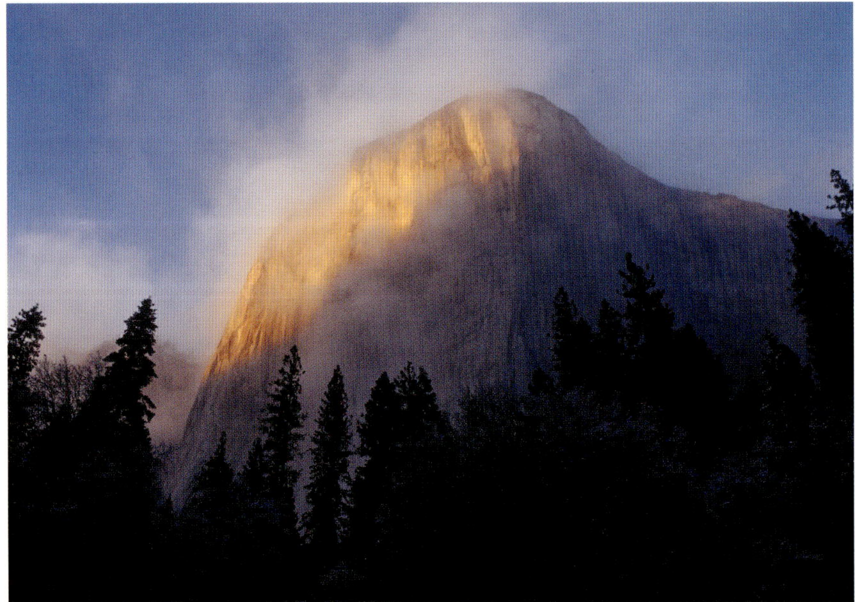

Farbtemperatur

Auf die technischen Aspekte der Farbtemperatur und des Weißabgleichs bin ich bereits auf Seite 32 eingegangen. Einige Fotografen sind besessen davon, immer mit einem perfekt neutralen Weißabgleich zu fotografieren. Aber wie so oft geht es nicht darum, irgendwelchen Standards zu folgen, sondern vielmehr darum, eine schöne Aufnahme zu erstellen. Die Farbtemperatur kann als kreatives Werkzeug genutzt werden. Eine gleichmäßige Einfärbung - z.B. Blau oder Magenta - kann bestimmte Stimmungen hervorrufen; Unterschiede in der Farbtemperatur erzeugen beispielsweise Warm-Kalt-Kontraste. Die blaue Färbung des Schnees (obere Abbildung) habe ich nicht korrigiert; ich ließ ihn blau, damit er mit den warmen, goldenen Reflexionen im Wasser einen Kontrast erzeugt.

Die deutlichsten Farbkontraste entstehen bei Sonnenauf- oder Sonnenuntergang. Sonnenbeleuchtete Objekte erscheinen orange, rot oder pink, während der Himmel und die schattigen Bereiche blau bleiben, wie in der unteren Abbildung zu sehen. Licht von vorn, von der Seite und Gegenlicht sind in den Morgen- und Abendstunden am interessantesten; der flache Winkel der Sonne erzeugt dramatische Schatten und Kontraste.

Reflektiertes Licht

Während Fotografen im Yosemite National Park meistens nach Sturm und interessanten Wetterverhältnissen Ausschau halten, hoffen deren Kollegen in Utah auf einen klaren Himmel. Im Südwesten der Vereinigten Staaten reflektiert das Sonnenlicht an roten Gesteinswänden und erzeugt einen wunderschönen bernsteinfarbenen Schein auf Objekten, die sich im Schatten befinden. Tief im Buckskin Gulch entlang der Grenze zwischen Arizona und Utah fand ich Sonnenlicht, das von einem Felsen und dem Sand reflektierte und diese Öffnung ausleuchtete.

Wüstenfotografen besitzen jedoch kein Alleinrecht auf reflektierendes Licht. Auch in Städten reflektiert das Licht von gläsernen Gebäuden und taucht die Straßen darunter in einen surrealen Glanz. Die Sonne kann auch von Schnee oder Sand reflektieren und die Unterseite eines Baumes ausleuchten. Frühmorgens oder spätabends kann jedes Tal oder jeder Canyon das Sonnenlicht von den Felswänden ins Tal reflektieren.

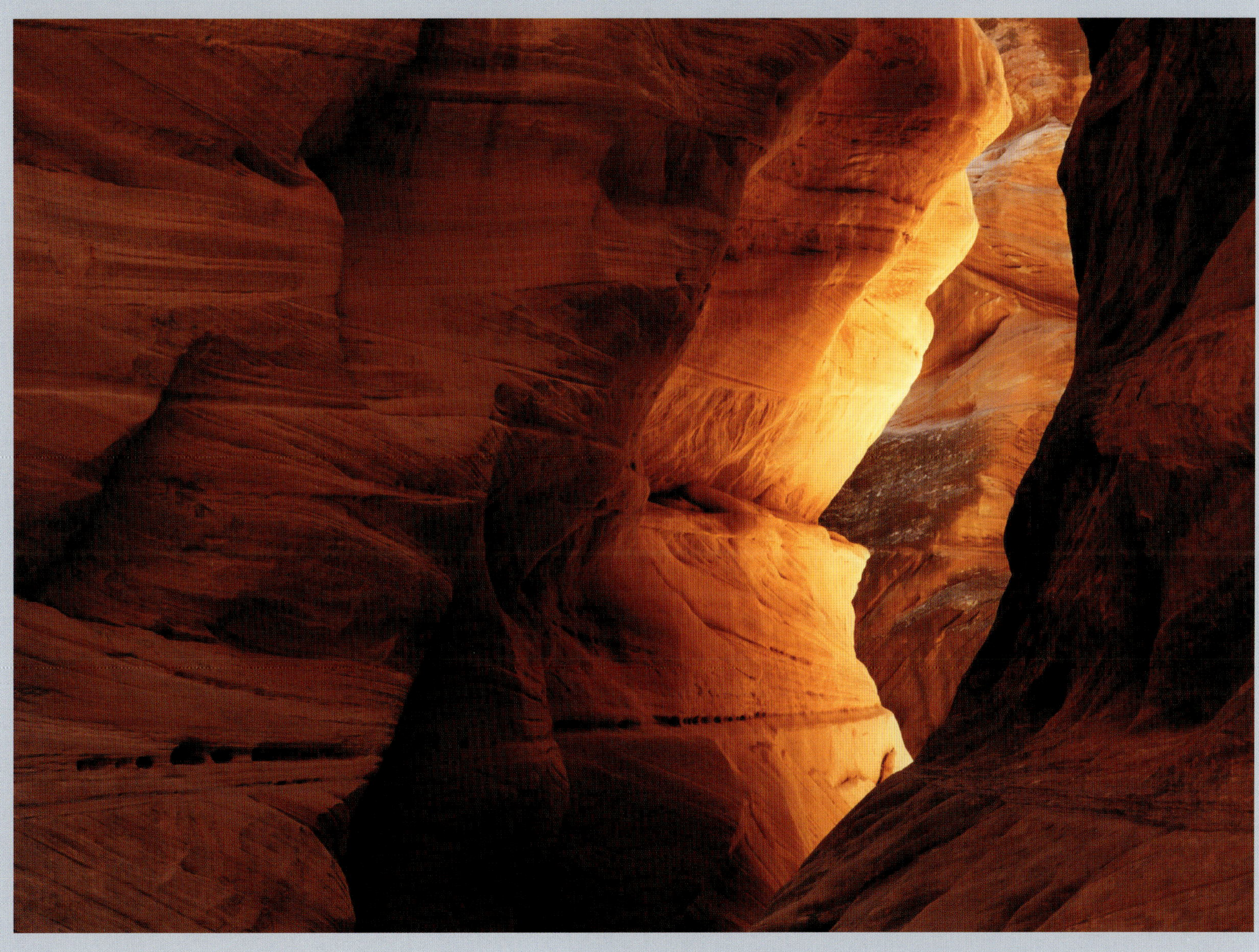

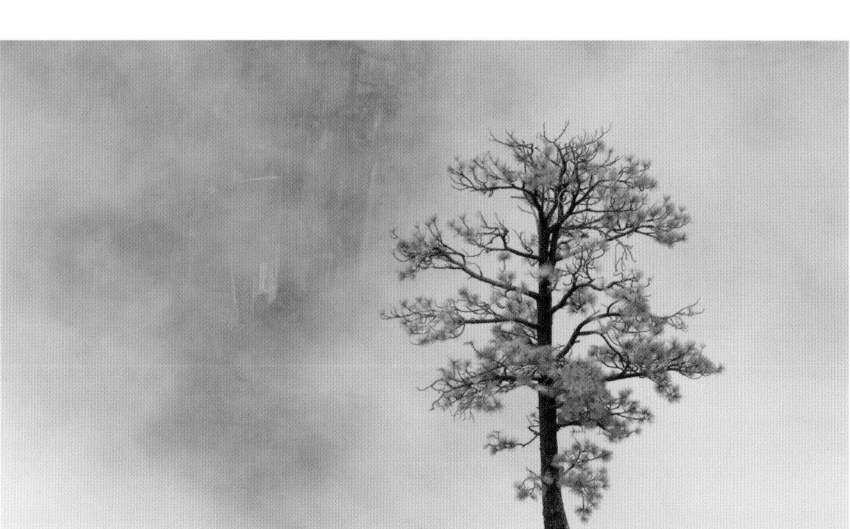
1

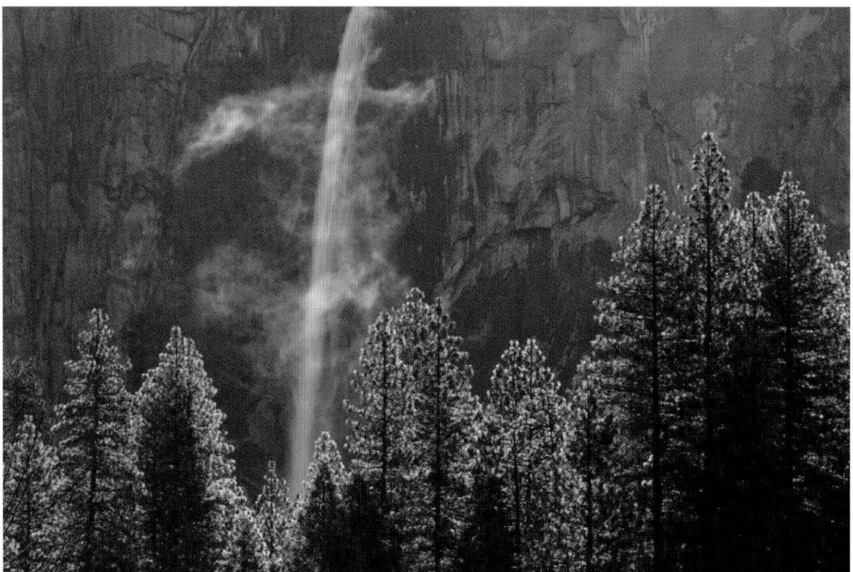
2

KOMPOSITION

»Die Kunst des Fotografierens besteht darin, zu wissen, wie viel man auslassen kann. Schließlich können Sie nicht die ganze Welt fotografieren.«
—Eliot Porter

Maler beginnen mit einer leeren Leinwand und fügen dann einfach ihre Visionen hinzu. Fotografen beginnen mit dem gesamten Universum, picken sich ein kleines Stück heraus, rahmen es und laden die Menschen dann ein, sich dieses Fundstück anzusehen. Fotografie ist die Kunst des Weglassens. Je mehr Sie weglassen, desto besser wird das Foto. Je weniger Elemente es enthält, desto stärker seine Wirkung. Weniger ist mehr.

Die Drittelregel und die goldene Mitte

Die Drittelregel besagt Folgendes: Teilen Sie ein Bild - horizontal und vertikal - in jeweils drei Teile und die Überschneidungspunkte der Linien stellen die starken Bereiche im Bild dar, in denen Sie Ihr Objekt platzieren sollten.

Diese Regel ist eine Vereinfachung der goldenen Mitte, des goldenen Schnitts oder des goldenen Rechtecks - ein altes Ästhetikkonzept, das ein Verhältnis von 1,62 unterstützt. In der Realität ist es näher an 2⁄5 als an 1⁄3 - bei der goldenen Mitte würden Sie wichtige Objekte mit einem Abstand von 2⁄5 zum linken, rechten, unteren und oberen Rand platzieren.

Aber keine Regel lässt sich in allen Situationen anwenden. Ich breche die Regeln eigentlich öfter, als dass ich sie einhalte - allerdings sind sie ganz nütz-lich, wenn ich nicht genau weiß, wo ich etwas plat-zieren soll. Sie erinnern mich immer daran, das Hauptobjekt nicht in die Mitte zu legen. Meistens ist es interessanter und das Ergebnis wirkt dynami-scher, wenn der Fokus nicht in der Mitte ist.

Der goldene Schnitt

1 & 2. Die einsame Tanne folgt dem goldenen Schnitt – er befindet sich etwa 2/5 vom rechten Bildrand entfernt. Auch der Bridalveil-Wasserfall folgt dieser Regel – er ist etwa 2/5 vom linken Bildrand entfernt. Auch wenn diese Bilder dem goldenen Schnitt ziemlich genau folgen, so ist es in der Regel nicht so wichtig, einem künstlichen Standard zu folgen, als eher die richtige Balance und die passenden Situationen für ein Motiv zu finden.

3. Die Drittelregel und der goldene Schnitt lassen sich auch auf Horizonte anwenden; am besten platzieren Sie diese mit einem Abstand von 1/3 bis 2/5 vom oberen oder unteren Bildrand. Diesen Horizont vom Tuolumne Meadows im Yosemite National Park platzierte ich eher im oberen Bildbereich, um die Spiegelungen zu betonen.

3

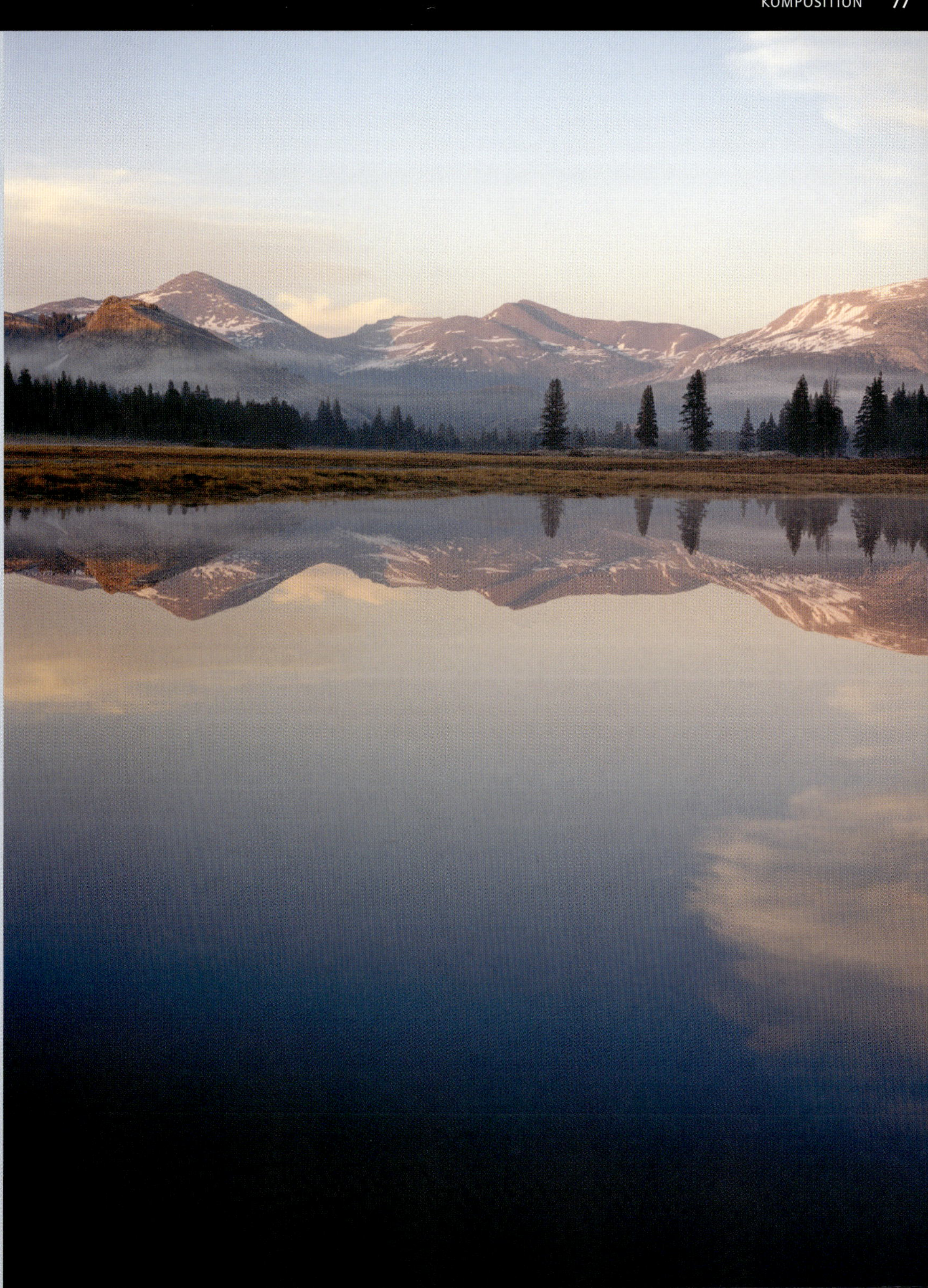

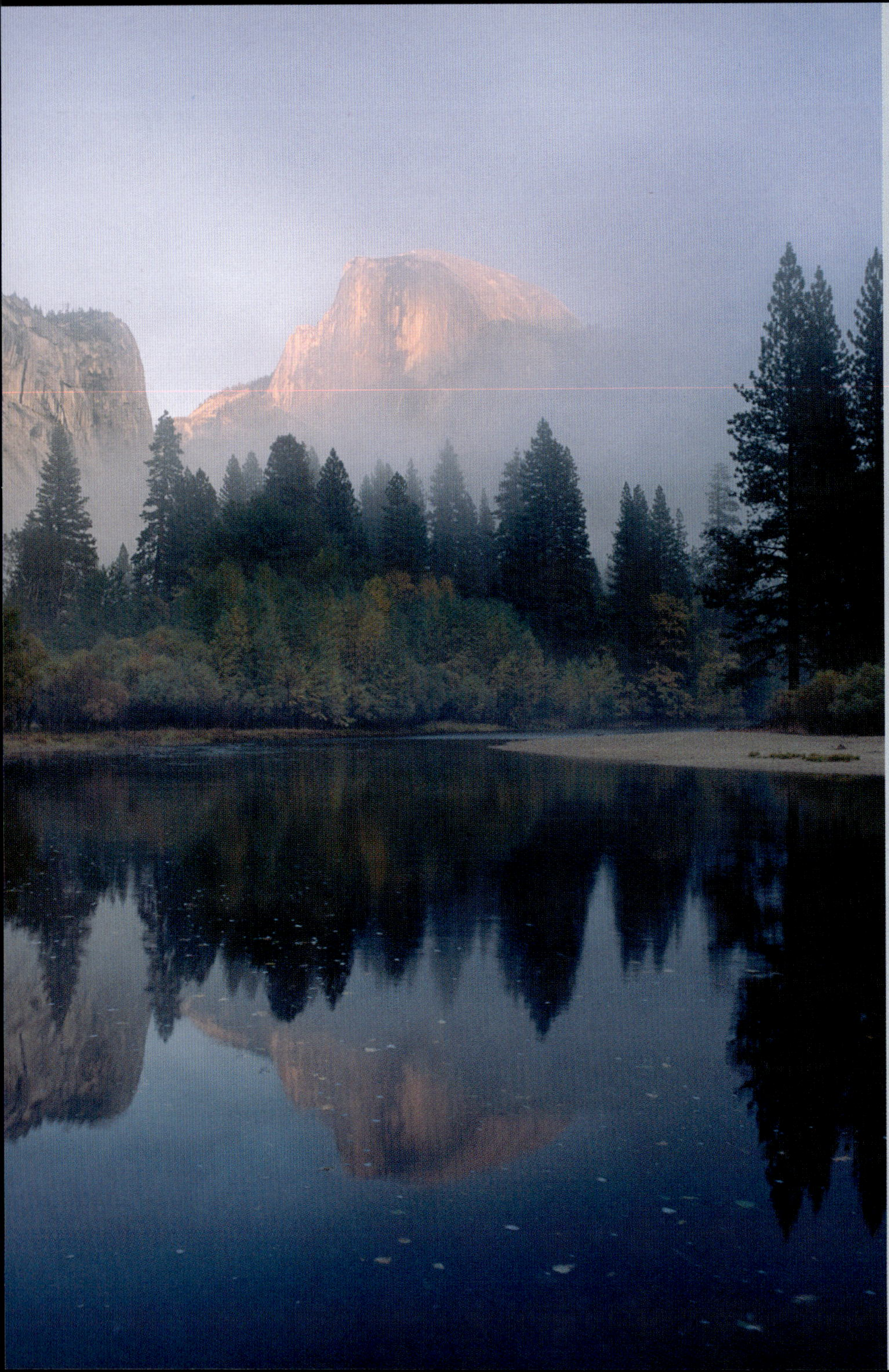

1

2

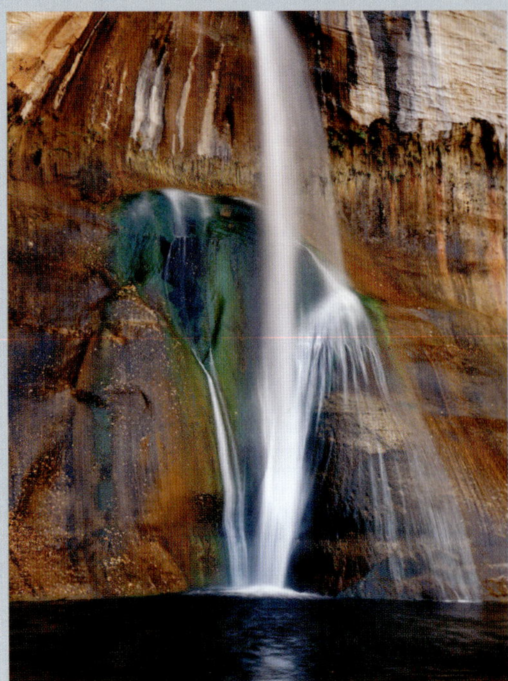

3

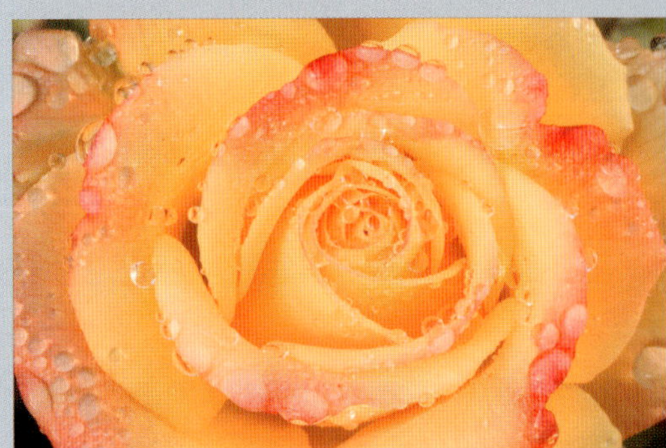

Wann Sie die Regeln brechen können

Möglichst oft! Wie Edward Weston sagte:
»Zuerst kommt das Bild. Dann folgen die Regeln. Vom Auswendiglernen oder Einhalten der Regeln wird niemand ein Künstler.«

4

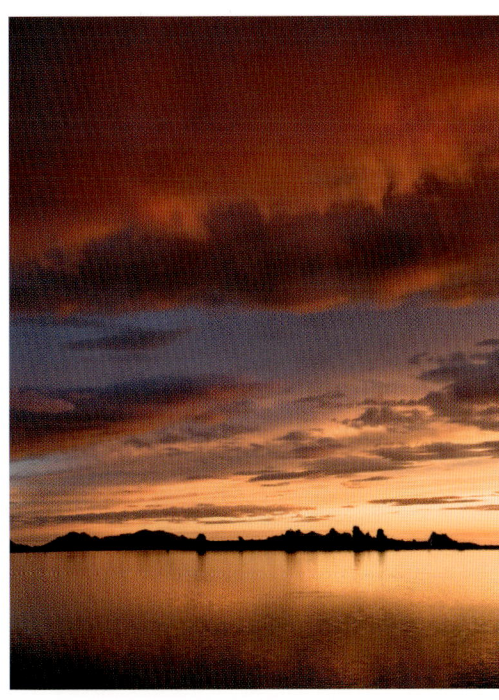

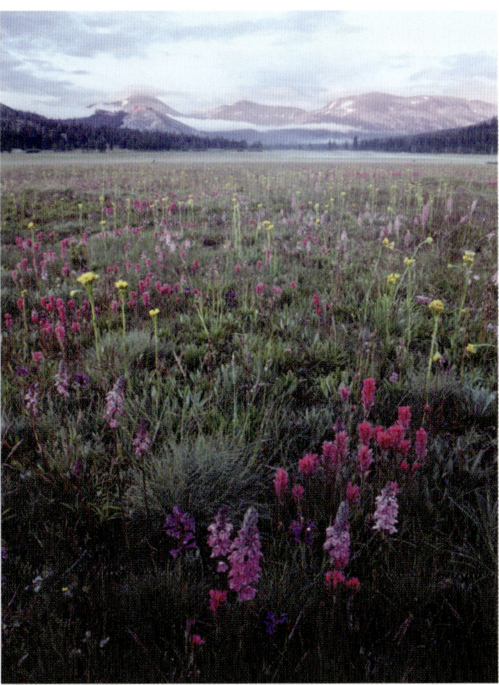

5

6

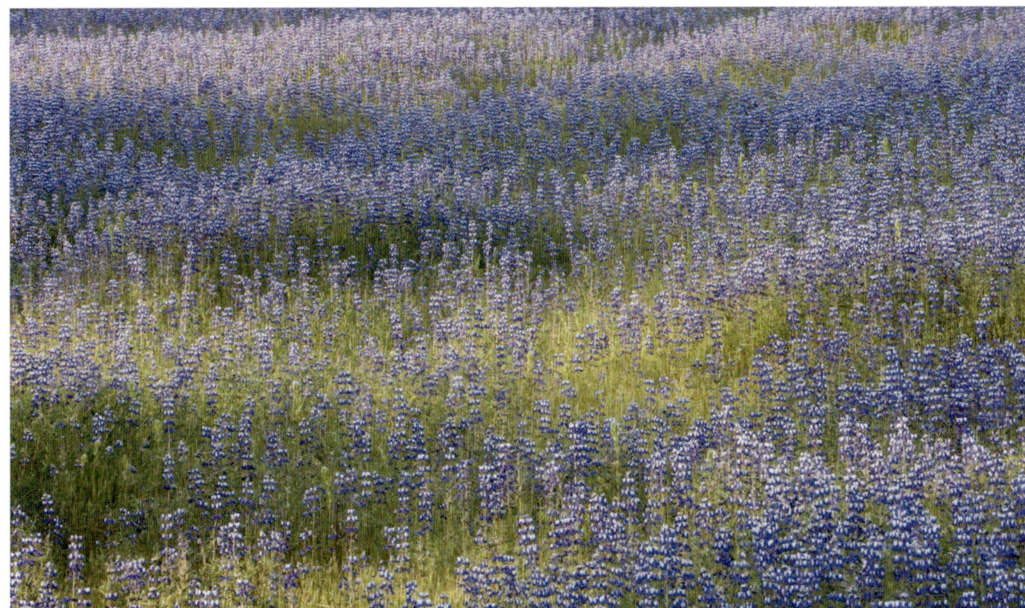

1. Merken Sie sich die Drittelregel und den goldenen Schnitt als Richtlinien und als Erinnerung, dass Objekte in der Bildmitte meist statisch aussehen. Allerdings gibt es diverse Ausnahmen. Mit Reflexionen sieht ein in der Mitte platzierter Horizont sehr gut aus, weil dadurch Symmetrie entsteht und ein Gefühl von Ruhe vermittelt wird, wie in der Aufnahme des Half Dome zu sehen.

2 & 3. Manchmal ist die Mitte der einzig logische Bereich, um ein Objekt zu platzieren. Diese Aufnahme der Calf Creek-Wasserfälle in Utah würde nicht ausbalanciert wirken, wenn sich der Wasserfall nicht in der Mitte befinden würde; die Platzierung der Rose verstärkt die Symmetrie.

4 & 5. Horizonte können im unteren Bildbereich platziert werden, um den Himmel zu betonen (wie in diesem Foto des Gaylor Lake) oder eher am oberen Bildrand, um den Vordergrund zu betonen (wie bei dieser Blumenwiese aus Tuolumne Meadows).

6. Manche Fotos besitzen keinen Brennpunkt – es handelt sich einfach nur um Muster wie bei dieser Lupinenwiese. Die Drittelregel oder die goldene Mitte lassen sich bei solchen Bildern nicht anwenden.

Die einzig wahre Regel: Vereinfachung

»Bei der fotografischen Komposition denke ich eher daran, Ordnung ins Chaos zu bringen, als konventionellen Kompositionsregeln zu folgen.«
–Ansel Adams

Die besten Bildkompositionen sind die einfachsten. Die Intention des Fotografen ist klar und deutlich zu erkennen.

Der häufigste Fehler, den Fotografen begehen, besteht darin, zu viel in einem Bild unterbringen zu wollen. Stellen Sie sich eine Person vor, die durch Yosemite Valley wandert und sich entschließt, den Half Dome zu fotografieren. Er macht eine Aufnahme, ohne weiter darüber nachzudenken. Später stellt er dann fest, dass neben dem Half Dome auch noch der Himmel, Bäume, eine Wiese und ein großer Bus auf der Straße zu sehen sind – der Half Dome geht in diesem ganzen Chaos unter.

Folgen Sie diesem Beispiel nicht! Denken Sie einen Moment über die Aufnahme nach. Worauf haben Sie Ihren Blick zuerst gerichtet? Fotografieren Sie nur das, nichts anderes. Wenn eine Komposition nicht funktioniert, gehen Sie näher heran oder verwenden Sie ein längeres Objektiv. Dadurch entfernen Sie automatisch unnütze Bestandteile des Bildes und vereinfachen das Design. Falls Sie versuchen, zwei Elemente zu kombinieren, diese aber nicht so recht zueinander passen, dann konzentrieren Sie sich nur auf eine Sache.

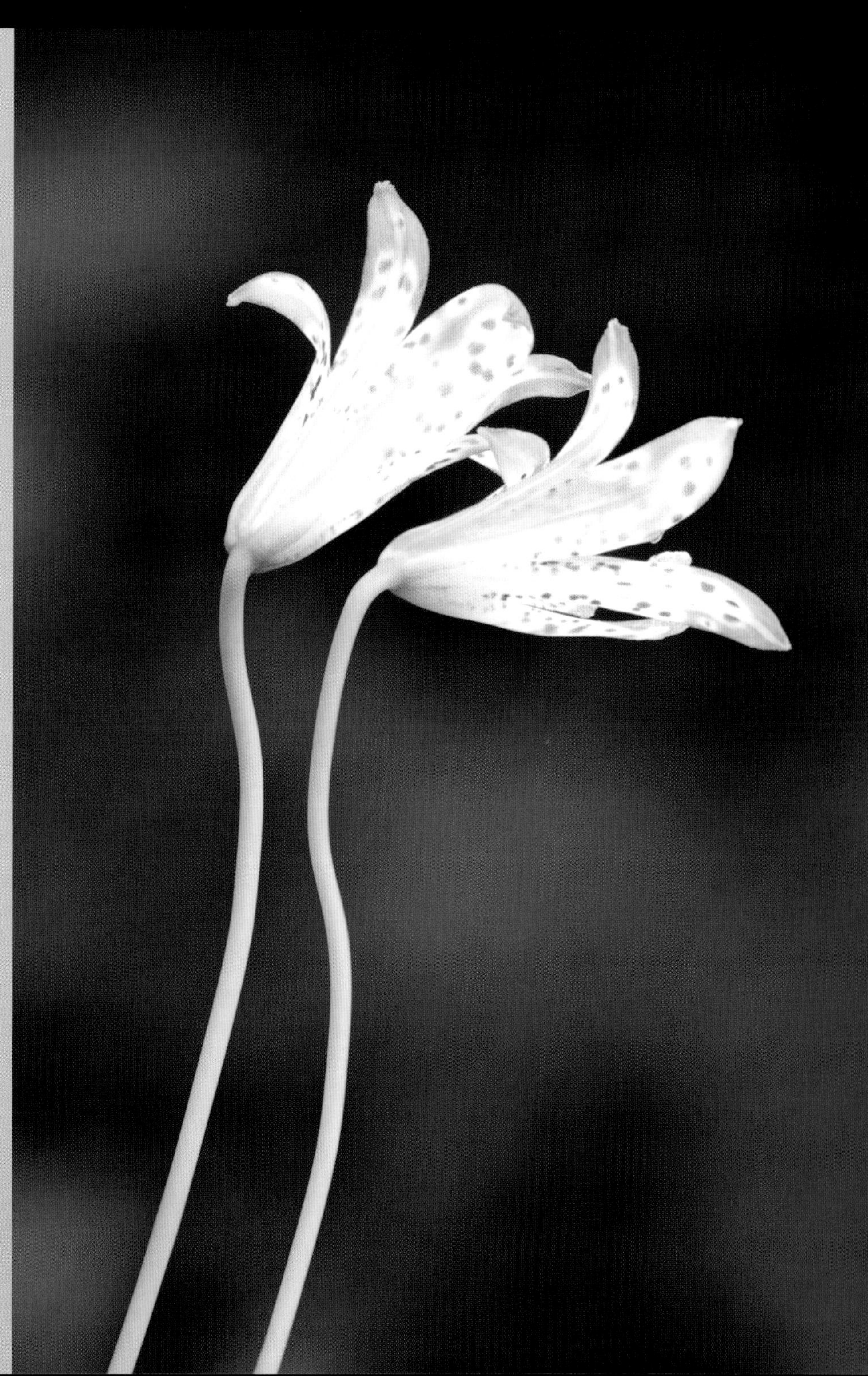

Weniger ist mehr

Die besten Bildkompositionen vermitteln Ihre Aussage klar und deutlich. Die Lilie dominiert den Bildrahmen – nichts lenkt von ihr ab.

1

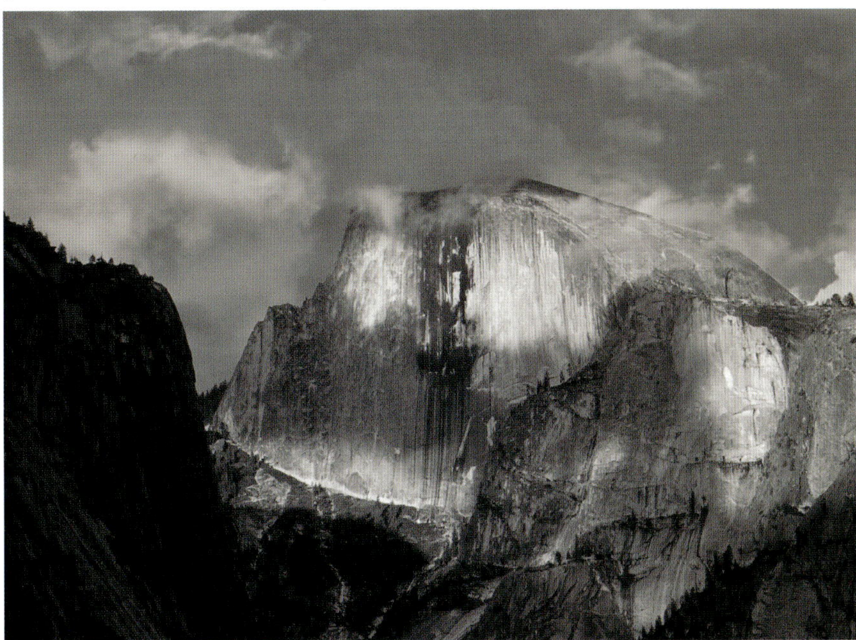

3

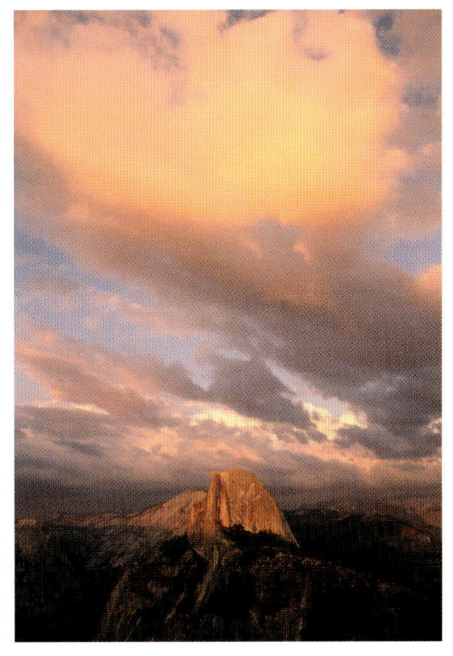

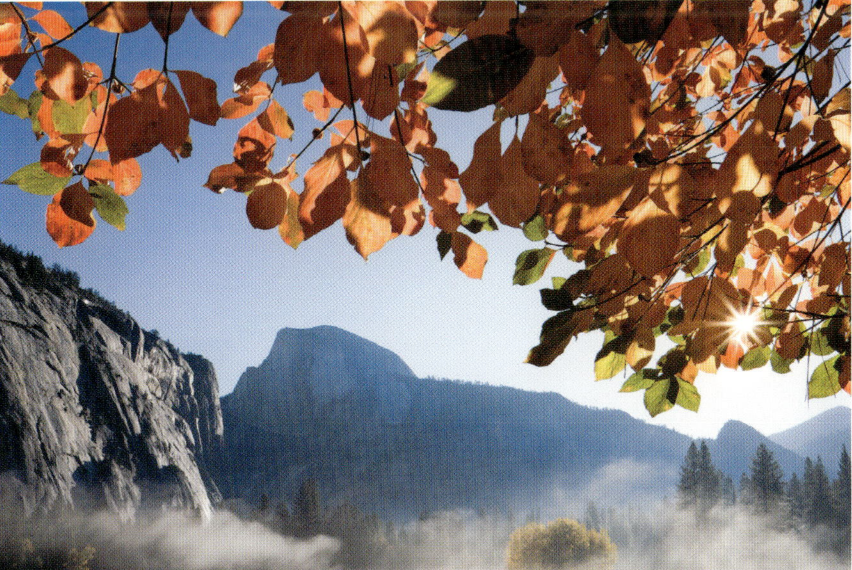

2

Das Wesen herausfiltern

Um das Wesen eines Objekts herauszufinden, müssen Sie sich selbst fragen, was Ihren Blick zuerst auf sich gezogen hat. Was hat Sie dazu veranlasst, diese Aufnahme zu machen?

Diese drei Aufnahmen des Half Dome sind alle anders, enthalten jedoch alle nur das Wichtigste. Im ersten Bild waren Licht und Wolken um den Half Dome so interessant, dass ich nichts weiter in die Aufnahme integrieren musste. Mithilfe eines Teleobjektivs füllte ich den Bildrahmen nur mit dem Berg und den Wolken. In der zweiten Version wollte ich zwei Dinge betonen: den Half Dome und die im Gegenlicht befindlichen Blätter. Hier nutzte ich ein Weitwinkelobjektiv, um den Half Dome in eine kleine Silhouette zu verwandeln – durch seine besondere Form ist er jedoch trotzdem leicht zu erkennen – und die Bildkomposition einfach zu halten. Der Bildrahmen wird hauptsächlich mit den Blättern und den Granitfelsen gefüllt. Im dritten Bild war ich beeindruckt von der farbigen Wolke über dem Half Dome. Aus diesem Grund platzierte ich den Berg im unteren Bildbereich und richtete die Kamera etwas nach oben aus, um das Bild nur mit dem Berg und den Wolken zu füllen.

1A

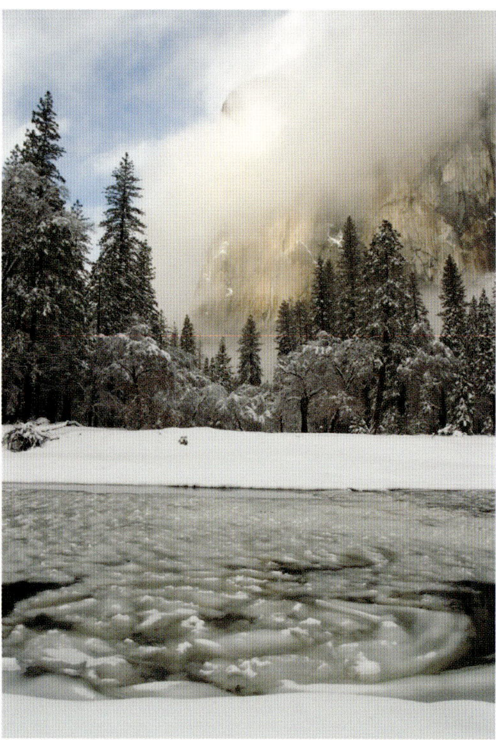

1B

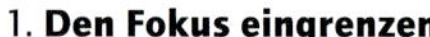

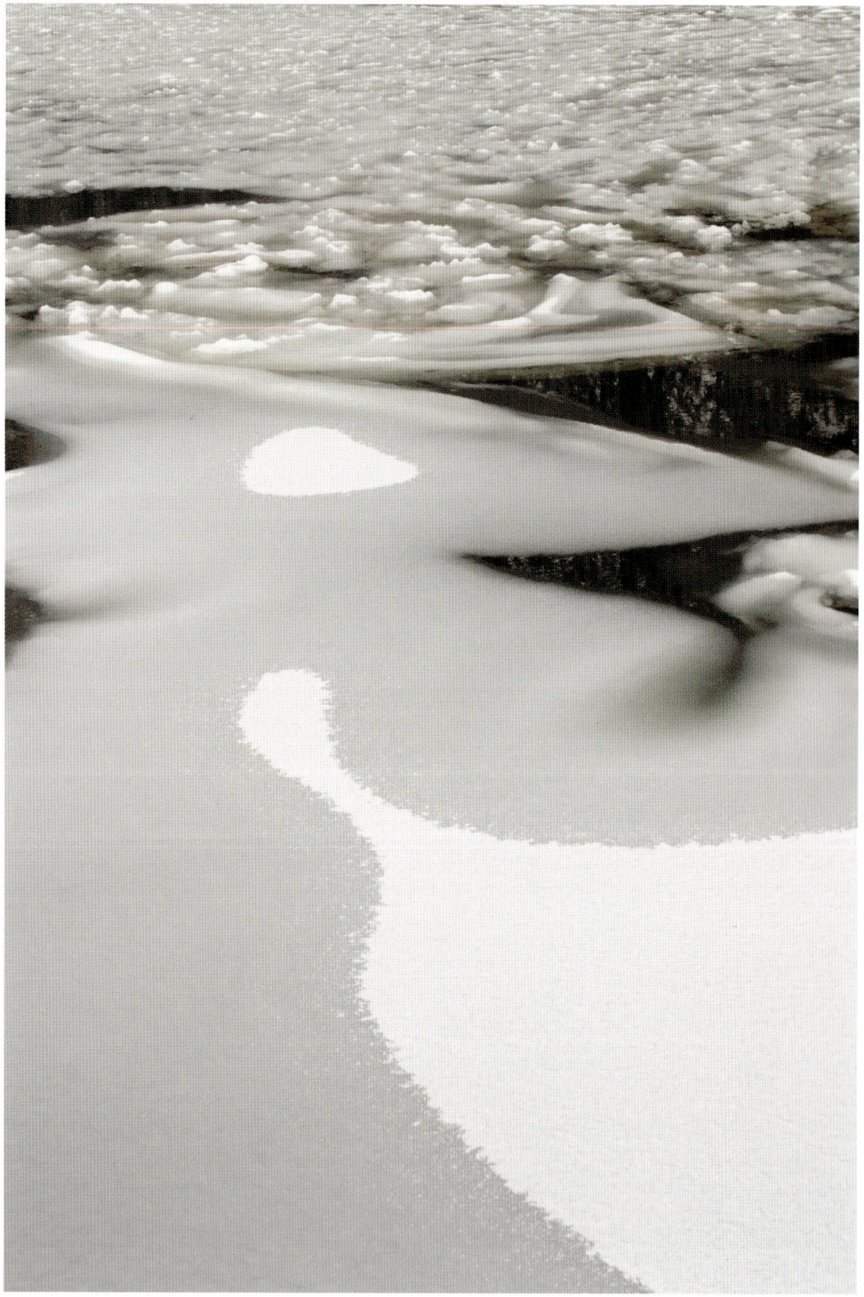

1. **Den Fokus eingrenzen**

In diesem Foto (1A) fesselten mich sowohl der El Capitan als auch das Eismuster auf dem Fluss. Aber beides zusammen funktionierte nicht. Es gab zu viele andere Dinge, die dann ebenfalls im Bild zu sehen gewesen wären – die Bäume, der Schnee auf der gegenüberliegenden Flussseite, außerdem harmonierten die Horizontlinien nicht mit den vertikalen Linien von El Capitan. Deshalb beschloss ich, mich nur auf das Eis zu konzentrieren. Die zweite Bildversion ist deutlich einfacher und stärker (1B).

2. **Ablenkungen entfernen**

Die erste Aufnahme des kleinen Wasserfalls ist nicht schlecht (2A), allerdings stören mich die dunklen Steine etwas. Daher entschloss ich mich, mich auf das Wasser und die goldenen Reflexionen zu konzentrieren. Ich nutzte ein längeres Objektiv und füllte den Bildrahmen nur mit diesen Komponenten (2B).

3. **Wirkung verstärken**

Das erste Foto zeigt wunderschön den Vernal-Wasserfall (3A). Es zeigt den Wasserfall, wie er ist, konnte jedoch nicht dessen Geräusche und die Stärke des Wassers einfangen. Ich fand aber einen Teil des Wasserfalls, der deutlich besser in dieses Konzept passte (3B).

2B

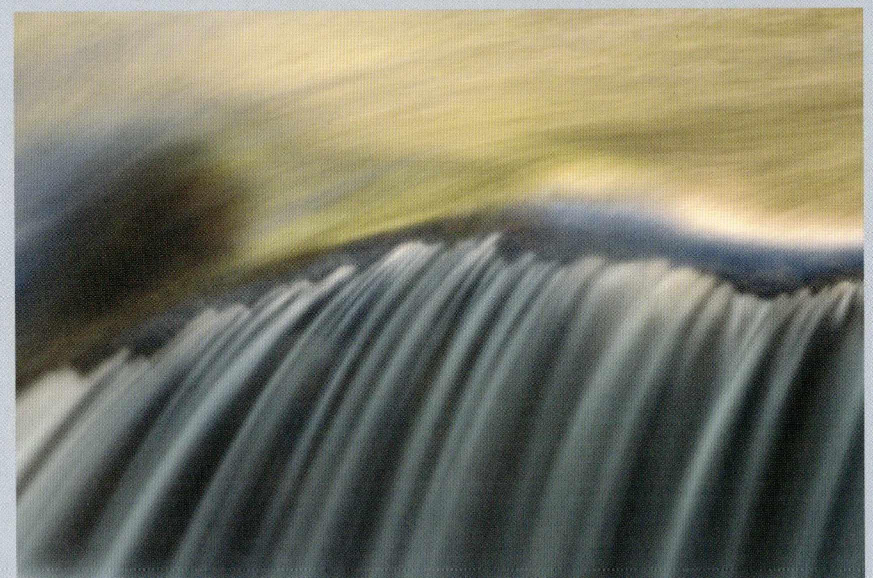

2A

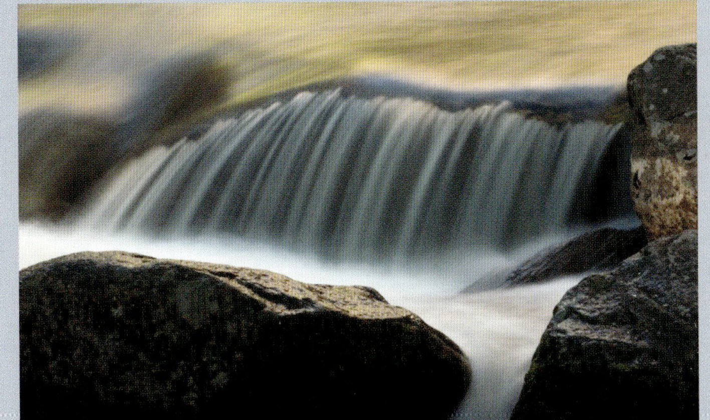

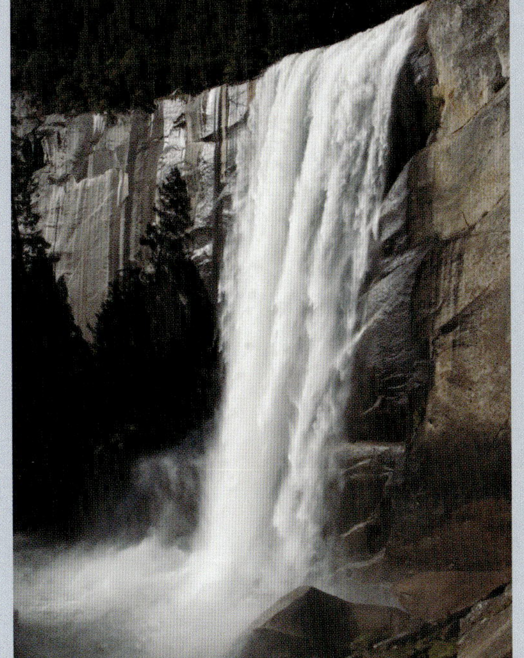

3A

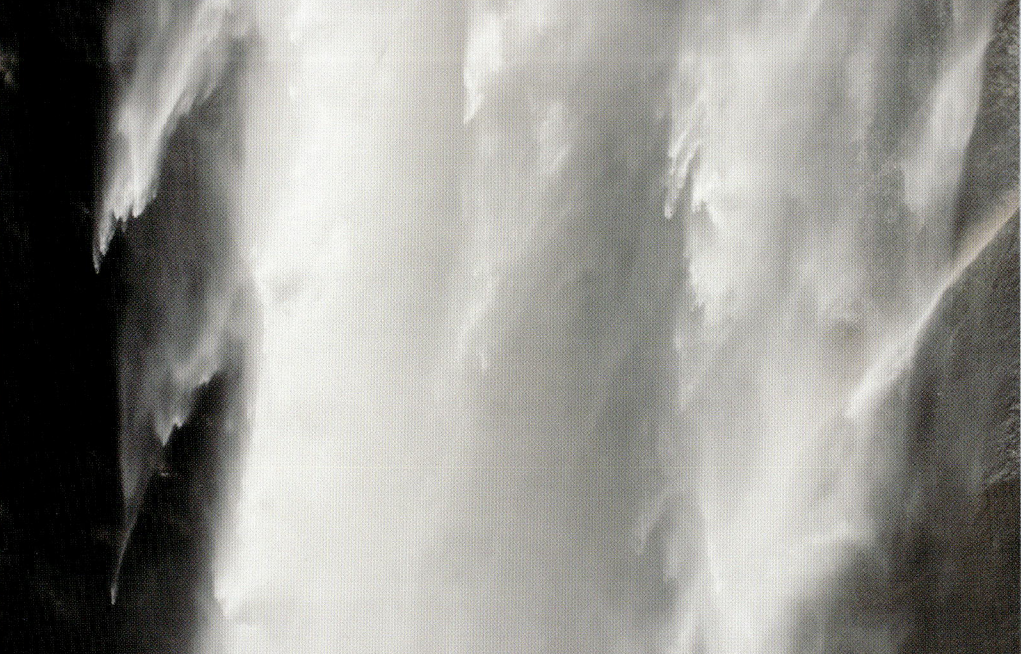

3B

Die Kraft der Linien

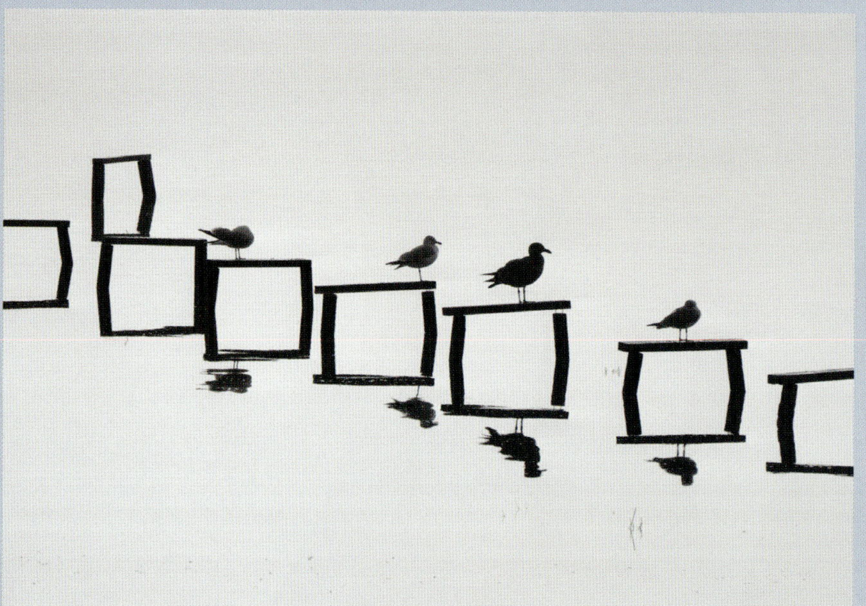

Linien

Wissen Sie eigentlich, was das hier ist? Spielt das überhaupt eine Rolle? Der eigentliche Gegenstand dieses Fotos ist das abstrakte Design – die absteigende Reihe der Quadrate. Eigentlich besteht jedes Foto aus Linien, Formen, Tonwerten und Farben auf einer flachen Oberfläche. Je intensiver Sie Ihre Fotos mit diesem Hintergrund betrachten, desto besser sind Ihre Bilder. Halten Sie es wie Edward Weston: »Wie wenig doch das Motiv mit der eigentlichen Reaktion zu tun hat!«

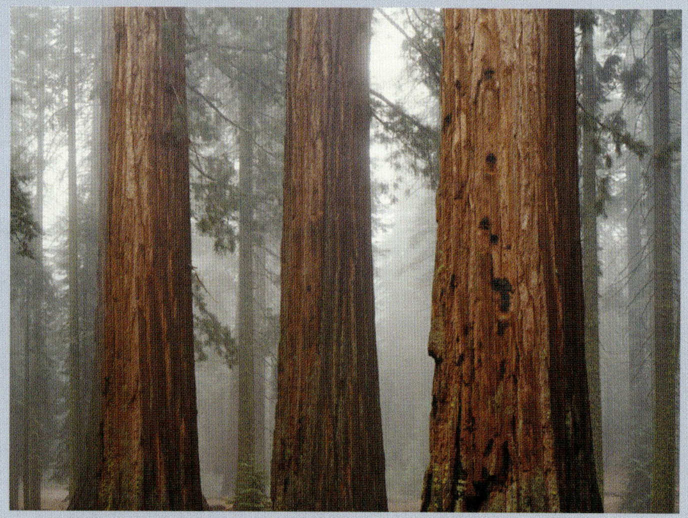

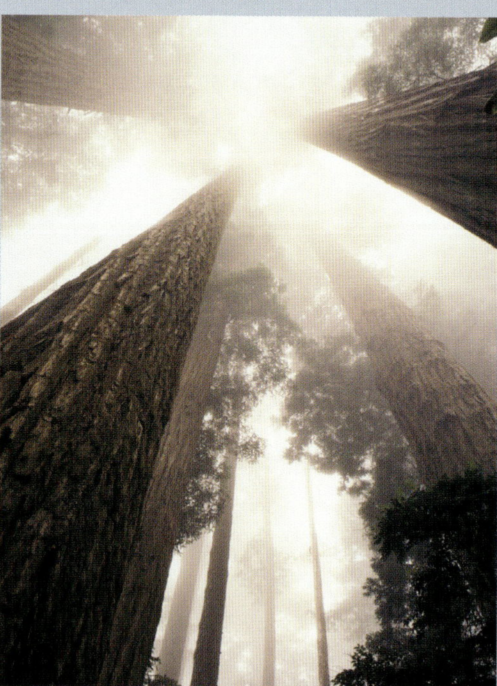

Vertikale Linien

Linien vermitteln Gefühle. Eine Folge vertikaler Linien erscheint stattlich und monumental wie griechische Säulen, ähnlich den riesigen Sequenzia-Bäumen im ersten Bild. Im zweiten Bild laufen die vertikalen Linien zusammen und lassen das Licht durch.

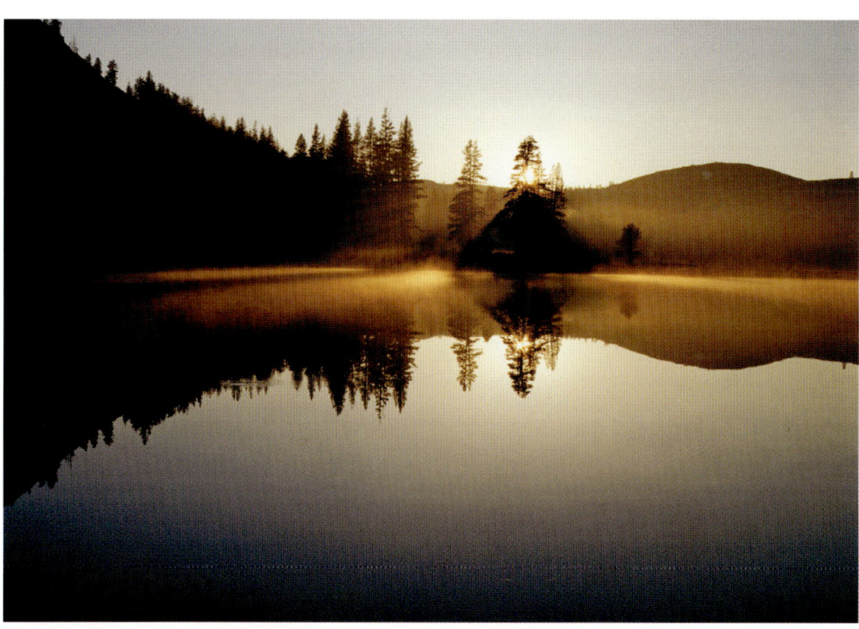

Horizontale Linien

Horizontale Linien vermitteln Ruhe. Die starke Horizontlinie in diesem Foto aus dem Yosemite-Hochland erzeugt eine friedliche Stimmung.

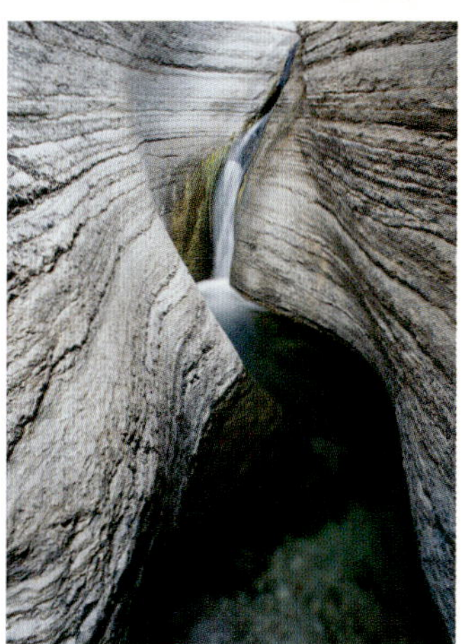

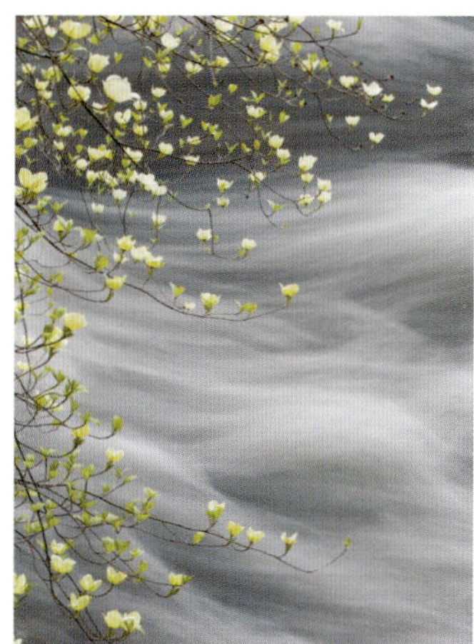

Geschwungene Linien

S-Kurven, wie im ersten Bild des Grand Canyon zu sehen, sind eine gute Möglichkeit, den Blick des Betrachters durch ein Foto zu leiten. Kurven erzeugen außerdem ein Gefühl von Fluss und Bewegung, wie in der zweiten Aufnahme gut zu erkennen ist.

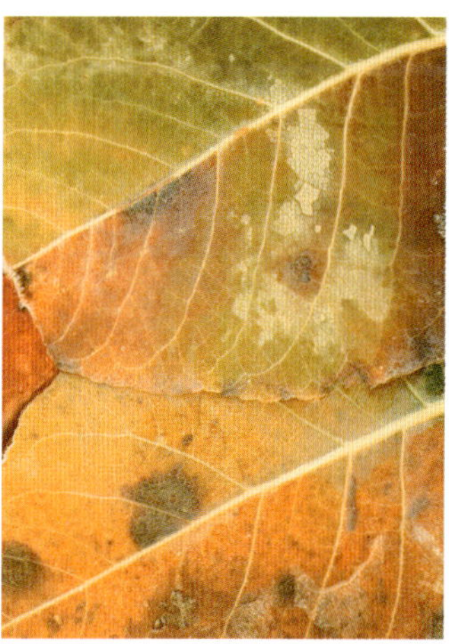

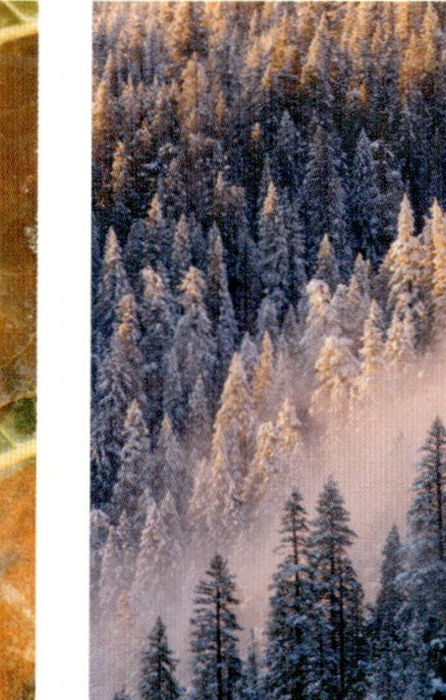

Diagonale Linien

Diagonale Linien erzeugen ein Gefühl von Bewegung und Energie. Diese beiden Aufnahmen zeigen ganz unterschiedliche Motive, aber ähnliche Kompositionen. Beide bauen auf starke Diagonalen.

Muster und Wiederholungen

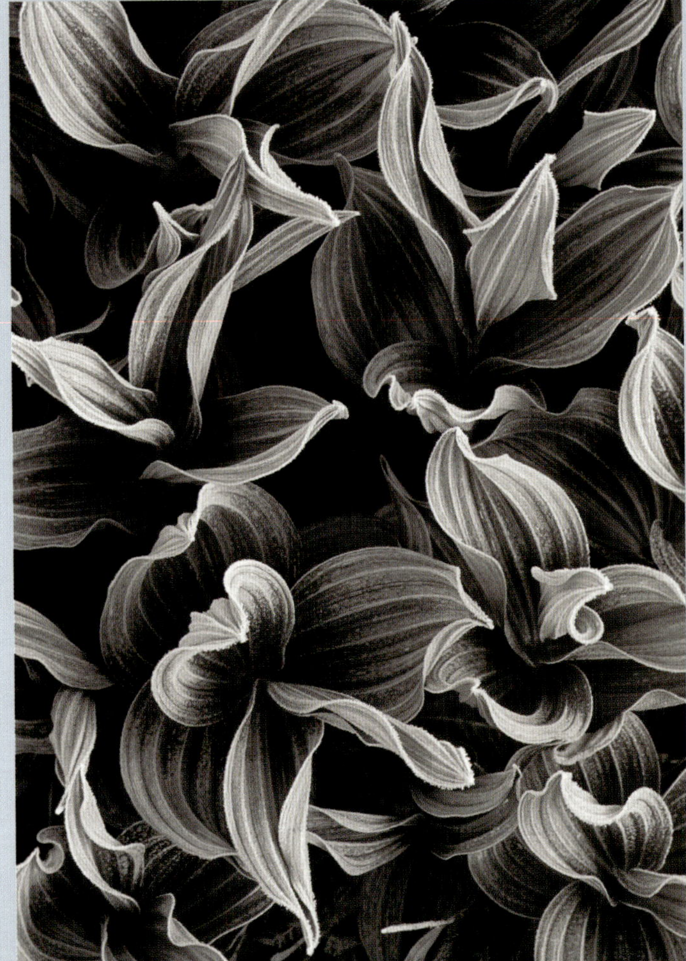

Klebschwertel-Blatt-Muster

Ein Blatt ist nur ein Blatt. Zwei ähnliche Blätter formen ein Muster. Wiederholung erzeugt Rhythmus, Einheitlichkeit und starke Kompositionen. Wenn Sie ein Muster gefunden haben, versuchen Sie, den gesamten Bildrahmen damit zu füllen und dem Betrachter das Gefühl zu geben, dass das Muster unendlich ist.

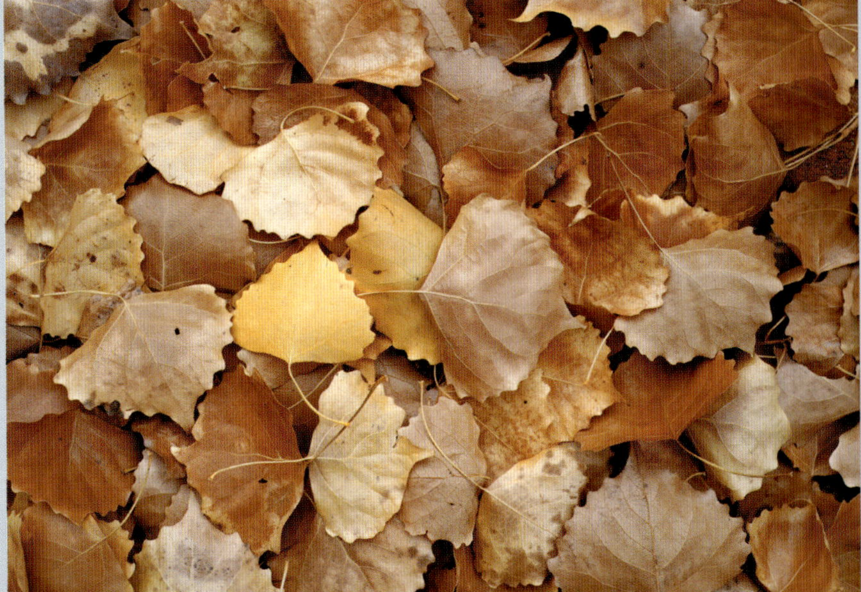

Brennpunkt

Es hilft, einen Brennpunkt zu haben; einen Punkt, auf dem sich das Auge des Betrachters kurz ausruhen kann, bevor es sich das restliche Muster ansieht – hier ist es das gelbe Blatt in der Bildmitte.

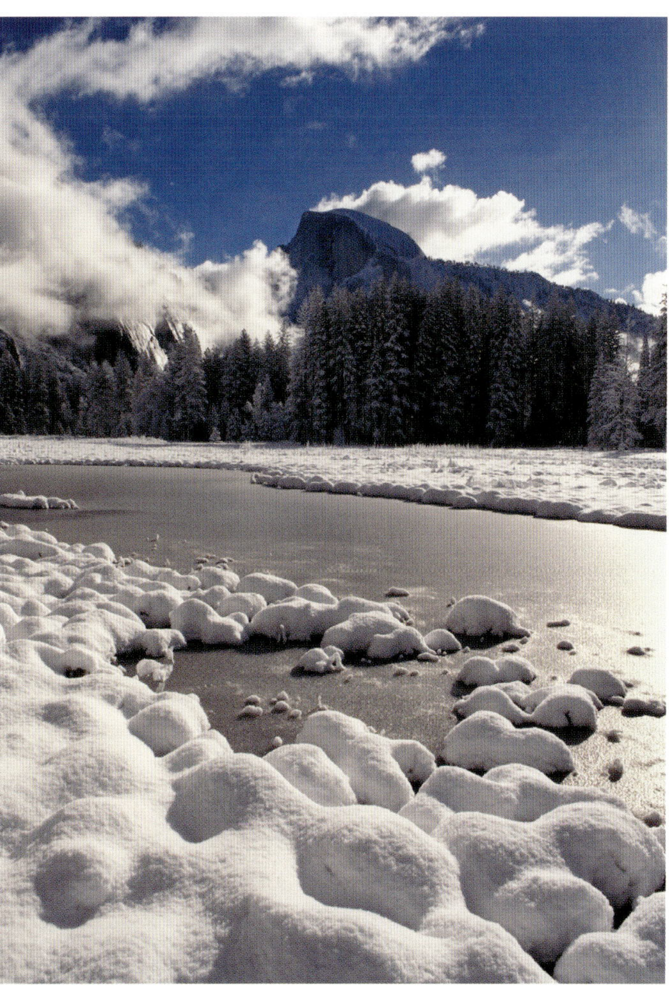

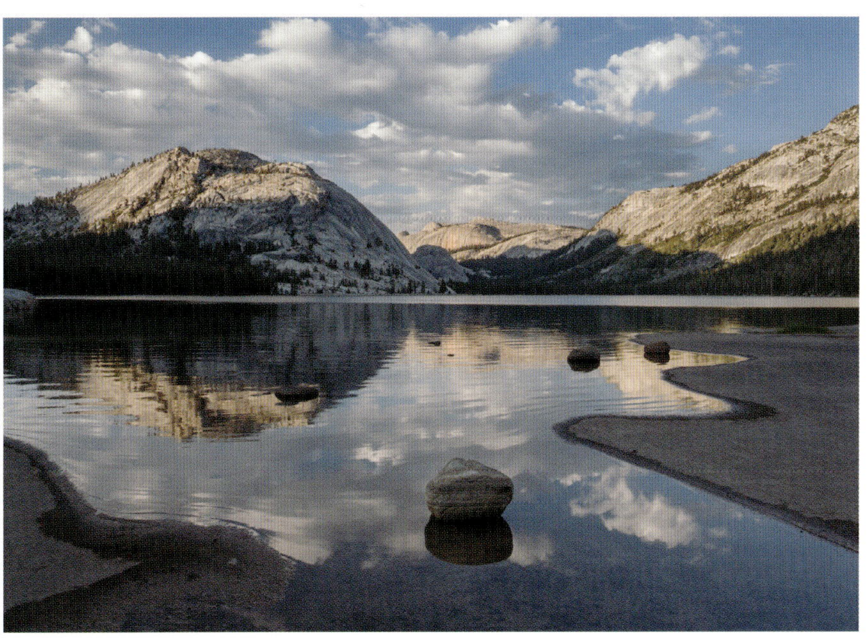

Muster in der Landschaft

Starke Designs lassen sich in kleinen Objekten leichter erkennen, es ist aber auch wichtig, sie in großen, weit-läufigen Landschaften zu finden. Ein Überfluss diagonaler Linien in diesem Foto vom Tenaya Lake im Hochland von Yosemite hält das Bild zusammen und gibt ihm Rhythmus. Diagonalen sind in Hügel- und Berglandschaften verbreitet und in Ebenen angeordnete, sich wiederholende horizontale Linien finden sich häufig auf Ebenen um große Wasserflächen.

Vorder- und Hintergrund miteinander verbinden

Gibt es im Foto einen Vorder- und einen Hintergrund, muss es Linien, Formen oder Farben geben, die beides zusammenhalten; ansonsten wirkt das Bild zertrennt. Die Schneehügel in dieser Aufnahme wiederholen die runde Form des Half Dome im Hintergrund.

Die Perspektive ändern

Fotografen verhalten sich nicht selten so, als hätten ihre Stative Wurzeln geschlagen. Sie sehen ein mögliches Motiv und halten sofort an. Sie denken nicht einmal darüber nach, was passieren würde, wenn sie die Kamera etwas nach rechts oder links, vor- oder zurückbewegen würden. Der erste Blick ist aber nicht immer der beste. Bewegen Sie sich!

Ansel Adams sagte: »Mit etwas Übung lassen sich schnell visuelle Beziehungen sowie eine passende Kameraposition für jedes Objekt finden.« Das Schlüsselwort ist »Übung«. Adams hat daraus oft eine mentale Übung gemacht, die er in seinen normalen Tagesablauf integrierte. Während er sich, im Stuhl sitzend, mit einer Person unterhielt, stellte er sich beispielsweise vor, diese Person zu fotografieren und überlegte, wie sich die visuelle Beziehung ändern würde, wenn er den Blickwinkel änderte. Eine tolle Übung – probieren Sie sie aus.

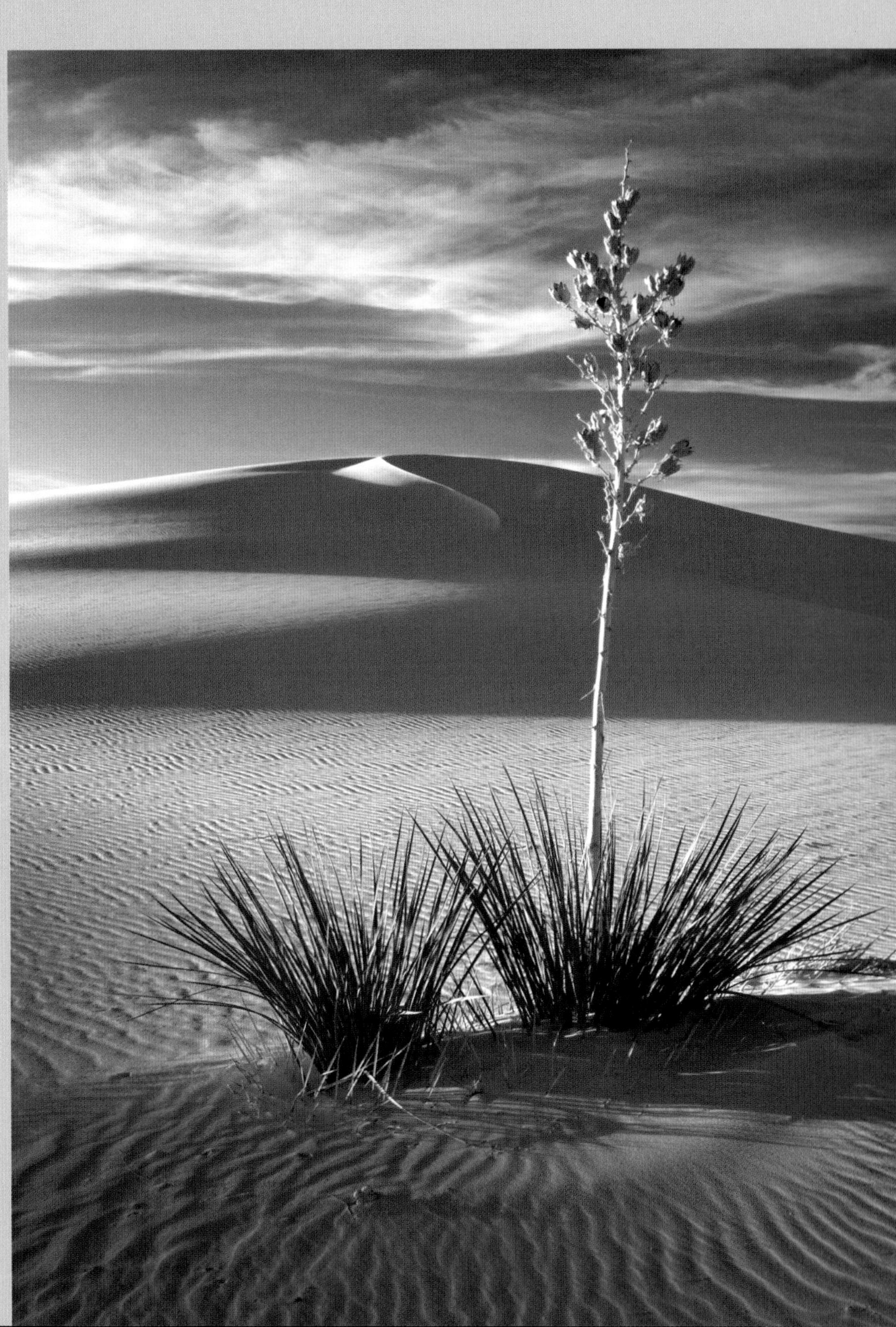

Kameraposition

Überlegen Sie, wie sich eine Veränderung der Kameraposition auf diese Aufnahme aus den White Sands, New Mexico ausgewirkt hätte. Hätte ich einen flacheren Winkel gewählt, würden die spitzen Blätter den Schatten der Sanddüne berühren. Bei einem Schritt nach rechts befänden sich der Stängel der Yucca-Pflanze und die Kurve in der Sanddüne auf einer Linie; bei einem Schritt nach links wäre der Raum zwischen beiden zu groß. Wäre ich mit einem Weitwinkelobjektiv näher herangegangen, würde die Düne im Hintergrund im Vergleich zum Vordergrund deutlich kleiner ausfallen. Wäre ich mit einem längeren Objektiv ein Stück zurückgegangen, hätte ich einige der Wolken außen vor lassen müssen. Es kam also nur eine passende Kameraposition infrage.

1

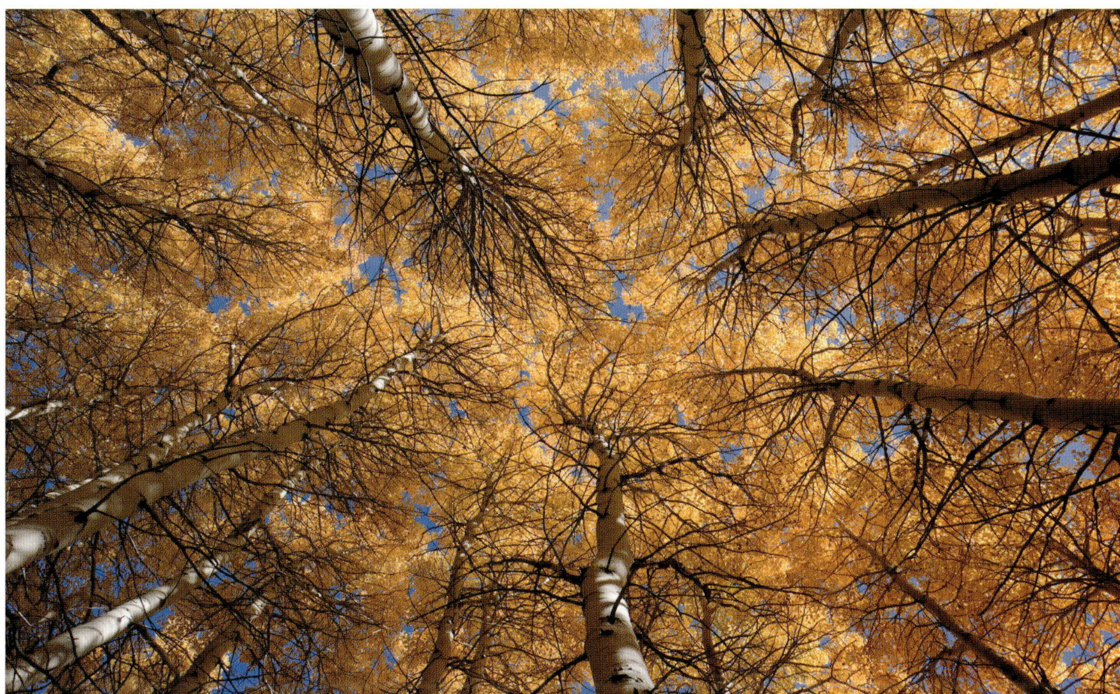

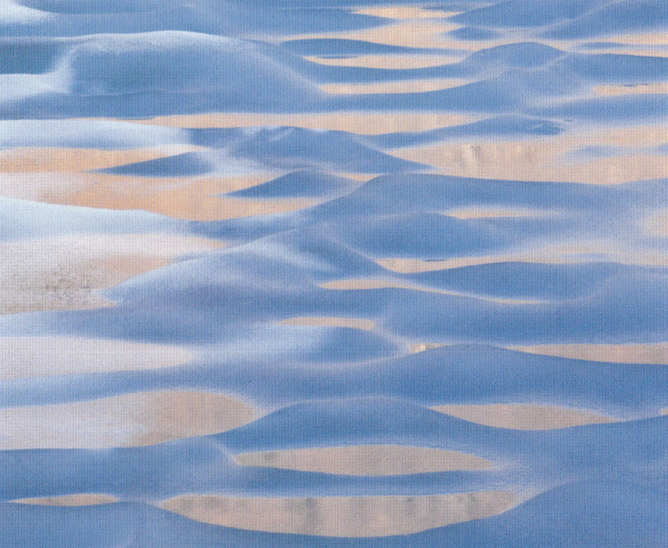

2

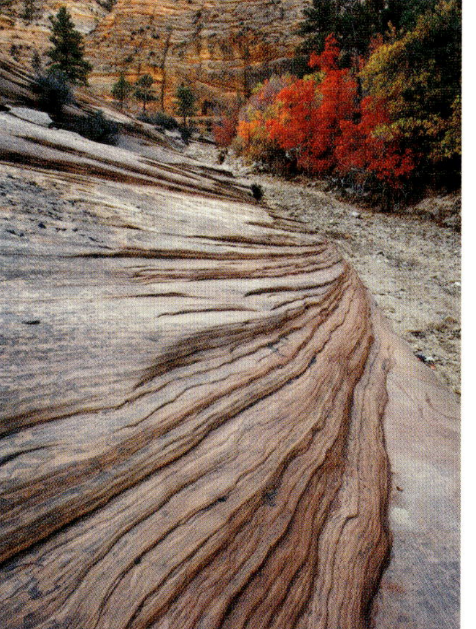

3

1. **Standpunkt**

Die meisten Aufnahmen werden auf Augenhöhe des Fotografen gemacht und zeigen direkt auf den Horizont. Wenn Sie dieses Verhalten allerdings ablegen, können Sie viel dynamischere Fotos aufnehmen. Adams hat auf all seinen Fahrzeugen Plattformen gebaut, die ihm eine höhere Perspektive boten. Schauen Sie nach unten oder oben und suchen Sie nach anderen Blickwinkeln. Wenn Sie die Kamera (wie hier zu sehen) auf den Himmel ausrichten, entsteht eine ganz ungewöhnliche Perspektive.

2. **Teleobjektiv**

Teleobjektive komprimieren den Raum – Objekte erscheinen größer und dichter beisammen, als sie es eigentlich sind. Nutzen Sie diese Objektive, um Bilder zu glätten und abstrakte Muster zu erzeugen. Hier befand sich das Eis im Vordergrund etwa 6 Meter näher an der Kamera als das im Hintergrund, doch das 200-mm-Objektiv erzeugt ein surreales Design.

3. **Weitwinkelobjektiv**

Weitwinkelobjektive erweitern den Raum. Objekte erscheinen weiter entfernt und mit einem größeren Abstand als normal. Nutzen Sie diesen Effekt zu Ihrem Vorteil, indem Sie Größenunterschiede zwischen Vorder- und Hintergrund betonen und somit ein Gefühl von Tiefe vermitteln. Gehen Sie an etwas im Vordergrund nah heran (wie hier zu sehen), weil ansonsten alles klein und unbedeutend aussieht. Es ist auch hilfreich, konvergente Linien – wie hier bei den Felsen im Vordergrund – zu integrieren, um Perspektive zu erzeugen.

STIMMUNG EINFANGEN

Die besten Aufnahmen zeigen nicht nur, wie etwas ausgesehen hat – sie fangen eine Stimmung oder ein Gefühl ein und rufen beim Betrachter eine Reaktion hervor. Brett Weston sagte: *»Solange eine Landschaft nicht geheimnisvoll wirkt, ist sie nicht besser als eine Postkarte.«*

Um eine Stimmung rüberzubringen, müssen Fotografen alle bisher besprochenen Werkzeuge nutzen: Belichtung, Schärfentiefe, Licht und Komposition. Es gibt aber noch ein paar Dinge mehr, die in Betracht gezogen werden sollten, inklusive Tonwerten, Farbe, Wetter und Bewegung.

1

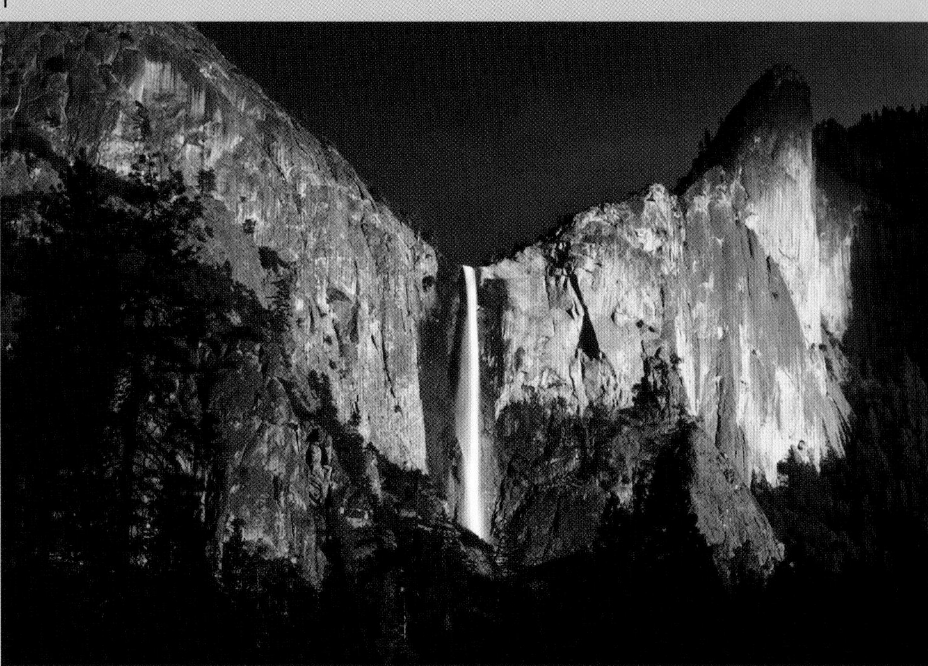

Tonwerte

1. **Dunkle Tonwerte** vermitteln eine düstere Stimmung wie in der Aufnahme des Bridalveil-Wasserfalls.

2. **Ein starker Kontrast** hilft, dieser Aufnahme mehr Dramatik zu verleihen.

3. **Helle Tonwerte** wie in dieser Aufnahme erzeugen eine Stimmung, die ... heller, fröhlicher ist.

4. **Ein schwacher Kontrast** erzeugt in dieser Aufnahme des Bridalveil-Wasserfalls ein deutlich weicheres Gefühl.

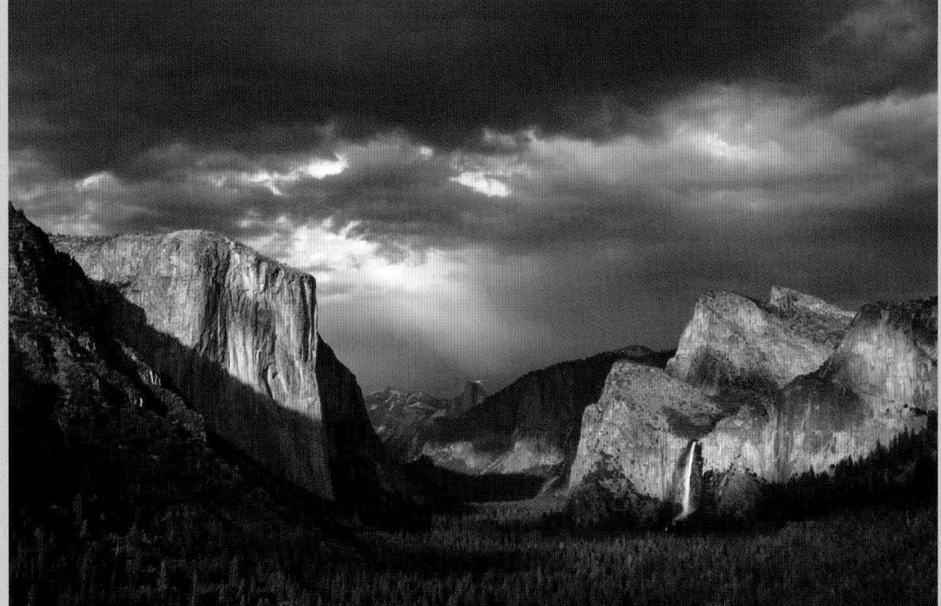

2

3

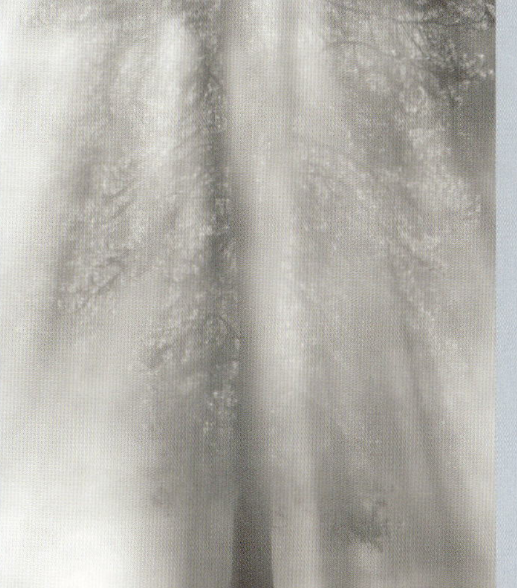

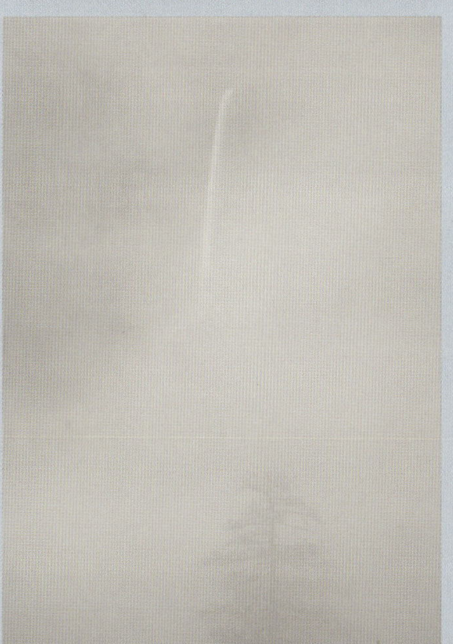

4

5

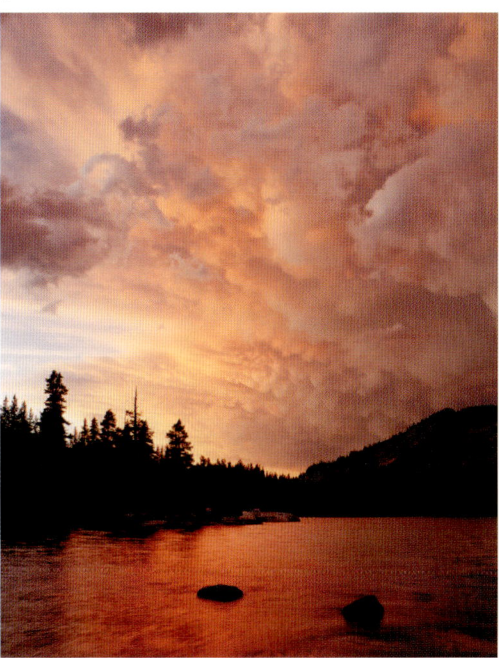

Farbe

Studien haben gezeigt, dass Farbe einen deutlichen Einfluss auf die Stimmung einer Person hat. Innenarchitekten erstellen friedliche und ruhige Räume mit Blau- und Grüntönen. Werber nutzen die Farbe Rot, um die Aufmerksamkeit zu lenken. Schwarz vermittelt ein Gefühl von Stärke, Sexualität, Eleganz oder Rätselhaftigkeit.

5. **Rot und Schwarz** vermitteln ein geheimnisvolles, starkes Gefühl und verleihen dieser Aufnahme der Sturmwolken über dem Tenaya Lake in Yosemite eine stärkere Wirkung.

6. **Blau** steht für Frieden, Ruhe und Besinnlichkeit und verstärkt somit die Stimmung dieser Aufnahme.

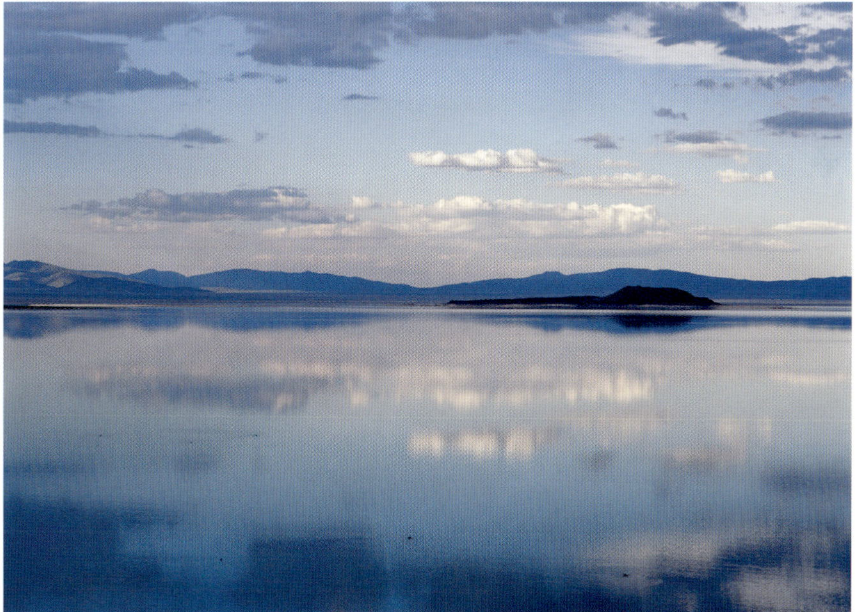

6

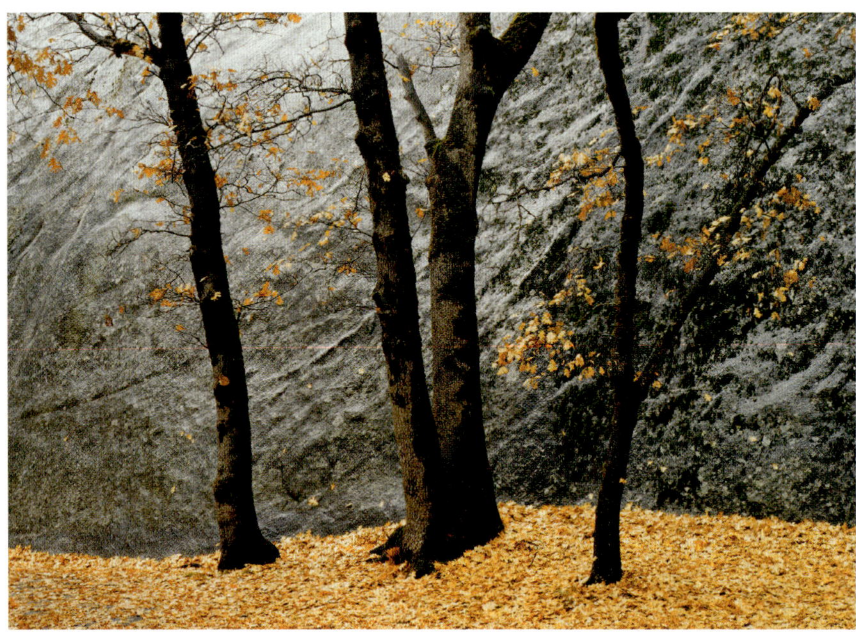

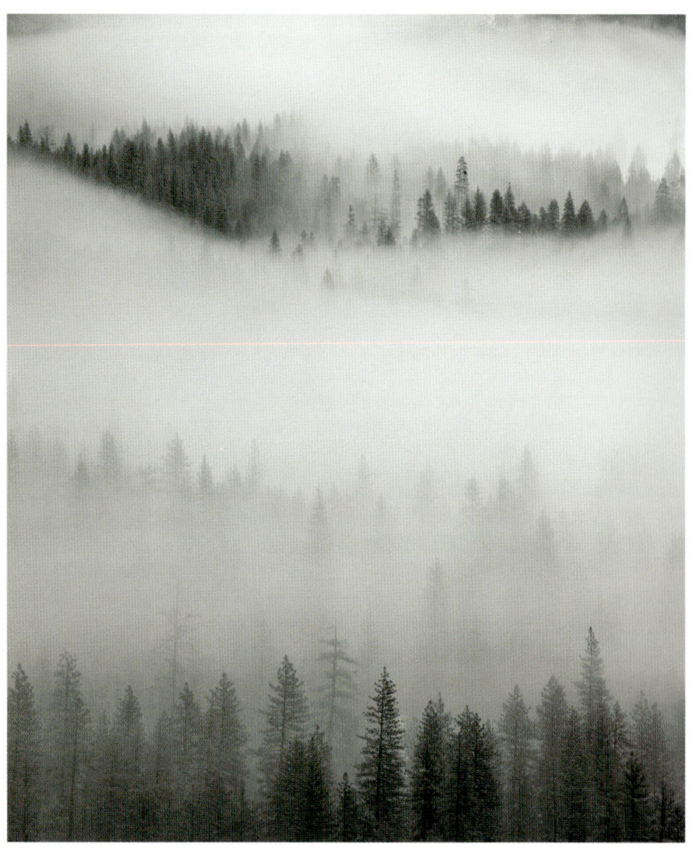

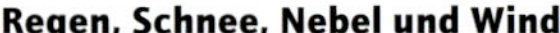

Regen, Schnee, Nebel und Wind

Bei jedem Wetter lassen sich interessante Aufnahmen machen. Regen verstärkt die Farben der Blätter, der Baumrinde und des Mooses in der Abbildung oben. Schnee bildet einen perfekten Kontrast zu dieser Eiche (rechts). In der dritten Aufnahme (oben rechts) verleiht der Nebel dem Bild etwas Magisches, während der Wind eine ganz ungewöhnliche Chance für das vierte Foto bot: herunterfallende Blätter.

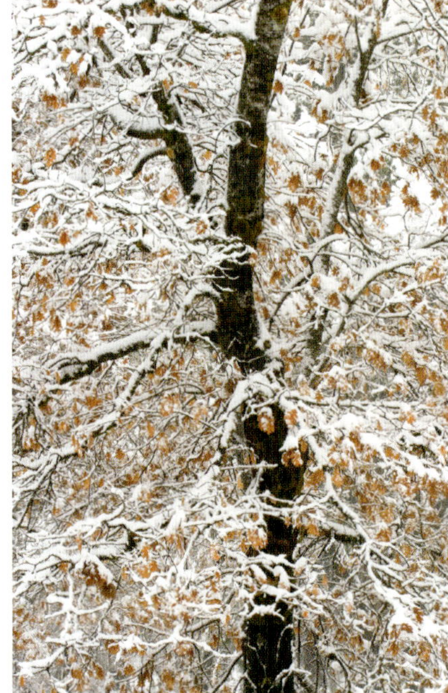

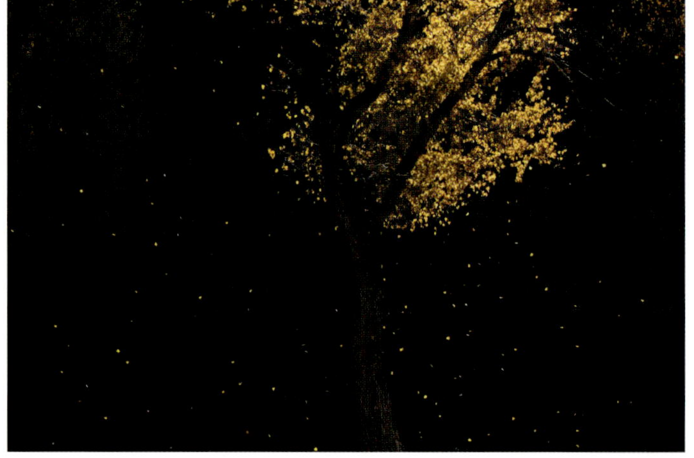

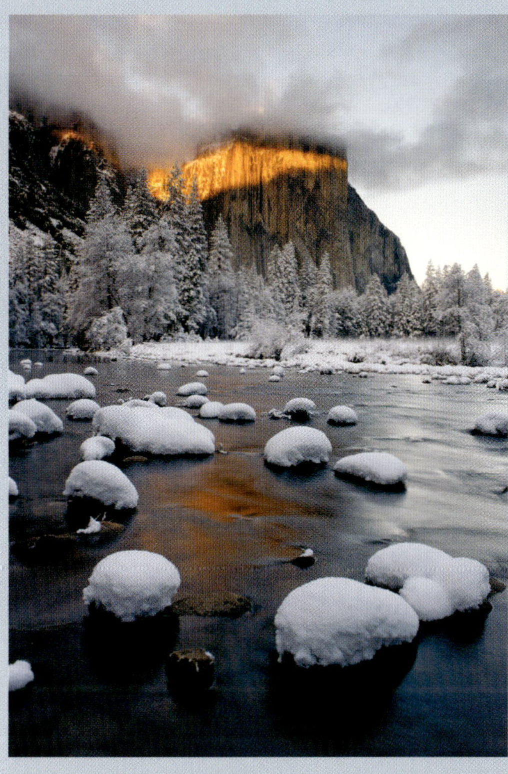

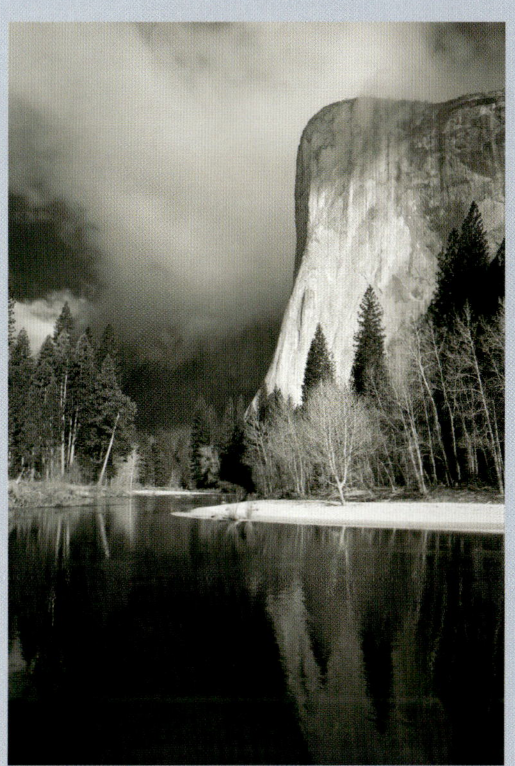

Abziehende Gewitter und Stürme

Viele spektakuläre Landschaftsfotos verdanken ihre Dramatik einem abziehenden Gewitter. Es kann schneebedeckte Bäume hinterlassen, Regentropfen auf Blumen und Blättern, Dunst, Nebel und eine durch Wolken brechende Sonne, die dramatisches Licht erzeugt. Wenn sich das bei Sonnenaufgang oder Sonnenuntergang abspielt, kommen noch wunderschöne goldene Farbtöne hinzu.

Versuchen Sie festzustellen, wo die Sonne steht, wenn ein Sturm aufklart und was sie beleuchten könnte, wenn sie durch die Wolken bricht. Dadurch erhöhen Sie Ihre Chance, zur richtigen Zeit am richtigen Ort zu sein.

Ich nutzte meine Ortskenntnisse, um dieses erste Foto des El Capitan aufzunehmen. Im Winter trifft die Sonne bei Sonnenuntergang die Westseite des Berges. Ich wusste also, dass die Chance auf ein dramatisches Licht besteht, wenn die Sonne durch die Wolken bricht. Im zweiten Bild sehen Sie die Ostseite desselben Berges als die Morgensonne gerade durch die Überbleibsel eines Frühlingsregens brach.

Wetter und Atmosphäre

Wir tendieren dazu, Landschaften eher statisch zu betrachten, denn einige Grundbestandteile wie Steine, Bäume oder Wasser bewegen sich gar nicht oder nur sehr langsam. Die besten Landschaftsaufnahmen fangen meist einen bestimmten, einzigartigen und nicht wiederholbaren Augenblick ein, in dem Licht, Wasser und Objekt einfach sind, wie sie sind.

Das hat nicht nur etwas mit Glück zu tun. Fotografen können lernen, solche Momente vorherzusehen. Sie beobachten einfach das Objekt und halten nach speziellen Kombinationen aus Licht und Wasser Ausschau. Viele gute Bilder entstehen im Umfeld des Fotografen oder an Orten, die er häufig besucht. Vertrautheit hilft, die besten Blickwinkel zu finden, die Muster von Wetter und Jahreszeiten zu lernen und die richtigen Bedingungen vorherzusehen.

Ansel Adams besuchte während des Zweiten Weltkriegs immer wieder das japanische Internierungslager in Manzanar. Er besuchte Orte mit fotografischem Potenzial und nahm einige seiner berühmtesten Bilder auf, inklusive *Mount Williamson, Sierra Nevada* und *Winter Sunrise from Lone Pine* (Seite 72).

Adams lebte auch einmal zehn Jahre im Yosemite Valley und behielt die Bleibe dann als Feriendomizil für den Rest seines Lebens. Es ist also kein Zufall, dass die besten seiner Aufnahmen dort entstanden (z.B. *Clearing Winter Storm*, Seite 110). Es gibt das Gerücht, dass er tagelang am Tunnel View kampierte, um diese Aufnahme zu machen, aber warum sollte er dort zelten, wenn er doch gleich um die Ecke wohnte? Er tat es und kehrte immer wieder zu diesem Punkt zurück, wenn das Wetter vielversprechend aussah.

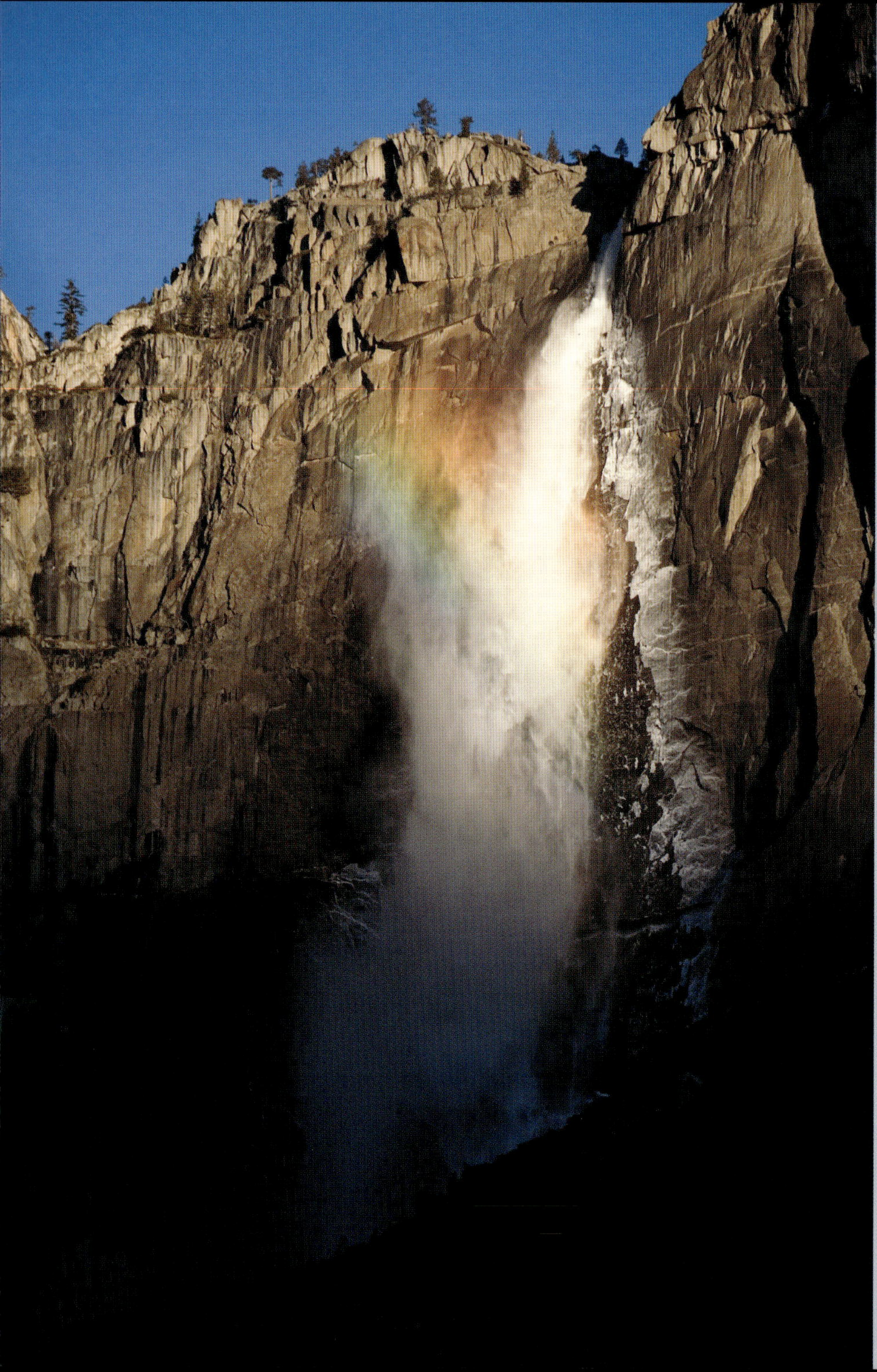

1

2

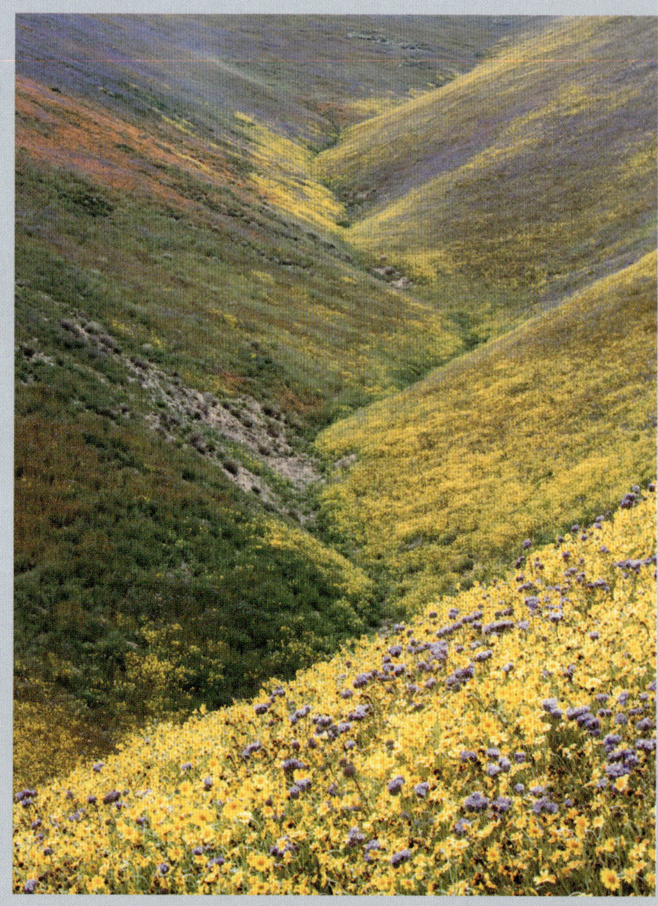

Jahreszeiten

Überall gibt es Jahreszeiten, auch wenn es sich nicht um den herkömmlichen Wechsel zwischen Winter, Frühling, Sommer und Herbst handelt. Jede Jahreszeit – ja eigentlich jede Woche – bietet einzigartige Möglichkeiten. Jedes Jahr ist anders. Ist es ein feuchter oder trockener Frühling? Ist es ein kalter oder warmer Winter? Beides bietet großartige Möglichkeiten.

Ungewöhnliche Möglichkeiten

1. Das Licht ändert sich vom Winter zum Sommer. Im Winter fällt schönes Morgenlicht auf den Upper Yosemite Fall, während im Frühling die Sonne nicht vor 10 Uhr auftaucht. Die besten Fotos entstehen hier mit einer Mischung aus Winterlicht und einem ungewöhnlich hohen Wasserstand.

2 & 3. Ein feuchter Winter führte zu ungewöhnlich vielen Wildblumen im Süden Kaliforniens und färbte diese Hügel wunderschön ein. Im zweiten Bild (3) bedeckte ein zeitiger Schneesturm die herbstlichen Bäume mit Schnee.

3

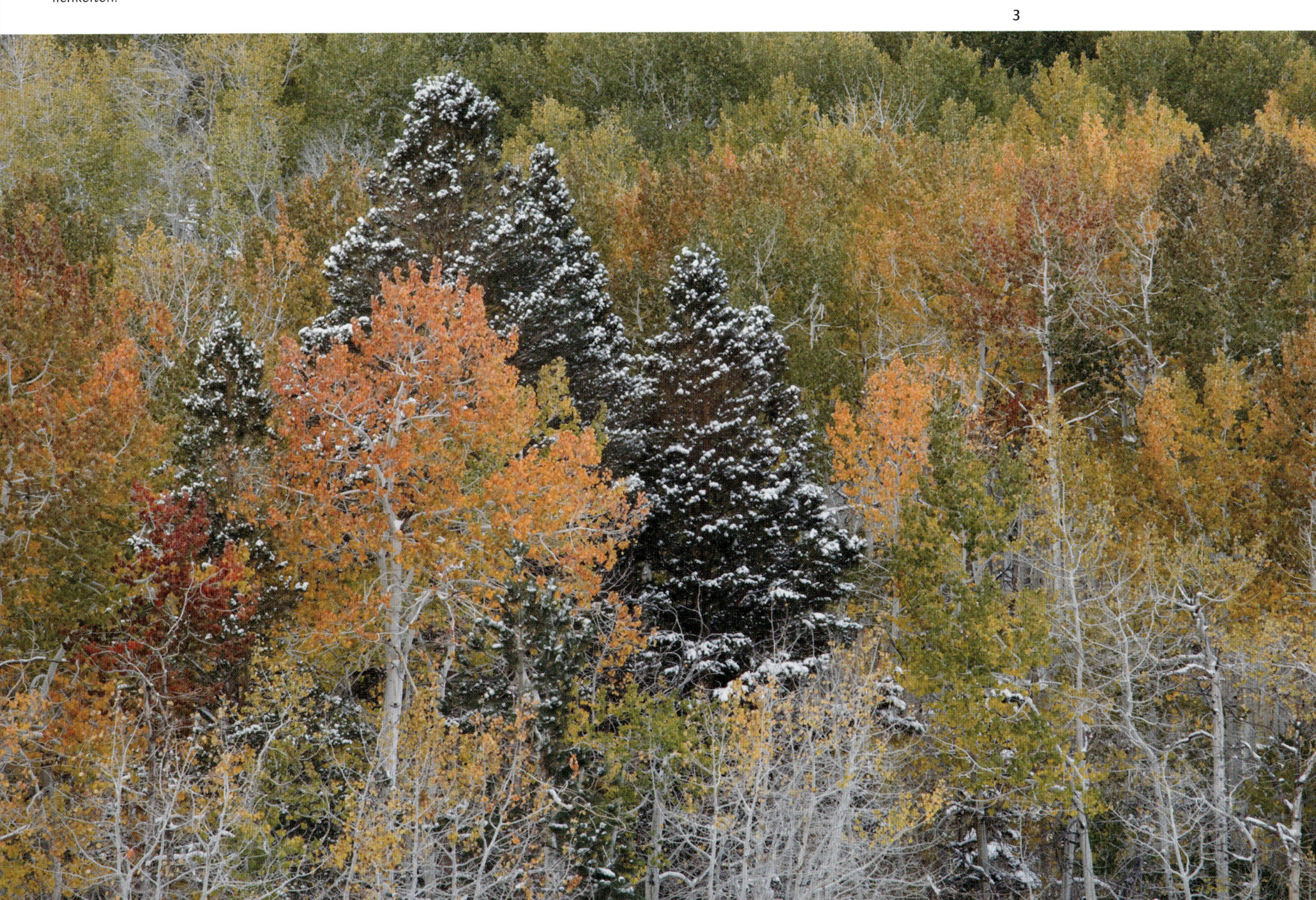

Mondphasen

Ansel Adams sagte von sich, dass er »mondsüchtig« gewesen sei, weil in seinen Aufnahmen unzählige Monde zu sehen waren. Vielleicht wusste er aber auch einfach nur, dass der Mond einem Bild eine gewisse Dramatik verleiht.

Die meisten Menschen kennen den Mondzyklus – 28 Tage von Neumond zu Neumond. Die Enden des Zyklus – Neumond und Vollmond – sind am fotogensten, weil sich der Mond bei Sonnenaufgang und Sonnenuntergang in der Nähe des Horizonts bewegt.

Mondsüchtige Fotografen sollten wissen, dass der Mond jeden Tag durchschnittlich 50 Minuten später auf- und untergeht. Eine gestern perfekte Fotoposition gilt also heute nicht mehr. Der Mond geht auch täglich weiter im Norden auf und im Süden unter (außer nahe des Äquators). Diese Bewegung ist zu komplex, um hier im Detail beschrieben zu werden, aber merken Sie sich: Der Vollmond steht immer der Sonne gegenüber. Im Sommer geht der Vollmond auf der Nordhalbkugel in Ost-Südost auf, beschreibt eine flache Kurve am Himmel und geht in West-Südwest unter – wie die Sonne im Winter. Im Winter geht der Mond in Ost-Nordost auf, steht hoch am Himmel und geht in West-Südwest unter – wie die Sonne im Sommer. Es gibt viele Apps und Webseiten, die detaillierte Informationen über den Stand des Mondes und auch wichtige Zeiten dazu liefern.

1

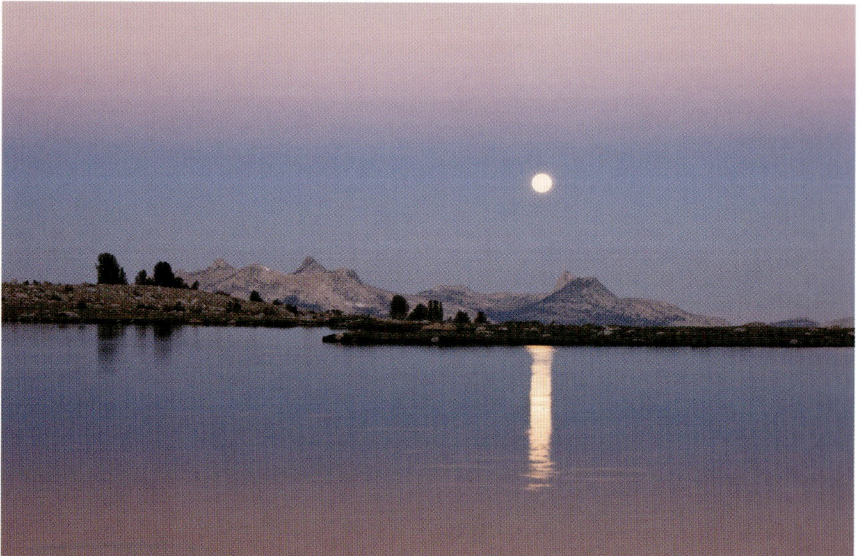

2

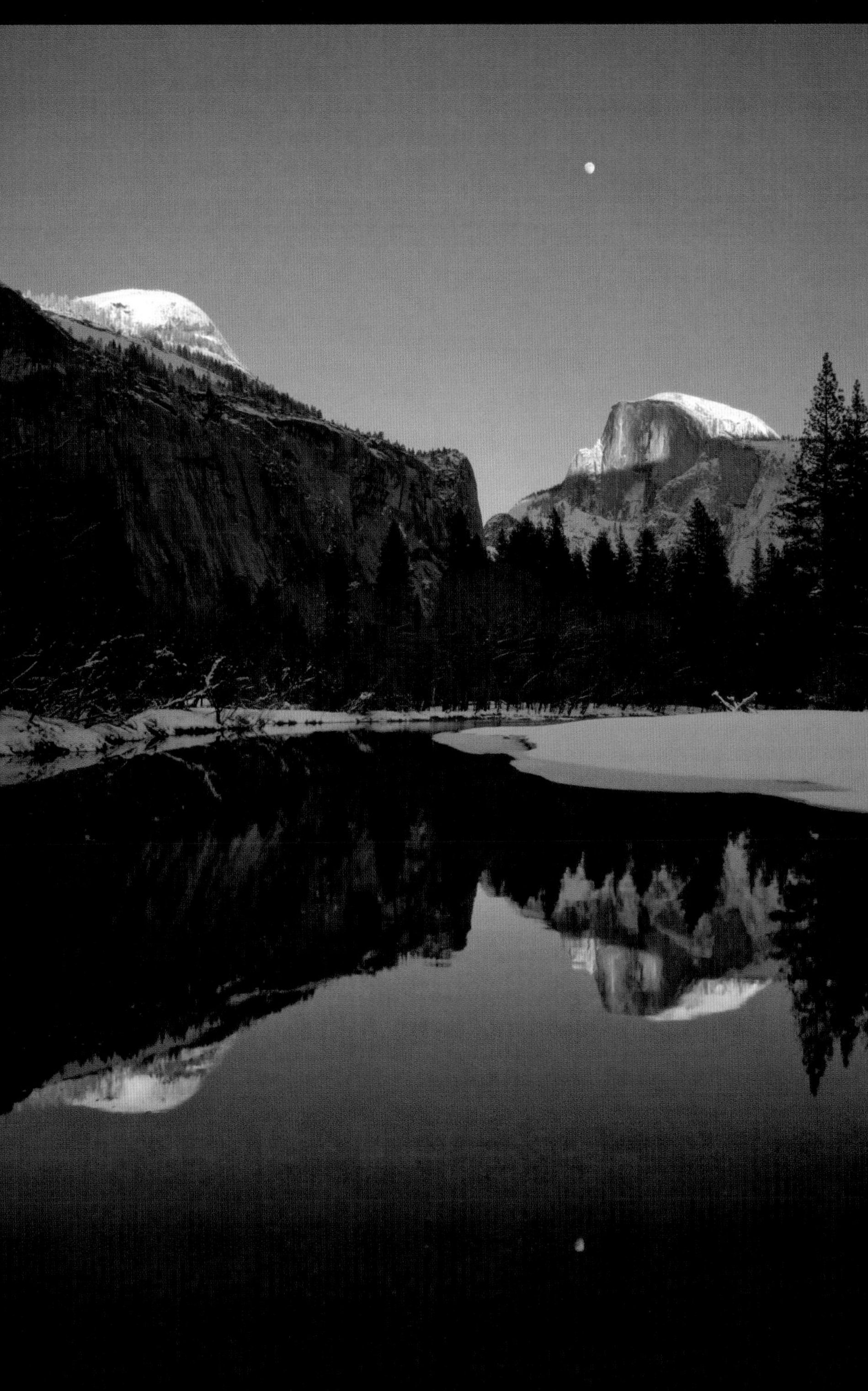

3

Neumond

1. Der Neumond befindet sich immer in der Nähe der Sonne, so dass seine Mondsichel bei Sonnenauf- oder Sonnenuntergang in der Nähe des Horizonts zu finden ist. Einige Tage nach Neumond ist er bei Sonnenuntergang im Westen zu sehen. Diese Aufnahme eines Sonnenuntergangs im Yosemite-Hochland entstand vier Tage vor Neumond.

Vollmond

2. Der Vollmond befindet sich immer gegenüber der Sonne. Er geht bei Sonnenuntergang im Osten auf und bei Sonnenaufgang im Westen unter. Die besten Bilder entstehen kurz vor oder nach dem Vollmond. Ein oder zwei Tage vorher geht er kurz vor Sonnenuntergang im Osten auf – es gibt noch Licht. Ein oder zwei Tage danach steht er nach dem Sonnenaufgang im Westen dicht über dem Horizont. Bei Vollmond selbst sehen Sie den Mond nur, wenn es wirklich dunkel ist – aber dann ist es schwierig, Details im Mond und der Landschaft aufzunehmen.

3. Diese Aufnahme vom Middle Gaylor Lake in Yosemite wurde in der Dämmerung einen Tag nach ollmond aufgenommen. Ich sah den Dreiviertelmond drei Tage vor Vollmond bei Sonnenuntergang über dem Half Dome aufgehen.

Der Nachthimmel

Digitalkameras können Aufnahmen mit extrem geringen Lichtmengen machen, so dass sogar die Sterne zur Beleuchtung ausreichen. Das eröffnet wunderbare Möglichkeiten für Landschaftsfotografen, um ihren Fotos durch den Nachthimmel ein Gefühl von Mysterium und Zeitlosigkeit zu verleihen. Leider ist die Milchstraße inzwischen zu einem richtigen Klischee geworden, in der richtigen Situation eingesetzt kann sie jedoch zu sehr aussagekräftigen Effekten führen. Die Nachtfotografie hat jedoch mehr zu bieten, inklusive anderer Sternhaufen, Sternschnuppen, Lichtspuren und Mondlicht.

Nachtfotografie ist technisch anspruchsvoll. Am schwersten ist wohl, nachts zu fokussieren. Die meisten Objektive sind heute in der Lage, über das Unendliche hinaus zu fokussieren, denn mit den aktuellen Gläsern mit niedriger Farbstreuung variiert der Infinity-Fokus mit der Temperatur. Sie können also nicht einfach den Fokusring bis and Ende drehen oder auf Unendlich stellen und annehmen, dass das Foto schon irgendwie scharf wird.

Wenn Sie den Mond oder einen hellen Stern fotografieren, kann der Autofokus gut funktionieren. Falls Sie so fokussiert haben, schalten Sie ihn aber bitte wieder aus, damit er sich später nicht wieder aus Versehen verstellt. Die exakteste Variante, nachts zu fokussieren, ist jedoch mit dem manuellen Modus und Live View. Öffnen Sie die Blende so weit wie möglich, wählen Sie einen hohen ISO-Wert und zoomen Sie mit Live View hinein, um auf einen Stern zu fokussieren. Leider ist diese Option jedoch bei manchen Kameras nicht empfindlich genug.

Bei kleinen Sternen muss die Belichtungszeit kurz bleiben, sonst werden die Sterne zu Lichtspuren. Wie lang sie sein darf, hängt von der Brennweite ab; je länger das Objektiv ist, desto kürzer muss die Belichtungszeit sein. Eine gute Fausregel ist, 400 durch die Brennweite zu teilen. Wenn Ihre Brennweite also bei 20 mm liegt, 400 / 20 = 20 s – Sie können also bis zu 20 s belichten. Bei einem 50-mm-Objektiv gilt entsprechend 400 / 50 = 8 s.

Belichtungsmesser sind nachts sinnlos, die Belichtung stellen Sie also anhand Ihrer Erfahrungen oder durch Ausprobieren ein. Bei Sternen ohne Mondlicht und mit geringer Lichtverschmutzung benutze ich bei einem Weitwinkelobjektiv meist 15 bis 20 s bei *f*/2.8, ISO 6400. In anderen Situationen schaue ich aufs Histogramm wie tagsüber auch. Ich belichte auf rechts – schiebe also das Histogramm so weit wie möglich nach rechts, ohne dass es den rechten Rand berührt oder Warnungen auftauchen (mehr dazu auf Seite 34). Für Nachtaufnahmen erscheint das zu hell, aber auch das Kamera-LCD kann nachts täuschen, denn der Bildschirm ist viel dunkler als seine Umgebung. Außerdem können Sie das Bild in der Software später nachdunkeln und Sie bekommen weniger Bildrauschen, wenn Sie bereits vor Ort richtig belichten.

Über Nachtaufnahmen könnte man ein eigenes Buch verfassen, die Beispiele hier zeigen jedoch, was möglich ist.

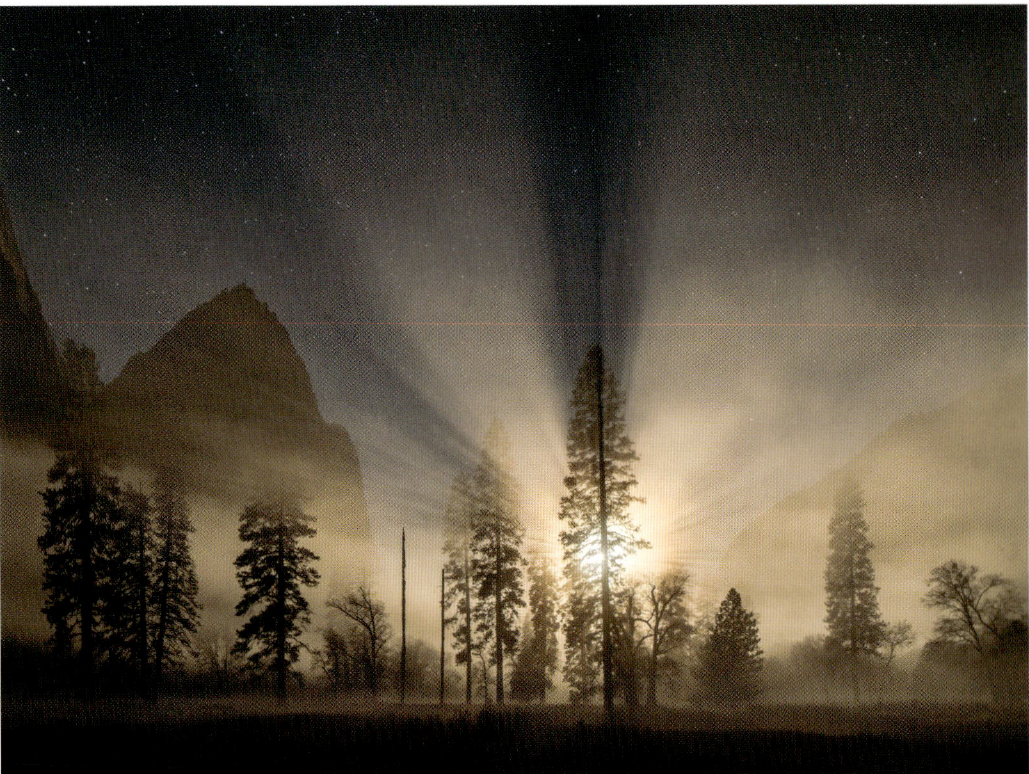

1. **Untergang des Mondes in einer nebligen Nacht, Yosemite Valley**

Digitalkameras können so viel Licht einsammeln, dass Sie für mondbeschienene Landschaften nicht unbedingt einen Vollmond benötigen. Ein nicht ganz voller Mond kann sogar besser sein, denn so sind mehr Sterne zu sehen. Hier fotografierte ich einen zu zwei Dritteln vollen Mond beim Untergang in einer nebligen Nacht im Yosemite Valley. Die Belichtung lag bei 8 s bei *f*/4, 1600 ISO, eingestellt anhand des Histogramms und der Beschneidungswarnung wie bei Aufnahmen am Tag.

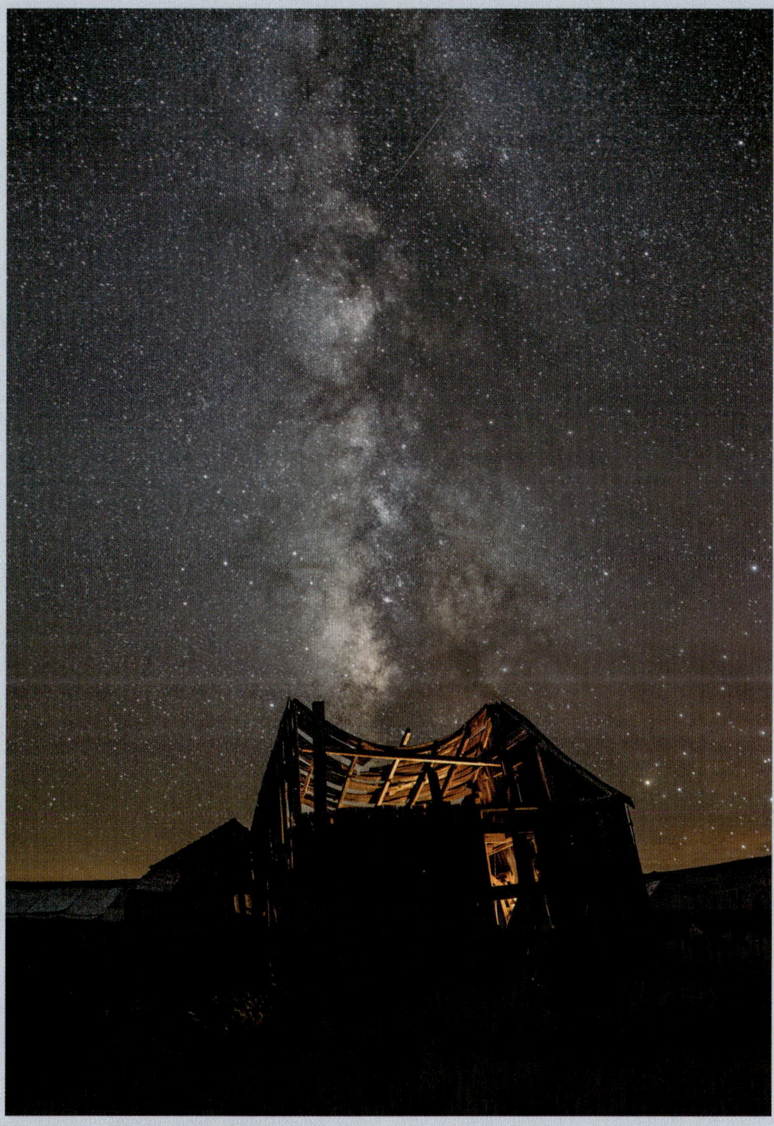

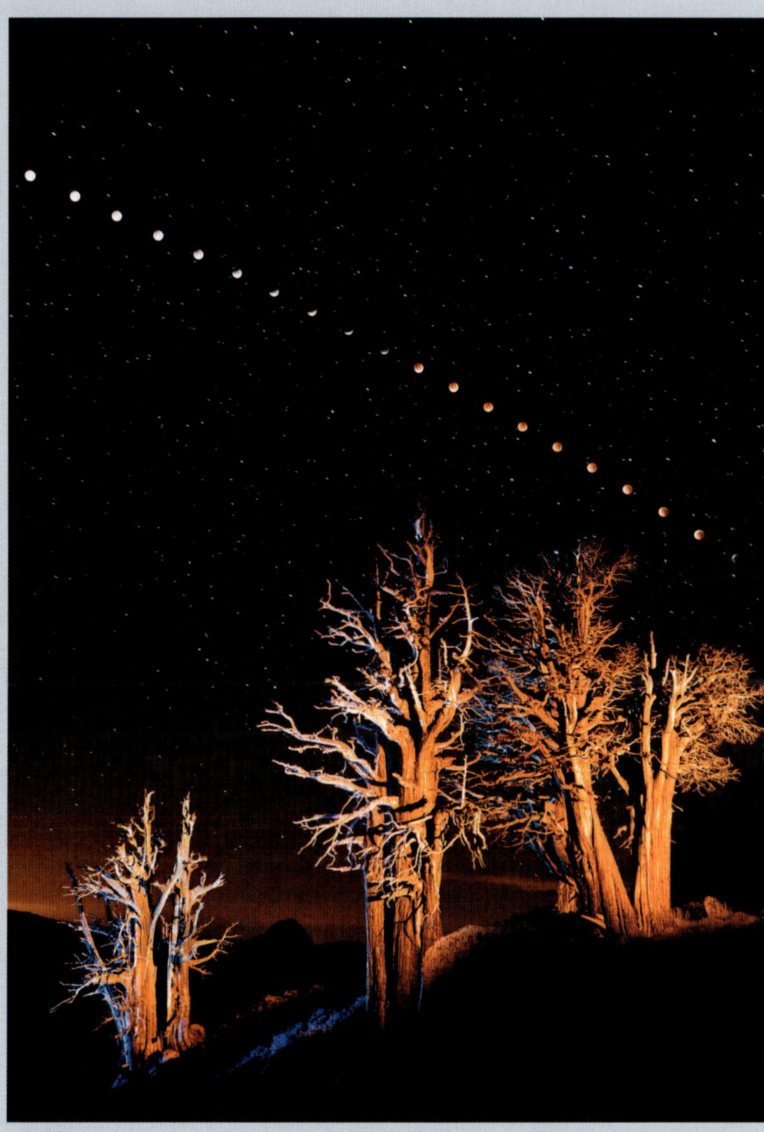

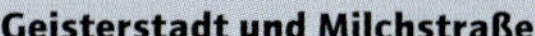

Geisterstadt und Milchstraße

Zwar wurde die Milchstraße bereits etwas überstrapaziert, in der richtigen Situation kann sie jedoch sehr effektvoll sein. Hier positionierte ich sie im Bild über einem verlassenen Gebäude in der Geisterstadt Bodie und hellte das Haus von innen mit eiem Blitz auf. Belichtung: 20 s bei *f*/2.8, 6400 ISO.

Verlauf einer Mondfinsternis, Yosemite

So selten sie ist, kann eine Mondfinsternis zu atemberaubenden Bildern führen. Hier fotografierte ich eine Sequenz, in der der Mond die totale Findsternis erlebt und wieder daraus hervortritt. Die einzelnen Belichtungen des Mondes lagen zehn Minuten auseinander. Dazwischen machte ich zusätzliche Aufnahmen und beleuchtete die Bäume mit einem Blitz bzw. belichtete auf die Sterne, als der Mond verdeckt war. Die Einzelaufnahmen wurden in Photoshop später mit der Füllmethode Aufhellen ins Bild eingefügt.

Bewegung darstellen

Die Erde dreht sich und Sonne, Mond und Sterne bewegen sich am Himmel. Der Wind weht, Wolken wachsen, Regen fällt, Wasser fließt, Tiere laufen, Vögel fliegen, Menschen gehen und Autos fahren. Die Welt ist in ständiger Bewegung. Wenn Sie diese Bewegung einfangen, verleihen Sie Ihren Landschaftsaufnahmen mehr Kraft. Aber wie vermittelt man Bewegung in einem Foto? Es gibt zwei Möglichkeiten: Frieren Sie mit einer kurzen Belichtungszeit die Bewegung ein oder zeichnen Sie sie mit einer langen Belichtungszeit weich.

1

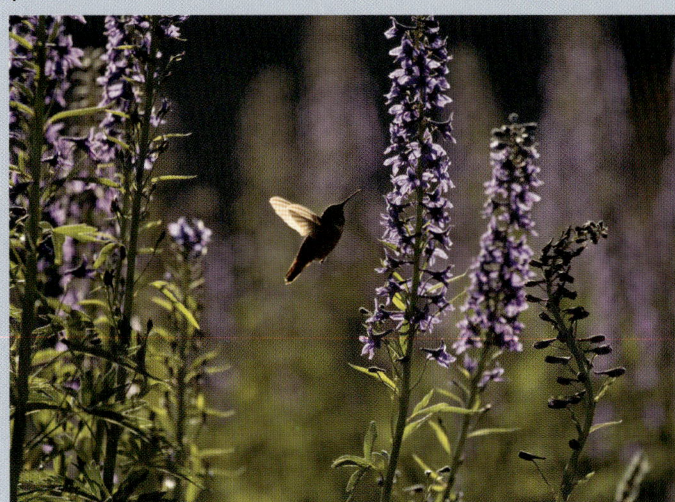

2

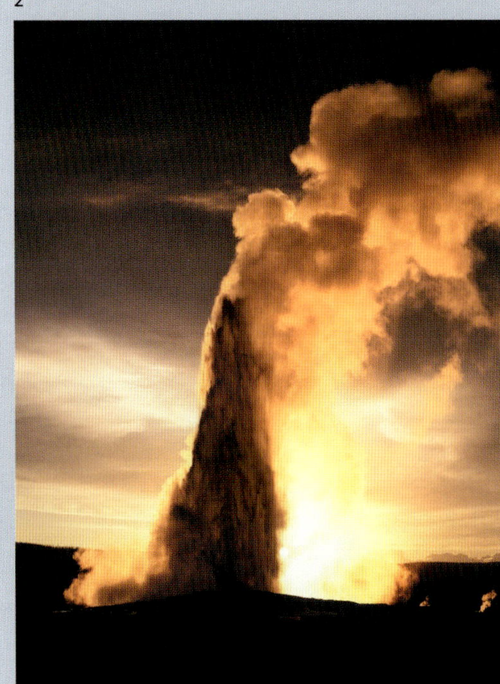

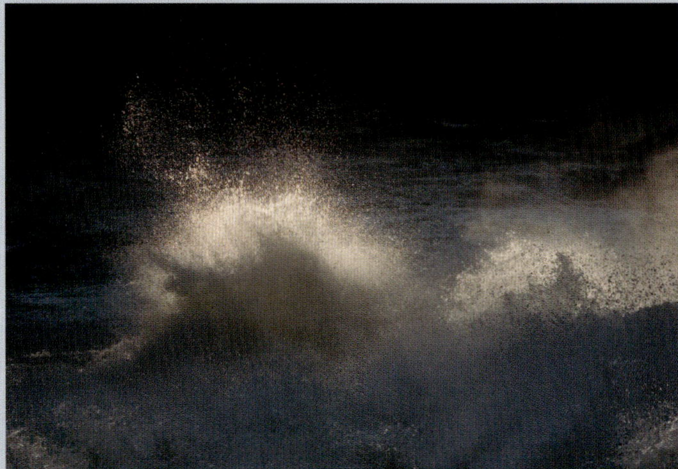

3

Bewegung einfrieren

1. Der entscheidende Moment

Die meisten Aufnahmen sind statisch, so dass eine kurze Belichtungszeit nicht automatisch Bewegung vermittelt. Sie müssen etwas zeigen, das in der Luft hängt. Der Betrachter muss wissen, dass sich das Objekt nicht dauerhaft in dieser Position aufhalten kann.

Um solche Momente aufzunehmen, brauchen Sie Erfahrung, ein Gefühl für die Zeit, Vorfreude und etwas Glück. Sie werden es eher selten schaffen, die Bewegung gleich beim ersten Mal einzufangen. Wenn Sie jedoch ein guter Beobachter sind, werden Sie feststellen, dass sich die meisten Ereignisse wiederholen. Ich sah diesen Kolibri öfter bei diesen Blumen, also wartete ich, bis er zurückkam. Die Belichtungszeit von 1/4000 s wäre normalerweise nicht kurz genug, um die Flügel einzufrieren, ich konnte sie jedoch in der höchsten Position aufnehmen, als sie relativ still standen.

2 & 3. Verschlusszeiten

Wie kurz muss die Verschlusszeit sein? Das hängt davon ab, wie schnell sich das Objekt bewegt. Eine relativ lange Verschlusszeit friert ein Objekt ein, das sich auf die Kamera zu- oder von ihr wegbewegt. Für eine Bewegung durch das Bild brauchen Sie eine kürzere Verschlusszeit.

Um Bewegungen einzufrieren, ist eine kleine Blende (große Blendenöffnung) notwendig. Das bedeutet, es gibt weniger Schärfentiefe. Ist die Schärfentiefe jedoch wichtig oder das Licht zu schwach für die richtige Verschlusszeit bei *f*/4 oder *f*/5,6, erhöhen Sie den ISO.

Der Blick auf den Geysir Old Faithful (2) erforderte eine Verschlusszeit von 1/125 s. Für den näheren Blick auf den Silver Apron (3) ist jedoch eine Verschlusszeit von 1/1000 s nötig.

4

Bewegungen weichzeichnen

Wir haben gelernt, dass Fotos scharf sein sollen. Begriffe wie *weichgezeichnet* und *unscharf* werden meistens nicht als Kompliment verwendet. Es gibt jedoch auch ausdrucksstarke Fotos mit einer gewissen Weichzeichnung. Bewegungsunschärfe sehen wir in der Realität nicht; wir sehen die Welt als eine Art Film, eine Serie schnell aufeinander folgender Bilder. Weichgezeichnete Bewegungen erzeugen ein ungewöhnliches Aussehen, das einem Foto etwas Surrealistisches verleihen kann. So kann man eine Zeitspanne komprimiert darstellen.

4 & 5. **Unbewegliche Kamera, sich bewegende Objekte**

Diese Technik eignet sich für viele Landschaftsmotive. Es ist zum Standard geworden, fließendes oder fallendes Wasser weichzuzeichnen. Allerdings eignet sich die Methode auch für andere sich bewegende Objekte – Wellen, Sterne, Regen, Schnee, sich im Wind wiegende Blumen und Blätter, Autos.

In den meisten Fällen brauchen Sie eine Verschlusszeit von 1/2 s oder mehr, damit fallendes Wasser seidig wirkt. Solche Aufnahmen entstehen meist bei schwachen Lichtverhältnissen; selbst die höchste Blendenzahl (kleinste Blende) und der niedrigste ISO-Wert können im Mittagslicht nicht für eine halbe Sekunde Verschlusszeit sorgen – wenn Sie keinen ND-Filter verwenden.

6

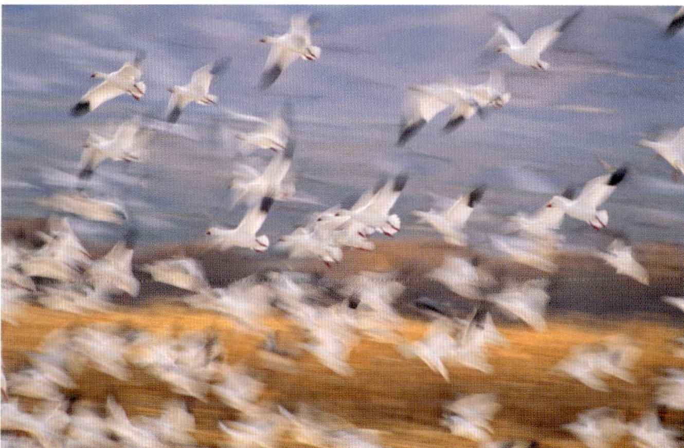

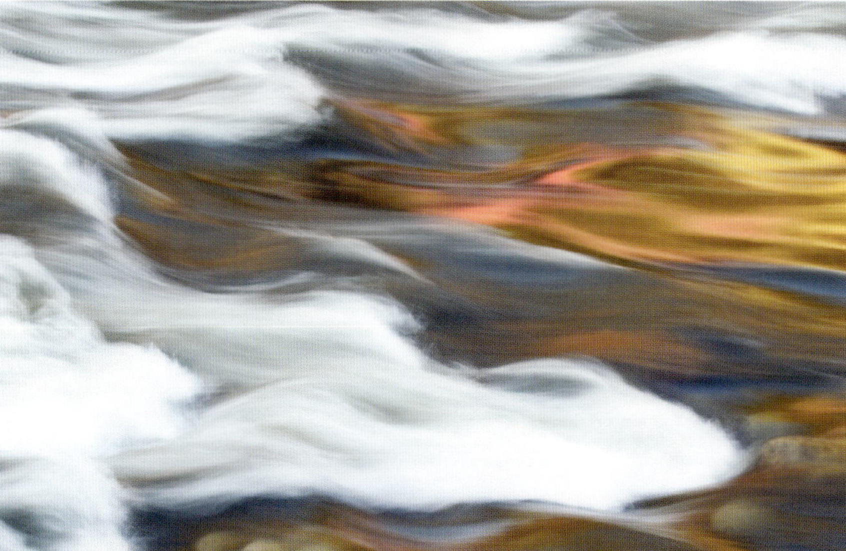

5

Stellen Sie im Bild auch etwas dar, das scharf ist – als Kontrast zum weichgezeichneten Objekt. Dazu benötigen Sie natürlich ein Stativ, da durch die Kameraverwacklungen sonst alles weichgezeichnet wird. In dieser Nahaufnahme zeichnete die Verschlusszeit von ½ s das Wasser weich, während ein Stativ die scharfen Details der Steine sicherstellte. Im nächsten Foto – Reflexionen im Merced River – ist alles weichgezeichnet und das Bild funktioniert trotzdem, weil die Wellen ihre eigene Struktur haben, ein organisches Muster, welches das Bild zusammenhält. Die Verschlusszeit lag erneut bei ½ s.

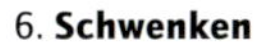

6. **Schwenken**

Beim Schwenken versuchen Sie, das Objekt möglichst scharf darzustellen und den Hintergrund weichzuzeichnen. Das ist aber nicht so einfach: Das Objekt muss sich auf einer vorhersehbaren Linie bewegen, damit Sie mit der Kamera gut folgen können. Ein Stativ mit gutem Schwenkkopf ist dabei hilfreich. Bei Aufnahmen aus der Hand stellen Sie sich breitbeinig, die Füße auf Schulterbreite voneinander entfernt, pressen Sie die Ellbogen gegen den Körper, stützen Sie das Objektiv mit der linken Hand und drehen Sie sich in der Hüfte. Stellen Sie die Kamera auf Daueraufnahme und halten Sie den Auslöser gedrückt, um eine Serie des sich vorüberbewegenden Motivs aufzunehmen. Es ist hilfreich, wenn der Hintergrund einige Strukturen aufweist. Relativ lange Verschlusszeiten von 1/8, 1/15 oder 1/30 s funktionieren meist ganz gut. Langsamere Verschlusszeiten erzeugen eine bessere Weichzeichnung, allerdings wird es dann schwieriger, das Objekt scharf abzulichten. Dieses Bild der Schneegänse wurde bei 1/15 s mit einem Stativ mit Schwenkkopf aufgenommen.

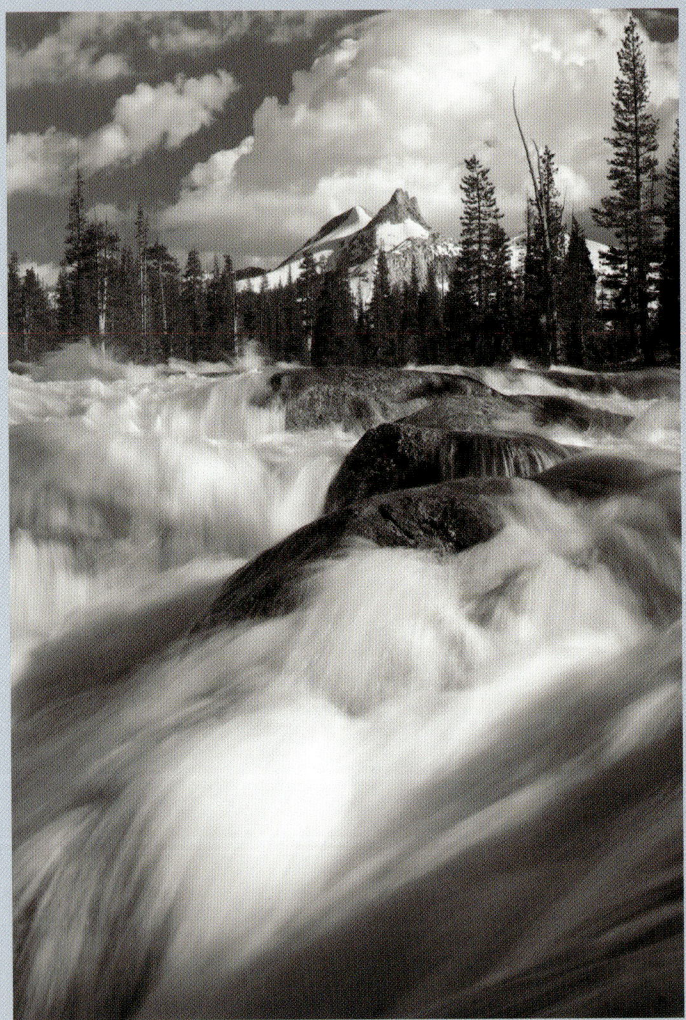

1

Strukturen erhalten

Während ganz lange Verschlusszeiten (½ s oder länger) bei diesen Bildern in der Regel am besten funktioniert lassen sich manchmal mit einer etwas kürzeren Verschlusszeit Strukturen und Details erhalten. Experimentieren Sie! Für diese Aufnahme wählte ich 1/8 s, weil dadurch mehr Strukturen im Wasser zu sehen sind, die Bewegung aber trotzdem erkennbar bleibt.

Wind

Ursprünglich wollte ich das Wasser weichzeichnen und den Judasbaum scharf ablichten. Der andauernde Wind machte dieses Vorhaben jedoch unmöglich, also entschied ich mich, den Baum auch weichzuzeichnen. Ich wartete auf eine Böe und wählte eine Verschlusszeit von 2 Sekunden.

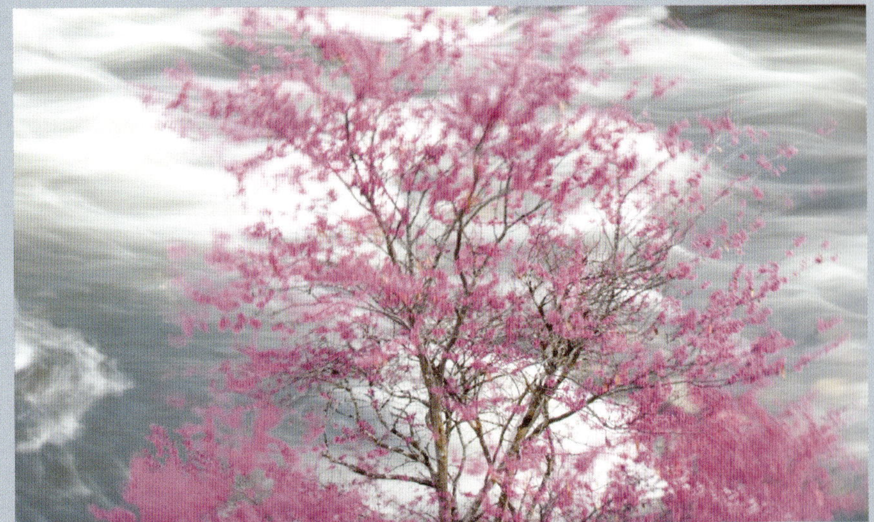

2

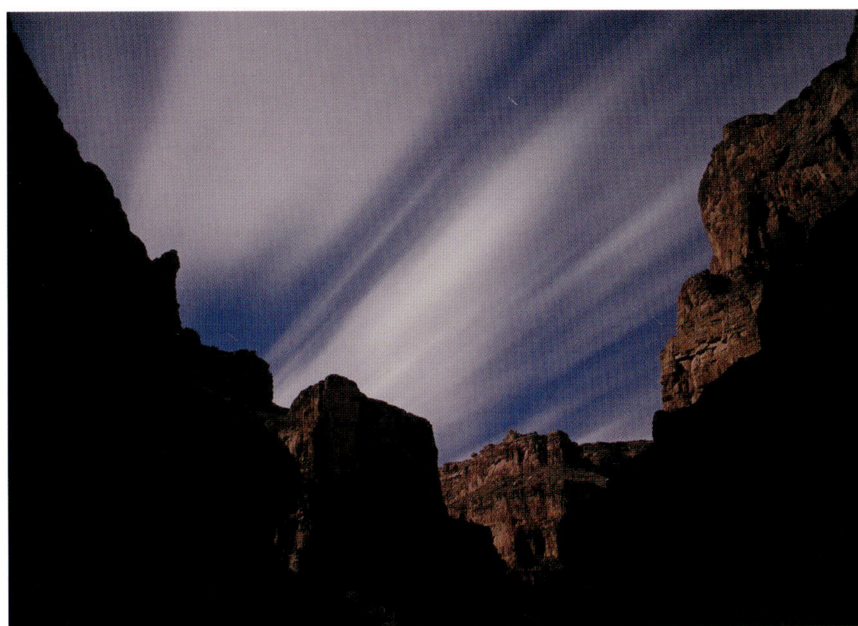

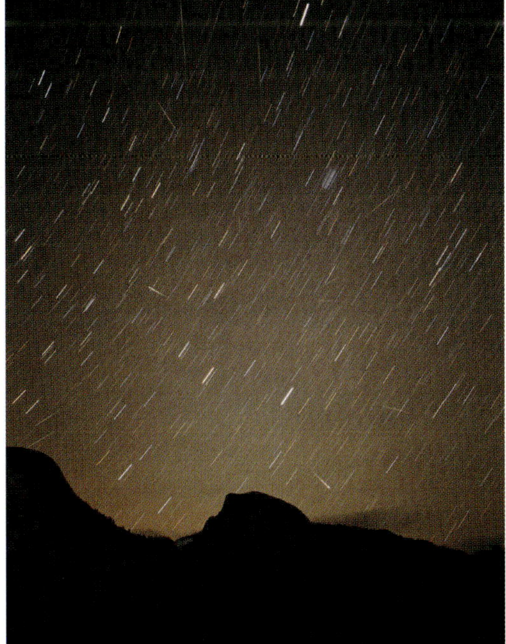

Nachtaufnahmen

Nachts erfordern die Lichtbedingungen lange Belichtungszeiten. Für diese Aufahme des Grand Canyon ließ ich den Verschluss für 8 Minuten geöffnet – die Wolken wurden zu Strichen. Den Himmel über dem Half Dome belichtete ich 10 Minuten lang. Die sich drehenden Sterne und fallenden Meteoriten des Leoniden-Meteoritenschauers sind nur noch als Striche und Linien zu sehen.

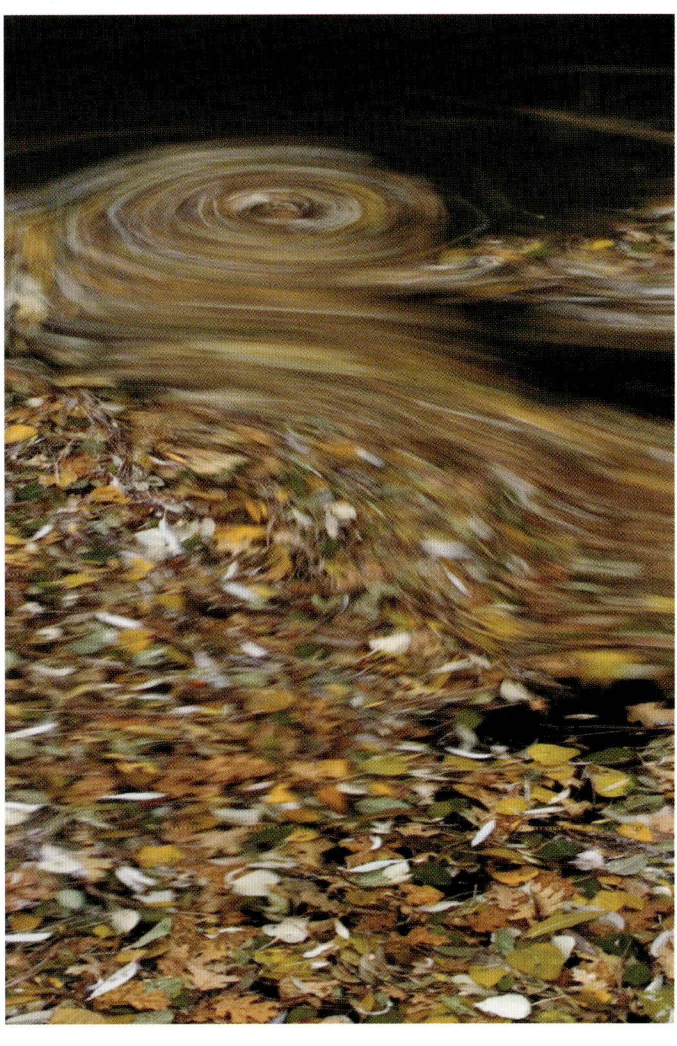

Visualisierung

Man kann sich oft nur schwer vorstellen, wie weichgezeichnet ein Bild aussehen wird. Digitalkameras sind dabei eine große Hilfe. Sehen Sie sich die Aufnahme einfach auf dem Kameramonitor an, um zu sehen, wie die Bewegung festgehalten wurde. Passen Sie dann gegebenenfalls Verschlusszeit und/oder Bildkomposition an. Auch wenn ich wusste, dass sich diese Blätter in einem langsamen Kreis bewegten, konnte ich die Mitte dieses Kreises mit bloßem Auge nicht erkennen. Im Foto erschien dieses Kreismuster jedoch auf dem Kameramonitor und ich konnte die Bildkomposition so anpassen, dass dieses Bild dabei herauskam.

Enge Verbindung zum Land

Bewunderer von Ansel Adams haben oft versucht, das »Geheimnis« seiner Fotografie in seinen Dunkelkammertechniken oder den Nuancen des Zonensystems zu finden. Adams war zwar ein Meister seines Handwerks aber er war mehr als ein guter Techniker. Wenn es ein Geheimnis hinter seinen außergewöhnlichen Fotos gibt, dann dass er seine Gefühle über seine Motive offenlegen und in seinen Bildern zeigen konnte. In anderen Worten: Er war ein großer Künstler.

Das wird immer schnell vergessen, vielleicht weil Adams mit Worten weniger ausdrucksstark war als mit seinen Bildern. »Ich kann die Bedeutung von Bildern nicht in Worte fassen«, sagte er einmal.

Aber John Sexton, Adams' ehemaliger Assistent (und selbst ein wunderbarer Fotograf) verriert mir: »Ansel sprach oder schrieb selten über den internen kreativen Prozess, aber zwischen den Zeilen ist, glaube ich, zu spüren, dass er Dinge fotografierte, die ihm wirklich wichtig waren, in vielen Fällen Dinge, die er liebte und für die er eine Leidenschaft hatte.«

Adams liebte die Natur, die unberührten Landschaften des Amerikanischen Westens. Seine Leidenschaft entwickelte sich, als er entlang der Dünen und der Küste von San Francisco aufwuchs, und sie wurde bei Besuchen in Yosemite und der Sierra Nevada als Teenager und junger Erwachsener immer größer. Diese Gefühle blieben ihm sein Leben lang erhalten und fanden in seinen emotionsgeladenen Fotos und seinem Einsatz für die Umwelt ihren Ausdruck.

Dieser Text, geschrieben 1923 von einem 21-jährigen Adams nach einem Besuch des Yosemite-Hochlandes, drückt seine tiefgreifende Verbindung mit dieser Berglandschaft aus: »Plötzlich war ich auf diesem harten, langen Pfad auf den Grat wie gefesselt – ich war mir des Lichts unheimlich bewusst. In dem Moment, in dem ich innehielt, waren der Mond und ich eins. Ich sah klarer als jemals zuvor, erkannte jedes Detail im Gras, die kleinsten Feinheiten des Waldes, die Bewegung der hohen Wolken über den Bergspitzen. Ich träumte, dass die Zeit für einen Moment verweilen würde, und meine Vision wurde ein Schatten einer unendlich großen Welt, die mir in meinem Unterbewusstsein zum Greifen nah schien.«

Eliot Porter pflegte ebenfalls eine enge Verbindung zu seinem Land, die während seiner Kindheit in den Vororten von Chicago, am Lake Michigan und der wilden Küste von Maine entstand. Er entwickelte eine Bewunderung für die Lebensprozesse der Natur und die einfache Schönheit »normaler« Motive – eine Empfindsamkeit, die in seinen Fotos überall zu Tage tritt.

Man könnte sagen, Edward Weston liebte die Natur in all ihren Formen, selbst als Gemüse und dem Körper der Frau. Zwar drückte er das nicht so direkt wie andere aus, aber er liebte auch die Landschaften seiner Wahlheimat Kalifornien, vor allem die Küste, an der er fast sein ganzes Erwachsenenleben verbrachte.

Meine eigene Reise führte mich nach Yosemite, und während ich 30 Tage in der Nähe des Parks lebte, habe ich eine tiefe Verbindung mit dieser erstaunlichen Landschaft aufgebaut. Aber meine Liebe zur Natur begann, bevor ich den Nationalpark zum ersten Mal betrat. Sie reicht zurück in eine Zeit, in der ich als Kind in den ländlichen Gegenden zwischen New York State und Connecticut spielte und wuchs beim Camping, Wandern und Klettern als Teenager und junger Erwachsener.

Hier geht es darum, das zu fotografieren, was Sie lieben, ob das nun Landschaften sind oder etwas anderes. In der Landschaftsfotografie ist eigenes Erleben durch nichts zu ersetzen. Nachts unter den Sternen zu schlafen, tagelang durch die Wildnis wandern, Tiere oder Berggipfel in der untergehenden Sonne beobachten – solche Erlebnisse bringen sich selbst in Fotos ein und geben den Bildern Authentizität und emotionale Kraft.

Krater auf dem Mond

Philip Hyde war einer der einflussreichsten Landschaftsfotografen des späten 20. Jahrhunderts. Er entstammte der Generation nach Ansel Adams und studierte nach dem Zweiten Weltkrieg bei Adams und Minor White an der California School of Fine Arts. Bereits früh in seiner Karriere machte er herausragende Schwarzweißfotos, aber seine Reisen in den Südwesten Amerikas befeuerten sein Interesse an der Farbfotografie. Wie Eliot Porter erlernte er das komplizierte Handwerk des Farbtransferdrucks und konzentrierte sich fortan fast ausschließlich auf die Arbeit mit Farben. Er schrieb: »Ich war dafür bekannt, dass ich den Studenten die Schönheit der Schwarzweißfotografie nahe brachte, aber ihr fehlt leider etwas: Die Farbe.«

Hyde verliebte sich als Teenager bei einem Besuch in der Sierra Nevada in die Berge. »Bereits zu Beginn dieser Reise wurde mir klar, dass ich in den Bergen mein spirituellen Zuhause gefunden habe«, schrieb er. Schließlich zog er in die Berge um und verbrachte den größten Teil seines Lebens im Norden der Sierra. Durch seine Bewunderung für die Natur und die Wildnis wurde er zum leidenschaftlichen Fürsprecher für die Erhaltung der Wildnis. Sein Buch »This is Dinosaur«, erschienen 1955 in Zusammenarbeit mit dem Sierra Club, half bei der Erhaltung des Dinosaur National Monument und war vielleicht das erste Buch, das extra für den Umweltschutz erschien. Für die Serie Sierra Club's Exhibit Format schrieb er acht Bücher, mehr als jeder andere Fotograf, und seine Arbeit war ein wichtiger Einfluss für die nächste Generation von Landschafts-Farbfotografen.

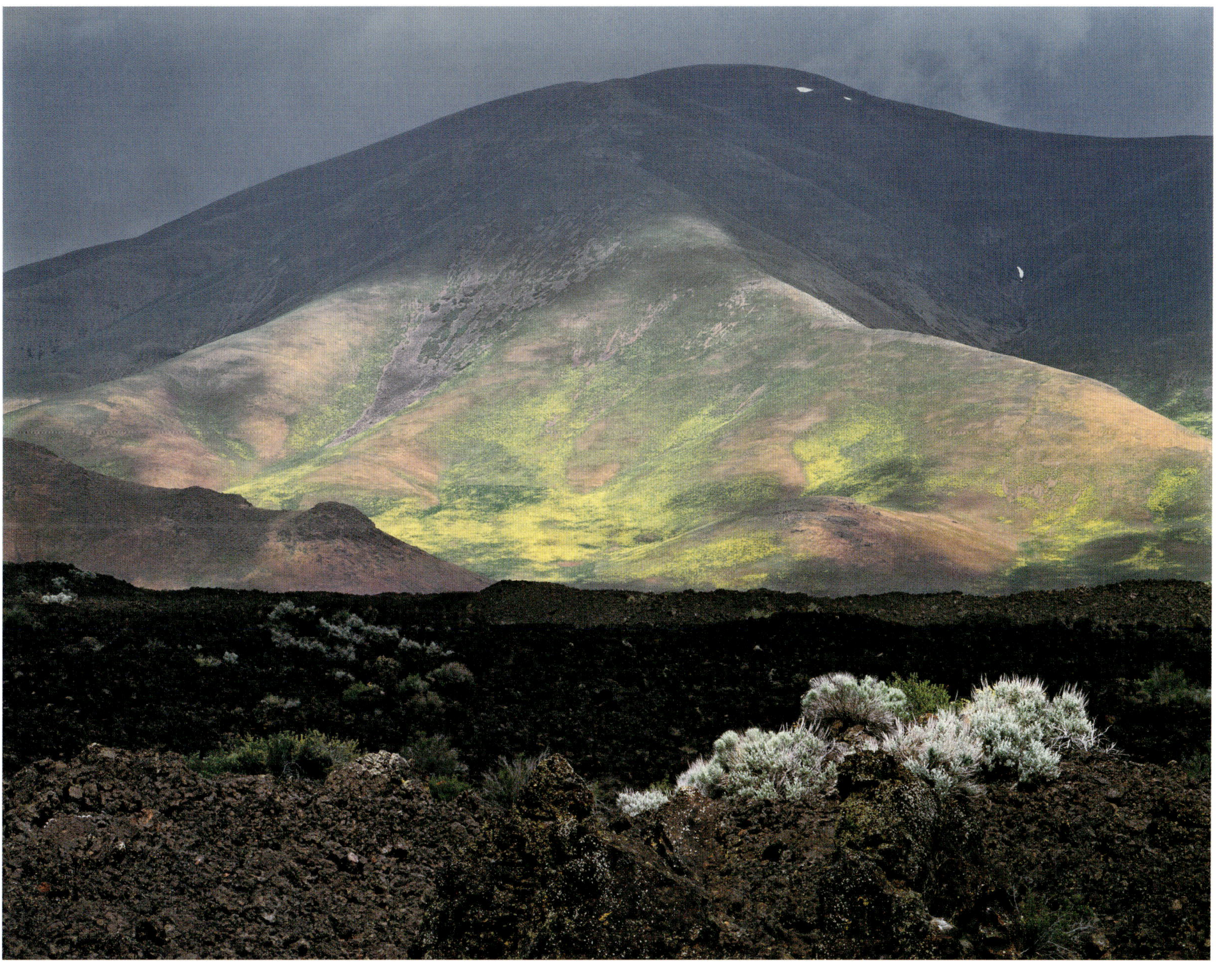

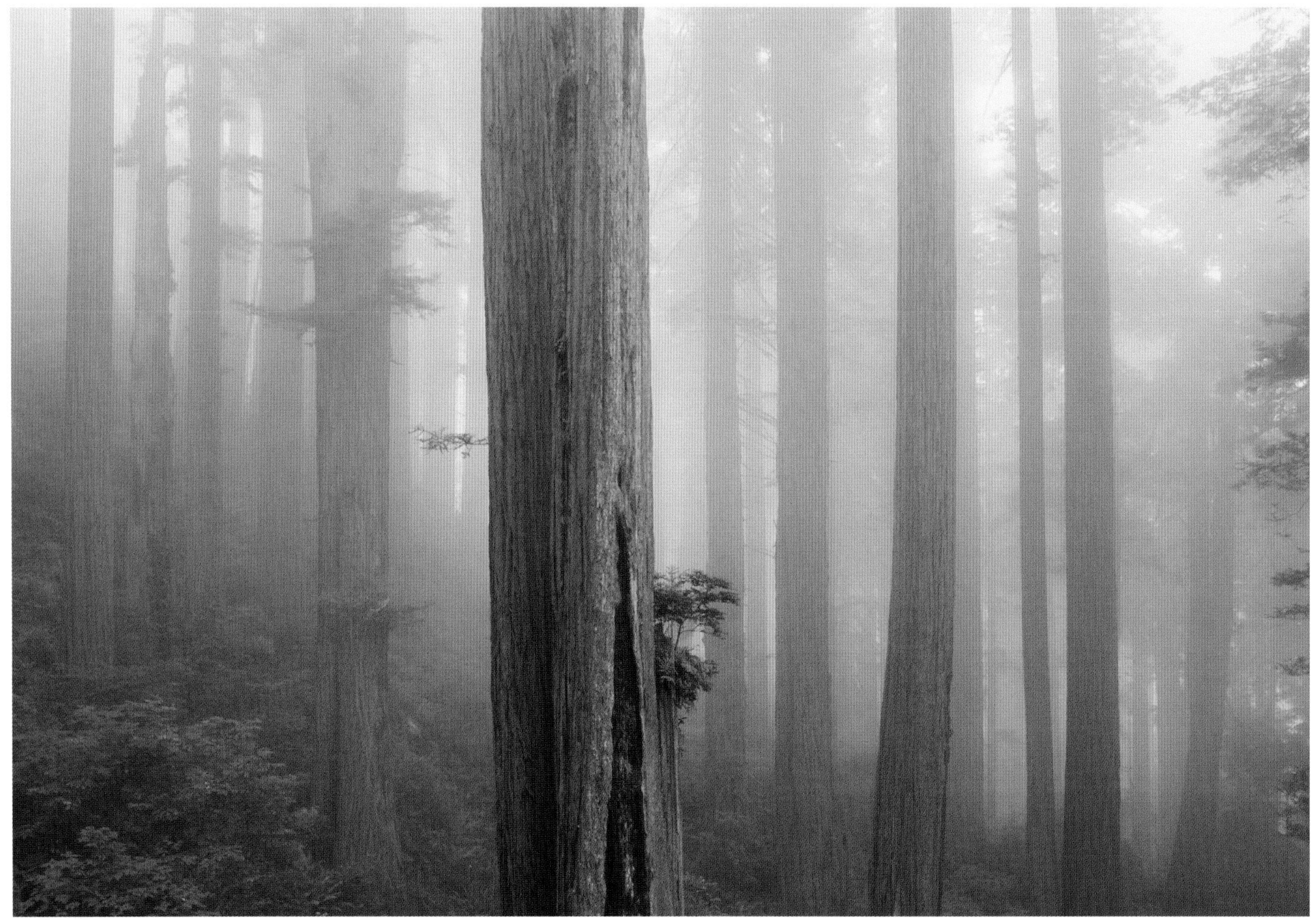

Ausdrucksstarke Bilder

Idealerweise sollte jedes einzelne Element eines Fotos – Objekt, Licht, Farbe, Komposition, Wetter, Bewegung, Belichtung und Schärfentiefe – dessen Aussage und Stimmung vermitteln.

Mammutbäume im Nebel

Sich wiederholende vertikale Linien verleihen dieser Aufnahme eine gewisse Stattlichkeit. Der Nebel sorgt für eine geheimnisvolle Stimmung. Bei den Farbtönen handelt es sich um eine Mischung aus hell und dunkel; man kann sich leicht vorstellen, wie eine dunklere oder hellere Belichtung die Stimmung verändern würde. Die Farben sind gedämpft – passend für dieses Motiv, denn helle Farben würde die Stimmung zerstören. Alles ist scharf; die Bäume müssen scharf sein, um ihnen Gewicht zu verleihen.

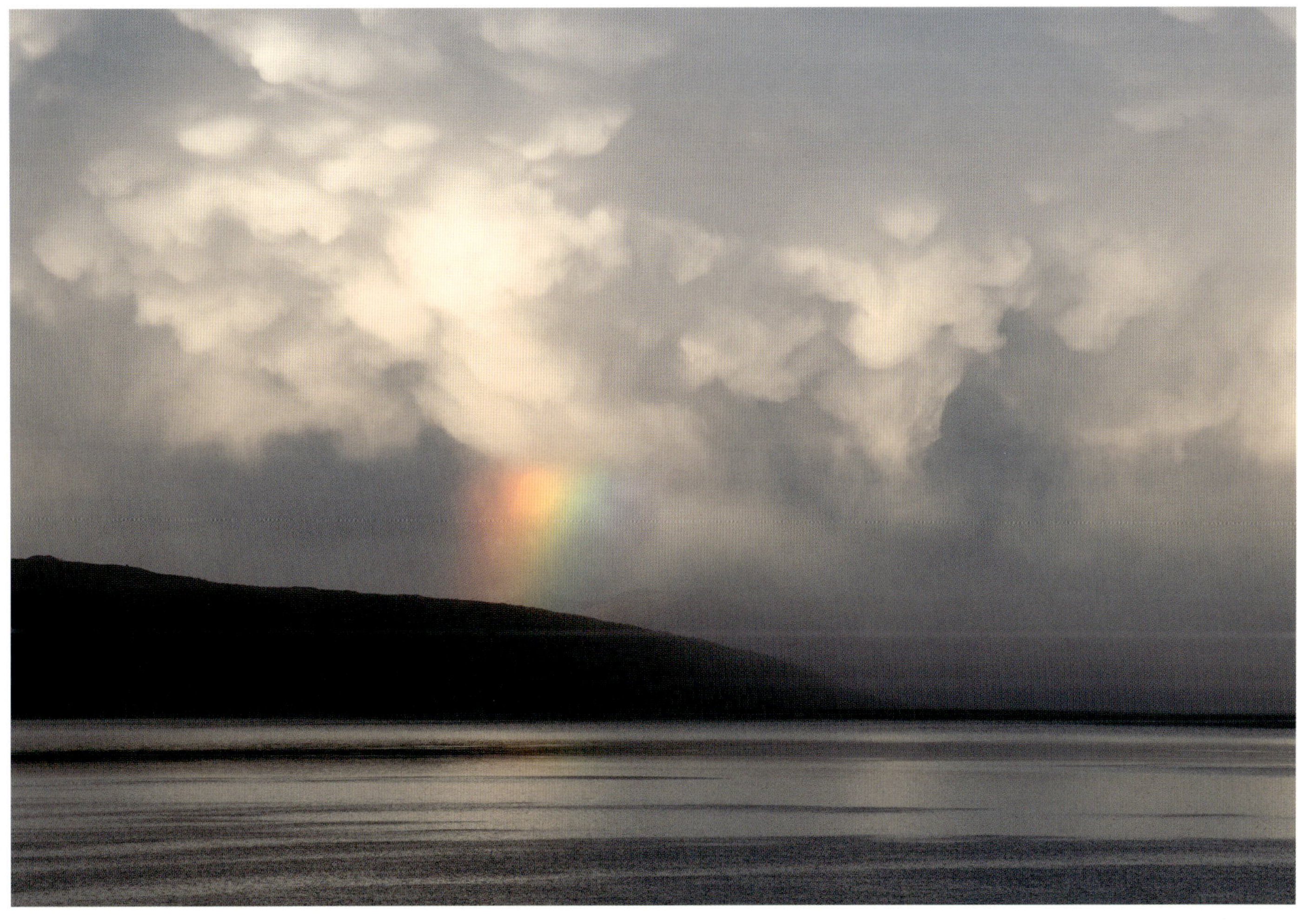

Gewitter über dem Mono Lake

Theatralisches Licht und die Wolken verleihen dieser Aufnahme eine dramatische Stimmung. Die lange Horizontlinie würde normalerweise eine gewisse Ruhe erzeugen, aber die turbulenten Formen der Wolken sorgen für Spannung. Der Kontrast ist hoch und verstärkt die Dramatik. Der Regenbogen stellt den Brennpunkt dar, der Rest des Bildes ist nahezu schwarzweiß. Ich zoomte mit einem 200-mm-Objektiv in den interessantesten und ausdrucksstärksten Teil der Szene hinein.

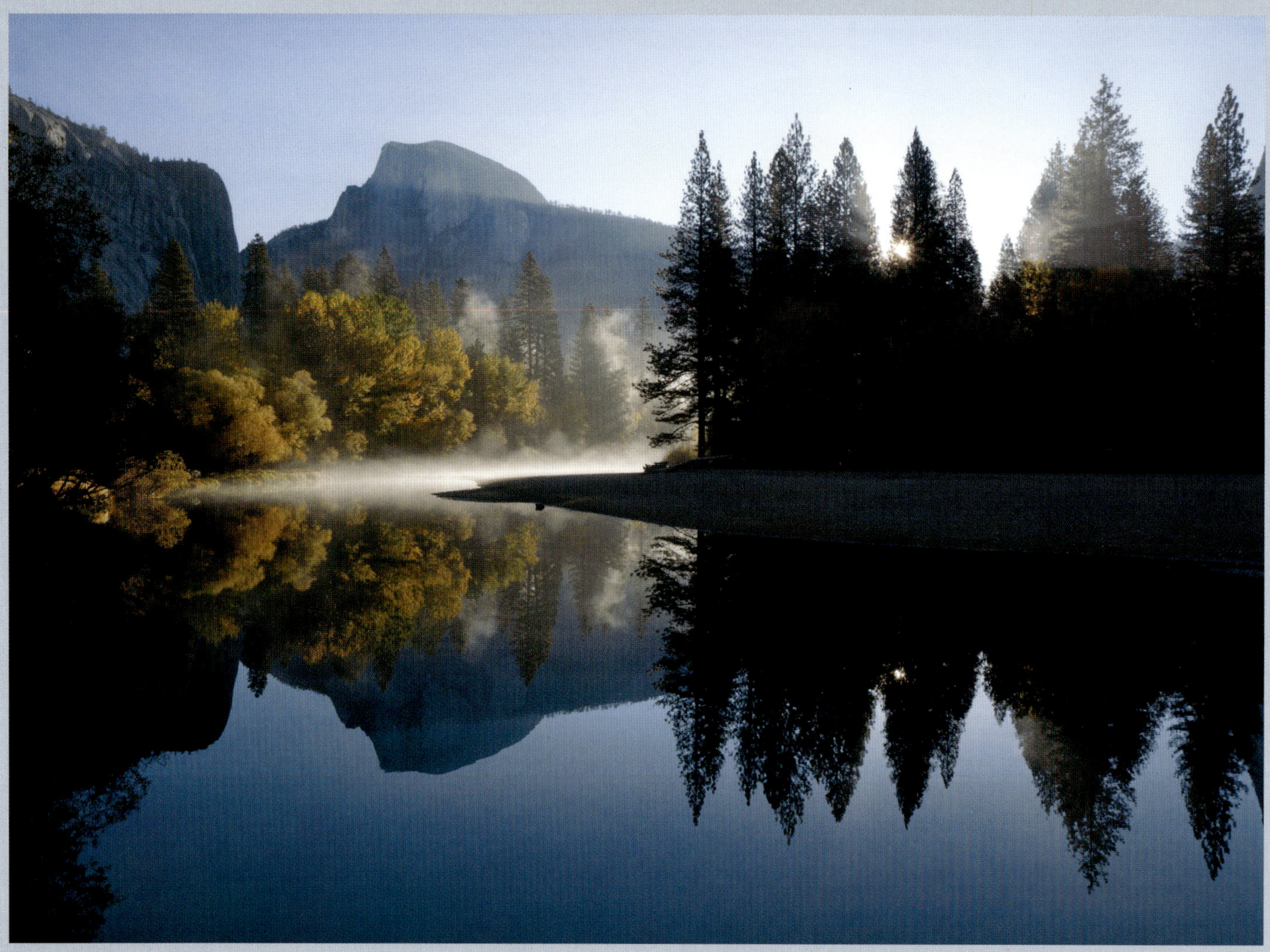

Half Dome und der Merced River

Die Stimmung in diesem Bild vom Yosemite Valley lebt vor allem von den Licht- und Wetterverhältnissen. Der Dunst und die tiefstehende Sonne lassen einen Sonnenaufgang erahnen, wodurch das Bild Helligkeit, Optimismus und Erneuerung ausdrückt. Die Sonne und die Herbstfarben symbolisieren die Zyklen des Tages und der Jahreszeiten und stehen für eine gewisse Zeitlosigkeit. Dunkle Bäume links und rechts rahmen die hellen, warmen Farben links von der Bildmitte ein, sie lenken den Blick des Betrachters ins Foto und führen ihn zur Biegung des Flusses.

Die Komposition ist ausgeglichen und symmetrisch mit einer starken Horizontlinie , sich wiederholenden vertikalen Linien der Bäume und ruhiger Wasseroberfläche, die alle zusammen eine stille, friedliche Stimmung verbreiten.

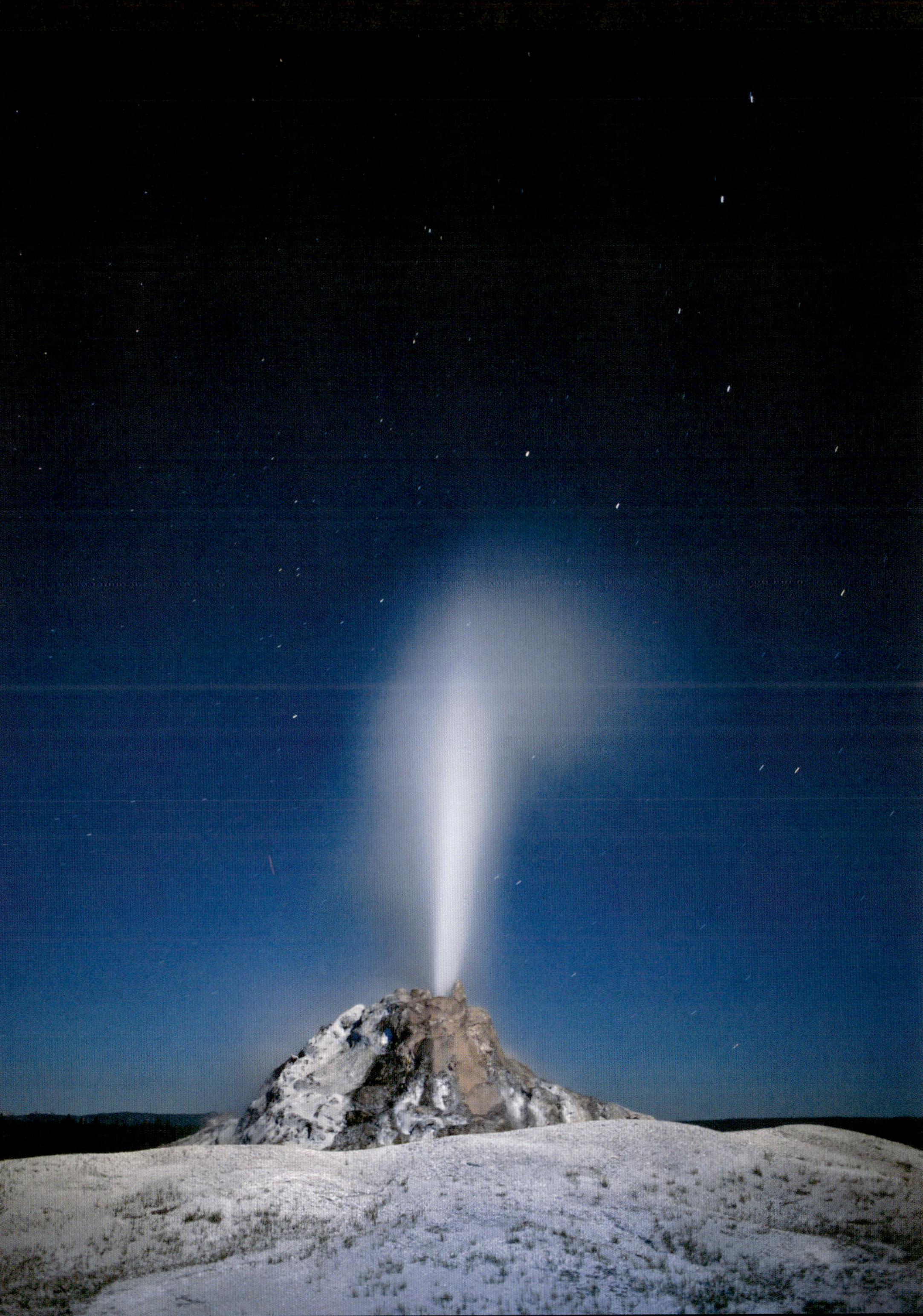

White Dome Geysir

Eine zweiminütige Belichtung bei Mondlicht glättete das Wasser und verleiht diesem Bild eine himmliche und mystische Qualität. Die Farbpalette – Weiß, Hellblau, Dunkelblau, Schwarz und etwas Braun – trägt ihren Teil zur Stimmung bei. Ich richtete die Kamera etwas nach oben aus und nutzte ein Weitwinkelobjektiv, um noch mehr Sterne in den Bildausschnitt zu integrieren. Die Gesamtkomposition ist einfach und direkt.

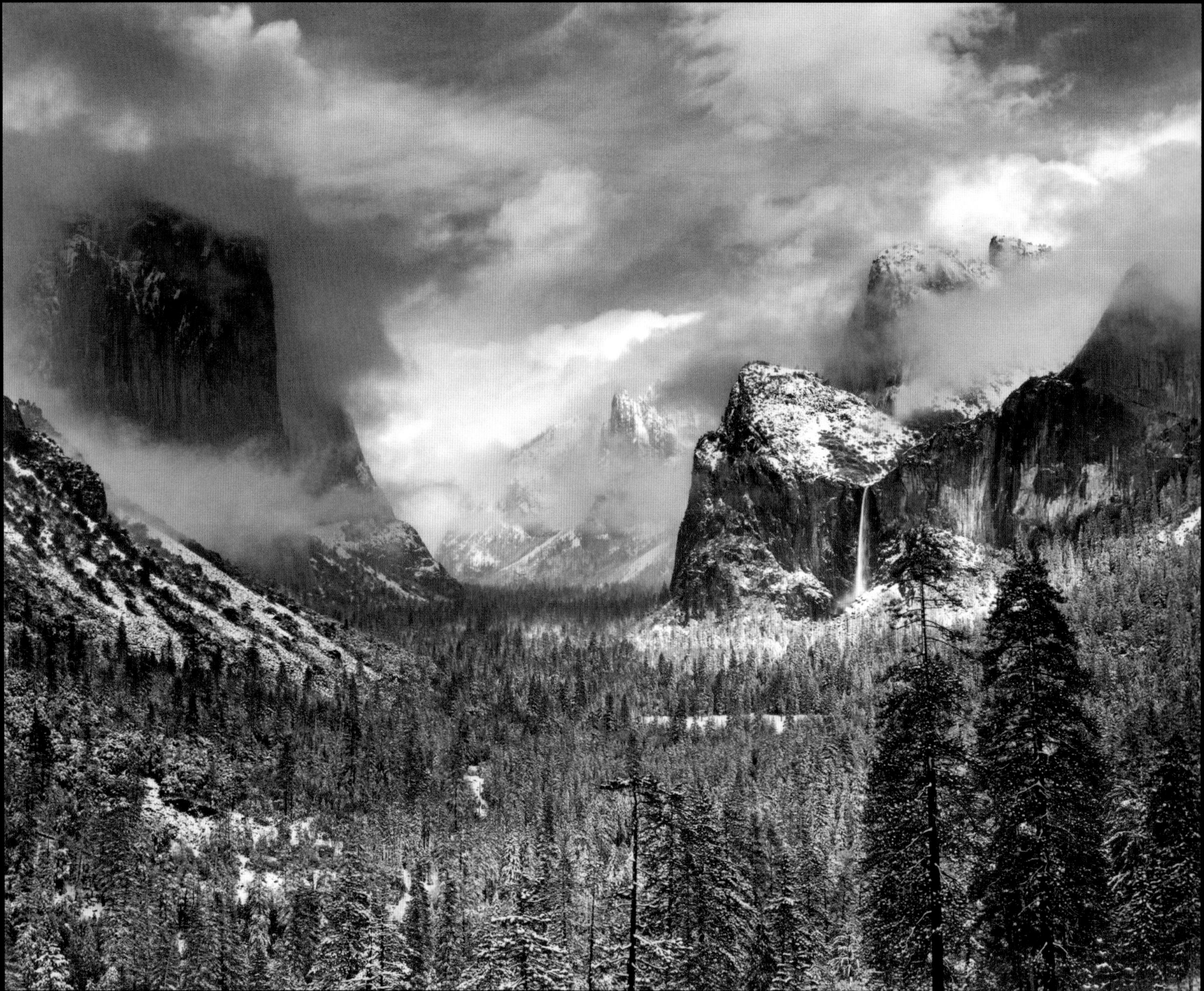

KAPITEL 3
DIE DIGITALE DUNKELKAMMER

Clearing Winter Storm, Yosemite National Park, 1940, Ansel Adams

Dieses Foto verdeutlicht die Dunkelkammerfähigkeiten von Ansel Adams. Eine einfache Version ohne Abwedeln und Nachbelichten würde im Vergleich leblos erscheinen. Adams sah jedoch die versteckten Möglichkeiten: »Auch wenn die Szene nicht viel Kontrast bot, so stellte ich mir den finalen Abzug sehr kräftig vor. Das Motiv bietet ein sehr dramatisches Potenzial.«

Adams erkannte das Potenzial, als er damit begann, den Kontrast des Negativs durch eine längere Entwicklungszeit (normal plus eins) zu erhöhen. Präzises Abwedeln und Nachbelichten erledigte dann den Rest. Adams nutzte ein Metronom, um die Zeiten zu messen. Für das Abwedeln (Aufhellen) der beiden Bäume im Vordergrund brauchte er zwei Sekunden; das Nachbelichten (Abdunkeln) der Kanten, des oberen Himmels und der Mitte dauerte zwischen einer und zehn Sekunden. Adams' Dunkelkammerfähigkeiten machten aus diesem gewöhnlichen Negativ ein Meisterstück aus Licht und Stimmung.

»Ich stelle mir das Negativ als Partitur vor, den Abzug als »Aufführung« dieser Partitur, die die emotionalen und ästhetischen Ideen des Fotografen zur Zeit der Aufnahme kommuniziert.«
– Ansel Adams, 1983

Um seine »emotionalen und ästhetischen« Ideen zu vermitteln, wurde Adams zum Meister der Schwarzweiß-Dunkelkammer. Die Art der Kontrolle, die er nur über seine Fehler lernte und für die er ausgeklügelte Dunkelkammertechniken nutzte, stehen jetzt jedem mit einem Computer und der passenden Software zur Verfügung. Vielleicht wäre Adams neidisch auf die Art und Weise sowie die Leichtigkeit, mit der Farbfotos in Schwarzweißaufnahmen umgewandelt oder präzise abgewedelt und nachbelichtet werden können.

Aber während Schwarzweißfotografen einen Grund haben, neue digitale Werkzeuge zu feiern, möge man Farbfotografen gelegentlich verzeihen, dass ihnen damit die Pferde durchgehen. Schwarzweißabzüge hatten sich bereits zu einem ausgeklügelten und schönen Prozess entwickelt, bevor Photoshop überhaupt programmiert wurde; gleichzeitig blieben Farbabzüge komplex und schwierig. Der Druckprozess mit den wohl schönsten Ergebnissen ist der Dye-Transfer. Dabei werden drei Matrizen erzeugt, von denen jede eine Druckfarbe trägt (Cyan, Magenta und Gelb) und die Farbe dann auf den Druck überträgt. Jede Ebene muss perfekt ausgerichtet sein, das Mastering dauert also ewig.

1940 erlernte Eliot Porter einen Vorgänger der Dye-Transfers, den sogenannten Auswaschrelief-Prozess. Er sagte damals, »Die Eigenschaften des verwendeten Materials schienen nicht immer den erwarteten Standards zu entsprechen, wir mussten viel experimentieren, um nur eine einigermaßen ordentliche Registrierung zu erhalten.« Die komplizierte Maskierungstechnik führte zu einem Kompromiss zwischen gedämpften Farben und Tontrennungseffekten. Später wurde Porter einer der Großen im »einfacheren« Dye-Transfer-Prozess.

Dass einer der modernen Meister des Dye-Transfer-Drucks, der Landschaftsfotograf Charles Cramer, diesen Prozess zu Beginn des digitalen Zeitalters quasi verstoßen hat, sagt einiges. Ende der 90er Jahre experimentierte Cramer mit der digitalen Ausgabe seiner trommelgescannten 4x5-Filme. Einige Jahre später beschrieb er seine Dunkelkammer so: »Alles war, wie ich es verlassen hatte, jedoch mit einer Staubschicht überzogen. Das sah aus wie eine dieser Anasazi-Ruinen, wo Maiskolben herumlagen, als wären die Bewohner eben erst geflohen.« Cramer stellte fest, dass er mit den neuen digitalen Werkzeugen viel bessere Farbdrucke zustande brachte als mit dem mühsamen Dye-Transfer-Druck.

Moderne Fotografen, die die hochentwickelten Funktionen von Lightroom, Photoshop und anderer Anwendungen nutzen, können genauso schöne Abzüge zu erstellen, wie wir sie aus der Dunkelkammer kennen. Der Umgang mit den Werkzeugen ist eine Sache. Geschmack und Gespür für gute Abzüge eine andere. Die Methoden haben sich zwar geändert, die Ästhetik jedoch nicht. Die Meister der Landschaftsfotografie aus der Vergangenheit – allen voran Ansel Adams mit seinen großartigen Dunkelkammertechniken – können uns noch viel beibringen.

Adams sagte: »Druckqualität ... ist eine Frage der Empfindlichkeit der Tonwerte.« Das heißt, dass es wichtig ist, den richtigen Kontrast zu finden – ausreichend, um das Bild zum Leben zu erwecken, aber nicht zu stark, dass es zu grell erscheint. Es bedeutet auch, dass man wissen muss, wann ein Foto reines Schwarz verträgt oder feinere Farbtöne die richtige Stimmung vermitteln.

Bei Farbabzügen spielt die Sättigung eine wichtige Rolle. Ist sie nicht ausreichend, sieht das Foto flau aus. Zu viel Sättigung und das Bild ist zu grell. Die richtige Farbbalance ist also sehr wichtig. Das heißt aber nicht, dass man theoretisch neutrale Punkte finden muss, sondern eher eine Harmonie zwischen warmen und kalten Farbtönen.

Adams sagte: »Der Unterschied zwischen einem sehr guten Druck und einem Kunstdruck ist sehr fein und schwer, wenn nicht unmöglich in Worten zu beschreiben. Bei einem Kunstdruck stellt sich so ein Gefühl der Befriedigung ein – und ein gewisses Unbehagen bei einem Druck, der die optimale Qualität gerade so nicht erreicht.«

AUSWAHL

Unbeeindruckt von Film- und Entwicklungskosten können Digitalfotografen Hunderte oder sogar Tausende Bilder pro Tag erzeugen. Wie Sie die besten herausfiltern?

Sehen Sie sich die Bilder zunächst kurz an. Der erste Eindruck ist immer der wichtigste. Gefällt Ihnen ein Bild, dann ist es wahrscheinlich auch gut.

Der erste Eindruck ist zwar sehr hilfreich, der Schlüssel für eine gute Bildbearbeitung ist jedoch Objektivität und die entwickelt sich mit der Zeit und etwas Abstand. Ich kann meine Aufnahmen beispielsweise nicht am gleichen Abend bearbeiten, eine Woche nach den Aufnahmen ist das jedoch kein Problem, denn dann kann ich die Bilder objektiver betrachten. Im allerersten Schritt sortiere ich also nur die absoluten Nieten heraus – deutlich überbelichtete, unscharfe, nicht zu gebrauchende Fotos. Ein paar Tage später ist es dann noch einfacher, die wahren Gewinner herauszufiltern.

Verwechseln Sie Bemühen nicht mit Qualität. Nur weil Sie Monate auf die perfekten Lichtbedingungen gewartet haben, heißt das nicht automatisch, dass das Foto gut ist. Sehen Sie sich das Ergebnis an, nicht den Entstehungsprozess.

Es ist nicht ungewöhnlich, Sequenzen ähnlicher Bilder zu sammeln. Es sollte leichte Unterschiede in der Komposition, Belichtung und dem Fokus geben. Vielleicht sind sie alle identisch, nur dass sich das Objekt bewegt – vielleicht ein Wasserfall oder sich legender Wind, der die Blumen auf einer Wiese still stehen lässt. Um die Schärfe zu kontrollieren, benötigen Sie eine Software, mit der Sie einzoomen und Bilder nebeneinander vergleichen können. Eine Serie nur leicht unterschiedlicher Bildkompositionen ist schwieriger zu bearbeiten. Auch hier hilft der erste Eindruck. Welches Foto spricht Sie an?

Während mit der Zeit der Abstand zu Ihren Fotos wächst, bildet sich eine andere Person immer ein objektiveres Urteil. Allerdings muss es die richtige Person sein. Es ist nicht hilfreich, wenn die Person ohnehin alles liebt, was Sie machen. Der ideale Kandidat hat einen anspruchsvollen visuellen Geschmack (er muss sich nicht von wunderschönen Sonnenuntergängen beeindrucken lassen), ist ehrlich und kann das, was er am Bild mag oder auch nicht mag, zum Ausdruck bringen.

Verlassen Sie sich jedoch nicht vollständig auf eine andere Person. Wenn Sie sich eine Weile mit einem Bild beschäftigen, werden Sie es mögen – auch wenn es keinem anderen gefällt.

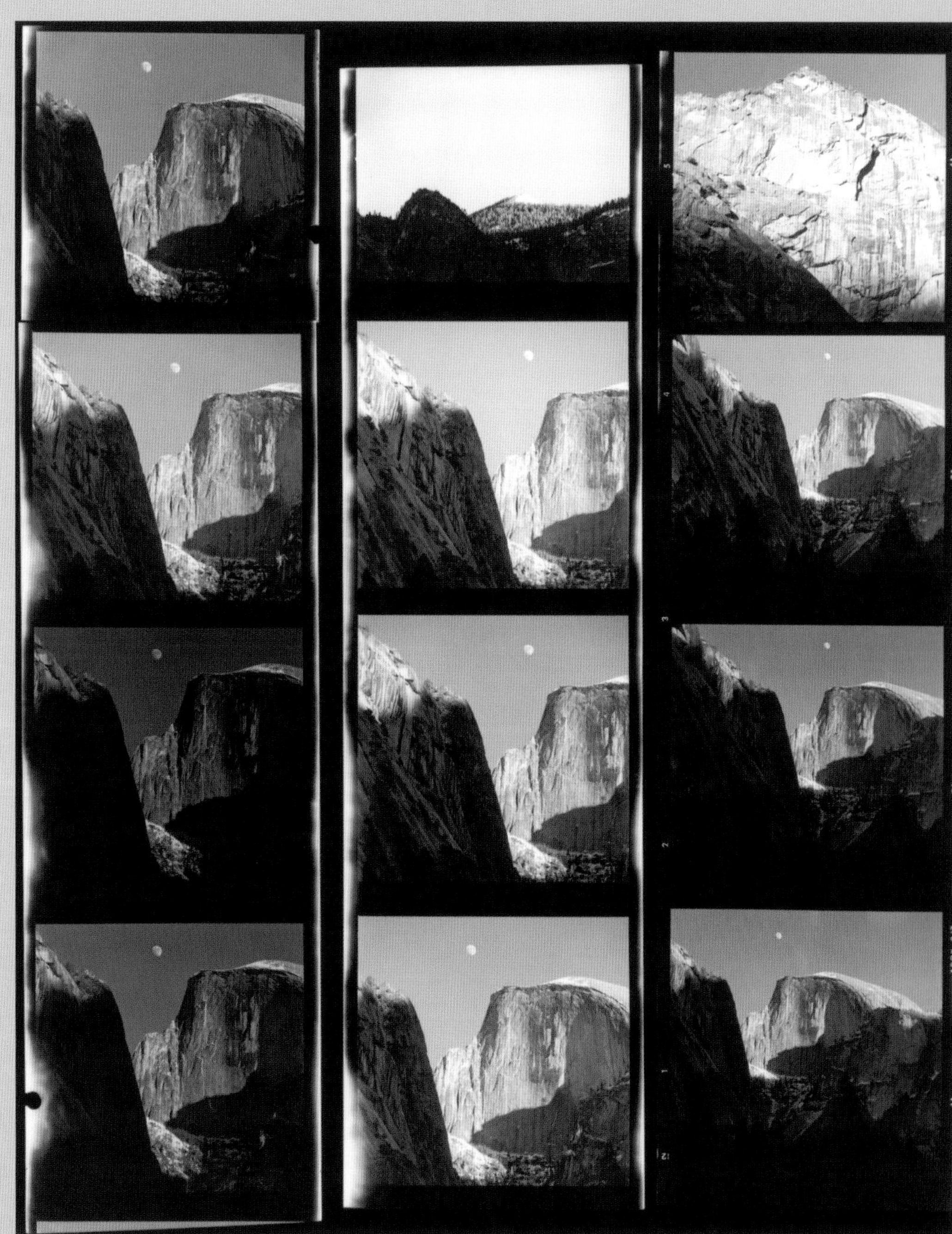

Moon and Half Dome
Kontaktabzug und fertiger Abzug

Das Entwickeln – hier meine ich den Prozess, in dem man die besten Bilder auswählt, statt sie zu bearbeiten – war immer ein wichtiger Aspekt der Fotografie. Dieser Kontaktabzug von Ansel Adams' berühmtem Foto »Moon and Half Dome« bietet interessante Einblicke in seine Arbeitsmethoden in seiner späteren Karriere. Dieses Bild entstand 1960, damals benutzte Adams bereits häufig eine Hasselblad-Mittelformatkamera. Das erste Foto auf dieser Rolle liegt links unten in der Ecke; Sie sehen, wie der Mond höher steigt und sind in den nachfolgenden Aufnahmen leicht nach rechts bewegt.

Adams stellte seine Hasselblad ein (mit einem 250mm-Objektiv, was einem 150mm mit Vollformat-Sensor entspricht), machte zwei Aufnahmen, nahm dann einige kleine Korrekturen an der Komposition vor, indem er die Kamera nach links, dann wieder nach rechts und schließlich etwas nach oben drehte, um dem Mond mehr Raum zu geben. Im achten Foto (Mitte oben) fotografierte er Mt. Starr King, wechselte dann zu einem weiteren Objektiv für drei weitere Aufnahmen vom Half Dome und nahm schließlich noch ein Bild vom Felsen links von ihm auf.

Adams druckte zuerst das erste Bild aus (unten links); offensichtlich gefiel ihm die Position des Mondes auf dieser Aufnahme. Das Negativ hatte jedoch eine Druckstelle, wo der Film für die Entwicklung eingespannt war, die sich nicht retuschieren ließ.
Also entschied er sich für die vierte Aufnahme als finalen Abzug (oben links). Und es stellte sich heraus, dass das berühmte Bild, das wir alle kennen, bei Adams eigentlich nur zweite Wahl war!

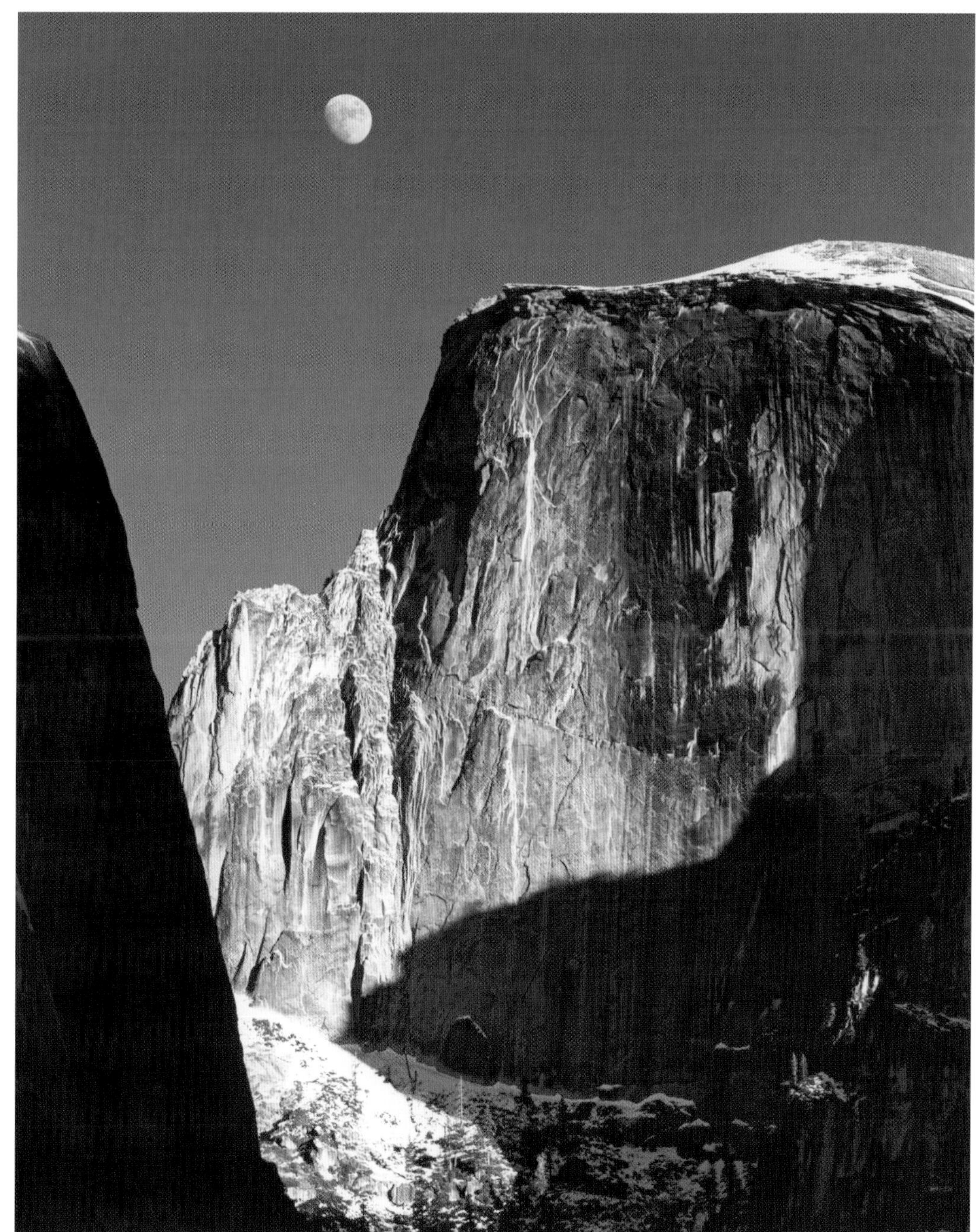

DER ARBEITSABLAUF

Ansel Adams, Eliot Porter und Edward Weston hatten alle ihren eigenen Workflow für die Nachbearbeitung – eine Sequenz aus Schritten für die Entwicklung, Bearbeitung und Archivierung der Negative und noch komplexere Vorgehensweisen für das Drucken der besten.

Die Werkzeuge haben sich vielleicht geändert, ein guter und konsistenter Workflow ist aber immer noch wichtig – bei der großen Anzahl der Bilder, die Digitalfotografen heutzutage erzeugen, vielleicht sogar noch wichtiger. Ein guter Arbeitsablauf sollte geradlinig und leistungsstark sein. Sie sollten mit möglichst wenig Aufwand die maximale Schönheit aus einem Bild herausholen. Flexibilität ist ebenso wichtig, um später Änderungen vornehmen zu können, ohne von vorn beginnen zu müssen. Jeder Schritt sollte editierbar sein, ohne andere Änderungen zu verwerfen.

Es gibt zwei Optionen, die diesen Kriterien entsprechen: einen Raw-Workflow (z.B. für Lightroom) und einen Photoshop-Workflow.

Raw-Workflow

Für einen solchen Workflow nutzen Sie Lightroom, Aperture, Adobe Camera Raw, Nikon Capture, Capture One oder jede andere Software, die direkt mit Raw-Bildern arbeitet – mit gelegentlichen Ausflügen zu Photoshop, um dort komplexere Aufgaben zu übernehmen. All diese Raw-Prozessoren sind nicht destruktiv, die Originaldateien werden also nicht verändert – alle Änderungen, die Sie vornehmen, werden in die Metadaten der Datei geschrieben.

Dieser Workflow steht nur zur Diskussion, wenn die Software die grundlegensten Aufgaben erledigen kann. Für mich gehören dazu: Abwedeln, Nachbelichten und Gradationskurven, um den Bildkontrast zu kontrollieren.

Auch wenn ich diesen Workflow als Raw-Workflow bezeichne, so können die meisten Programme auch JPEGs verarbeiten.

Photoshop-Workflow

Diese Methode beginnt mit einem anderen Programm (Lightroom, Bridge mit Adobe Camera Raw oder sogar iPhoto) für einige einfache Grundeinstellungen, verwendet jedoch Photoshop für die komplizierteren Dinge. Zwar werden Raw-Verarbeitungsprogramme immer besser und umfangreicher, dennoch kann Photoshop vieles, was die anderen Programme nicht können, und Sie können sich das zu Nutze machen. Hier einige Photoshop-Funktionen, die in Lightroom oder Camera Raw so nicht möglich sind:

- Ernsthafte Retusche: Das Bereichsreparatur-Werkzeug in Lightroom und Camera Raw wurde verbessert, ist jedoch nicht mit den Retuscheoptionen in Photoshop vergleichbar.
- Präzise, komplexe Auswahlen – nur den Himmel auswählen und bearbeiten, oder einen bestimmten Baum zum Beispiel.
- Zwei oder mehr Bilder für Panoramen kombinieren, Belichtungen oder Fokus überblenden etc. (einiges davon funktioniert auch in Lightroom).
- Gezielte Gradationskurven (Anwendung nur auf einen Teil des Bildes)
- Feinabgestimmte Farbton/Sättigung-Korrekturen; in Photoshop können Sie bestimmte Tonwertbereiche auswählen und korrigieren.
- Selektive Farbkorrektur, bei der Sie die Farben anders bearbeiten können als mit den Werkzeugen in Lightroom oder Camera Raw.

Wenn Sie planen, ein Bild in Photoshop zu öffnen, sollten Sie in einer anderen Software besser nur minimale Korrekturen vornehmen, um später flexibler zu sein. Korrigieren Sie grob den Weißabgleich, passen Sie die Schärfe und die Rauschreduzierung an und achten Sie darauf, alle Details in den Tiefen und den Lichtern in Photoshop zu übernehmen (mehr dazu auf Seite 119).

Photoshop war ursprünglich nicht für die nicht-destrukive Bearbeitung gedacht, darum müssen Sie es so anstellen, dass es sich nicht-destruktiv verhält. Das heißt, Sie arbeiten mit Einstellungsebenen, Smartobjekten und Smartfilter, um alle Korrekturen weiter bearbeiten zu können.

Smartobjekte

Aus Lightroom oder Adobe Camera Raw können Sie Raw-Bilder in Photoshop als Smartobjekte öffnen. Damit lassen sich alle zugrundeliegenden Raw-Einstellungen (Weißabgleich, Lichter, Schärfen, Chromatische Aberrationen etc.) in Photoshop bearbeiten, indem Sie im Ebenen-Bedienfeld auf das Smartobjekt doppelklicken und die Raw-Datei erneut in Adobe Camera Raw öffnen. Mit Smartobjekten bleibt Ihr Workflow fast vollkommen nicht-destruktiv und flexibel, darum öffne ich Raw-Bilder wenn möglich immer als Smartobjekt in Photoshop.

Mit Smartobjekten haben Sie auch flexiblere Möglichkeiten, wenn es um die Kombination von Korrekturen in Lightroom oder Camera Raw mit Photoshop geht. Zwar sagte ich eben, dass Sie in Raw-Dateien nur minimale Korrekturen vornehmen sollten, bevor Sie sie in Photoshop öffnen, aber mit Smartobjekten ist das weniger kritisch. Damit erledigen Sie die meisten Korrekturen bereits in Lightroom oder Camera Raw, dann öffnen Sie das Bild als Smartobjekt in Photoshop und fügen ein oder zwei Einstellungsebenen ein und können immer noch jede Korrektur in Photoshop bearbeiten – selbst die aus Lightroom und Camera Raw.

Smartobjekte unterliegen einer großen Einschränkung: Sie können die Retuschewerkzeuge aus Photoshop nicht darauf anwenden, z.B. den Kopierstempel, den Reparaturpinsel, das inhaltsbasierte Füllen. Allerdings lassen sich diese Werkzeuge auf eine leere Ebene über einem Smartobjekt anwenden (siehe Seite 122), dann wird es aber inkonsistent, wenn Sie das Smartobjekt später ändern, denn die Korrekturen auf der Retusche-Ebene werden nicht mit angepasst – was dem Sinn eines Smartobjekts direkt zuwider läuft. Aus diesem Grunde empfehle ich, so viele Korrekturen wie möglich in Lightroom oder Camera Raw vorzunehmen, auch wenn Sie das Bild später in Photoshop öffnen wollen.

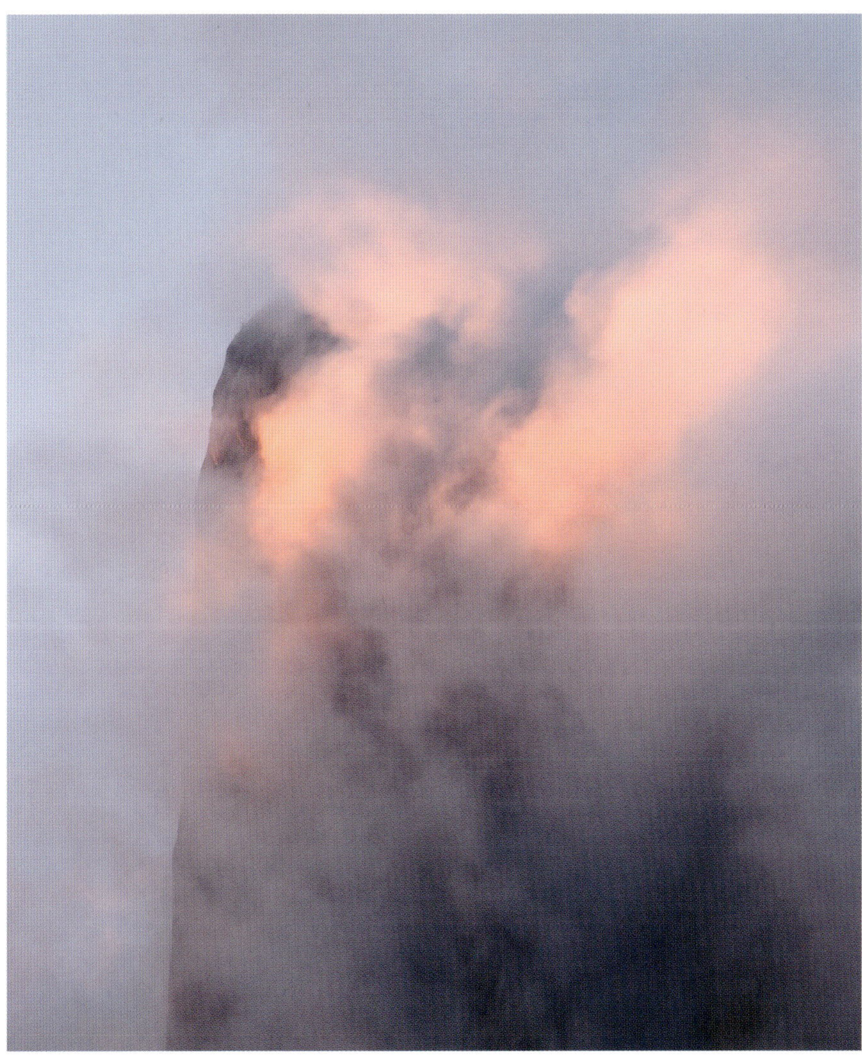

Raw-Workflow

Die nötigen Bearbeitungen für dieses Bild – Freistellen, Staub entfernen, Kontrast anpassen, etwas Nachbelichten – konnten leicht in Lightroom ausgeführt werden.

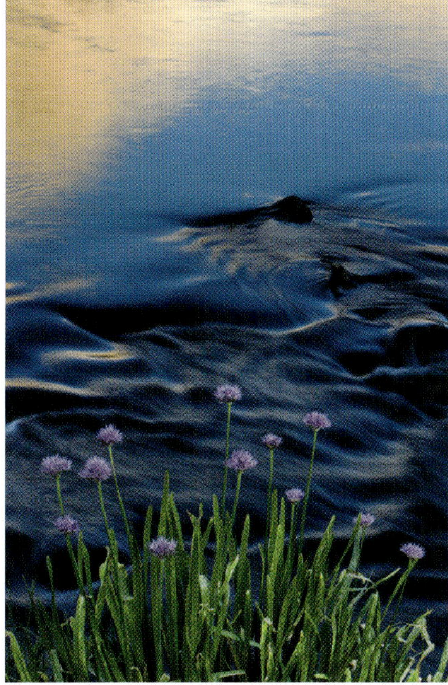

Photoshop-Workflow

Für dieses Foto brauchte ich die anspruchsvollen Auswahlwerkzeuge von Photoshop, um die Blumen aufzuhellen, ohne das Wasser in Mitleidenschaft zu ziehen. In Lightroom nahm ich nur minimale Korrekturen vor, bevor ich das Bild in Photoshop öffnete.

Zusatzmodule

Zusatzmodule von Nik, Topaz, OnOne und anderen sind sehr beliebt. Sie bieten zuweilen hilfreiche Alternativen zu den Werkzeugen in Lightroom und Photoshop. Es ist jedoch nicht einfach, diese Zusatzmodule in einen sinnvollen Workflow zu integrieren, der zudem noch nicht-destruktiv und flexibel sein soll. Außerdem ist es durchaus etwas hölzern, für jede Korrektur ein spezielles Plug-in zu verwenden, und Vergleiche zwischen verschiedenen Einstellungskombinationen sind auch fast unmöglich.

Die einzige Möglichkeit, Zusatzmodule nicht-destruktiv einzusetzen, ist, die Raw-Datei als Smartobjekt in Photoshop zu öffnen, dann das Zusatzmodul in Photoshop zu starten und es als Smartfilter anzuwenden. Sie können dann jeden Filter ein- und ausschalten oder doppelklicken, um die Einstellungen zu ändern. Mit mehreren Zusatzmodulen wird Photoshop jedoch zunehmend langsamer, was irgendwann auch nervig werden kann.

Ich persönlich nutze nur wenige Zusatzmodule. Ich kann die meisten Effekte sowohl in Lightroom als auch in Photoshop anwenden und mein Workflow bleibt schneller, effizienter und flexibler. Ich verwende LR/Enfuse (siehe Seite 150) und Helicon Focus (Seite 154), beide jedoch nur hin und wieder.

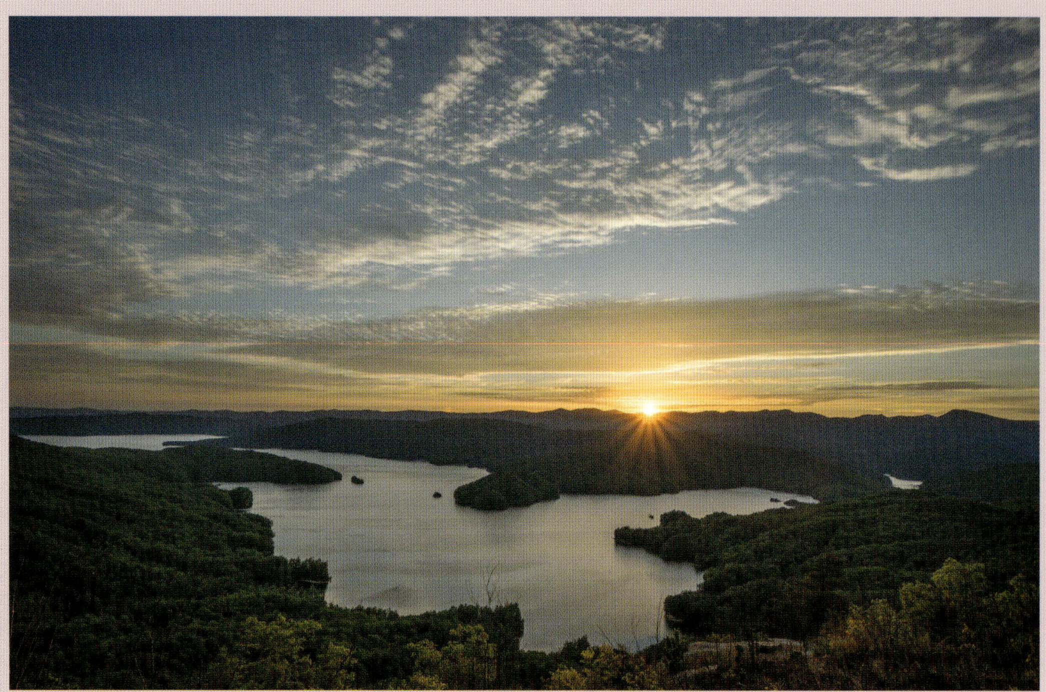

Raw-Workflow

Ein Raw-Prozessor wie Lightroom, Adobe Camera Raw oder andere gestattet einen flexiblen und völlig nicht-destruktiven Workflow. Auch die ausgezeichneten Lichter- und Tiefen-Werkzeuge in Lightroom und Camera Raw funktionieren am besten bei Raw-Daten. Diese kontrastreiche Szene aus South Carolina wurde komplett in LIghtroom bearbeitet, dort verwendete ich die Tiefen- und Lichter-Regler und den Korrekturpinsel.

Einen Workflow wählen

Jeder muss den Workflow finden, der zu seinen Bedürfnissen und Ansprüchen passt. Manche Leute möchte nur so wenig Zeit wie möglich vor dem Computer verbringen, dafür ist wohl der Raw-Workflow am besten geeignet. Andere fummeln gern stundenlang an Fotos bis zur Perfektion, ihnen liegt vermutlich eher die Leistungsfähigkeit von Photoshop.

Ich empfehle zwar meistens, einen konsistenten Workflow beizubehalten, Sie müssen aber nicht immer und für jedes Bild denselben Workflow anwenden. 90 Prozent meiner Bilder bearbeite ich heutzutage ausschließlich in Lightroom, denn damit ist der Workflow flexibel und nicht-destruktiv, und Lightroom hat sich sehr stark entwickelt. Für einige Fotos benutze ich dennoch weiterhin Photoshop, hin und wieder andere Zusatzmodule. Verschiedene Bilder brauchen unterschiedliche Werkzeuge.

Die Masterdatei

Ziel bei beiden Workflows ist es, eine Masterdatei zu erzeugen - eine Datei, die alle Einstellungen enthält und für jeglichen Gebrauch kopiert oder exportiert werden kann (inklusive großen und kleinen Abzügen, Web und E-Mail).

Sie müssen nichts Besonderes tun, um in Lightroom oder anderen Raw-Prozessoren eine Masterdatei anzulegen. Nehmen Sie einfach Korrekturen an der Raw-Datei (oder dem JPEG) vor, dann wird diese zum Master (vielleicht kennzeichnen Sie sie als solche, indem sie ihr eine bestimmte Bewertung geben oder sie in einer Sammlung ablegen). In Photoshop können Sie den Begriff »Master« in den Dateinamen aufnehmen, um die Datei besser von anderen unterscheiden zu können.

Bei nicht-destruktiven Bearbeitungsprogrammen wie Lightroom oder Adobe Camera Raw können Sie die Masterdatei nicht zerstören. Da die Anwendung die Original-Raw-Datei nicht verändert (oder das JPEG), sondern nur Befehle hinzufügt, die das Aussehen der Daten ändern soll, behält die Masterdatei automatisch alle Informationen der Aufnahme, zusätzlich dazu Ihre Korrekturen. In Photoshop müssen Sie etwas mehr aufpassen. Sie wollen keine Informationen wegwerfen, die später die Bearbeitung der Datei einschränken könnten. Bedenken Sie deshalb folgende drei Dinge:

1. Die Masterdatei editierbar lassen

Bei nicht destruktiven Programmen wie Lightroom, Adobe Camera Raw oder Capture One passiert das ganz automatisch. Arbeiten Sie mit Photoshop, dann nehmen Sie alle Einstellungen auf Ebenen oder mit Smartobjekten vor und reduzieren Sie diese in der Masterdatei auf keinen Fall. Müssen Sie die Ebenen für den Druck reduzieren, erstellen Sie zunächst eine Kopie der Masterdatei.

2. Die Größe der Masterdatei nicht ändern

Sie können die Größe der Originaldatei in nicht destruktiven Programmen nicht ändern. Auch in Photoshop sollten Sie die Größe der Masterdatei nicht ändern - die Anzahl der Pixel also niemals erhöhen oder minimieren. Wenn Sie die Anzahl der Pixel verringern - die Datei also verkleinern -, werden Informationen und Bilddetails verworfen. Vergrößern Sie die Datei - erhöhen Sie die Anzahl der Pixel -, werden zwar keine Informationen zerstört, aber die Datei wird ohne zusätzliche Details größer. Um einen großen Abzug zu erstellen, legen Sie vor der Größenänderung eine Kopie der Masterdatei an.

3. Konservativ schärfen

Jede Raw-Datei braucht etwas Scharfzeichnung bei der Aufnahme, um Unschärfen durch Filter und Objekte entgegenzuwirken und um die Details im finalen Abzug zu verbessern.

Schärfungen in nicht-destruktiven Programmen wie Adobe Camera Raw oder Lightroom lassen sich immer bearbeiten. Aber halten Sie sich beim Scharfzeichnen zurück, bevor Sie ein Bild in Photoshop öffnen (oder ein Plug-in benutzen). Sie sollten sich selbst nicht zu vieler Möglichkeiten berauben und gleich zu Beginn überzeichnen. Mehr dazu auf Seite 162.

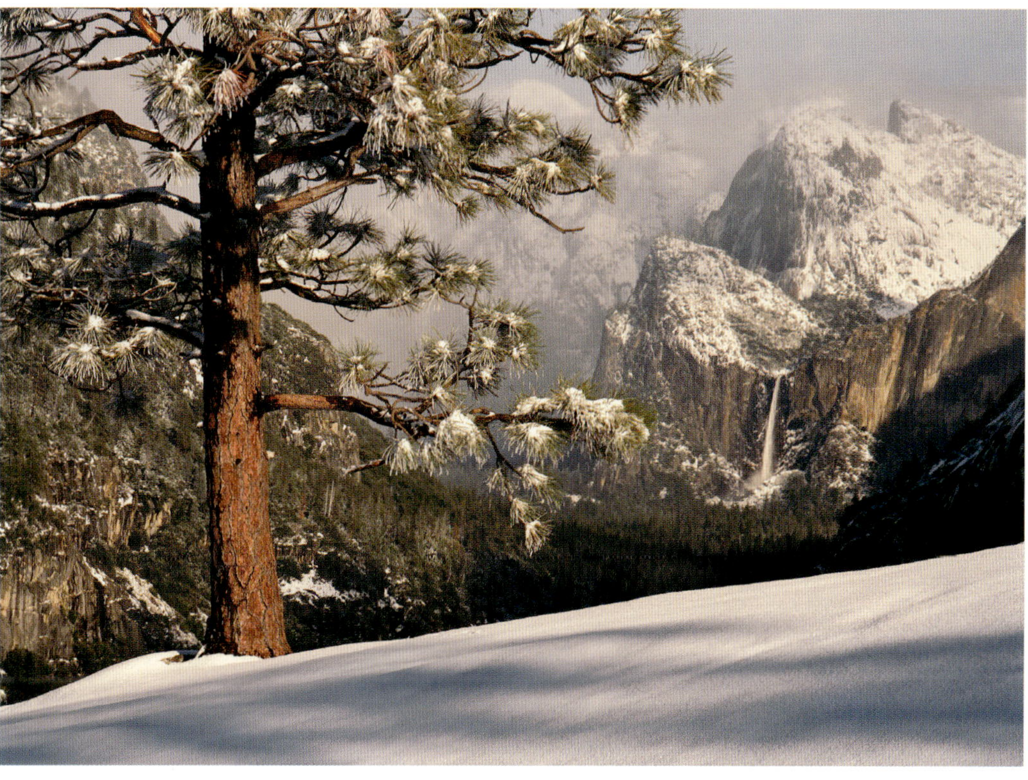

Dunkelkammerinterpretationen

Mit der Verbesserung seiner Materialien und Techniken änderte Ansel Adams seine Dunkelkammerinterpretationen. Moonrise, Hernandez, auf Seite 6 ist ein großartiges Beispiel dafür: Er schwächte die Tonwerte des Himmels über die Jahre immer weiter ab, bis er nahezu schwarz wurde. Adams schrieb: »Im Laufe der Monate und Jahre entwickelt der Fotograf ein feineres Gefühl und ändert sein Werteverhältnis in einem Bild entsprechend.«

Mit der Zeit änderte ich die Farbbalance dieser Aufnahme des Bridalveil-Wasserfalls und glättete den Kontrast. Eine Masterdatei sollte immer flexibel bleiben - Sie sollten alles noch einmal ändern können, ohne von vorn beginnen zu müssen.

Monitorkalibrierung

Ohne korrekt kalibrierten Monitor sind Sie so gut wie blind. Sie müssen Farben und Tonwerte im Bild erraten und rätseln, wie sie im Ausdruck aussehen könnten. Sie brauchen ein Kolorimeter (eines von diesen Puck-ähnlichen Geräten, das an Ihrem Bildschirm hängt) und die entsprechende Software, um den Bildschirm zu kalibrieren und dann die Farben und Tonwerte in Ihrem Bild korrekt angezeigt zu bekommen.

RGB-Arbeitsfarbraum

Wenn Sie Bilder in Photoshop öffnen, können Sie einen Arbeitsfarbraum wählen. Die gebräuchlichsten Optionen sind sRGB, Adobe RGB und ProPhoto RGB.

Was ist ein RGB-Arbeitsfarbaum? Farben in Digitalbildern werden als Menge von Rot, Grün und Blau beschrieben. Der Arbeitsfarbraum legt nun fest, welches Rot, welches Grün und welches Blau. In der Praxis bedeutet das, dass einige Farbräume einen größeren Farbbereich abdecken als andere. Im Diagramm links sehen Sie einen Vergleich von sRGB, Adobe RGB und ProPhoto RGB. Adobe RGB umfasst einen etwas größeren Farbbereich als sRGB, aber beide sind recht klein. ProPhoto RGB enthält nahezu alle Farben, die für das menschliche Auge sichtbar sind.

Der Unterschied wird jedoch nur bei stark gesättigten Farben sichtbar. Bei einem kleineren Farbbereich wie sRGB oder Adobe RGB kann ein brillantes Rot innerhalb des Farbraums zu einem etwas verblassten Rot oder einem Rot-Orange werden. Diese Unterschiede können in einem Buch wie diesem nicht deutlich gemacht werden, sind bei einem guten Inkjet-Drucker jedoch zu erkennen, wenn er einen Farbumfang außerhalb von sRGB oder Adobe RGB darstellen kann. Aus diesem Grund arbeite ich eigentlich immer mit ProPhoto RGB. Auch wenn es einen potenziellen Nachteil gibt: Die 256 Tonwerte einer 8-Bit-Datei müssen deutlicher gestreckt werden, um den Farbumfang von ProPhoto RGB abzudecken. Dadurch erhöht sich die Gefahr von Tontrennungseffekten und Farbschleiern. Theoretisch ist es also besser, in ProPhoto RGB mit 16-Bit-Dateien zu arbeiten; in der Praxis wird das aber kaum gemacht.

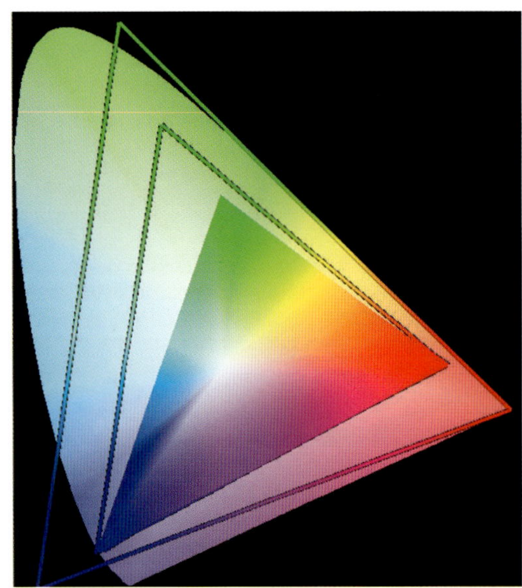

RGB-Arbeitsfarbraum

Die große, halbovale Form stellt den Farbbereich dar, der für das menschliche Auge sichtbar ist. Das kleinste Dreieck zeigt die Farben des sRGB-Farbraums, das größte Dreieck die Farben von ProPhoto RGB, während das mittlere Dreieck für Adobe RGB steht. sRGB ist offensichtlich ein kleiner Farbraum, aber Adobe RGB ist nicht viel größer. ProPhoto RGB enthält jedoch nahezu alle Farben im sichtbaren Spektrum.

8 Bit vs. 16 Bit

8 Bit bedeutet, dass es 256 Tonwerte in jedem Farbkanal – Rot, Grün und Blau – gibt, während es bei 16 Bit 32.768 Tonwerte pro Kanal sind. Theoretisch sind 16 Bit also besser. Tausende Tonwertstufen sollten besser in der Lage sein, Tonwert- und Farbübergänge darzustellen als 256. In der Praxis ist es aber eher schwierig, den Unterschied herauszustellen – die zusätzliche Bittiefe wird eigentlich nur bei wirklich deutlichen Einstellungen spürbar.

Die Probleme, die es mit 8-Bit-Dateien häufig gibt, zeigen sich als Farbschleier und Tontrennungseffekte – abrupte Übergänge von einem Tonwert oder einer Farbe zur nächsten. Das passiert häufig in der Dämmerung, wenn der helle Himmel in der Nähe des Horizonts langsam dunkler werden sollte. Farbschleier erscheinen auch bei deutlichen Änderungen im Bild, wenn Sie also beispielsweise ein deutlich unterbelichtetes Bild aufhellen.

Lightroom, Adobe Camera Raw und die meisten anderen Programme, die direkt mit Raw-Dateien arbeiten, verwenden 16 Bit pro Kanal. Von dort aus können Sie das Bild in Photoshop dann mit 8 oder 16 Bit öffnen. Der Nachteil ist, dass 16-Bit-Dateien doppelt so groß sind wie 8-Bit-Dateien und es auch doppelt so lange dauert, sie zu öffnen, Filter anzuwenden und die Datei zu speichern. Da ich eigentlich nie Unterschiede erkennen kann, arbeite ich eigentlich immer mit 8 Bit pro Kanal. Nur wenn ich auf Probleme wie Farbschleier treffe, gehe ich zurück und importiere die Datei mit 16 Bit. Ist das Bild deutlich unterbelichtet, korrigiere ich das in der Raw-Software und öffne die Datei erst im Anschluss in Photoshop.

BEARBEITEN

Die Reihenfolge

Für welchen Workflow Sie sich auch entscheiden, halten Sie ihn konsistent. Gehen Sie dieselben Schritte jedes Mal in derselben Reihenfolge, damit Sie nichts Wichtiges vergessen. Zwar kann für ein ungewöhnliches Bild durchaus einmal ein andere Ablauf besser sein, aber die meisten Bilder können Sie nach Plan bearbeiten. Hier folgen meine typischen Arbeitsschritte zur Verarbeitung mit Lightroom oder Camera Raw bzw. mit Photoshop.

Nur Lightroom oder Adobe Camera Raw

Bei nicht-destruktiven Programmen wie Lightroom oder Camera Raw kann die Reihenfolge der Bearbeitung flexibel sein, einige Dinge bieten sich jedoch zeitlich vor anderen an. Eine Kontrasterhöhung erhöht auch immer die Sättigung, darum ist es sinvoll, zuerst die Tonwerte und dann die Farben zu korrigieren. Hier mein Standardablauf:

- Freistellen und Korrekturen an der Perspektive
- Staub, Flecken entfernen und retuschieren
- Weißabgleich korrigieren
- Optional: Umwandlung in Schwarzweiß
- Allgemeine Korrekturen (Schwarzpunkt, Weißpunkt, Kontrast etc.) mit Grundeinstellungen/Tonwert-Reglern und/oder Punkt-Kurve
- Weitere allgemeine Korrekturen (Klarheit, Dynamik, Sättigung) im Bereich Präsenz
- Einzelfarben im HSL-Bedienfeld anpassen
- Lokale Korrekturen mit Bereichskorrektur und Verlaufsfilter
- Korrekturen im Detail-Bedienfeld zum Schärfen und zur Rauschreduzierung (nur nötig bei großen Abzügen)
- Korrekturen im Bedienfeld Objektivkorrekturen für chromatische Aberrationen und Verzerrungen

Photoshop (und Zusatzmodule)

Bevor Sie ein Bild in Photoshop öffnen, müssen Sie bestimmte Grundeinstellungen im Raw-Prozessor vornehmen (Lightroom, Camera Raw...):

Vor Photoshop:

- Weißabgleich einstellen
- Staub und Flecken entfernen und so viel wie möglich retuschieren. Ja, Photoshop hat bessere Retuscheoptionen, aber das Bereichsreparatur-Werkzeug in Lightroom und Camera Raw wurde stark verbessert, und wenn Sie hier retuschieren, müssen Sie es später nicht tun. Falls Sie es sich jedoch für Photoshop aufheben und dann grundlegende Dinge später nachkorrigieren, müssen Sie auch die Retusche wiederholen.
- Nutzen Sie wenn nötig die Lichter- und Tiefen-Werkzeuge. Sie sind hier noch nicht auf die perfekte Bildkorrektur aus, wollen das Bild aber mit guten Details in Tiefen und Lichtern in Photoshop öffnen.
- Schärfeeinstellungen korrigieren
- Bildrauschen reduzieren
- Chromatische Aberrationen korrigieren

In den meisten Fällen sollten Sie Belichtung, Kontrast, Schwarztöne, Klarheit, Sättigung etc. nicht korrigieren – lassen Sie die für Photoshop. Sie wollen das Bild ja nur für Photoshop (oder ein anderes Programm) vorbereiten, und viele Details in Lichtern und Tiefen haben, um damit zu arbeiten. (Eine Ausnahme sind stark unter- und überbelichtete Bilder, dann setzen Sie den Belichtungs-Regler ein und vielleicht eine der Grundeinstellungen.)

Einstellungen synchronisieren, bevor Sie Bilder überblenden:

Wenn Sie zwei oder mehr Bilder in Photoshop, einem HDR-Programm oder einem anderen Programm überblenden wollen, sollten in allen Original-Raw-Dateien dieselben Einstellungen vorhanden sein (Weißabgleich, Schärfe, Fleckentfernung). Sie können diese in einer Raw-Datei korrigieren und die Einstellungen dann in die anderen Bilder synchronisieren.

In Photoshop:

- Als Smartobjekt öffnen. Das funktioniert nur, wenn Sie in Lightroom oder Camera Raw beginnen, aber mit Smartobjekten bleibt Ihr Workflow flexibel und Sie können auch Grundeinstellungen der Raw-Datei noch in Photoshop korrigieren (Weißabgleich, Lichter, Schärfe, Chromatische Aberrationen etc.). Wenn Sie in Lightroom beginnen, müssen die Versionen von Lightroom und Photoshop zueinander passen.
- Freistellen und Perspektive korrigieren
- Optional: Schwarze und weiße Einstellungsebene zur Schwarzweißumwandlung einfügen
- Allgemeine Korrekturen mit Gradationskurven-Einstellungsebene
- Mehr Klarheit mit Camera-Raw-Filter
- Dynamik-Einstellungsebene zur Anpassung der allgemeinen Sättigung
- Farbton/Sättigung oder Selektive Farbkorrektur-Einstellungsebene hinzufügen, um bestimmte Farben anzupassen
- Lokale Korrekturen – Abwedeln, Nachbelichten etc. – mit Gradationskurven-Einstellungsebene und Ebenenmaske
- Umfassende Retusche (Dinge, die in Lightroom oder Camera Raw nicht möglich sind) auf einer leeren Ebene
- Fertige Master-Datei speichern

Freistellen

Wenn Sie ein Foto zusammensetzen, versehen Sie einen Teil der Welt mit einem Rahmen und laden Leute ein, sich dieses anzusehen. Die exakten Grenzen dieses Rahmens sind wichtig. Überprüfen Sie alle Kanten auf störende Elemente – helle Flecken, dunkle Flecken und Objekte, die halb durchgeschnitten sind. Die einfachste Möglichkeit, solche Störungen zu entfernen, ist das Freistellen. Ist das nicht möglich – weil dadurch andere wichtige Elemente verloren gehen würden –, versuchen Sie, diese durch Retusche zu entfernen.

Durch das Freistellen sollten Sie die Komposition verfeinern, es ist kein Ersatz für eine schlechte Bildkomposition. Wenn Sie mehr als ein Viertel des Fotos wegschneiden müssen, opfern Sie zu viel von der Auflösung und schränken die mögliche Ausgabegröße ein. Sie sollten sich bemühen, die Komposition bereits in der Kamera richtig hinzubekommen und das Freistellen nur für Feinkorrekturen einzusetzen.

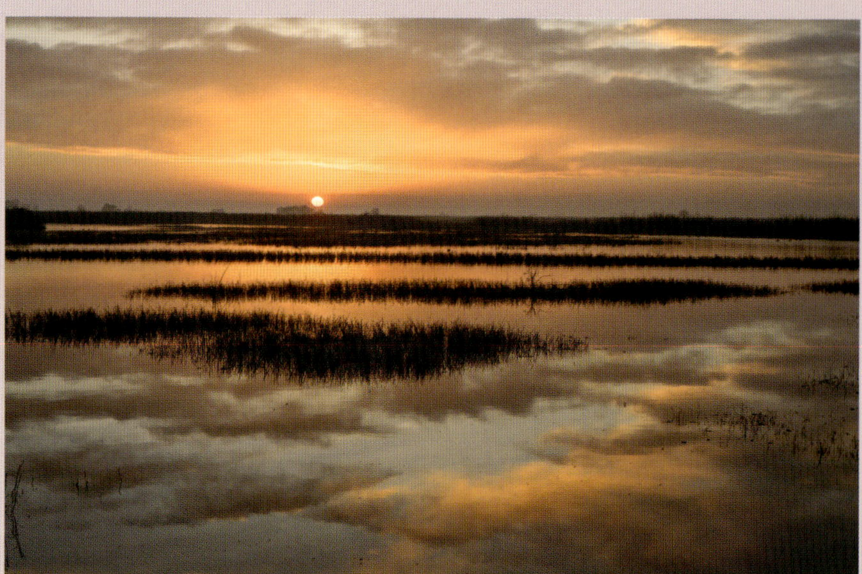

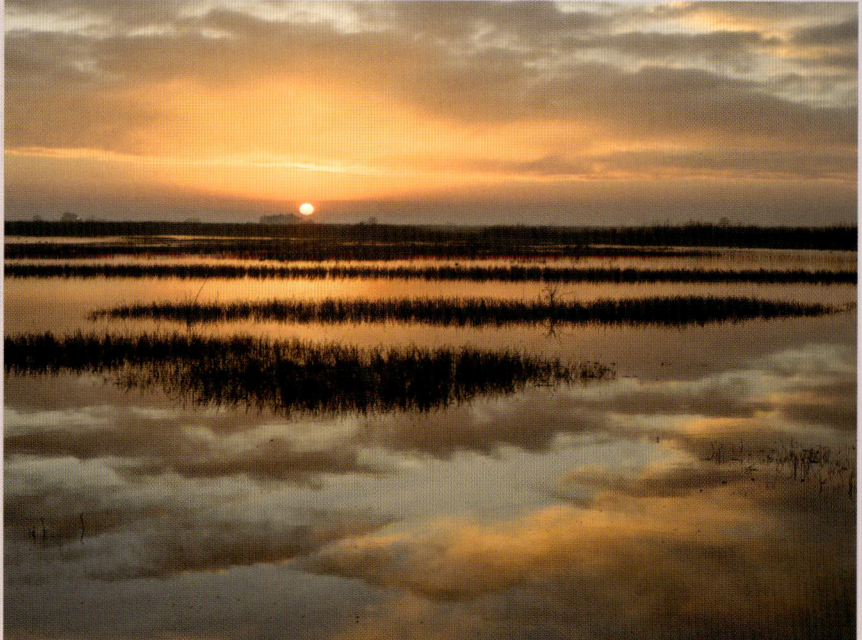

Ablenkungen loswerden

Jeder dunkle oder helle Fleck am Rand eines Fotos wird zur Ablenkung. In der unbeschnittenen Version dieses Fotos vom San Joaquin Valley in Kalifornien erregen die Gräser in der linken unteren Ecke die Aufmerksamkeit und lenken von spannenderen Bildbereichen ab (oben rechts). Auch die rechte Seite des Bildes hat noch zu viel Raum, der zwar nicht unbedingt ablenkt, aber eben nicht so interessant ist. Ich beschnitt also beide Seiten und begradigte den Horizont (unten rechts).

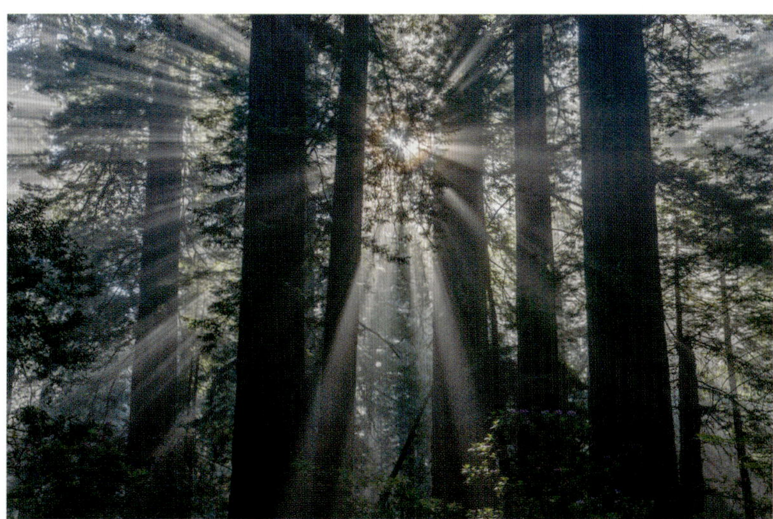

1

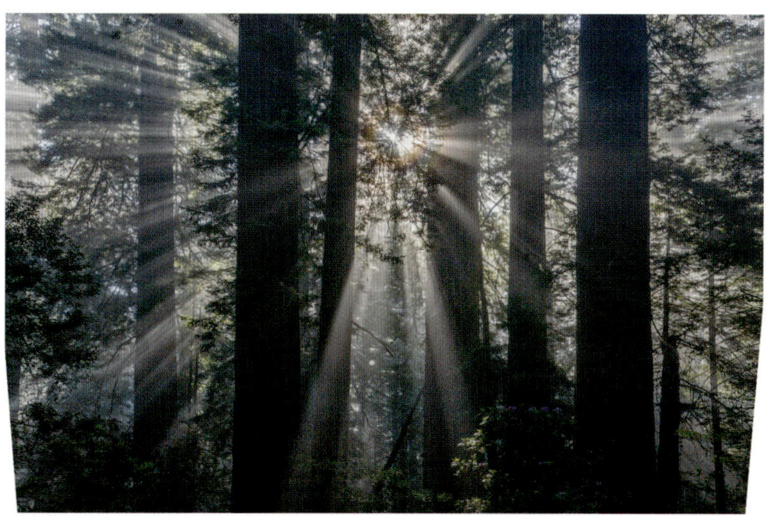

2

Perspektivkorrektur

Wenn Sie mit einem Weitwinkelobjektiv nach oben auf einen Berg oder in einen Wald fotografieren, scheinen sich die Bäume von der Seite ins Bild zu lehnen. Das lässt sich in Lightroom, Adobe Camera Raw oder Photoshop korrigieren. In Lightroom und Adobe Camera Raw wählen Sie OBJEKTIVKORREKTUREN/MANUELL und schieben den Vertikal-Regler nach links. Dann beschneiden Sie, wenn nötig. In Photoshop wählen Sie BEARBEITEN/TRANSFORMIEREN/PERSPEKTIVE.

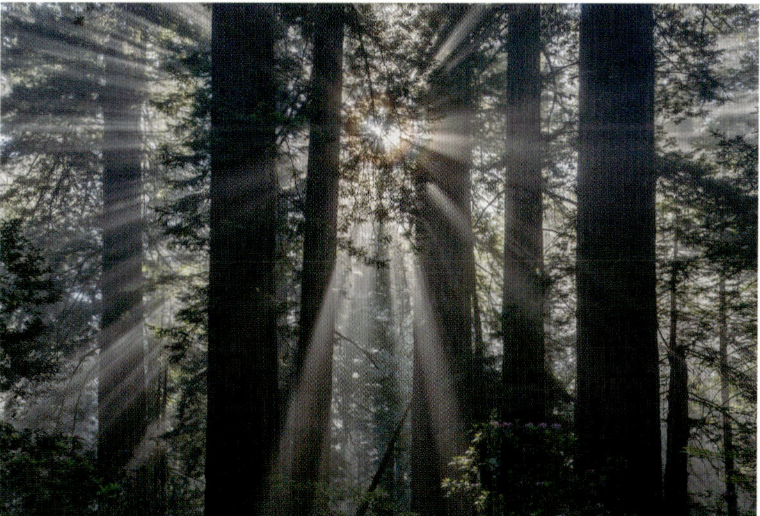

3

Bäume begradigen

Das original unbeschnittene, unkorrigierte Foto zeigt nach innen geneigte Redwood-Bäume (1). Ich richtete sie mit dem Vertikal transformieren-Regler in Lightroom aus (im Bedienfeld OBJEKTIVKORREKTUREN) (2) und stellte das Bild dann frei, um die störenden weißen Ränder zu entfernen (3).

Retusche

Fotografen manipulierten ihre Bilder schon lange, bevor es Photoshop gab. Teenager aus der Gegend hatten Felsen weiß bemalt, so dass die Buchstaben »LP« auf den Hügeln in Ansel Adams Winter Sunrise from Lone Pine (S. 72) zu sehen waren. Adams retuschierte die Buchstaben aus dem Negativ heraus. Er sagte dazu: »Von einigen wurde ich dafür kritisiert, aber ich bin nicht Purist genug, um diese Narbe zu verewigen und so – zumindest für mich – die außerordentliche Schönheit und Perfektion der Szene zu zerstören.« Die Retusche ist im digitalen Zeitalter natürlich deutlich einfacher geworden, erfordert aber immer noch gewisse Kenntnisse und einen flexiblen Ansatz.

Editierbare Retusche in Photoshop

1. Um die Blendenflecke aus diesem Bild zu entfernen, machte ich die Retusche editierbar, indem ich eine leere Ebene kopierte. Dafür klickte ich unten im Ebenen-Bedienfeld auf Neue Ebene erstellen, um eine leere oder transparente Ebene anzulegen.

2. Als Nächstes wählte ich den Kopierstempel im Modus Normal mit 100 % Deckkraft. Neben Aufnehmen wähle ich Aktuelle und darunter und schaltete den Button Einstellungsebenen ignorieren ein. (Sie können auch mit dem Reparaturpinsel oder dem Bereichsreparatur-Pinsel eine leere Ebene retuschieren.)

3. Nachdem ich die Blendenflecke entfernt hatte, blendete ich die Hintergrundebene aus, um die Flecken zu sehen, wo Pixel aus der Hintergrundebene auf die transparente Ebene kopiert wurden. Mit dem Radiergummi entfernte ich einen dieser Flecken und ließ die andere Retusche intakt.

4. Hier sehen Sie das fertige Bild ohne Blendenflecke. Diese Technik funktioniert auch, wenn die darunterliegende Ebene ein Smartobjekt ist, aber wenn Sie das Smartobjekt später ändern, bleiben die kopierten Bereiche gleich und Sie müssen erneut retuschieren.

1

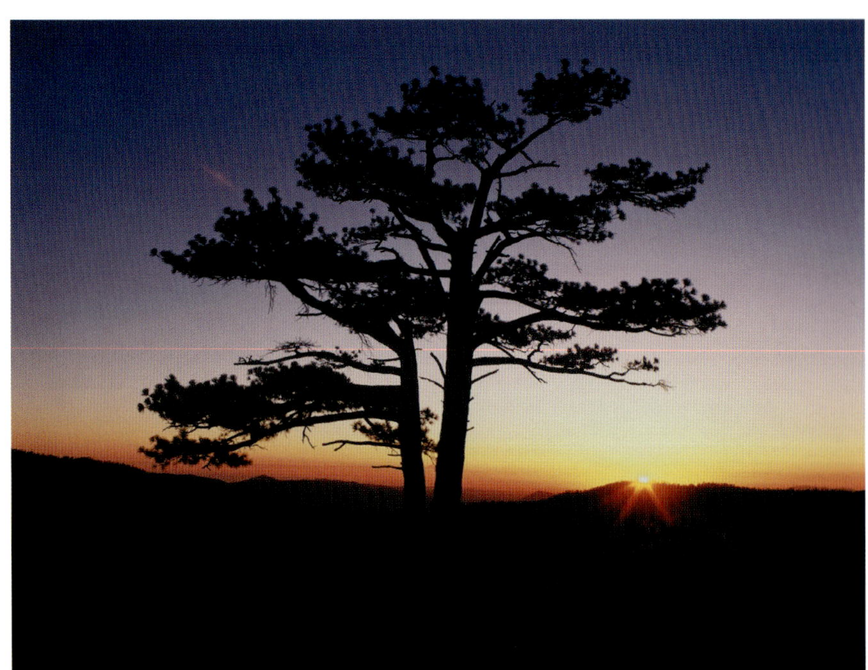

2

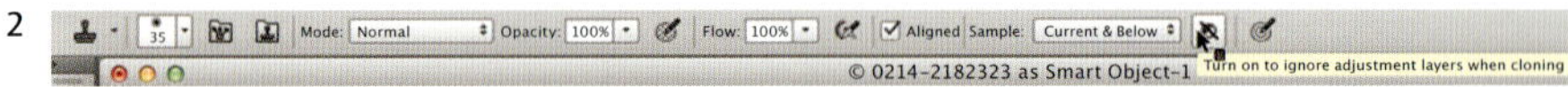

3

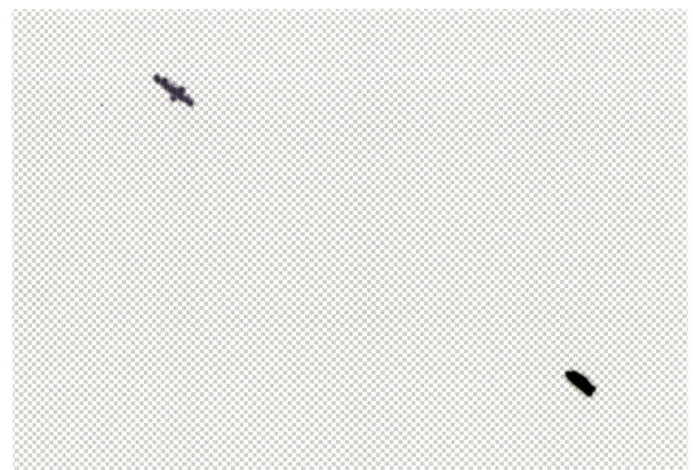

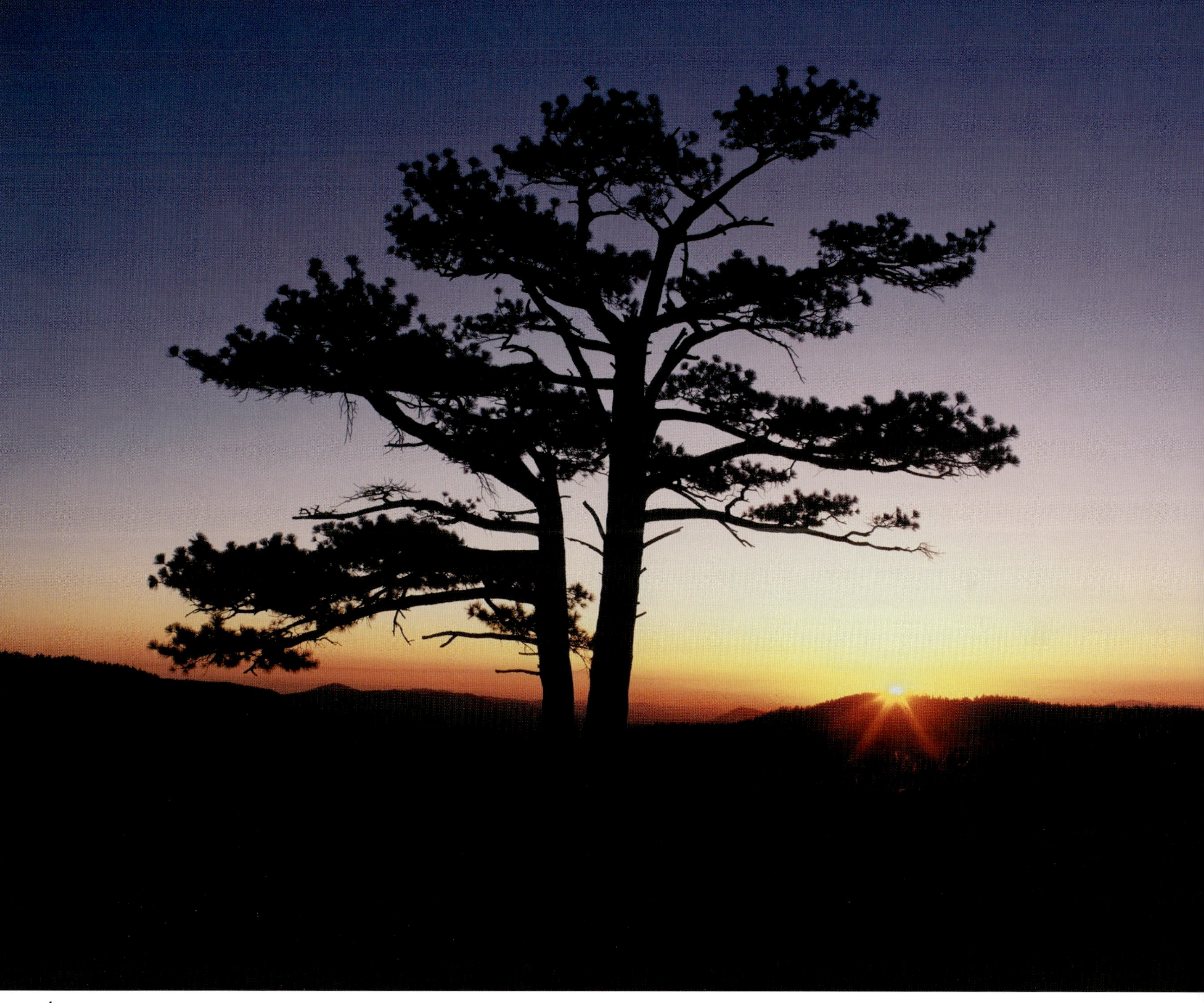

4

Weißabgleich anpassen

Bei Raw-Bildern ist das normalerweise einfach. Die meisten Raw-Programme haben einen Regler für die Farbtemperatur, um das Foto kühler (mehr Blau) oder wärmer (mehr Gelb) aussehen zu lassen. Selbst wenn ich vorhabe, mein Foto in Photoshop zu öffnen, korrigiere ich den Weißabgleich zuerst in Lightroom oder Camera Raw, denn dort geht das einfacher als in Photoshop.

Zwar sind die Werkzeuge zur Korrektur des Weißabgleichs recht einfach, den richtigen Weißabgleich zu finden ist es jedoch nicht. Das ist eine wichtige ästhetische Entscheidung, die die Stimung und die Botschaft eines Farbfotos ausmacht. Die hier gezeigten Bilder und entsprechenden Unterschriften sollen Vorschläge für den Weißabgleich in häufig auftretenden Situationen sein.

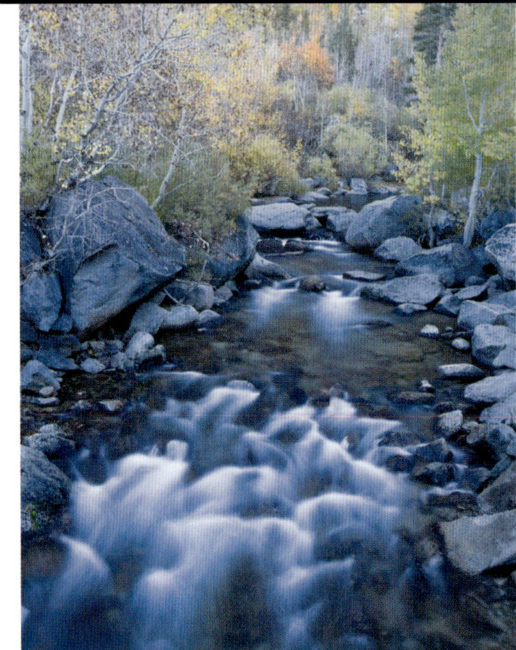

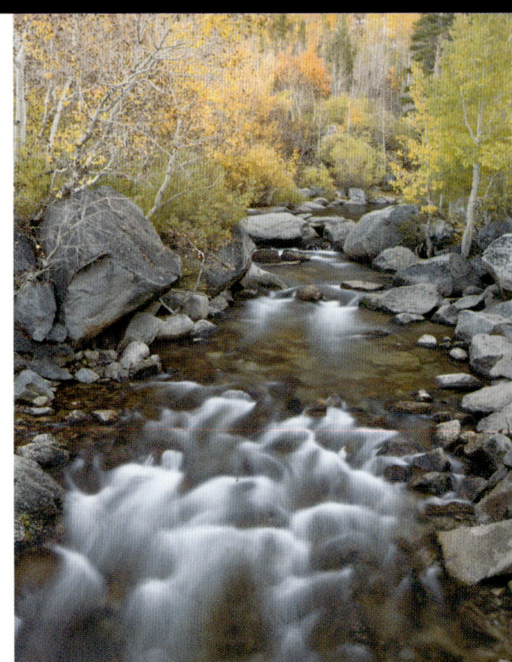

Weißabgleich tiefer Schatten

Früh am Morgen in den Bergen im tiefen Schatten – der automatische Weißabgleich der Kamera lag mit einer Farbtemperatur von 5550K mehr als gewöhnlich daneben, wodurch das weiße Wasser und die Felsen blau aussehen. Das Bild enthält neutrale Farbtöne, darum klickte ich mit der Weißabgleich-Pipette von Lightroom auf einen der grauen Felsen und setzte die Farbtemperatur auf 11,000K. So sehen Wasser und Felsen neutraler aus, das Orange und Gelb der Birken leuchtet.

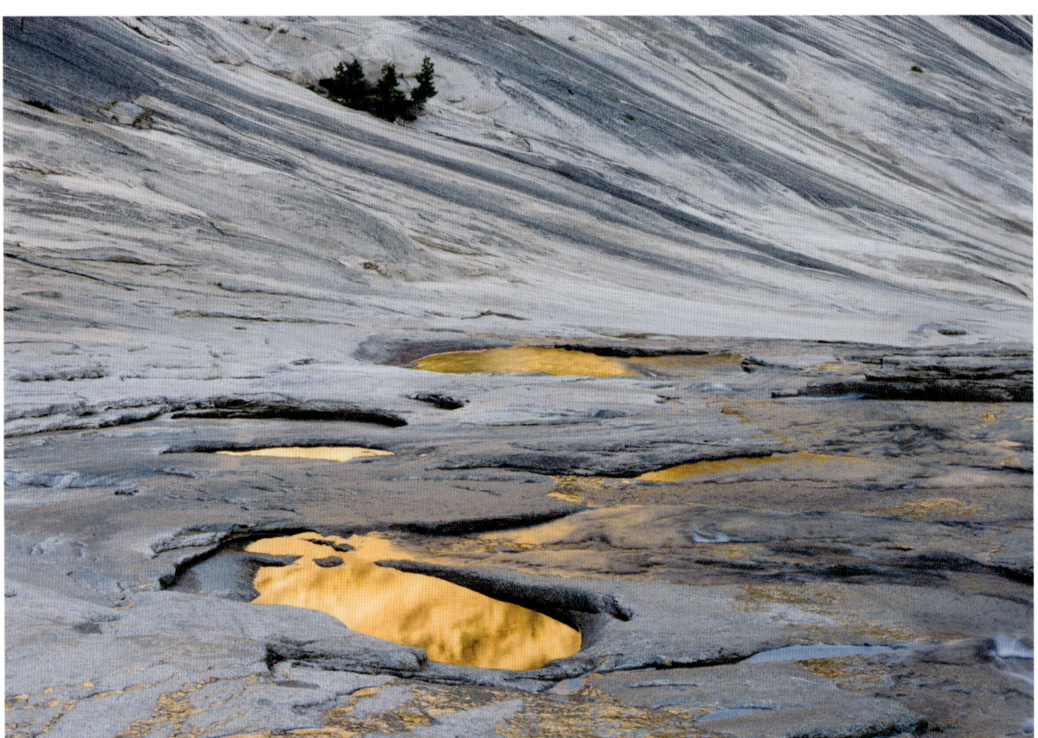

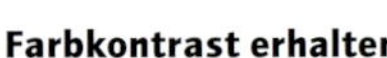

Farbkontrast erhalten

Die beste Farbbalance ist nicht unbedingt immer neutral. In dieser Szene aus dem Yosemite-Hochland hielt ich die Farben eher kühl, so blieb der Kontrast zwischen den blauen Felsen und der warmen goldenen Reflexion in der Pfütze erhalten.

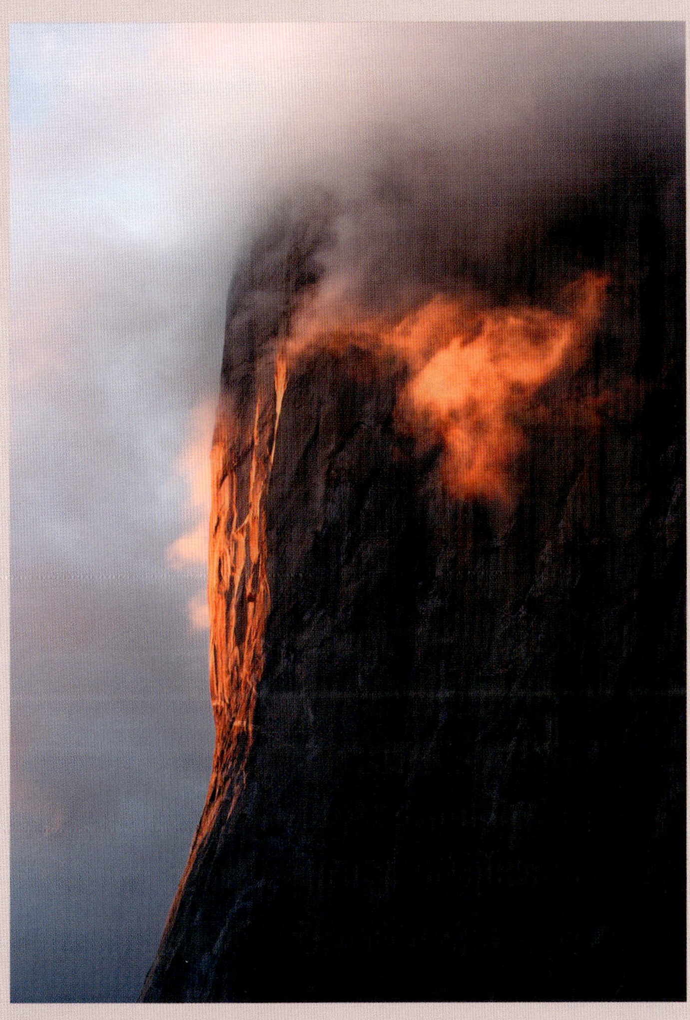

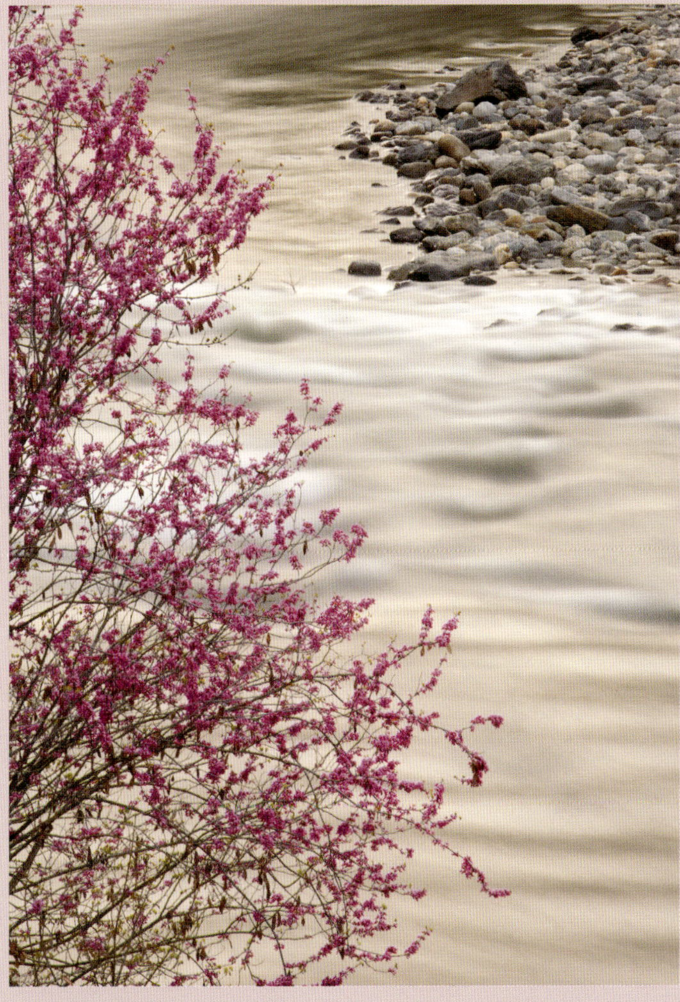

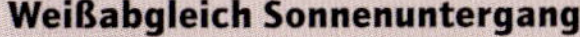

Weißabgleich Sonnenuntergang

Bei Sonnenauf- und Sonnenuntergang ist das Licht warm, aber das sollten Sie nicht korrigieren. Das Licht soll warm sein. Sonnenaufgänge, Sonnenuntergänge und alles, was von direktem Sonnenlicht getroffen wird, haben also eine Farbtemperatur-Einstellung zwischen 5000 und 5500K – Tageslicht-Weißabgleich. Höhere Werte passen zu Schatten, bedecktem Himmel und Dämmerung, während niedrigere Werte für Kunstlichtbilder (und manche Nachtszenen) gedacht sind. Die Farbtemperatur dieser Aufnahme wurde in Camera Raw auf 5200K eingestellt.

Farbtemperatur bei Dämmerung

Unter schwierigen Lichtverhältnissen wie in der Dämmerung oder bei gemischtem Licht (natürliches und Kunstlicht) platziere ich manchmal eine Weißkarte im Bild, die ich dann bei den nachfolgenden Bildern wieder entferne. So kann ich mit der Pipette in Lightroom oder Camera Raw in die Weißkarte klicken, den Weißabgleich einstellen und dieselben Werte auf alle anderen Bilder anwenden. Ich wusste, dass es nicht leicht werden würde, die richtige Farbtemperatur für dieses Bild zu finden, darum fotografierte ich zuerst die Weißkarte und arbeitete dann in Lightroom mit der Pipette. Ich korrigierte die Farbtemperatur auf 14.080K!

1

2

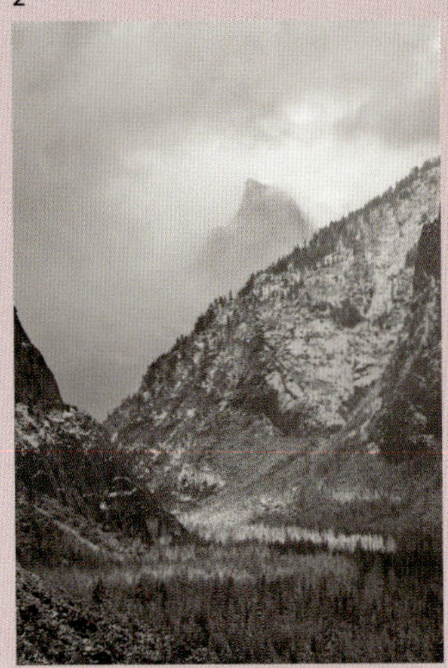

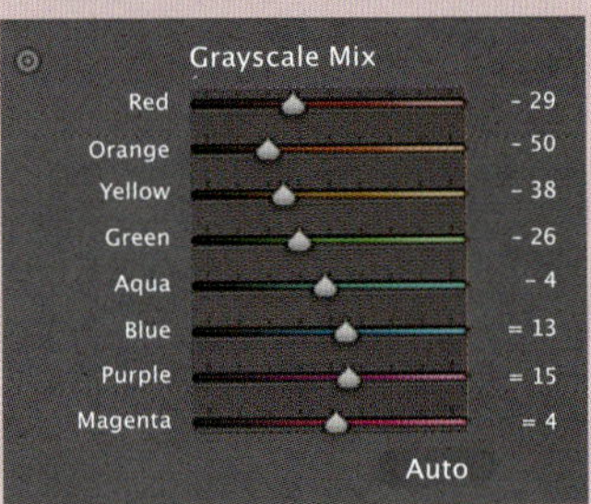

3

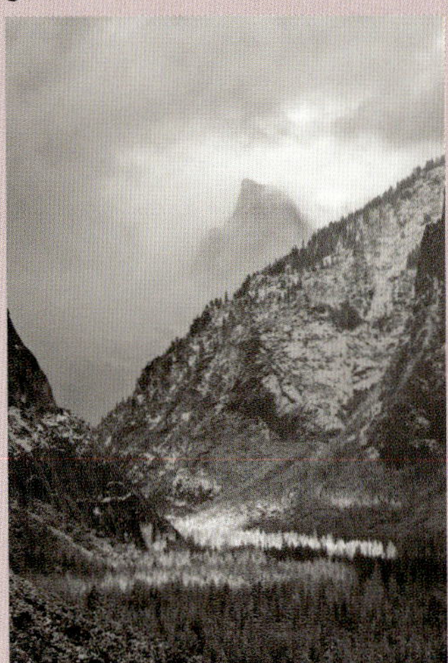

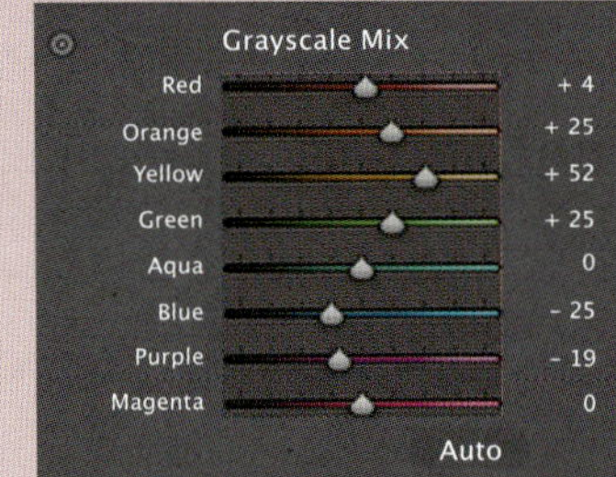

4

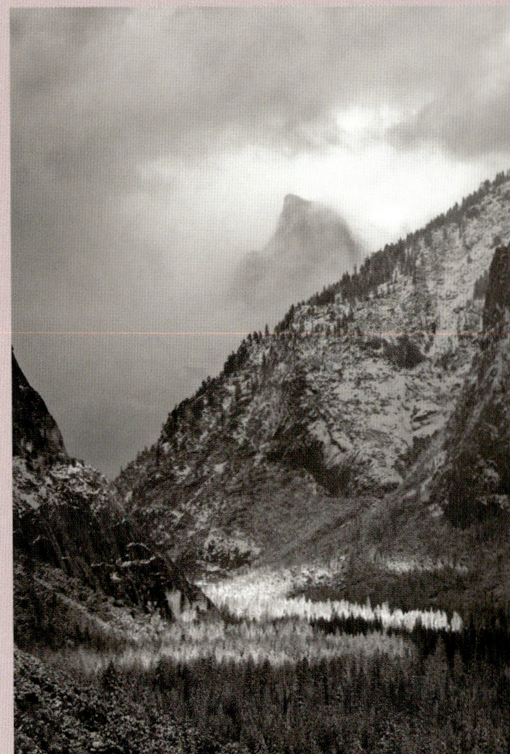

Grayscale Mix

Red	+ 70
Orange	+ 64
Yellow	+ 38
Green	+ 0
Aqua	- 23
Blue	- 51
Purple	- 70
Magenta	- 49

Auto

Schwarzweißumwandlung

Wie ich bereits in Kapitel 1 erwähnte, haben Sie mehr Kontrolle über Ihre Schwarzweißbilder, wenn Sie sie in Farbe aufnehmen und mithilfe einer Software in Graustufen umwandeln. Photoshop, Lightroom und Camera Raw sind mit ähnlichen Funktionen ausgestattet: In Photoshop erstellen Sie eine Schwarzweiß-Einstellungsebene; in Lightroom oder Camera Raw nutzen Sie die Graustufen- bzw. Schwarzweißmischung.

Mit diesen Werkzeugen können Sie die relative Helligkeit der einzelnen Farben anpassen und beispielsweise die Rottöne heller oder die Blautöne dunkler machen. Als würden Sie sich im Nachhinein für einen Farbfilter entscheiden, nur besser! Sie können Farben trennen, die für einen herkömmlichen Filter zu dicht beieinander liegen.

Digitalfilter auswählen

1. Das Originalbild des Half Dome zeigt wärmere Farben in den Sonnenbereichen und kältere im Schatten.

2. Das digitale Äquivalent eines Blaufilters erzeugt ein flaues Bild; die blauen Tiefen werden aufgehellt und die goldenen Bereiche abgedunkelt.

3. Diese Einstellungen sind mit einem Gelbfilter vergleichbar, der die wärmeren Bereiche aufhellt und die Schatten abdunkelt.

4. Das Standard-Äquivalent eines Rotfilters erzeugt den stärksten Kontrast.

1

2A

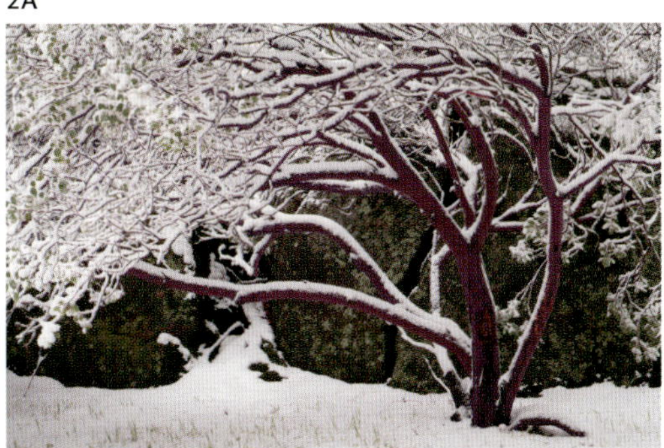

2B

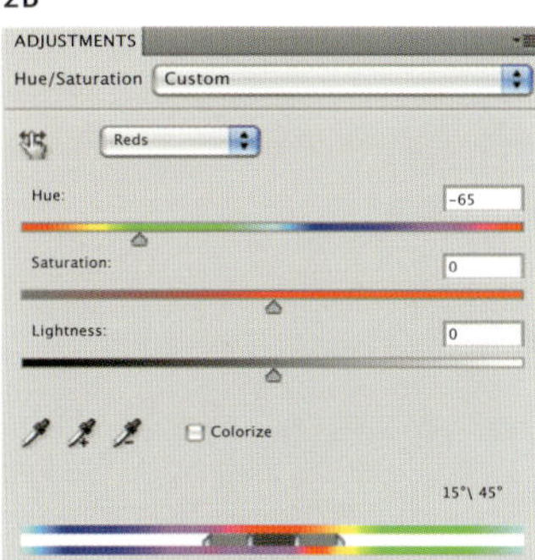

3

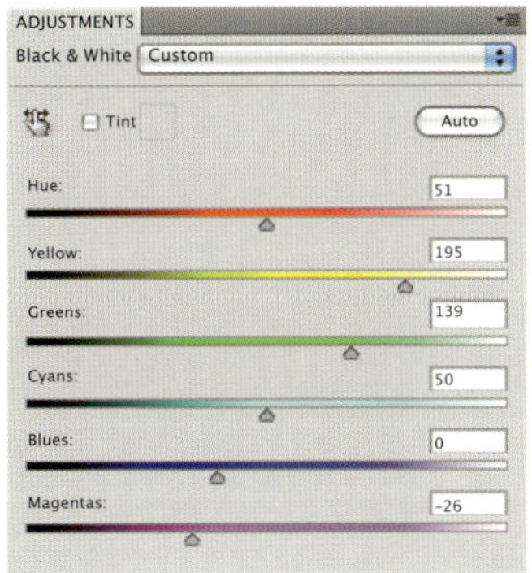

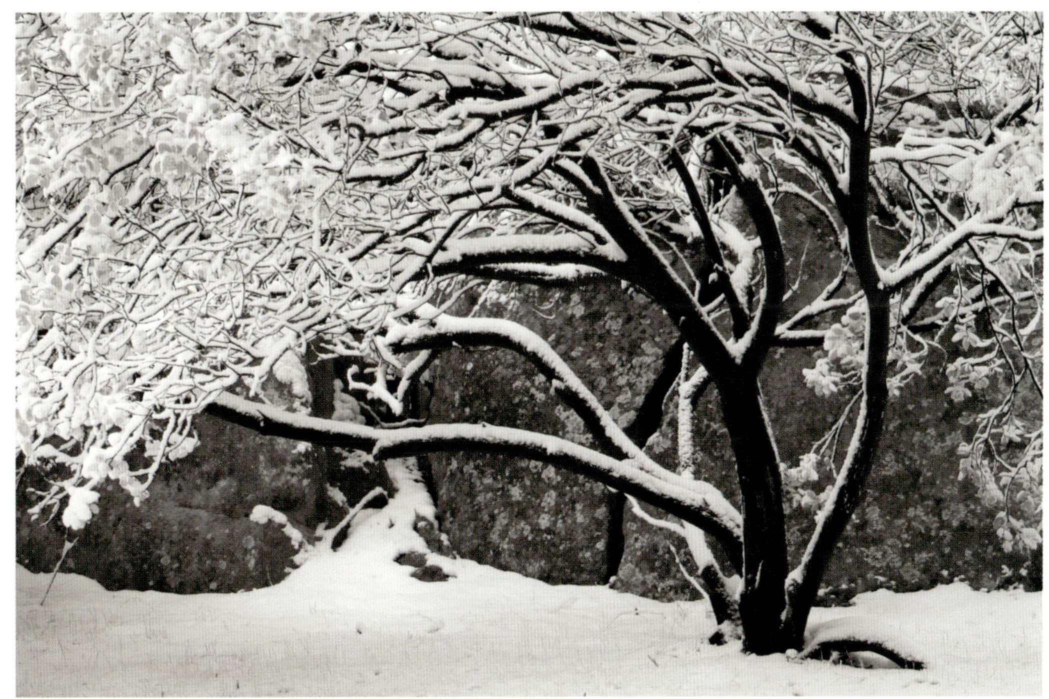

Ähnliche Farben trennen

1. In diesem Beispiel aus Kapitel 1 (Seite 31) lag die Herausforderung darin, den orangefarbenen Baumstamm und den gelbgrünen Stein in deutlich voneinander abgegrenzte Grautöne umzuwandeln.

2. Ich erstellte in Photoshop eine Farbton/Sättigung-Einstellungsebene und änderte die Farbe des Baumstammes in Magenta.

3. Mit einer Schwarzweiß-Einstellungsebene hellte ich die Gelb- und Grüntöne auf, während Rot und Magenta abgedunkelt wurden.

Schwarzpunkt, Weißpunkt und Kontrast

»Im Leben ist nicht alles Licht; es muss auch Halbtöne und Schatten geben.«
—Edward Weston

Standardeinstellungen

Bevor es um den vielleicht wichtigsten Teil der Bildbearbeitung geht - die Tonalität -, ist es wichtig zu wissen, dass jedes Bild bereits einmal verarbeitet wurde, bevor Sie es überhaupt zum ersten Mal öffnen. JPEGs werden in der Kamera entsprechend den Algorithmen des Herstellers verarbeitet, aber selbst Raw-Dateien sind bereits voreingestellt. Die Raw-Daten, die der Sensor aufnimmt, müssen interpretiert werden, um ein Foto zu ergeben, und das Softwarehersteller muss sich für einen Anfangspunkt entscheiden.

Dazu gehören bei jedem mir bekannten Raw-Prozessor erhöhte Helligkeit und stärkerer Kontrast. Zum einen sehen die Bilder so besser aus, zum anderen versuchen die Softwarehersteller, die Verarbeitung der Kamera zu imitieren, so dass die Dateien ähnlich aussehen wie die Bilder auf dem Kamera-LCD.

Dieser generische Ausgangspunkt ist jedoch nicht immer der beste Einstieg, wenn Sie das Beste aus jedem Bild herausholen wollen. Ansel Adams sagte: »Als ersten Schritt bei der Bewertung des Negativs nehmen Sie am besten ein weiches Papier für den ersten Proof oder Abzug. Der Abzug wirkt vielleicht flau, aber er soll alle im Negativ enthaltenen Informationen anzeigen, vor allem Struktur und Details in den Extremen.« Dasselbe Prinzip gilt für Digitalbilder. Vor allem in kontrastreichen Szenen müssen Sie das Bild ohne verstärkten Kontrast sehen, um die Details in Lichtern und Schatten bewerten zu können.

In aktuelleren Versionen von Lightroom und Adobe Camera Raw (ab Lightroom 4 und ab ACR 7) ist die Standard-Kontrasteinstellung 0, eine Einstellung von -33 wäre jedoch neutraler und gestattet Ihnen, die Details in den Lichtern und Schatten besser zu bewerten.

Die in den Raw-Dateien erhöhte Helligkeit verstärkt die Mitteltöne, wodurch die Lichter unerwünscht flau und die helleren Bereiche ausgewaschen wirken. In neueren Versionen von Lightroom und Adobe Camera Raw ist eine Belichtung von -1.00 näher am Neutralwert als der eingestellte Wert 0.

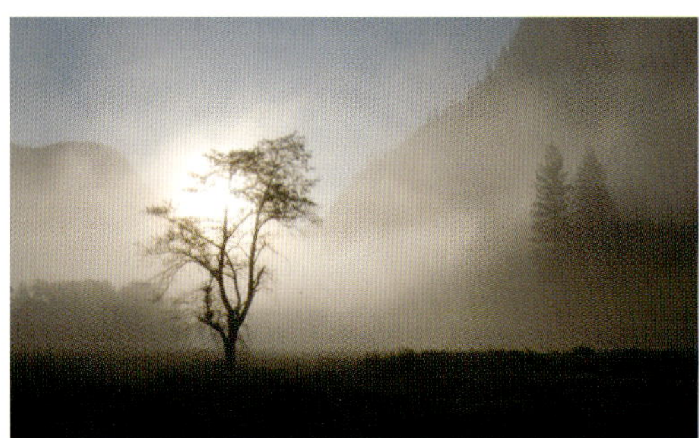
1

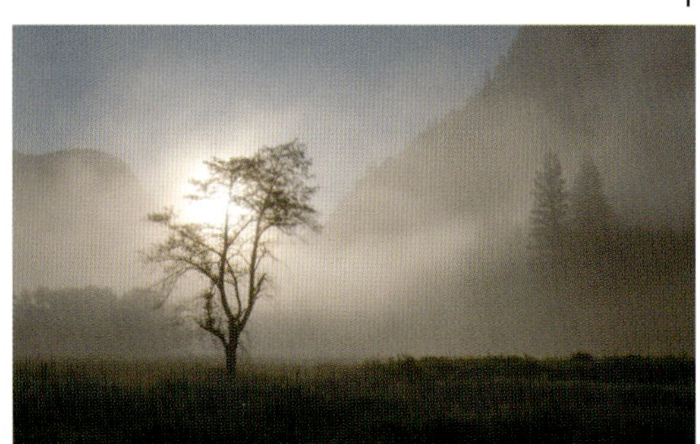
2

Standardkontrast ausschalten

Der Standardkontrast von 0 in neueren Versionen von Lightroom und Adobe Camera Raw enthält bereits eine Kontrastverstärkung (1). Bei kontrastreichen Szenen wie dieser kann es jedoch besser sein, mit einem Kontrast von -33 zu beginnen, um die Details in Lichtern und Schatten besser bewerten zu können (2).

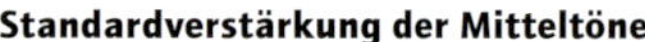

Standardverstärkung der Mitteltöne

Die Standardeinstellungen in jedem Raw-Programm erhöhen die Helligkeit, indem sie die Mitteltöne verstärken, was zu ausgewaschenen Lichtern führen kann. Mit Adobes Standardeinstellungen im 2012 Process (ab Lightroom 4, ab Adobe Camera Raw 7) wirkt dieses Bild des Half Dome eher ausgewaschen, obwohl im Histogramm nichts überbelichtet angezeigt wird (1). Ich verschob den Belichtungs-Regler von 0 auf -1.00 und schaltete so die Verstärkung der Mitteltöne aus, was zu satteren Farben führte. Dies ist ein besserer Ausgangspunkt für die Verarbeitung dieses Bildes und auch vieler anderen mit leuchtenden Farben (2).

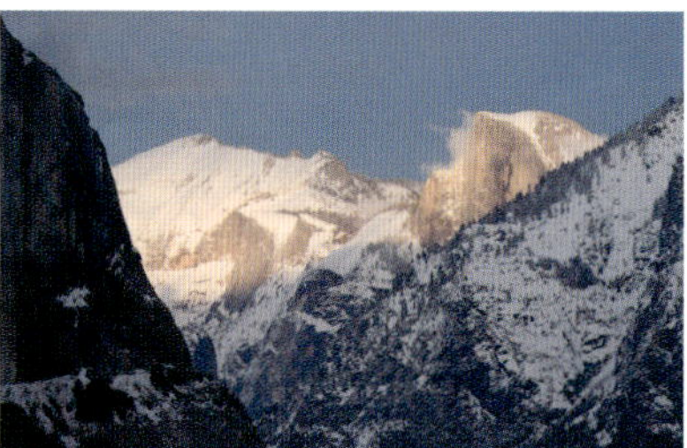
1

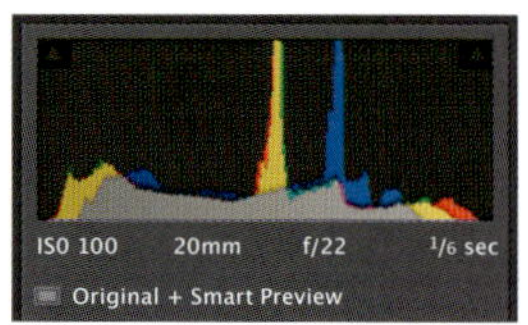

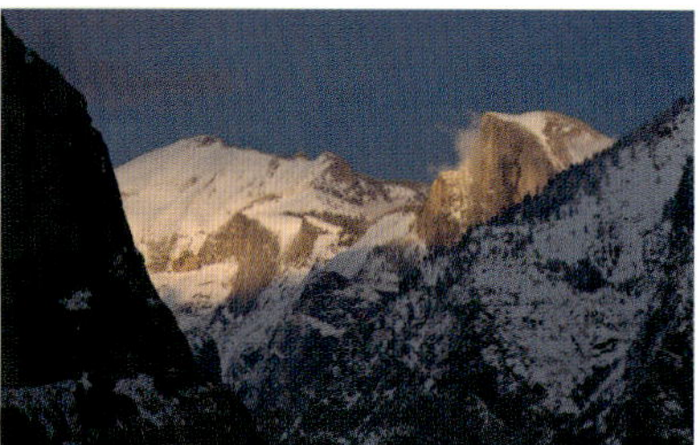
2

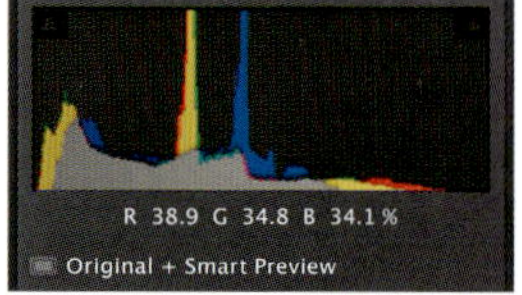

Deshalb beginne ich in Lightroom immer mit einer Belichtung von -1.00 und einem Kontrast von -33. Damit sehen die Bilder zwar zu dunkel oder etwas flau aus, aber ich finde, mit diesen Einstellungen habe ich einen besseren Ausgangspunkt, um das Beste aus kontrastreichen Szenen herauszuholen und sattere Farben und Strukturen in kontrastarme Bilder einzubringen. Aber selbst wenn Sie mit den Standardeinstellungen von Adobe arbeiten, würde ich empfehlen, den Kontrast zu Beginn auf -33 zu stellen, wenn es um kontrastreiche Bilder geht. Und wenn das Histogramm Details in den Lichtern anzeigt, das Bild jedoch ausgewaschen aussieht, probieren Sie es mal mit reduzierter Belichtung.

Apropos Standardeinstellungen: Aus welchen Gründen auch immer lässt Adobe die Checkbox CHROMATISCHE ABERRATIONEN ENTFERNEN im Bedienfeld Objektivkorrekturen in Lightroom bzw. Camera Raw standardmäßig ausgeschaltet. Offensichtlich nimmt man an, dass die meisten Fotografen chromatische Aberrationen haben wollen. Ich kenne allerdings niemanden, deshalb sollten Sie sie Checkbox einschalten.

Verhalten bei der Bildkorrektur

Seit Lightroom 4 und Adobe Camera Raw 7 passen sich alle Tonwertregler im Grundeinstellungen-Bedienfeld (Belichtung, Kontrast, Lichter, Tiefen, Weiß und Schwarz) dem Bild an. Das heißt, sie verhalten sich je nach Bildinhalt anders. Die meisten dieser Unterschiede sind winzig, aber zwei wichtige betreffen die Wiederherstellung der Lichter und den Schwarzpunkt.

Diese Wiederherstellung ist in Lightroom und ACR automatisch. Wenn also eine Raw-Datei in den Lichtern überbelichtet ist, werden Details in den Lichtern wenn möglich automatisch beim Import in Lightroom oder ACR wiederhergestellt. Sind dann noch ausgebrannte Lichter zu sehen, waren sie zu stark überbelichtet, um wiederhergestellt zu werden. Mit den Lichter- und Weiß-Reglern können Sie die wiederhergestellten Lichter abdunkeln und diesen Bereichen oft mehr Struktur hinzufügen. Details lassen sich dadurch nicht wiedergewinnen. Das war ja schon automatisch geschehen, wenn möglich.

Am anderen Ende des Tonwertbereichs, wenn eine Raw-Datei viel reines Schwarz enthält, wird der Schwarzpunkt automatisch so eingestellt, dass die Details in den Schatten zum Vorschein kommen.

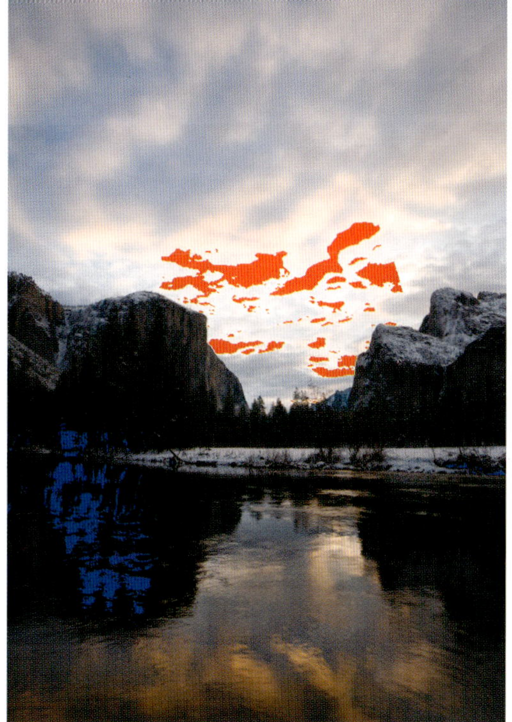

1

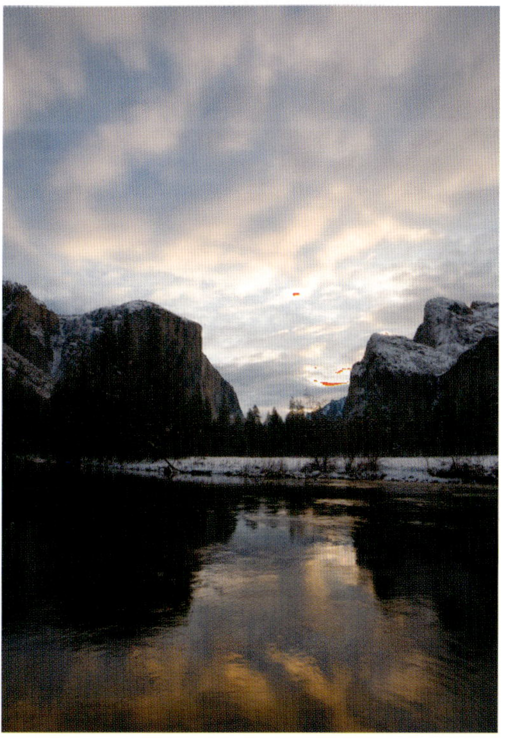

2

Automatisches Wiederherstellen der Lichter und Schatten

Aktuellere Versionen von Lightroom und ACR stellen überbelichtete Lichter automatisch wieder her und korrigieren den Schwarzpunkt für die Details in den Schatten. Diese kontrastreiche Szene ist zuerst bei den Adobe-Standardeinstellungen in Lightroom 3 zu sehen, die Überbelichtungswarnung ist rot, die Beschneidung der Tiefen blau dargestellt (1). Das zweite Bild zeigt die Standardeinstellungen in späteren Lightroom-Versionen, in denen die Details in den Lichtern automatisch wiederhergestellt und die Details in den Tiefen verbessert werden.

Schwarzpunkte, Weißpunkte und die Erweiterung des Zonensystems

Die Platzierung des Schwarz- und Weißpunktes ist eine der wichtigsten Entscheidungen eines Fotografen. Ein Bild mit tiefen Schwarz- und hellen Weißtönen ist ausdrucksstärker als ein Bild ohne. Allerdings profitieren einige Fotos auch von einem etwas weicheren Look. Hier die Sicht von Ansel Adams: »Eine Spur von reinem Weiß oder Schwarz kann als »Schlüssel« für andere Werte dienen. Ein Bild, das diese Schlüsselwerte benötigt, sieht ohne sie schwach aus. Es gibt aber keinen Grund, dass diese Schlüsselwerte in allen Bildern enthalten sein müssen, ebenso wie ein Klavierstück nicht alle 88 Noten auf der Tastatur enthalten kann. Auch in engen, feinen Bereichen sind tolle Effekte möglich.«

Achten Sie auf den Satz »Eine Spur von reinem Weiß oder Schwarz ... «. Große rein weiße oder schwarze Bereiche sehen also selten gut aus. Kleine Bereiche reichen in den meisten Bildern deutlich aus, manche kommen gar ohne aus. Schwarzweißfotos vertragen kleine rein weiße Bereiche besser als Farbfotos. Selbst kleine ausgewaschene Bereiche sehen in Farbfotos unnatürlich aus, in Schwarzweißaufnahmen jedoch nicht. Vielleicht ist es die stärkere Abstraktion der monochromen Farbpalette?

Da Schwarzpunkt und Weißpunkt so wichtige ästhetische Entscheidungen sind, stelle ich sie bei den meisten Bildern vor den ersten Tonwertkorrekturen ein. Selbst wenn ich mich entscheide, in einem Bild auf reines Schwarz und Weiß zu verzichten, bestimmen der Schwarzpunkt und der Weißpunkt, wie dunkel bzw. hell die dunkelsten bzw. hellsten Stellen im Bild sind. Dazwischen bestimmen sie den allgemeinen Kontrastumfang des Fotos.

Durch das Setzen des Schwarzpunktes werden die Schatten vertieft, der Weißpunkt hellt die Lichter auf. Beide zusammen erhöhen den Kontrast. Dies sind die ersten Schritte im digitalen Äquivalent der Erweiterung des Zonensystems (beschrieben auf Seite 48). Für eine kontrastreiche Szene ist jedoch ein anderes Herangehen erforderlich, denn Sie versuchen, den Kontrast zu verringern – ähnlich wie beim Kontrahieren des Zonensystems (mehr zur Bearbeitung kontrastreicher Szenen finden Sie auf Seite 142).

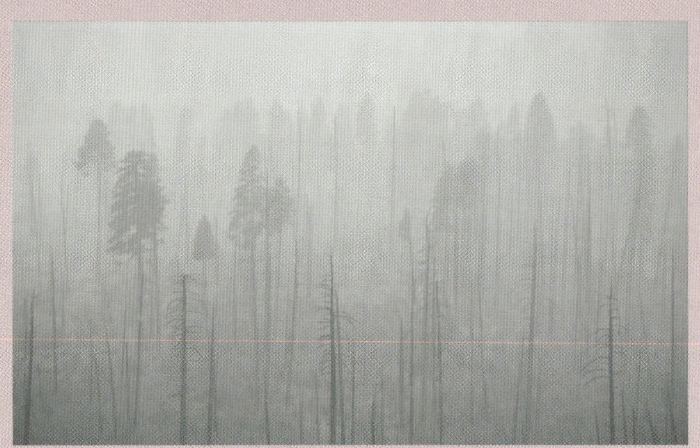

1

1. Wenig Kontrast

Nicht alle Bilder benötigen den gesamten Tonwertbereich. Tiefe Schwarz- oder sehr helle Weißtöne würden diese weiche, himmlische Stimmung ruinieren.

2

2. Starker Kontrast

Diese dramatische Szene lebt vom Ausdruck der kleinen rein schwarzen und weißen Bereiche.

Tonwertkorrekturen und Gradationskurven

Es gibt zwei wichtige Werkzeuge, mit denen der Gesamtkontrast eine Bildes angepasst werden kann: Tonwertkorrektur und Gradationskurven. Letztere sind jedoch deutlich leistungsfähiger. Gradationskurven sind alles in allem das leistungsfähigste Werkzeug eines Digitalfotografen. Wenn Sie damit umgehen können, meistern Sie auch die digitale Dunkelkammer.

Lightroom und Adobe Camera Raw haben keine Tonwertkorrektur, aber zwei Arten von Gradationskurven. Da Sie den Schwarz- und Weißpunkt nicht in einer parametrischen Kurve setzen können, empfehle ich die Punktkurve. (Klicken Sie in Lightroom auf das kleine Icon links unten im Kurven-Bedienfeld, um zwischen den Kurven zu wechseln.) Oder Sie verschieben den Weiß-Regler nach rechts, um einen Weißpunkt zu setzen, und den Schwarz-Regler nach links, um einen Schwarzpunkt zu setzen, und schieben den Kontrast-Regler nach rechts, um das Äquivalent einer S-Kurve zu erzeugen.

Benutzen Sie sowohl für Gradationskurven als auch Tonwertkorrektur Einstellungsebenen, um die Korrekturen später noch bearbeiten zu können.

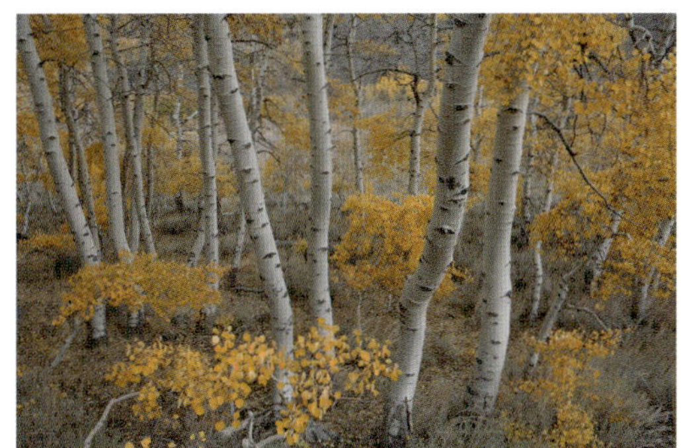

1

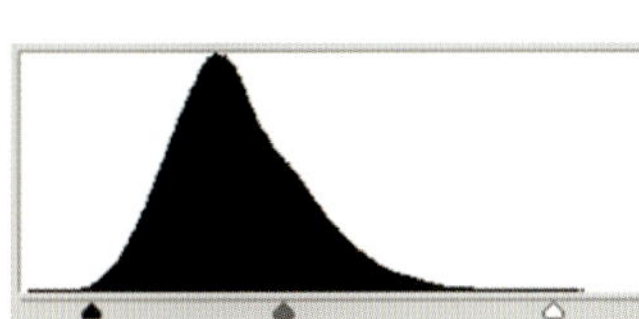
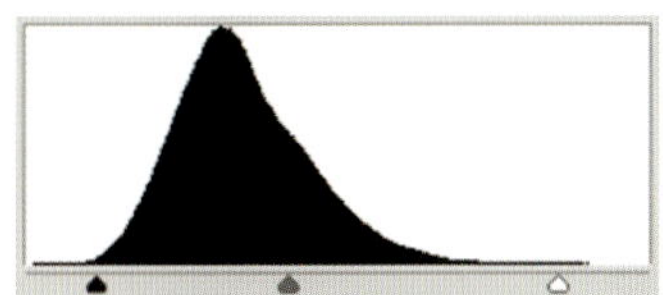

2

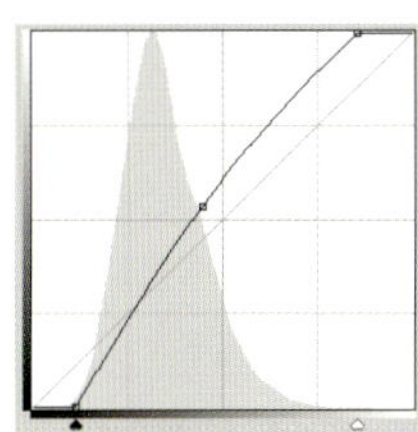

3

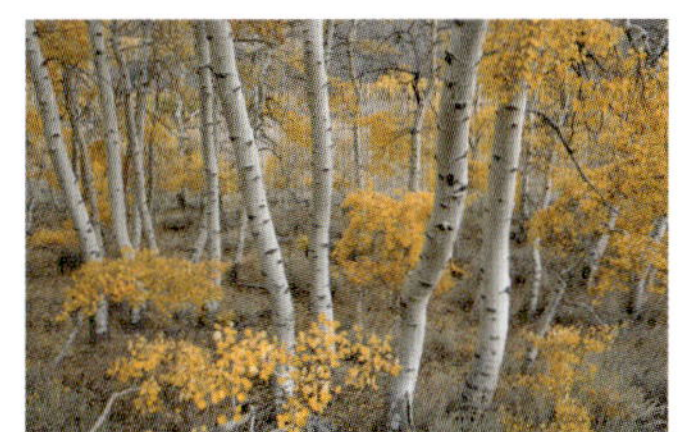
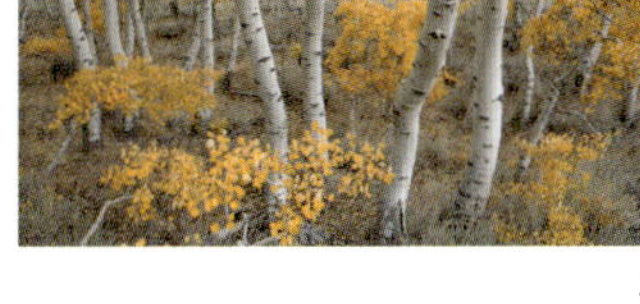
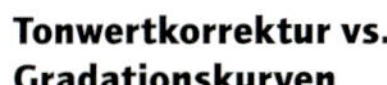

4

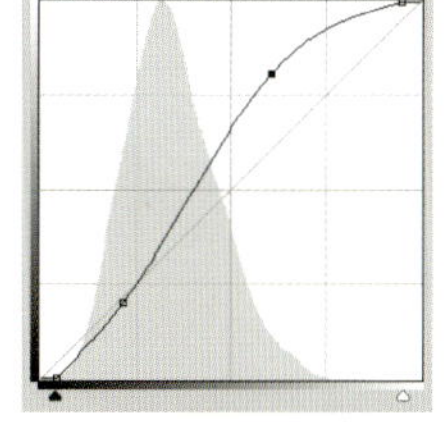

5

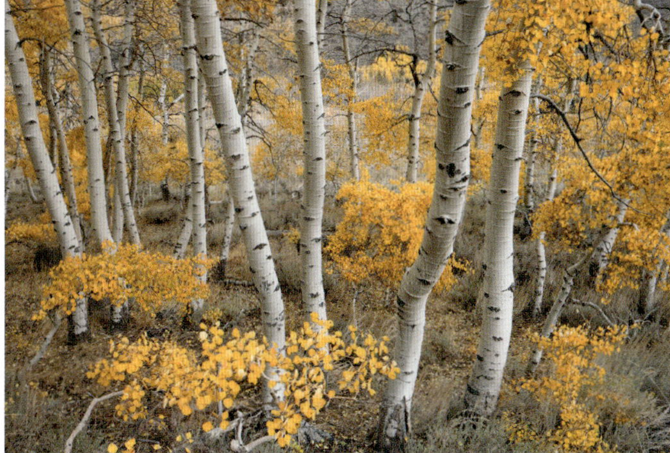
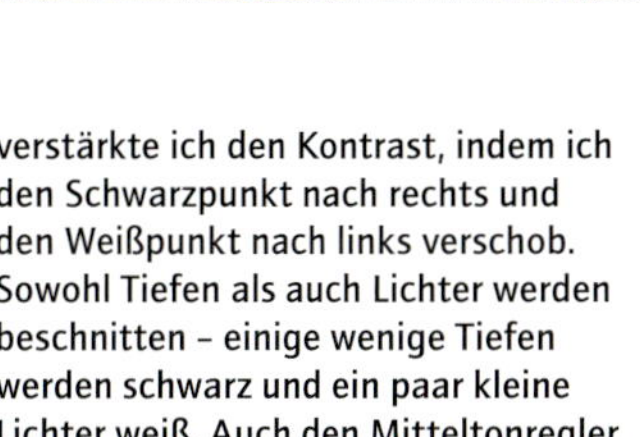

6

Tonwertkorrektur vs. Gradationskurven

1. Die original Raw-Datei dieser Herbstbäume zeigt einen angepassten Weißabgleich, aber keine Kontrastanpassung.

2. Bei der Tonwertkorrektur gibt es drei Kontrollmöglichkeiten – Schwarzpunkt, Weißpunkt und einen Regler für die Mitteltöne. Verschieben Sie den Schwarzpunkt nach rechts, verstärken Sie die Schwarztöne; alles was sich im Histogramm links vom Schwarzpunkt befindet wird schwarz. Ziehen Sie den Weißpunkt nach links, verstärken Sie die Weißtöne; alles, was sich im Histogramm rechts vom Weißpunkt befindet, wird rein weiß. Mit dem mittleren Regler bestimmen Sie den Wert für die Mitteltöne – die Gesamthelligkeit des Bildes. Hier verstärkte ich den Kontrast, indem ich den Schwarzpunkt nach rechts und den Weißpunkt nach links verschob. Sowohl Tiefen als auch Lichter werden beschnitten – einige wenige Tiefen werden schwarz und ein paar kleine Lichter weiß. Auch den Mitteltonregler verschob ich nach links, um das Bild insgesamt etwas aufzuhellen.

3. Zum Vergleich nahm ich dieselben Einstellungen noch einmal mit einer Gradationskurveneinstellung vor. Wenn Sie in einer Gradationskurve den Punkt unten links nach rechts verschieben (an der Unterkante), ist es, als würden Sie den Schwarzpunktregler in einer Tonwertkorrektur nach rechts ziehen. Verschieben Sie den Punkt oben rechts nach links, entspricht das dem Weißpunktregler der Tonwertkorrektur. Der Mittelpunkt der Kurve verhält sich wie der Mittelpunktregler. Ich verschob die Schwarz- und Weißpunkte, um den Kontrast zu stärken und die Mitteltöne aufzuhellen.

4. Dieses Bild weist deutlich mehr Kontrast auf, allerdings sind einige Tiefen- und Lichterdetails verloren gegangen.

5 & 6. In einer Gradationskurve stehen Ihnen mehr als drei Punkte zur Verfügung – sie ist als leistungsfähiger. Je steiler die Kurve, desto stärker der Kontrast. Hier verstärkte ich den Mitteltonkontrast, ohne Tiefen oder Lichter zu beschneiden – Schwarz- und Weißpunkt behielt ich außerhalb des hellsten und dunkelsten Punktes im Histogramm. Das Foto ist nun deutlich kontrastreicher, ohne Details in den Extremwerten zu verlieren.

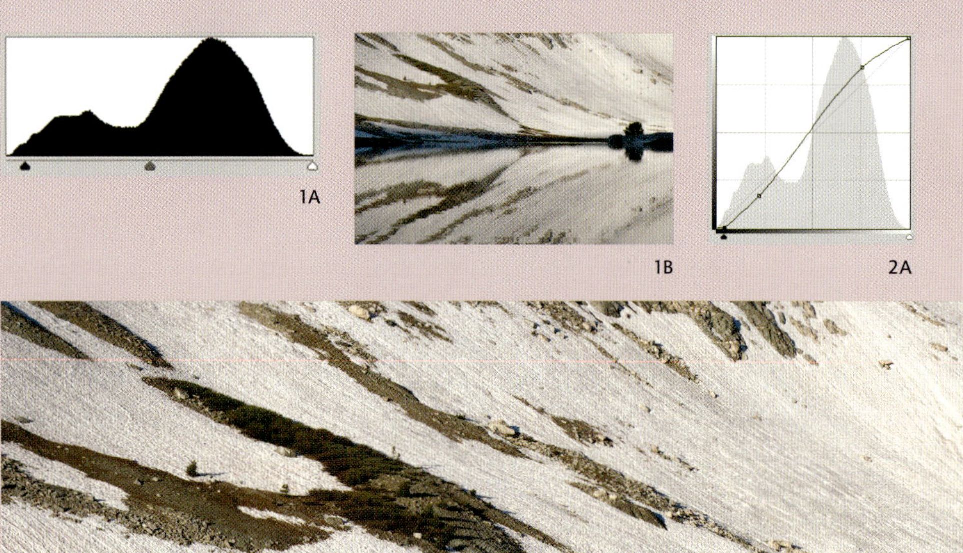

1A

1B

2A

2B

S-Kurven

1A & B. Diese Aufnahme füllt das gesamte Histogramm aus. Es gibt also keinen Spielraum für die Schwarz- und Weißpunkte, ohne dass Tiefen oder Lichter beschnitten werden und der Kontrast, der durch eine Tonwertkorrektur hinzugefügt wird, eingeschränkt wird. Mithilfe einer Tonwertkorrektur verschob ich den Schwarzpunkt nach rechts – einige Tiefen wurden schwarz – und den Mittelpunktregler nach links, um die Mitteltöne etwas aufzuhellen. Hätte ich den Weißpunkt verschoben, wären wichtige Lichterdetails verloren gegangen.

2A & B. Die Gradationskurven sind flexibler. Hier verschob ich den Schwarzpunkt nur so weit nach rechts, dass nur kleine Bereiche komplett schwarz wurden; den Weißpunkt veränderte ich nicht, um keine Lichter zu beschneiden. Dann platzierte ich zwei weitere Punkte, um eine S-Kurve zu erzeugen, die den Mitteltonkontrast verstärkt und den Schnee aufhellt, ohne dass wichtige Details verloren gehen. Das Ergebnis ist heller und wirkt lebendiger.

Eine Art S-Kurve benutze ich in etwa 95 % meiner Aufnahmen. Denn damit lässt sich der Gesamtkontrast verstärken, ohne sich um Tiefen- oder Lichterdetails sorgen zu müssen.

1. **Bild mit wenig Kontrast**
1A. Vor der Kurve
1B. Nach der Kurve

In einem Bild mit wenig Kontrast – wo die Pixel nicht das gesamte Histogramm füllen – lassen sich der Schwarz- und der Weißpunkt deutlicher verschieben, ohne dass Tiefen oder Lichter beschnitten werden. Hier verschob ich beide Punkte, behielt sie jedoch außererhalb der Bildpixel, um Beschneidungen zu vermeiden. Eine leichte S-Kurve verstärkt den Mitteltonkontrast.

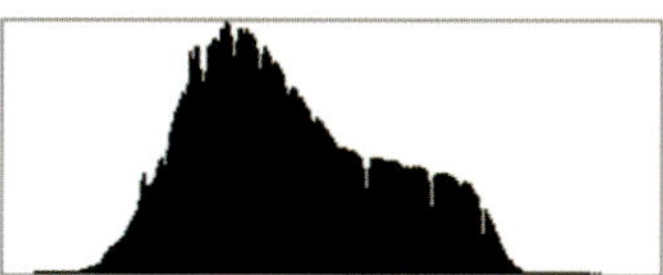

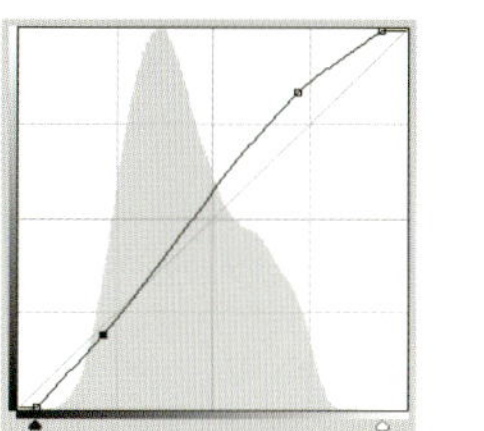

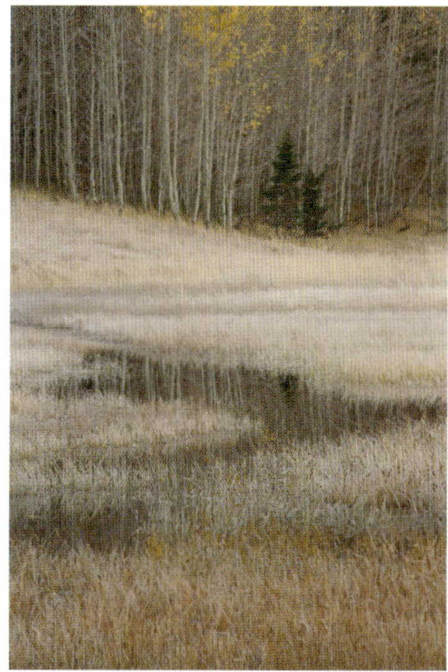

1A

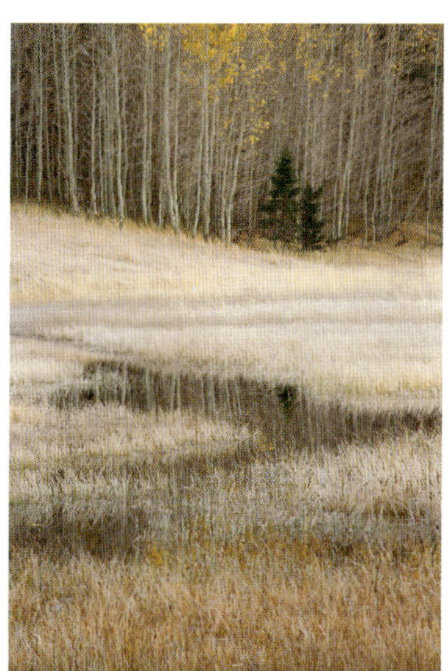

1B

2. **Bild mit viel Kontrast**
2A. Vor der Kurve
2B. Nach der Kurve

Dieses Bild enthält viel Schwarz (achten Sie auf die Spitze links im Histogramm), während die Lichter fast den rechten Rand des Histogramms berühren. Ich konnte die Schwarz- und Weißpunkte also nicht bewegen, ohne wichtige Lichter- oder Tiefendetails zu verlieren. Eine feine aufhellende S-Kurve verstärkte den Mitteltonkontrast und hellte das Bild insgesamt etwas auf.

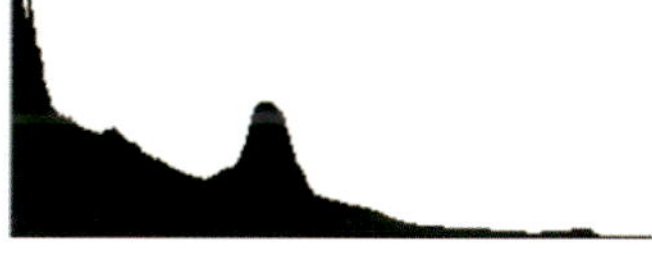

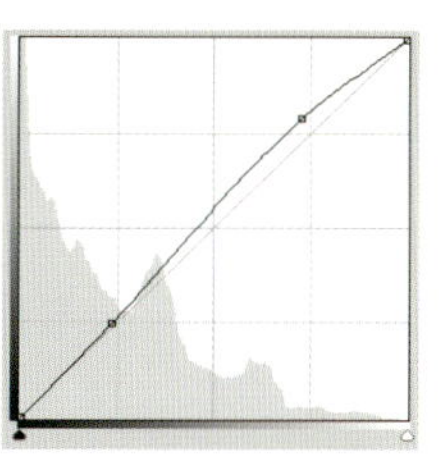

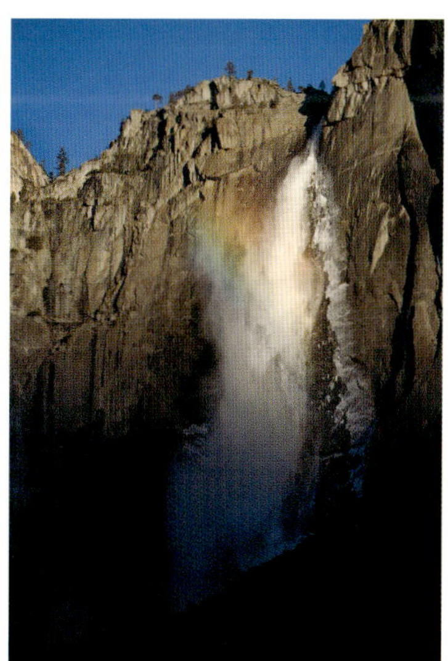

2A

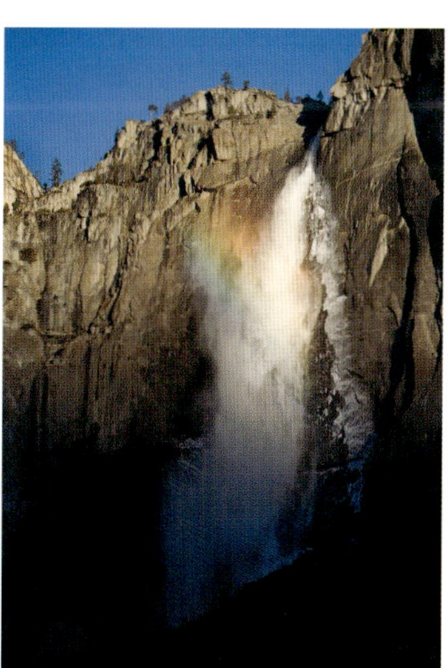

2B

3A

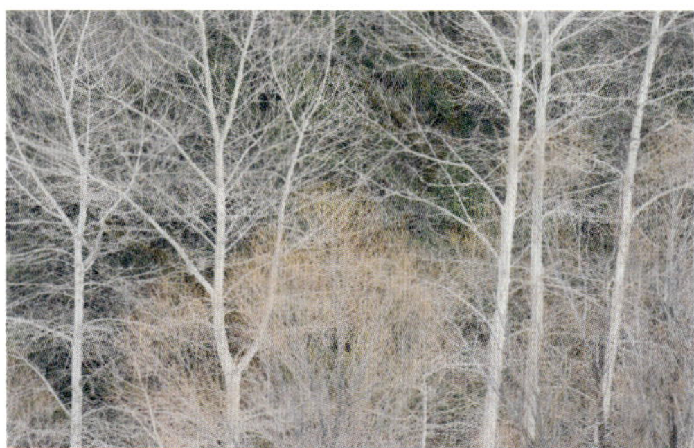

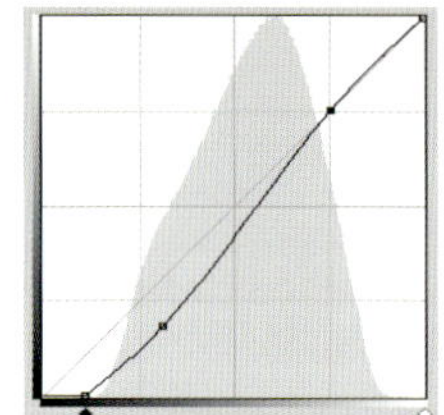

3B

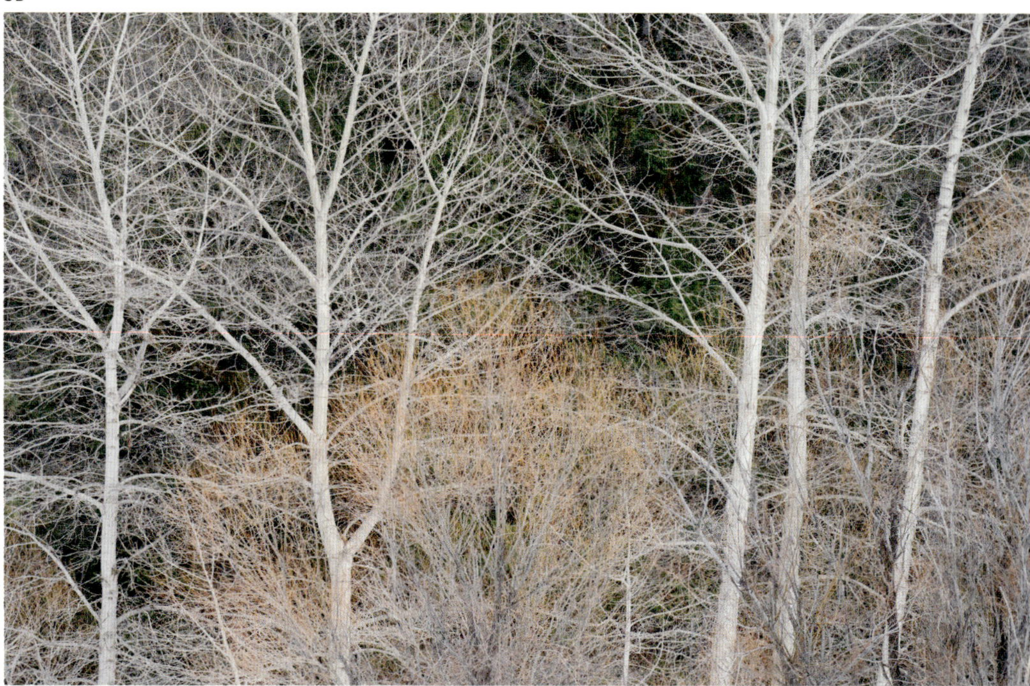

3. **Abdunkelnde S-Kurve**
3A. Vor der Kurve
3B. Nach der Kurve

Um das Bild abzudunkeln und gleichzeitig den Kontrast zu erhöhen, ermitteln Sie zunächst die Schwarz- und Weißpunkte und platzieren diese dann bei etwa ¼ und ¾ der Kurve. Ziehen Sie den ¼-Punkt nach unten und belassen Sie den ¾-Punkt, wo er ist. Der mittlere Teil der Kurve befindet sich jetzt unter dem Original – die Mitteltöne wurden abgedunkelt.

4. **Aufhellende S-Kurve**
4A. Vor der Kurve
4B. Nach der Kurve

Um ein Bild aufzuhellen und gleichzeitig den Kontrast zu verstärken, platzieren Sie Punkte bei ¼ und ¾ der Kurve. Lassen Sie hier jedoch den ¼-Punkt, wo er ist und ziehen Sie den ¾-Punkt nach oben. Der mittlere Teil der Kurve befindet sich nun über der Originalposition und sorgt für hellere Mitteltöne.

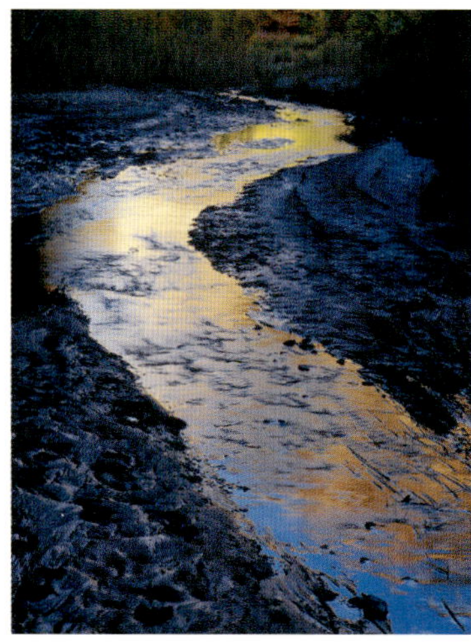

4A

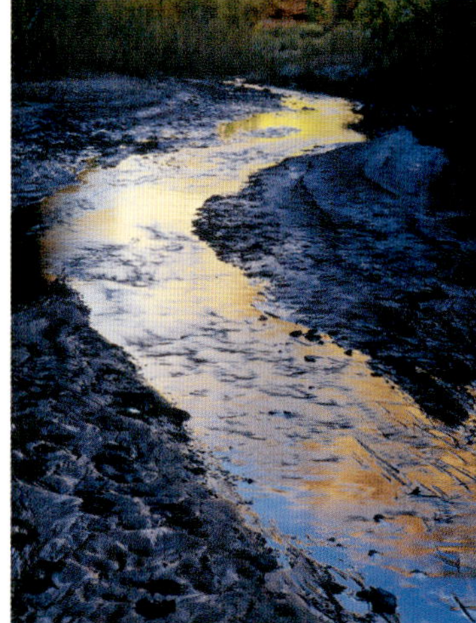

4B

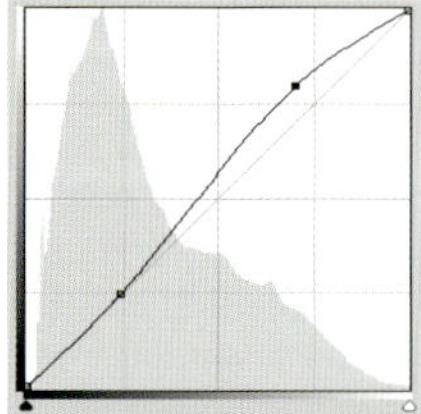

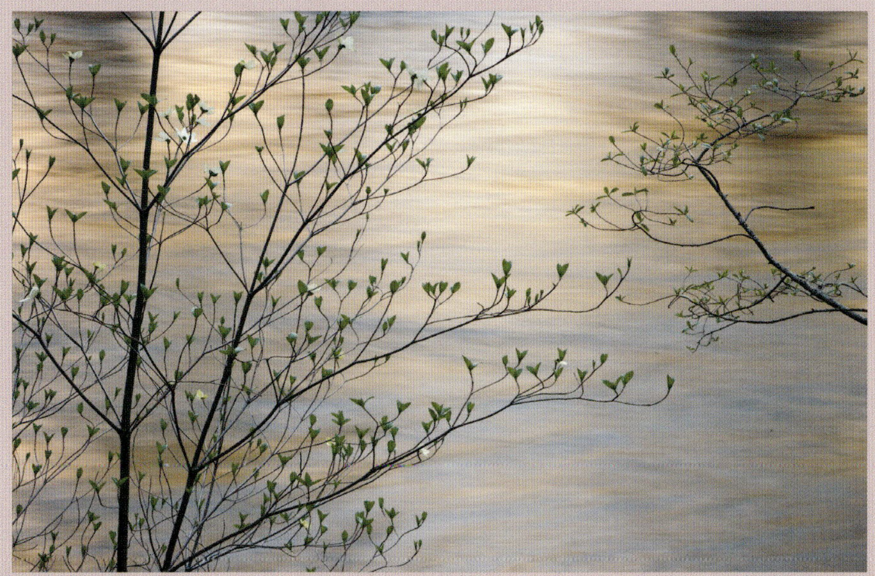

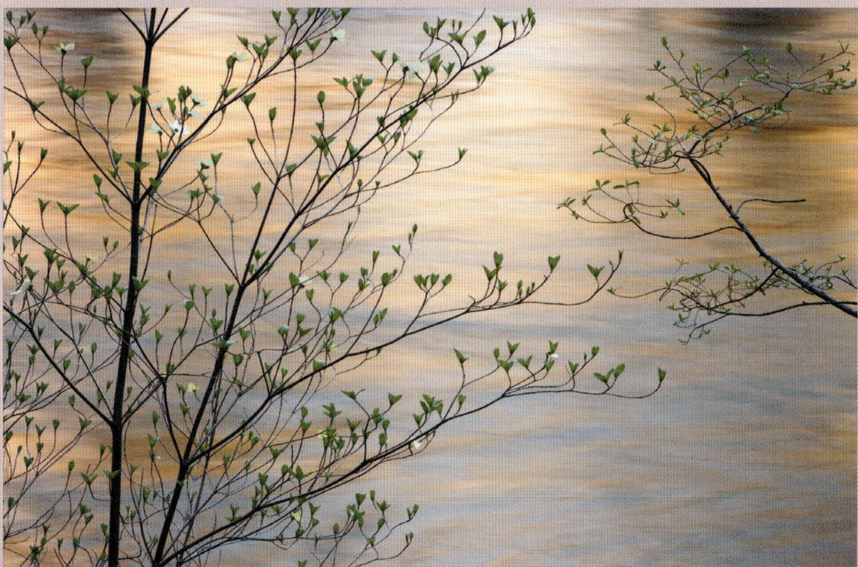

Dynamik und Sättigung

Die meisten Raw-Dateien lassen sich durch eine moderate Erhöhung der Sättigung oder Dynamik verbessern, oder indem Sie stattdessen die Sättigung einzelner Farben erhöhen. Aber Vorsicht. Manche halten viel Sättigung für gut, mehr Sättigung für noch besser. Während jedoch zusätzliche Farbintensität einem Foto mehr Leben einhaucht, zu viel auch nicht gut ist. Der Grat zwischen tollen Abzügen und schlechten ist nur sehr schmal.

Fotofarben wurden lange kontrovers diskutiert. Eliot Porter schrieb dazu: »Ich wurde für die verzerrten und künstlichen Farben in meinen Fotos kritisiert ... aber die Farben in meinen Fotos gab es so auch in der Szene, auch wenn ich sie beim Erstellen der Abzüge etwas verstärkt oder reduziert habe. Das ist nichts anderes, was Schwarzweißfotografen mit neutralen Tonwerten während der Entwicklung auch tun.«

Diese Äußerungen scheinen jedoch etwas veraltet. Porters Abzüge waren gedämpft, vergleicht man sie mit den heute völlig übersättigten Farben, die wir gewohnt sind. Wenn Sie die Sättigung einstellen, versuchen Sie sich zu erinnern, wie die Szene wirklich ausgesehen hat. Und denken Sie an die Reaktion der Betrachter; wenn die sich fragen, ob die Farben echt sind, denken sie nicht über das wunderschöne Licht nach, das Sie eingefangen haben und übersehen Ihre geniale Bildkomposition – Ihre Botschaft ist dann verloren.

Sättigung steigern

Die meisten Raw-Dateien sind eher flau und profitieren von einer leichten Verstärkung der Gesamtsättigung oder Dynamik. Hier sorgte eine leichte Verstärkung der Sättigung für intensivere Reflexionen im unteren Bild.

Abwedeln und Nachbelichten

Die Natur ist nur selten perfekt ausgeleuchtet. Durch das Abwedeln und Nachbelichten hat der Fotograf die Möglichkeit, diese Ausleuchtung zu verbessern.

Beim Betrachten von Fotos wird die Aufmerksamkeit in der Regel zunächst auf helle Bereiche gelenkt, während dunkle Bereiche ignoriert werden. Durch das Abwedeln und Nachbelichten lässt sich das Auge des Betrachters besser lenken. Enthält das Bild störende Lichter? Dann dunkeln Sie diese ab. Ist der wichtige Brennpunkt zu dunkel? Dann machen Sie ihn heller.

Abwedeln und Nachbelichten waren Ansel Adams' stärkste Dunkelkammertechniken und er nutzte sie häufig und intensiv. Die einfache Vorstellung, bestimmte Bildbereiche aufhellen oder abdunkeln zu können, hat auch in der digitalen Dunkelkammer nicht an Bedeutung verloren, auch wenn sie eher abschätzig betrachtet wird.

Zum Abwedeln und Nachbelichten in Lightroom und Adobe Camera Raw benutzen Sie den Korrekturpinsel und passen Belichtung, Kontrast, Lichter oder Tiefen an. In Photoshop verwenden Sie eine Gradationskurven- oder Tonwertkorrektur-Einstellungsebene in Kombination mit einer Ebenenmaske, wie in den Bildunterschriften beschrieben.

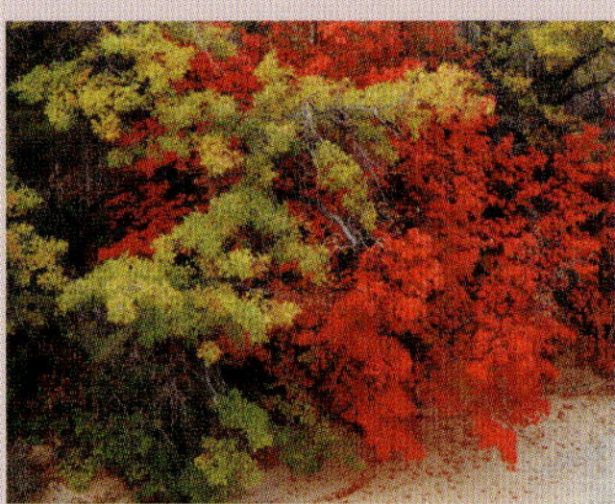

1

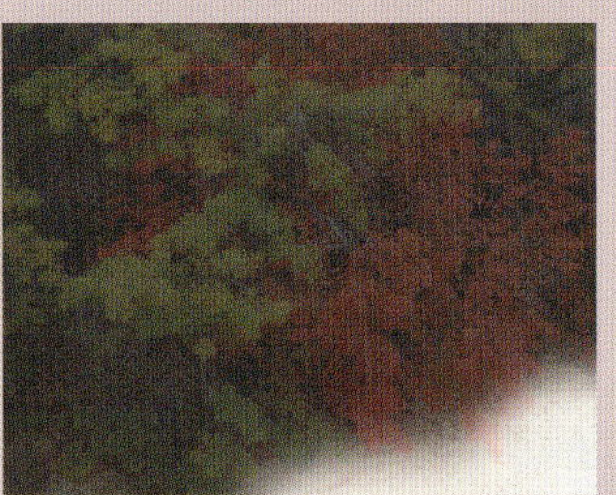

2

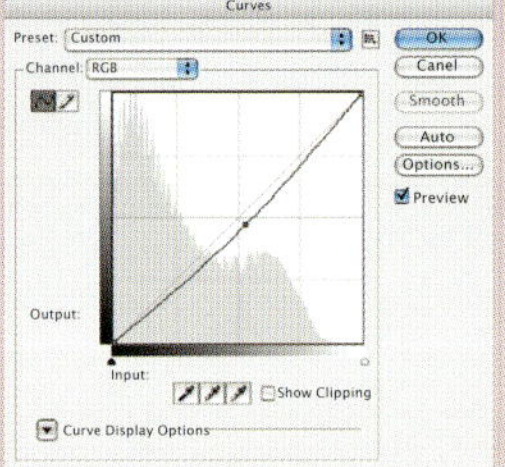

3

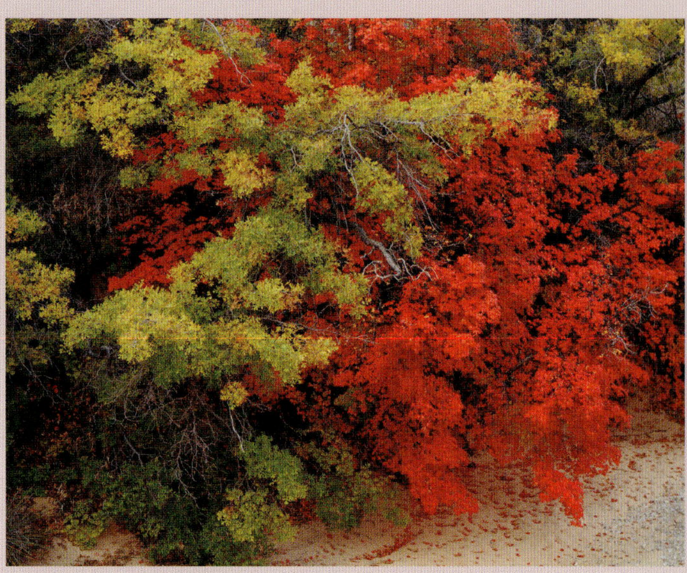

4

Flexibles Abwedeln und Nachbelichten in Photoshop

Die untere rechte Ecke dieses Bildes (1) ist zu hell – sie lenkt den Blick von den wunderschönen bunten Blättern ab. Photoshops Abwedler und Nachbelichter sind jedoch nicht flexibel genug – die Änderungen lassen sich nicht so leicht bearbeiten. Erstellen Sie stattdessen eine Gradationskurven-Einstellungsebene (3) und ziehen Sie den Mittelpunkt der Kurve nach oben links (abwedeln) oder nach unten rechts (nachbelichten). Drücken Sie Befehl-I (Mac) bzw. Strg-I (Windows), um die Ebenenmaske umzukehren. Aktivieren Sie nun den Pinsel mit einer großen, weichen Pinselspitze, stellen Sie Weiß als Vordergrundfarbe ein und belassen Sie die Deckkraft bei 100%. Malen Sie über den Bereich des Bildes, den Sie bearbeiten wollen. Hier zog ich die Kurve nach unten und malte über den Bereich unten rechts, um ihn abzudunkeln (2).

Kontrast erhöhen

Mit einer ähnlichen Vorgehensweise können Sie den Kontrast in Teilen des Bildes erhöhen. Das tue ich häufig beim Himmel, um die Wolken deutlicher darzustellen, wie in diesem Foto vom Tenaya Lake in Yosemite. In diesem Fall verwendete ich den Korrekturpinsel in Lightroom und malte mit Kontrast 16 und Klarheit 23 über den Himmel. In Photoshop erreichen Sie einen ähnlichen Effekt mit einer Gradationskurven-Einstellungsebene mit einer S-Kurve, um den Kontrast zu verstärken, und einer Ebenenmaske, um die Wolken auszuwählen.

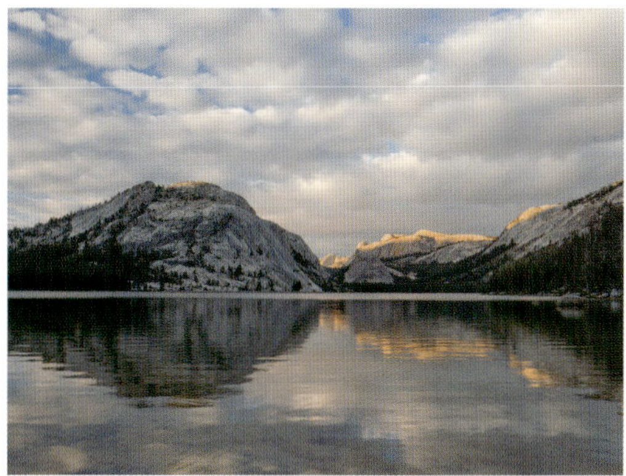

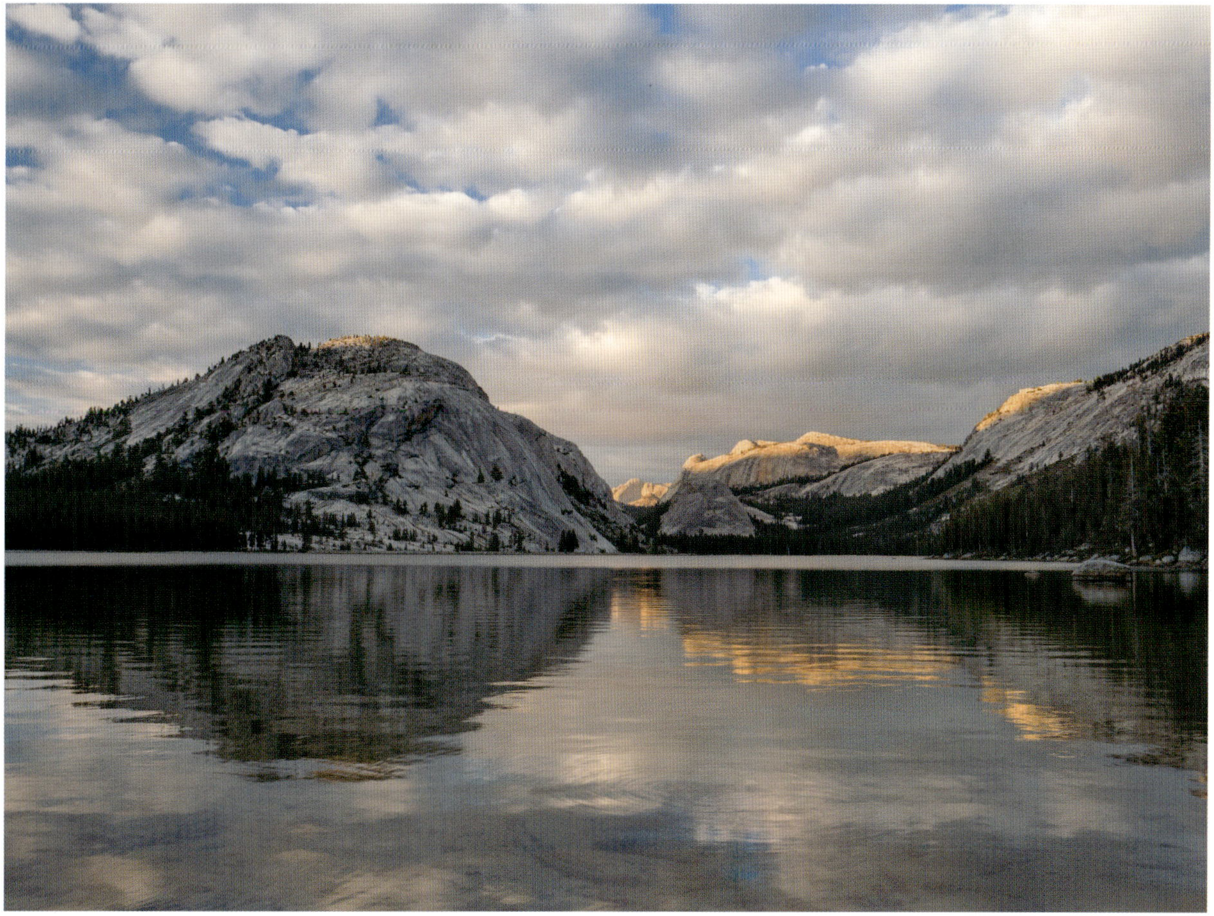

1

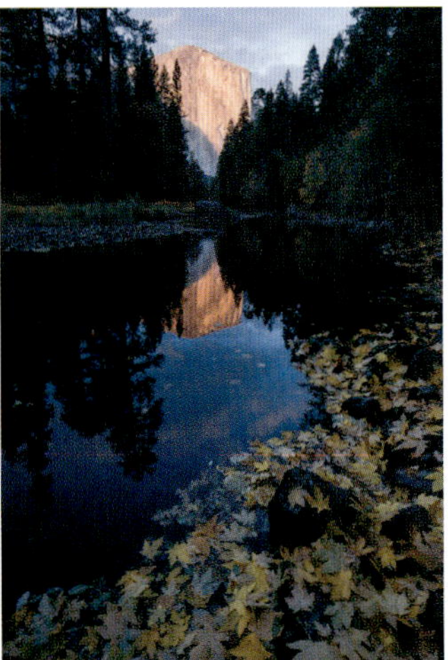

2

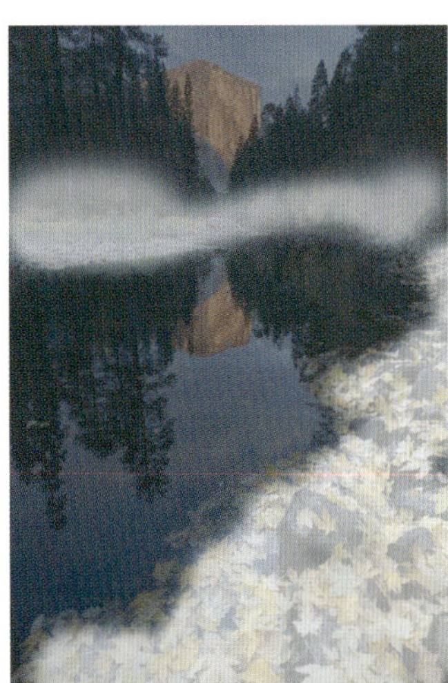

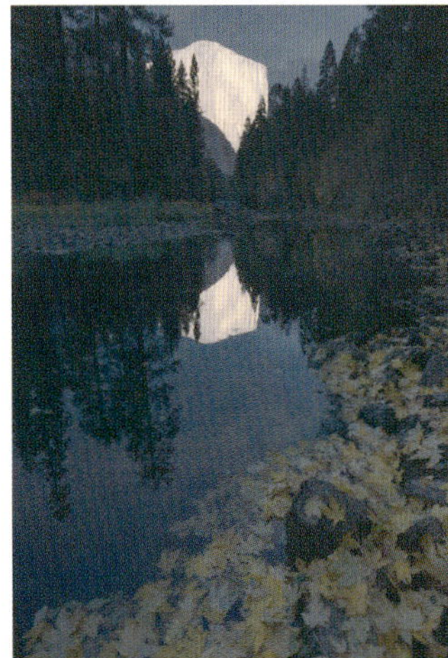

3

El Capitan abwedeln und nachbelichten

In der ersten Aufnahme des El Capitan (1) passte ich die Gesamthelligkeit, den Kontrast und die Farbe an – Abwedeln und Nachbelichten kamen noch nicht zum Einsatz. Die Blätter im Vordergrund sind zu dunkel – sie müssen die Aufmerksamkeit des Betrachters stärker auf sich ziehen – während der El Capitan und seine Spiegelung verwaschen aussehen. Im finalen Bild wurden der El Capitan und seine Spiegelung abgedunkelt, die Farben intensiviert und das Flussbett etwas aufgehellt. Die Diagramme zeigen die Masken des Abwedelns (2) und Nachbelichtens (3) – der Bereich des El Capitan und seine Spiegelung wurden abgedunkelt und Blätter und Flussbett aufgehellt.

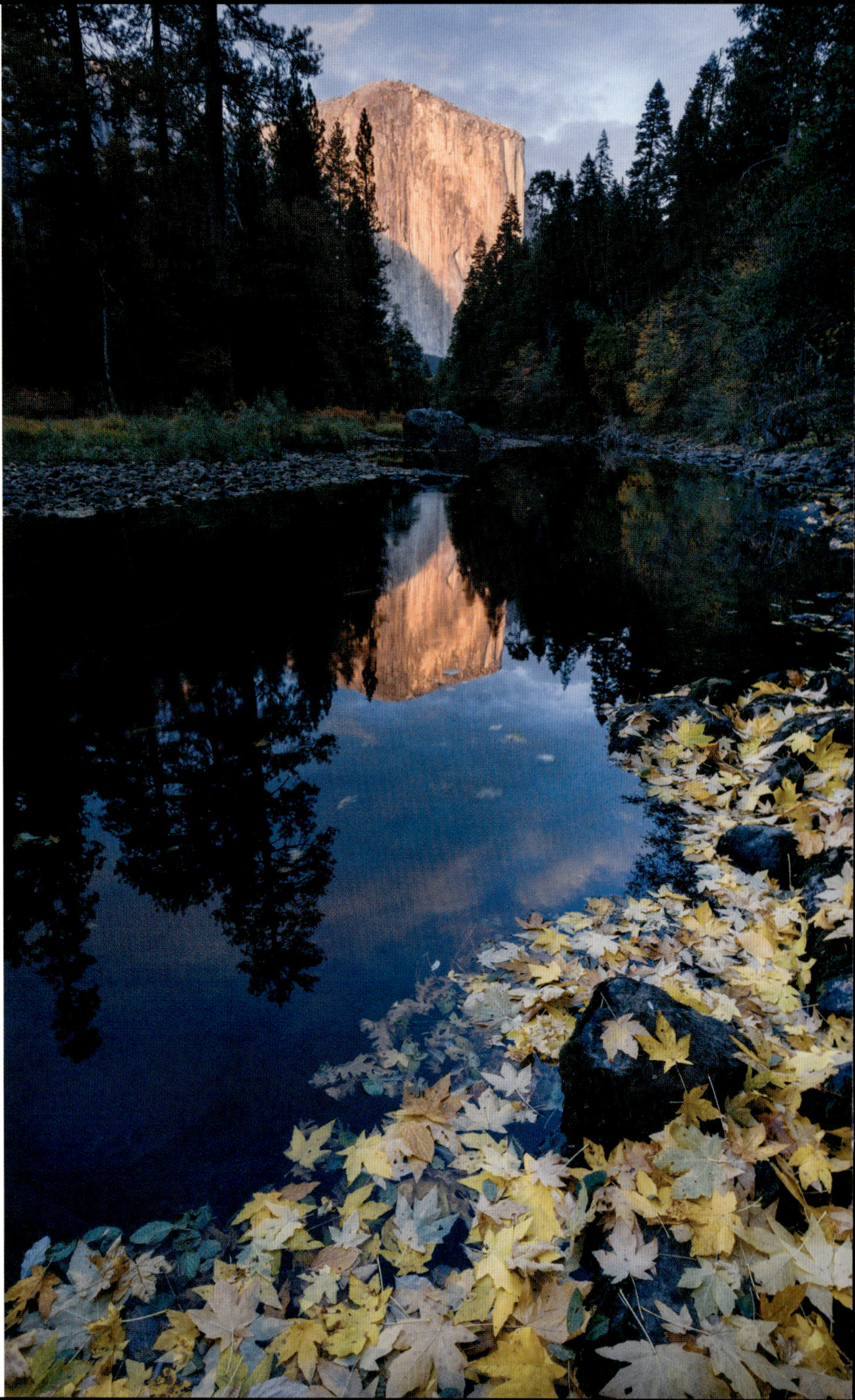

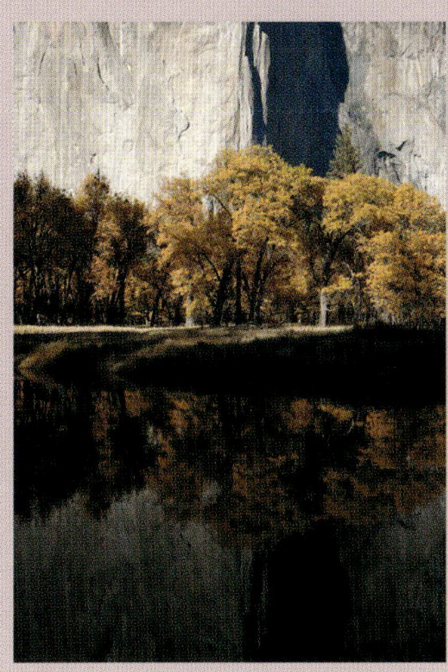

1

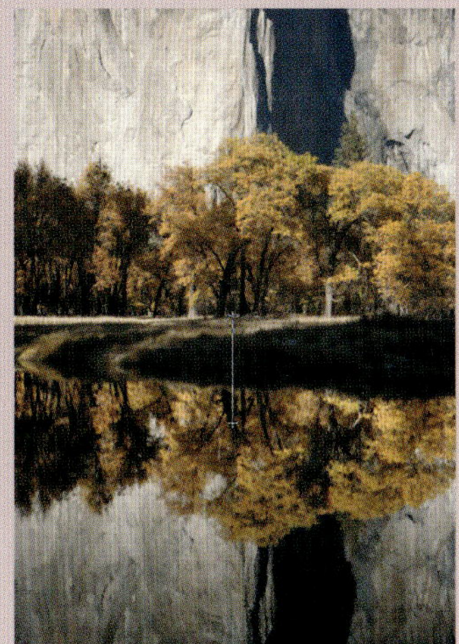

2

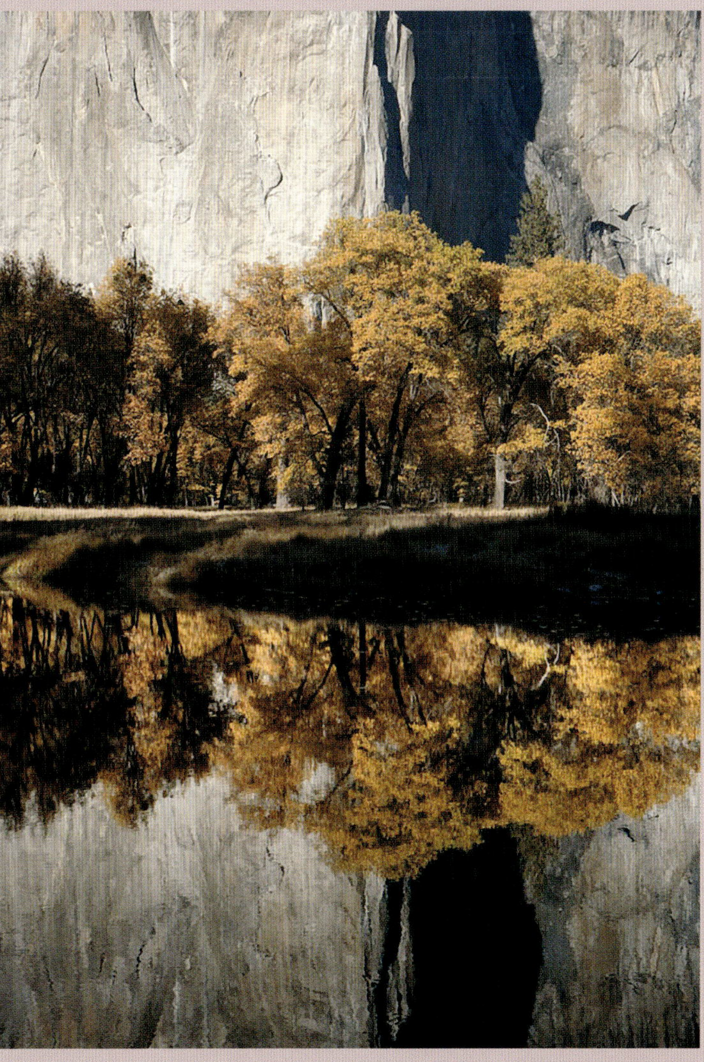

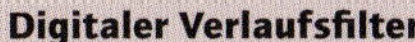

Digitaler Verlaufsfilter

Mit einer leichten Abwandlung dieser Abwedeln- und Nachbelichten-Techniken lässt sich der Effekt eines Neutraldichte-Verlaufsfilters imitieren – nur mit deutlich mehr Kontrolle. Einige Programme wie Lightroom und Adobe Camera Raw besitzen eingebaute Verlaufsfilter. In Photoshop beginnen Sie mit einer Gradationskurven-Einstellungsebene. In diesem Beispiel wollte ich den Vordergrund aufhellen, setzte deshalb in der Mitte der Kurve einen Punkt und zog ihn nach links oben. Anschließend aktivierte ich das Verlaufswerkzeug mit einem linearen Schwarzweißverlauf. Ich klickte oben in das Bild und zog bis etwa zur Mitte – nur über den Übergang von hell zu dunkel (2). Die Ebenenmaske ist unten hell und oben dunkel mit einem Verlauf dazwischen (3). Ziehen Sie über eine längere Distanz, entsteht ein weicherer Übergang. (Falls es beim ersten Mal nicht gleich klappt, ziehen Sie noch einmal. Haben Sie die falsche Richtung erwischt, ziehen Sie in die andere Richtung.)

3

4

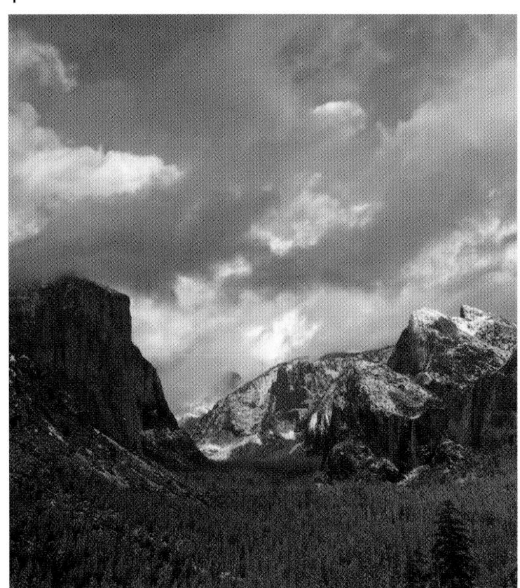

Präzises Abwedeln und Nachbelichten einer Szene vom Tunnel View Point

1. Yosemite Valley vor dem Abwedeln und Nachbelichten.

2. Ich fügte eine Gradationskurven-Einstellungsebene mit einer leichten S-Kurve hinzu, kehrte die Ebenenmaske um (Befehl-I, Mac bzw. Strg-I, Windows) und malte mit Weiß über den Himmel, um den Wolken mehr Kontrast zu verleihen.

3. Eine weitere Gradationskurven-Einstellungsebene hellte den Bridalveil-Wasserfall auf.

4. Mit einer dritten Gradationskurven-Einstellungsebene hellte ich El Capitan auf.

5. Die Bäume in der Mitte hellte ich auf und verstärkte deren Kontrast.

6. Eine fünfte Kurve hellte den gesamten Vordergrund außer ein paar sonnenbestrahlten Bereichen unter dem Half Dome auf und verstärkte den Kontrast in diesem Bereich.

7. Das fertige Bild.

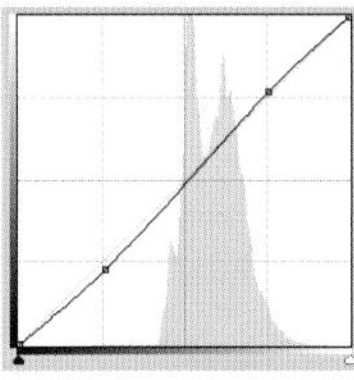

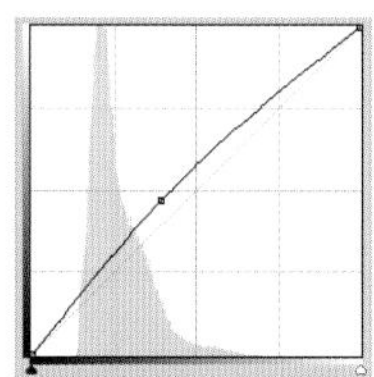

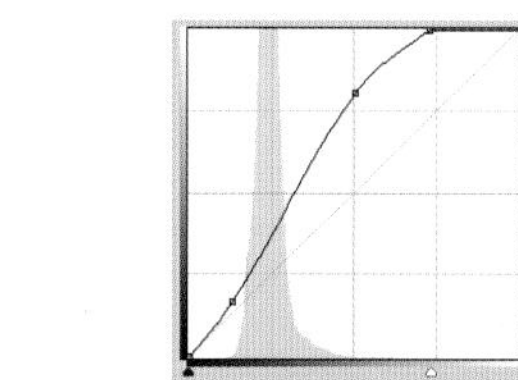

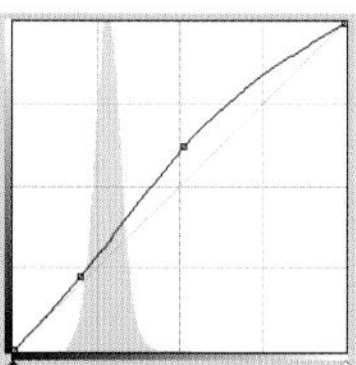

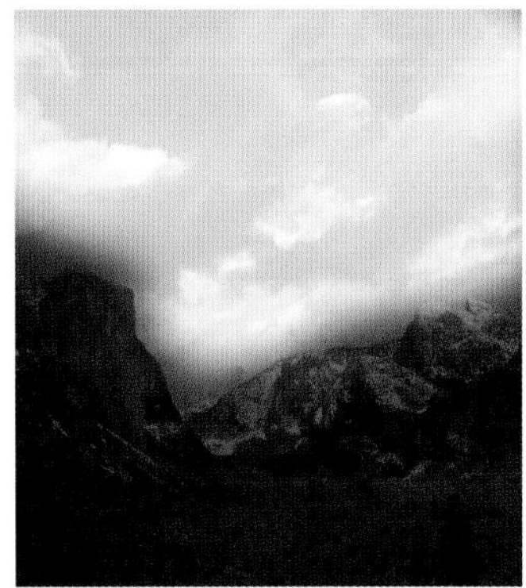

2

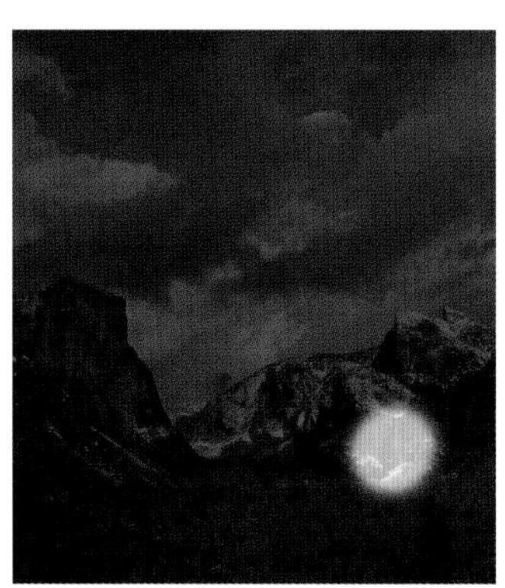

3

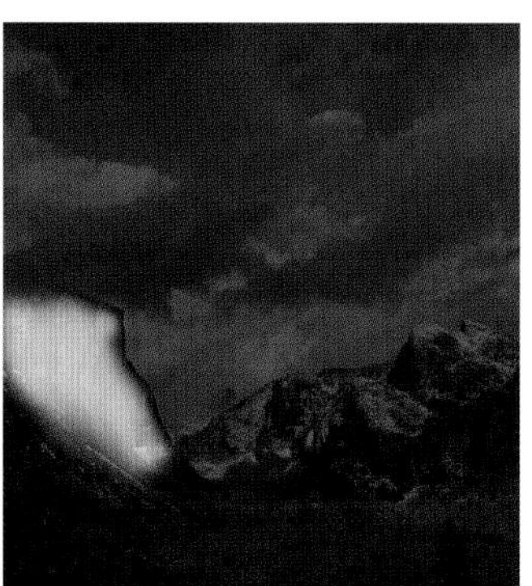

4

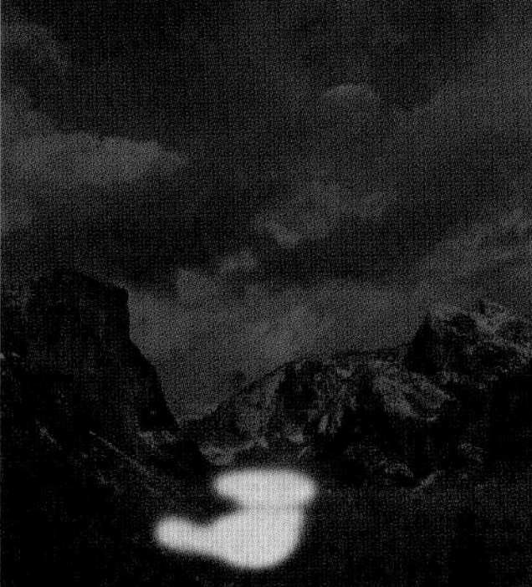

5

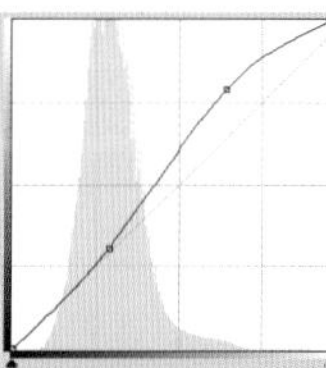

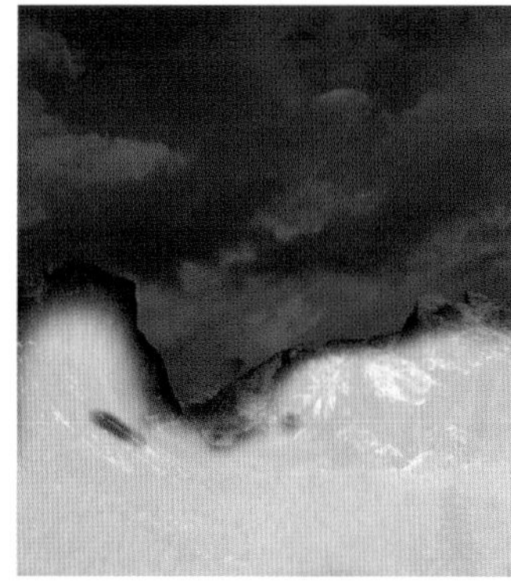

6

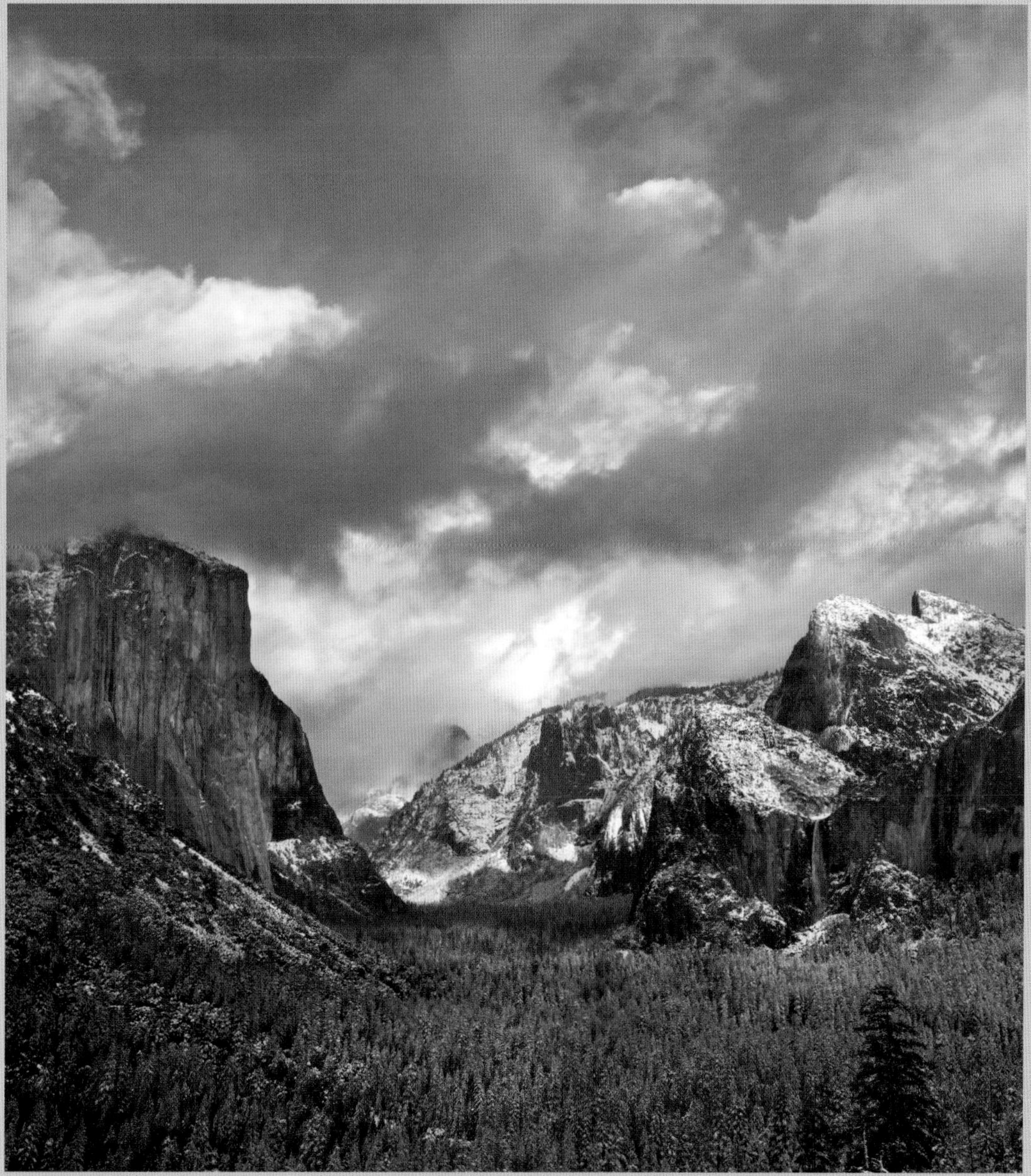

7

Kontraktion: Verarbeitung kontrastreicher Szenen

Optionen für natürlich aussehende Bilder

Noch nie hatten Digitalfotografen so viel Kontrolle über ihre Bilder wie heute. Durch die Kombination von Belichtungen ist es möglich, Details in jeder Szene aufzuzeichnen, egal, wie groß deren Dynamikumfang ist.

Die Herausforderung besteht jedoch noch immer darin, dass die Bilder natürlich aussehen und die richtige emotionale Botschaft tragen. Bei der Verarbeitung kontrastreicher Bilder starten viele Fotografen automatisch ihre HDR-Software, die entstehenden Leuchteffekte und Übersättigung können jedoch Bilder erzeugen, die eher an Science-Fiction-Illustrationen denn an Fotos erinnern.

Würden Ansel Adams oder Edward Weston heute eine Digitalkamera benutzen, ich bin mir sicher, sie würden die Kontraktion des Zonensystems entsprechend umsetzen, denn dadurch wären sie in der Lage, Details in Lichtern und Schatten auch in kontrastreichen Szenen offenzulegen. Aber sie würden ihre Fotos natürlich wirken lassen, wie Fotos, nicht wie Gemälde oder Illustrationen. Als Gründungsmitglieder der Gruppe F/64 rebellierten Adams und Weston gegen den Pictorialismus, den in den 1920ern populären Fotostil, bei dem Fotografen Ihre Motive mittels Soft-Fokus wie Gemälde wirken ließen. Adams und Weston waren der Meinung, der scharfe Realismus der Fotografie mit seinen harten Kanten hätte seine eigenen Qualitäten und Fotografen sollten diese nutzen, um Ihr Medium einzigartig zu machen, statt damit Maler zu imitieren.

Glücklicherweise gibt es heutzutage viele Möglichkeiten, kontrastreiche Bilder so zu verarbeiten, dass natürliche Fotos entstehen. Auf den folgenden Seiten werden wir einige der besten aktuellen Methoden untersuchen. Aber die Software entwickelt sich weiter, neue und bessere Techniken können entstehen. Für welche Sie sich auch immer entscheiden, bedenken Sie dabei folgendes:

1. Halten Sie nach Auren und kontrastreichen Kanten, unnatürlichen Übergängen zwischen Hell und Dunkel und übersättigten Farben Ausschau.

2. Versuchen Sie, den lokalen Kontrast zu erhalten oder zu verstärken, vor allem in den Mitteltönen. Beim Verarbeiten kontrastreicher Bilder müssen Sie irgendwo Tonwerte komprimieren – Lichter abdunkeln, Tiefen aufhellen oder beides. Das kann zu flauen, farblich ungenauen Bereichen im Bild führen. Ganz vermeiden lässt sich das nicht, aber Sie sollten darauf achten und eventuell nach einer besseren Bearbeitungsmethode für dieses spezielle Bild Ausschau halten.

3. Schatten sollten Schatten sein. Nur weil Sie die Details dort sichtbar machen können, müssen Sie das nicht unbedingt tun. Ein voller Tonwertumfang von Tiefen bis Lichtern gibt einem Bild Kontrast und Dramatik. Ein Anflug von Details in den Tiefen reicht dabei meist aus. Durch zu helle Schatten wird ein Bild flau, langweilig und unnatürlich.

Und überlegen Sie, wohin Sie den Blick des Betrachters lenken wollen. Sind die Schatten der wichtigste Bereich der Szene? Vermutlich nicht, und dann lenken Sie durch zu starkes Aufhellen von den spannenderen Bildbereichen ab.

Lightroom oder Camera Raw

Seit der Einführung von Lightroom 4 und Camera Raw 7 stehen den Fotografen ausgezeichnete Werkzeuge zur Verarbeitung kontrastreicher Bilder zur Verfügung, viel mehr als nur die Belichtungen zu überblenden. Die Tiefen- und Lichter-Werkzeuge in diesen Programmen machen es leicht, den Tonwertbereich zu komprimieren –um Lichter aufzuhellen und Tiefen abzudunkeln – und zu natürlichen Ergebnissen zu gelangen. Seit Lightroom 4 musste ich kaum mehr verschiedene Belichtungen überblenden, denn meist erhalte ich auch mit diesem einen Bild beste Ergebnisse.

Damit das funktioniert, müssen Sie mit Raw-Dateien arbeiten und die Fotos bereits mit gutem Dynamikbereich aufnehmen. Das ist besonders wichtig, um Tiefen aufhellen zu können, ohne zu viel Rauschen zu produzieren. (Siehe Seite 46, dort erfahren Sie, wie Sie den Dynamikbereich Ihrer Kamera testen können.)

HDR und Überblenden

Bei sehr kontrastreichen Bildern, bei denen die Lichter- und Tiefen-Werkzeuge von Lightroom und Camera Raw nicht ausreichen, müssen Sie zwei Belichtungen miteinander kombinieren (vorausgesetzt Sie verfügen über eine Belichtungsreihe, wie in Kapitel 1 Seite 52 beschrieben).

Technisch kann man jede Methode, bei der mehr als eine Aufnahme kombiniert wird, um einen größeren Kontrastumfang zu erzeugen, als HDR bezeichnen. Normalerweise bezieht sich HDR jedoch auf bestimmte Software-Werkzeuge, während man andere Methoden einfach als Überblenden oder Montage bezeichnet.

HDR-Software verwendet einen zweistufigen Prozess. Zuerst werden die verschiedenen Belichtungen in einem 32-Bit unverarbeiteten HDR-Bild kombiniert. Dieses enthält den gesamten Tonwertumfang jeder Belichtung, darum übersteigt ihr Dynamikbereich den des Computerbildschirms oder Drucks. Darum werden in einem zweiten Schritt, dem sogenannten Tone-Mapping, die Tonwerte in einen brauchbaren Bereich komprimiert. Die populärsten HDR-Programme sind derzeit Photomatix und Nik HDR Efex, es gibt aber viele andere, darunter den HDR-Modus in Photoshop.

Beim Überblenden der Belichtung wird nicht der gesamte Tonwertumfang jedes Bildes übernommen, vielmehr verschiedene Bereiche der Belichtungen, die zu einem Bild zusammengefasst werden. Das könnte zum Beispiel der Himmel aus dem einen und der Vordergrund aus dem anderen Bild sein, oder mehrere kleine Bereiche aus verschiedenen Bildern. Sie könnend das per Hand in Photoshop mithilfe von Ebenen und Ebenenmasken erledigen oder automatisierte Methoden benutzen.

Was die beste Technik ist, hängt vom Bild ab. Für mich entstehen mit der Überblendung natürlichere Ergebnisse als mit HDR, aber es gibt natürlich Ausnahmen. Meist probiere ich beides aus. HDR scheint dann am besten zu funktionieren, wenn helle und dunkle Bereiche gleichmäßig in einer Szene verteilt sind. Die Belichtungsüberblendung ist eine bessere Wahl, wenn ein Bildbereich heller ist als der andere, zum Beispiel bei der Kombination von hellem Himmel und dunklem Vordergrund.

Eine einfache Überblendung vollziehe ich am liebsten manuell in Photoshop, denn dort kann ich nicht-destruktiv arbeiten und bin völlig flexibel, wenn ich beide Bilder als Smartobjekte in Photoshop öffne. Für automatische Überblendungen verwende ich ein Zusatzmodul für Lightroom namens LR/Enfuse, das fast immer ausgezeichnete, natürlich aussehende Ergebnisse liefert. Photomatix bietet ebenfalls eine gute Lösung an: Exposure Fusion.

Für HDR entstehen natürliche Bilder am besten mit Tone-Mapping in Lightroom oder Adobe Camera Raw. Den ersten Schritt, die Umsetzung in ein 32-Bit-Bild, kann man einem beliebigen HDR-Programm überlassen, aber HDR Merge (seit Lightroom 6, Lightroom CC und Adobe Camera Raw 9) ist bequem, funktioniert gut und erzeugt eine komplett editierbare DNG-Raw-Datei. Damit wird ein völlig nicht-destruktiver HDR-Workflow möglich, darum verwende ich diese Methode auch am liebsten (mehr dazu auf Seite 152).

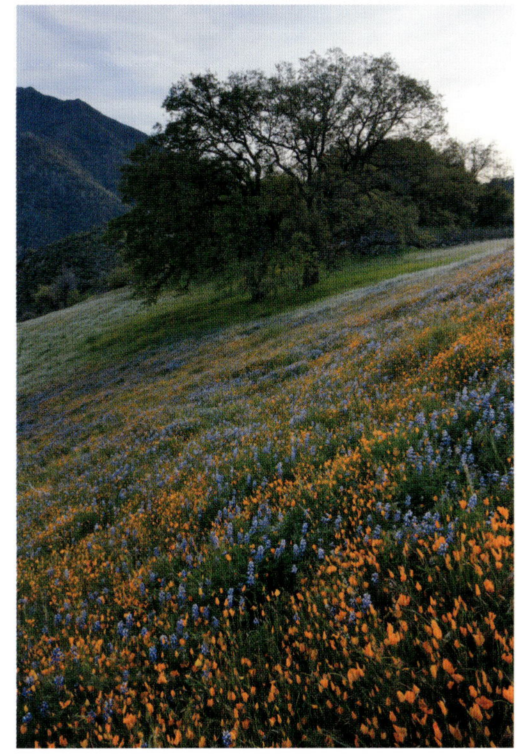

1

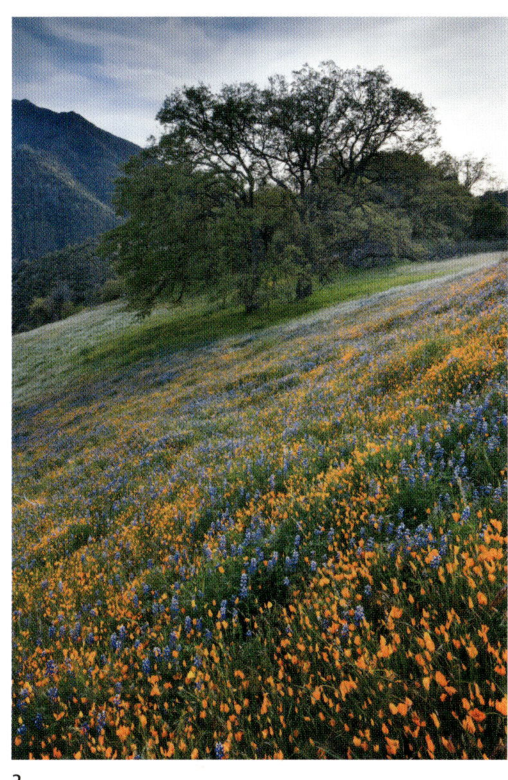

2

Blumen am Sierra Foothill

1. HDR
2. Belichtungsüberblendung

Mit einer reduzierten Entwicklung war Ansel Adams in der Lage, in kontrastreichen Aufnahmen sowohl Tiefen- als auch Lichterdetails zu zeigen – allerdings können dabei flaue Bereiche in den Mitteltönen entstehen. Auf dasselbe Problem stoßen Digitalfotografen, die mit einer HDR-Software arbeiten. Eine zu starke Tonwertkomprimierung reduziert die lokalen Kontraste und erzeugt leblose Bilder. Ich habe diese kontrastreiche Szene aus der Sierra Nevada mit zwei Methoden bearbeitet. Bei der ersten überblendete ich fünf Belichtungen mit der Photomatix-Software im HDR-Modus »Tone Compressor«. Die Details in den Tiefen und Lichtern blieben erhalten, aber die Mitteltöne, vor allem die Blumen, wirken flau und leblos. Das zweite Bild wurde manuell aus vier Belichtungen mit Ebenen und Ebenenmasken in Photoshop überblendet. Mit dieser Methode blieben alle lokalen Kontraste in den unteren 2/3 des Bildes erhalten, denn nur der obere Bildbereich wurde überblendet. So entstand ein lebendigeres, schärferes Foto.

Kontrastreiches Bild mit Lightroom oder Adobe Camera Raw verarbeiten

In neueren Versionen von Lightroom und ACR sind die Lichter- und Tiefen-Regler erstaunliche Werkzeuge für den Umfang mit kontrastreichen Szenen. Sie erhalten den lokalen Kontrast durch den gesamten Tonwertbereich und gleichen den Kontrast natürlich aus. Außerdem bleibt Ihr Workflow völlig flexibel und nicht-destruktiv, wenn Sie komplett in Camera Raw und Lightroom arbeiten. Diese Methode ist bei weitem meine liebste für die Verarbeitung kontrastreicher Szenen.

Die gezeigten Bilder und Bildunterschriften zeigen die Vorgehensweise bei der Verarbeitung eines typischen kontrastreichen Bildes in Lightroom. (Adobe Camera Raw hat dieselben Werkzeuge, sie sind nur anders angeordnet.)

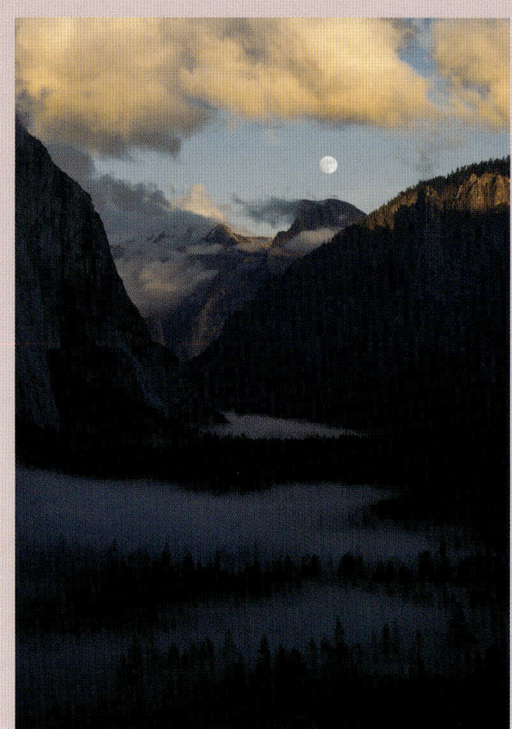

1

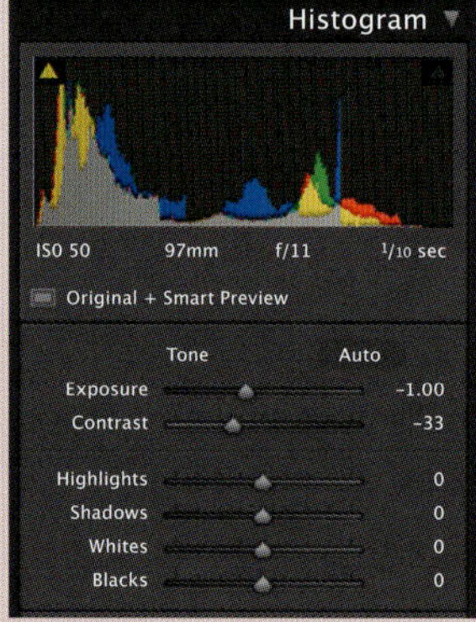

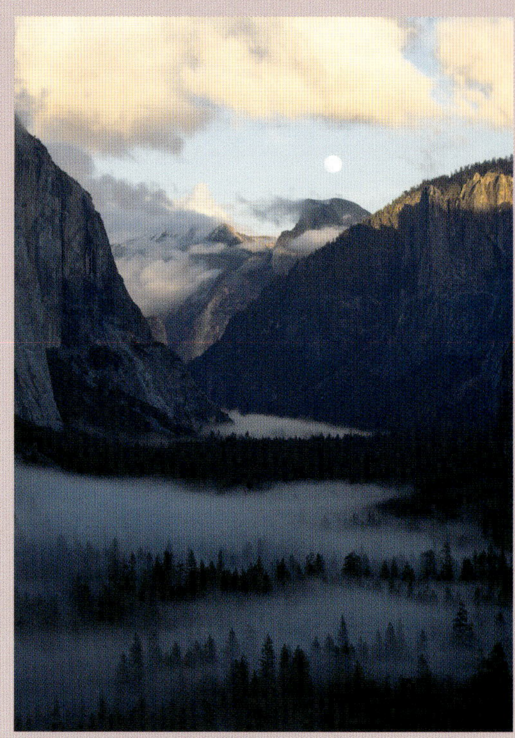

2

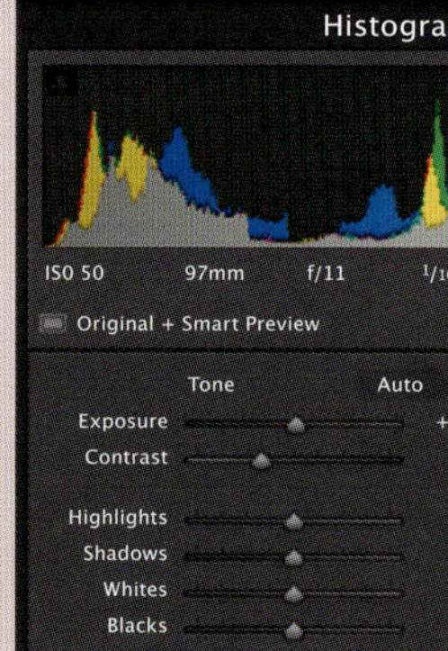

Mondaufgang vom Tunnel View: Verarbeitung einer kontrastreichen Szene in Lightroom

Ich hatte keine Belichtungsreihe von dieser Situation, denn ich wusste, ich würde in Lightroom mit nur einem Bild auskommen. Bei meinen Standardeinstellungen mit Belichtung bei -1.00 und Kontrast bei -33 sieht das BIld sehr dunkel aus (1). Aber da Lightroom die überbelichteten Lichter automatisch wiederhergestellt und den Schwarzpunkt automatisch gesetzt hat, um die Details in den Tiefen zu verbessern, ist nichts an den Rand des Histogramms geraten und sowohl in den Lichtern als auch den Schatten sind Details erkennbar. (Siehe Seite 128, um mehr zu den Standardeinstellungen und dem Wiederherstellen der Lichter zu erfahren.)

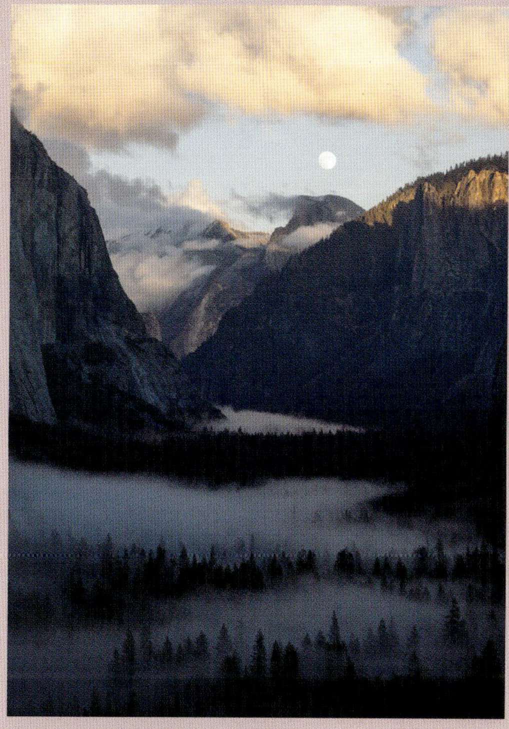

3

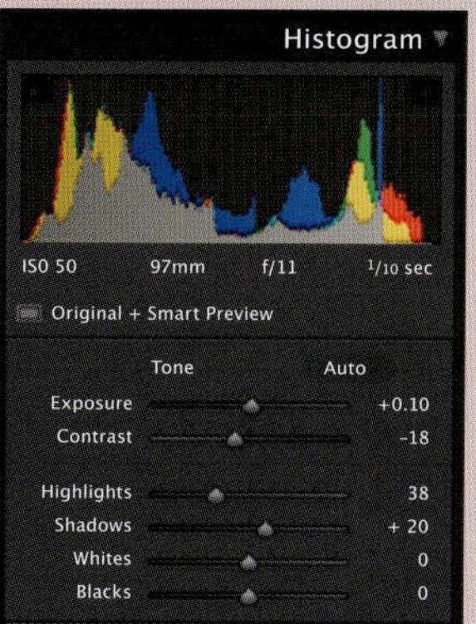

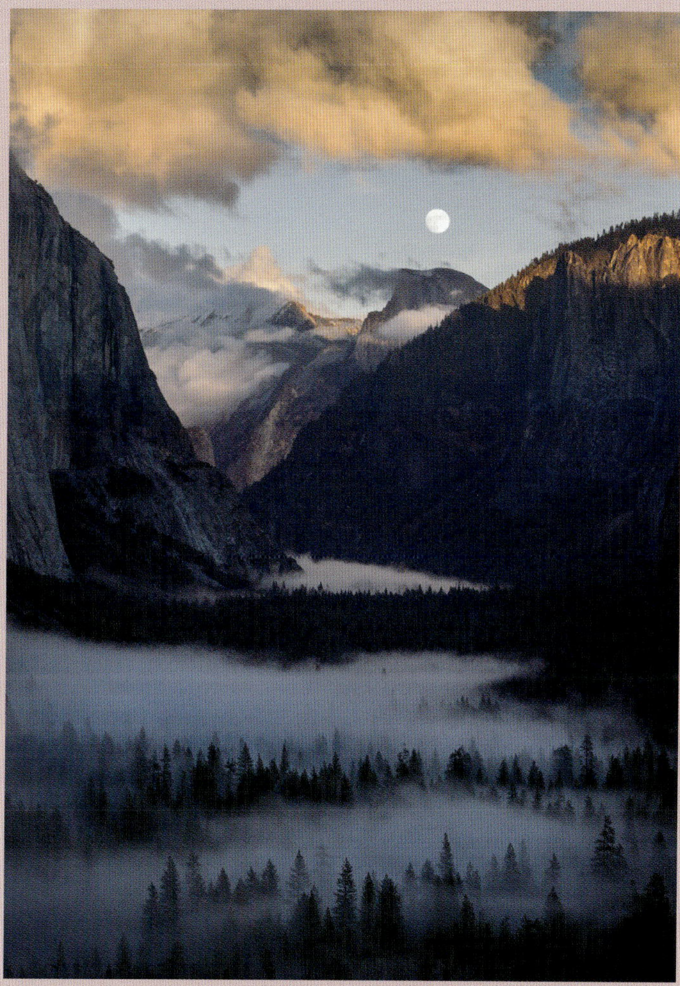

4

Im ersten Schritt korrigierte ich die Belichtung. Für kontrastreiche Szenen wie diese gibt es keine perfekte Belichtung. Die richtige Belichtung für die Lichter macht die Schatten zu dunkel und umgekehrt werden die Lichter zu hell, wenn die Belichtung für die Schatten passt. Also suchte ich nach einem guten Kompromiss – einem Belichtungswert, der für die Lichter etwas zu hell und für die Tiefen etws zu dunkel war. Ich entschied mich für +0.10 (2).

Als nächstes wollte ich mit den Lichter- und Tiefen-Reglern den Kontrast ausgleichen und stellte die Lichter auf -38 und die Tiefen auf +20. Weil das Bild durch die Tonwertkomprimierung etwas flau aussah, erhöhte ich den Kontrast in den Mitteltönen, ich schob den Kontrast-Regler von -33 auf -18. Das Bild sah schon viel besser aus, mit Details in den Tiefen und den Lichtern (3).

Ich wollte die Wolken noch etwas mehr abdunkeln und den Nebel an der Talsohle etwas aufhellen. Hätte ich weiter mit den Tiefen- und Lichter-Reglern gearbeitet, wären Lichteffekte ins Bild gekommen oder das Bild hätte zu trübe ausgesehen. Als dunkelte ich den Himmel mit dem Korrekturpinsel ab und hellte damit den Nebel auf. In einer letzten Korrektur zog ich den Schwarz-Regler auf -15, um reines Schwarz ins Bild zu holen. Das fertige Bild hat bessere Details in den hellsten und dunkelsten Tonwertbereichen und der obere und untere Teil des Bildes sind ausgeglichener – Kontrast und Dramatik sind genau so, wie ich sie mir vorgestellt hatte (4).

Manuelles Kombinieren von Belichtungen in Photoshop

Die grundlegenden Techniken, mit denen sich verschiedene Belichtungen in Photoshop miteinander kombinieren lassen, ähneln dem Abwedeln und Nachbelichten, wie auf den Seiten 136–141 beschrieben. Sie müssen auch hier auf Ebenenmasken malen, wählen jedoch nicht Teile einer Einstellungsebene aus, sondern blenden Teile der Pixelebene ein oder aus.

Beim Überblenden von Belichtungen müssen Sie darauf achten, dass alle Originalbilder identisch verarbeitet wurden – also gleicher Weißabgleich, Kontrast etc. –, bevor Sie sie kombinieren (mehr dazu auf Seite 119). Die nachfolgenden Bilder und Texte zeigen die Vorgehensweise zum Überblenden zweier Belichtungen. Bei drei oder mehr Bildern wird es in Photoshop etwas komlizierter, wobei dieselben technischen Grundlagen gelten.

1. Helleres Original
2. Dunkleres Original
3. Ebenenmaske
4. Fertiges Bild

Um den Kontrast in diesem Bild der Drei Brüder zu abzustimmen, öffnete ich zunächst beide Originale in Photoshop, aktivierte das Verschieben-Werkzeug und zog ein Bild mit gedrückter Shift-Taste über das andere. Durch die Shift-Taste werden beide Bilder perfekt übereinander ausgerichtet. Sind die Bilder nicht registerhaltig – wurde die Kamera zwischen den Belichtungen beispielsweise bewegt – aktivieren Sie beide Ebenen und wählen Bearbeiten > Ebenen automatisch ausrichten.

Die dunklere Ebene befindet sich über der helleren und wurde aktiviert. Anschließend klickte ich unten im Ebenen-Bedienfeld auf Ebenenmaske hinzufügen. Wie beim Abwedeln und Nachbelichten kehrte ich die Ebenenmaske um, indem ich Befehl-I (Mac) bzw. Strg-I (Windows) drückte. Dadurch wird die Ebenenmaske schwarz und blendet den oberen dunkleren Teil der Ebene aus, während der hellere untere Teil zu sehen ist. Ich aktivierte dann den Pinsel mit einer großen weichen Pinselspitze sowie Weiß als Vordergrundfarbe und malte über die Bereiche, die zu hell waren und überbelichtet erschienen. Durch die weiße Farbe werden Teile der dunkleren Ebene sichtbar und überschreiben die hellere Ebene. Das Endergebnis war eine nahtlose Überblendung der beiden Bilder.

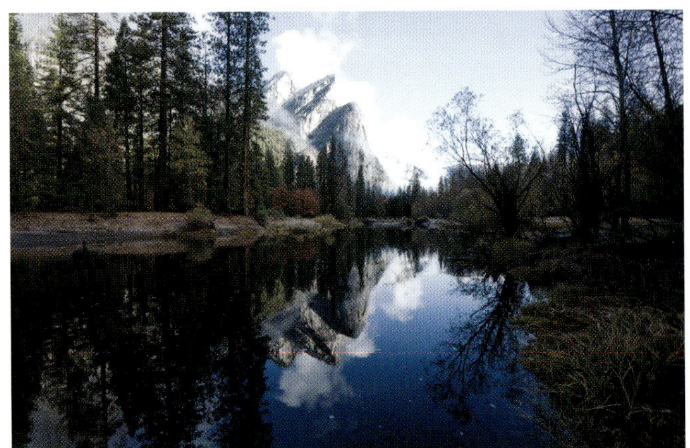
1

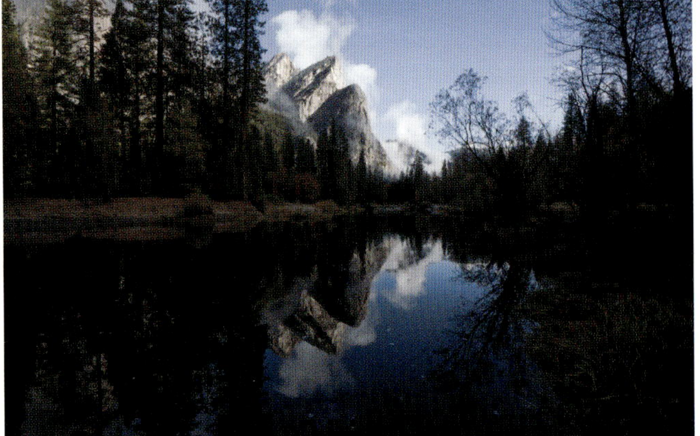
2

3

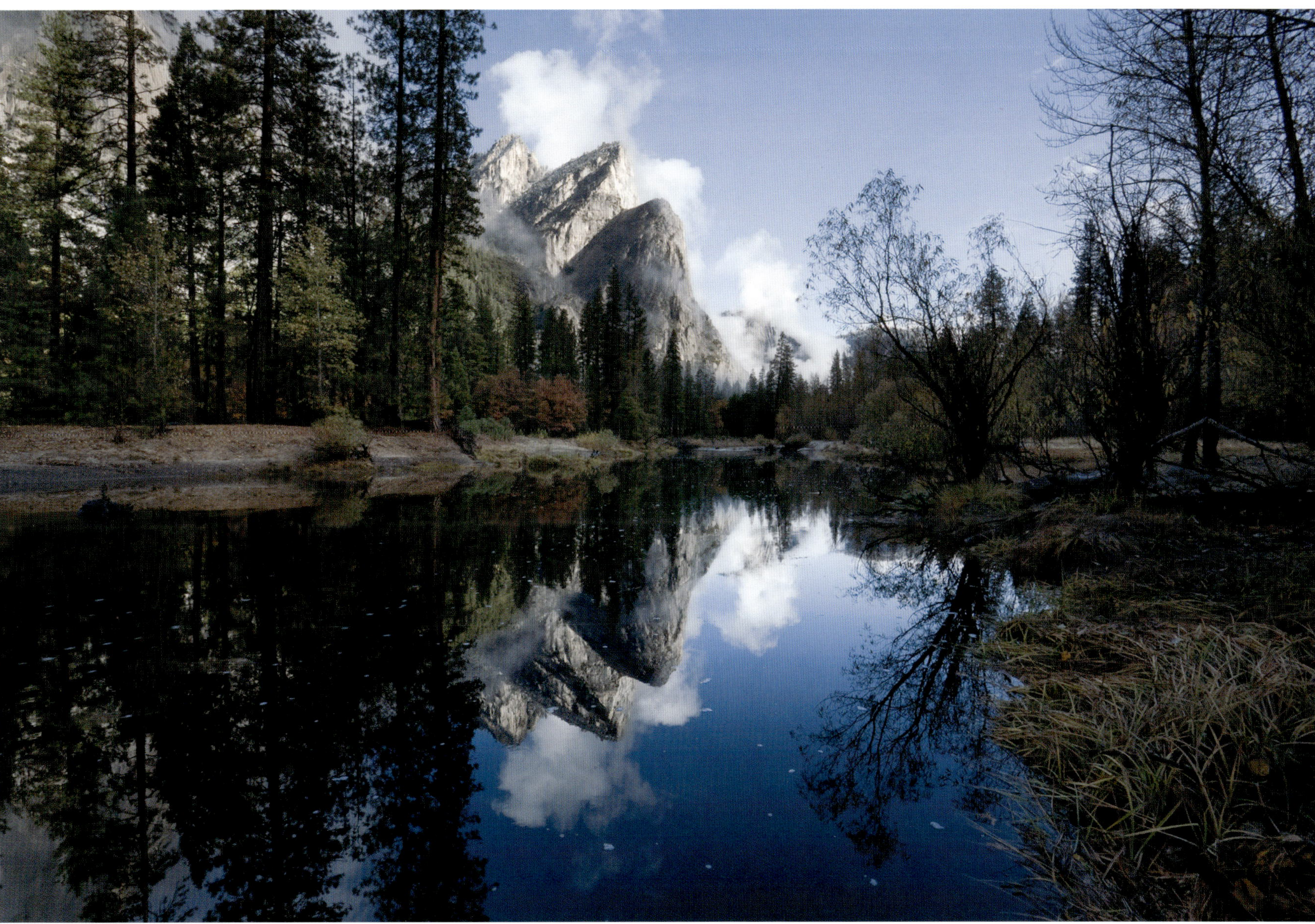

4

1

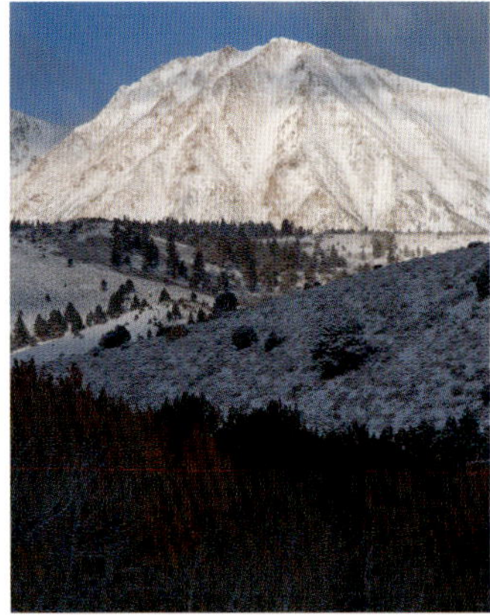

2

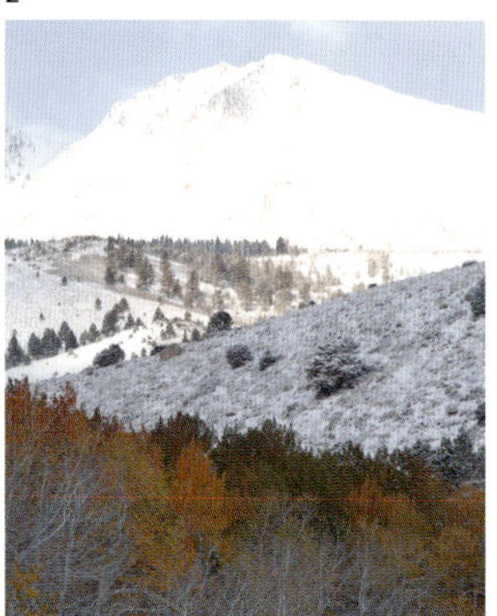

5

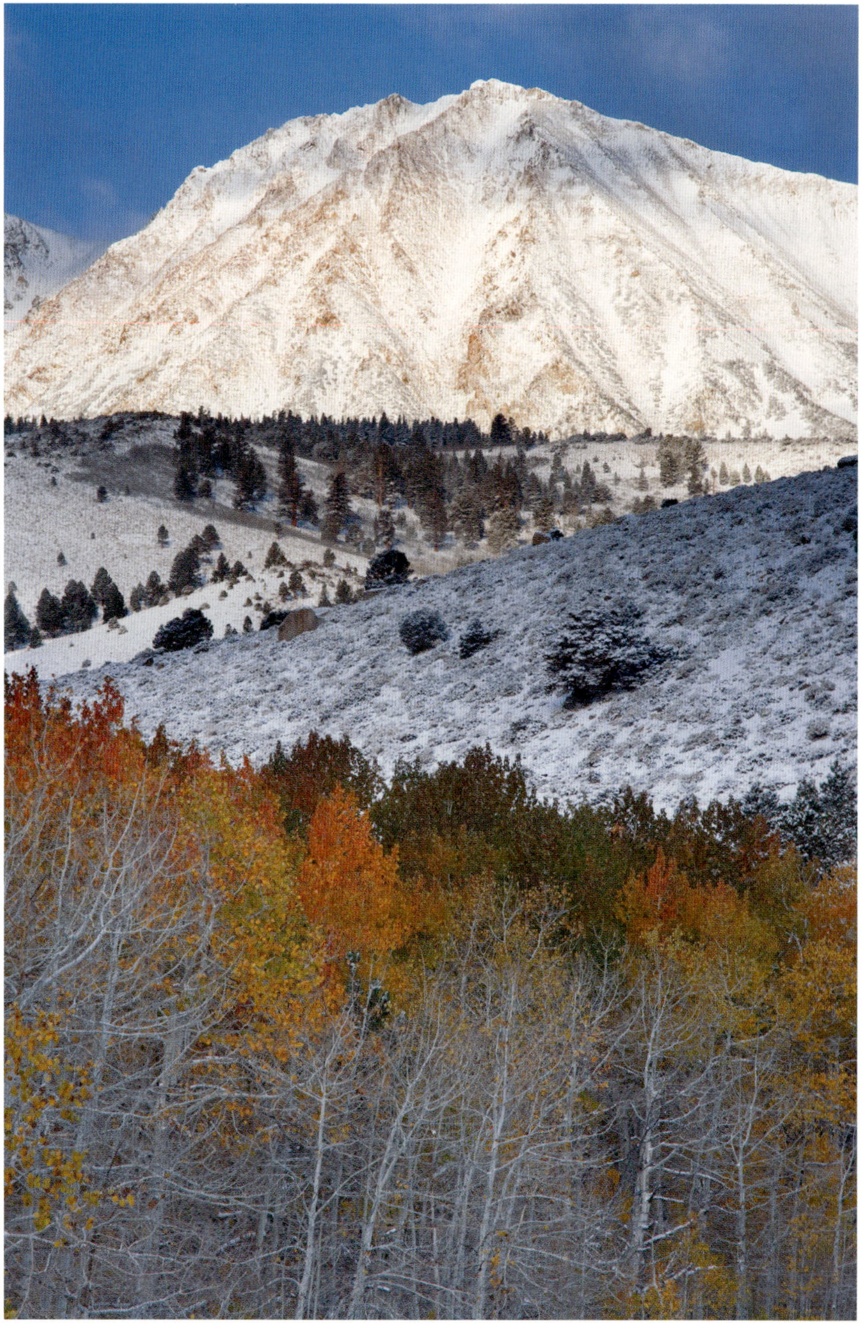

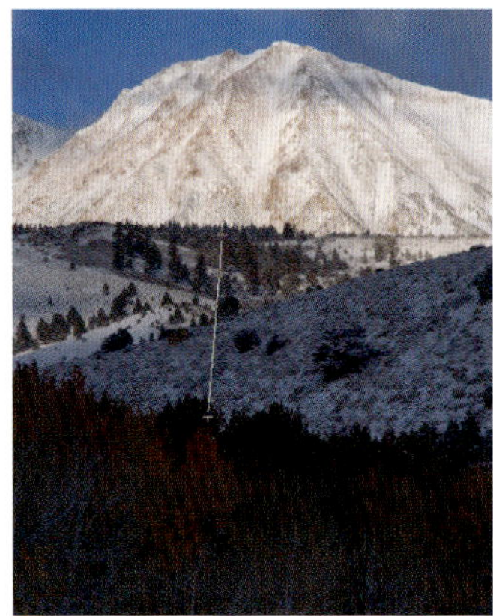

3

4

Verlaufsüberlagerung

1. Dunkles Original
2. Helles Original
3. Verlauf darüberziehen
4. Resultierende Ebenenmaske
5. Fertiges Bild

Hier ist noch eine einfache Überblendung – diesmal mit dem Verlaufswerkzeug, um den Effekt eines Neutralverlaufsfilters zu imitieren. Diese Technik ähnelt der von Seite 139, aber manchmal ist es besser, zwei Bilder ineinander überzublenden (1 & 2), anstatt Teile eines Bildes aufzuhellen, denn dabei kann Bildrauschen entstehen.

Ich zog ein Bild mit gedrückter Shift-Taste über das andere (wie im vorhergehenden Beispiel). Hier legte ich das dunklere über das hellere und fügte zur oberen Ebene eine Ebenenmaske hinzu. Anschließend aktivierte ich das Verlaufswerkzeug mit einem linearen Schwarzweißverlauf und zog im Bild von unten nach oben (3). Dadurch wird die Ebenenmaske (4) oben weiß und unten schwarz mit einem Übergang, so dass der obere Bereich dieser Ebene sichtbar bleibt und der untere ausgeblendet wird, so dass dieser Teil der darunter liegenden, helleren Ebene zu sehen ist.

1

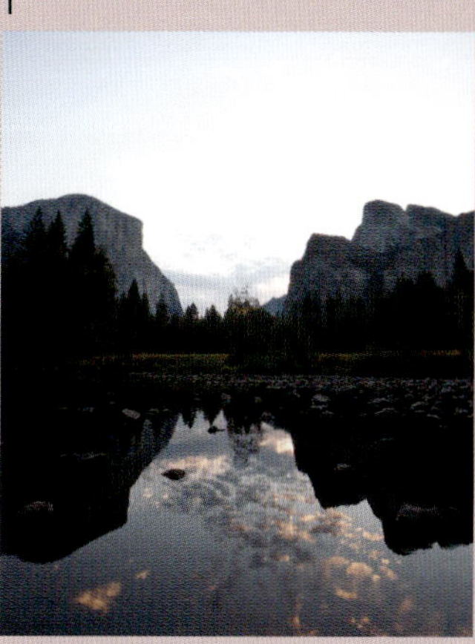

2

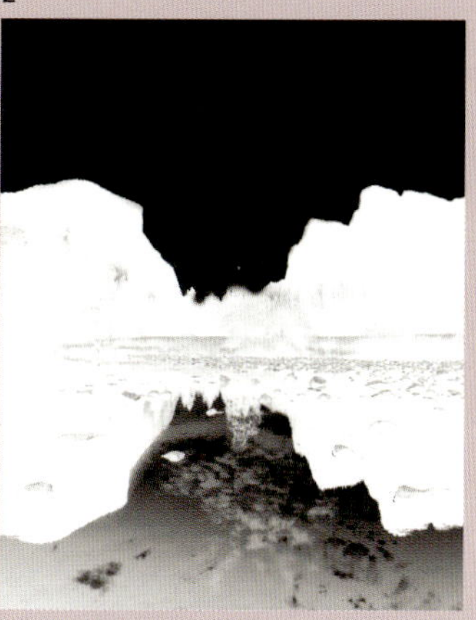

3

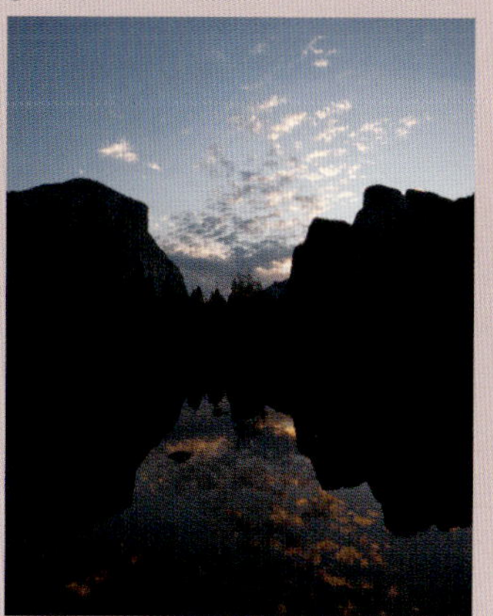

4

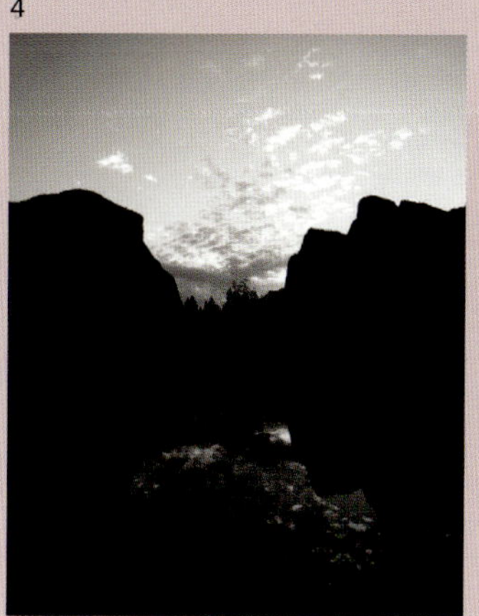

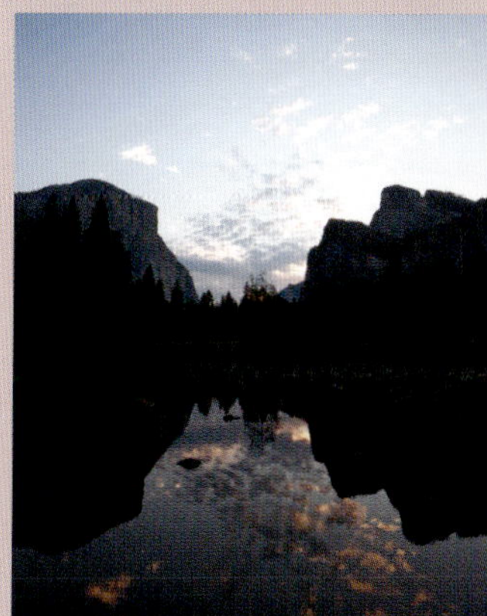

5

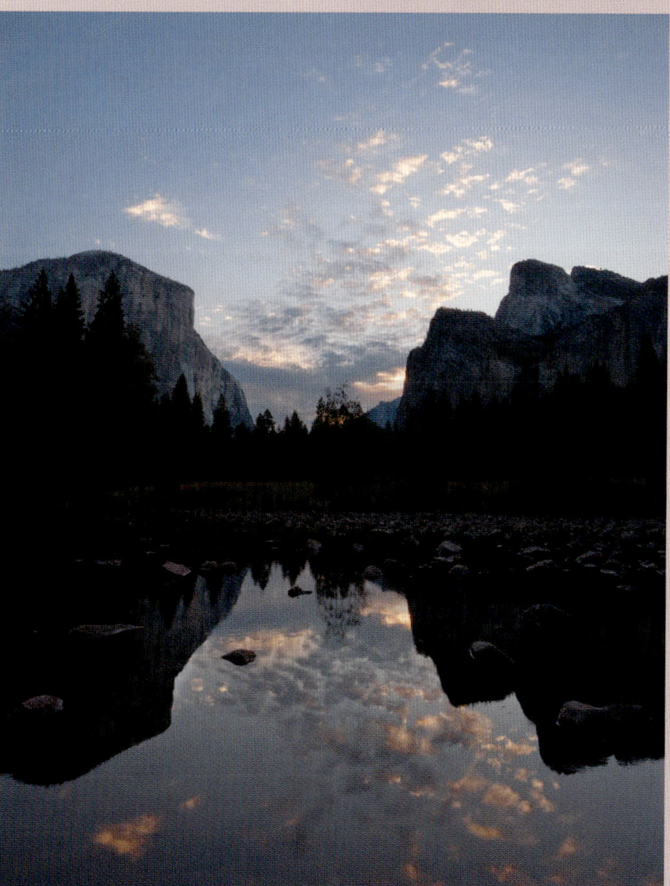

6

1. Obere Ebene
2. Ebenenmaske der oberen Ebene
3. Mittlere Ebene
4. Ebenenmaske der mittleren Ebene
5. Untere Ebene
6. Finales Bild

In diesem komplexeren Beispiel kombinierte ich drei Belichtungen mithilfe des Farbbereich-Werkzeugs, um die Ebenenmaske zu erstellen.

Ich legte die mittlere Belichtung (5) ganz nach unten, die dunkelste Ebene (3) darüber und die hellste Ebene (1) nach ganz oben. Mit dem Befehl FARBBEREICH AUSWÄHLEN wählte ich nur die dunkelsten Bereiche aus – hauptsächlich Steine und Bäume (2). Mit dieser aktiven Auswahl und der oberen Ebene als aktive Ebene klickte ich unten im Ebenen-Bedienfeld auf EBENENMASKE HINZUFÜGEN. Anschließend öffnete ich erneut FARBBEREICH AUSWÄHLEN und wählte die hellsten Pixel aus (4) – überwiegend den Himmel. Ich aktivierte die mittlere Ebene und fügte eine weitere Ebenenmaske hinzu. Durch diese beiden Schritte werden die Highlights der hellsten Belichtung sowie die Schatten der dunkelsten Belichtung eingeblendet, auch mittlere Bereiche der untersten Ebene scheinen durch. Mit Photoshops Pinsel malte ich auf den Ebenenmasken, um die Übergänge etwas zu glätten (6).

Automatisches Überblenden mehrerer Belichtungen

Zwar kombiniere ich zwei unterschiedliche Belichtungen lieber manuell in Photoshop, weil ich so die beste Kontrolle habe und flexibel bin, aber manchmal ist das sehr kompliziert oder gar unmöglich. Dann versuche ich es mit automatischem Überblenden. Die Idee dahinter ist dieselbe – man verwendet zum Beispiel den Himmel aus der einen und den Vordergrund aus der anderen Belichtung und montiert beide so, dass das Bild natürlich wirkt. Statt jedoch auf Ebenenmasken zu malen, analysiert die Software jedes Bild, entscheidet, welche Bereiche verwendet werden sollen, und legt fest, wie die Montage erfolgen soll.

Die Software Photomatix HDR hat eine gute Überblendungsfunktion namens Exposure Fusion. Mein Lieblingswerkzeug ist jedoch ein Zusatzmodul für Lightroom namens LR/Enfuse. (Es funktioniert auch als Einzelprogramm.) Die folgenden Bilder und Texte zeigen, wie ich mit LR/Enfuse eine kontrastreiche Szene vom Tunnel View verarbeite.

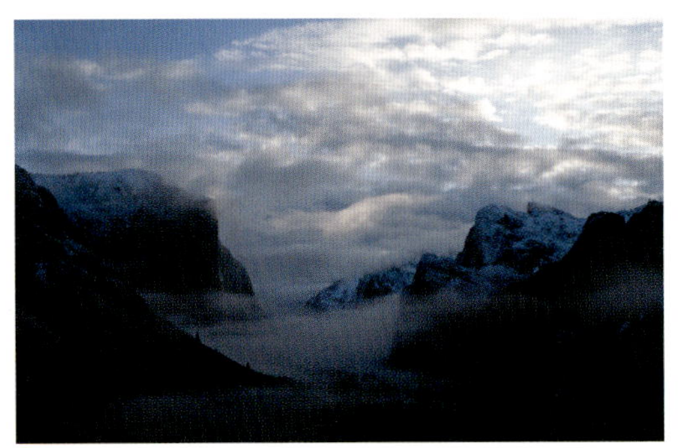

1

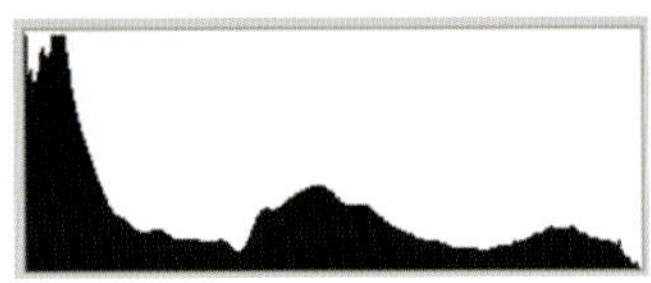

2

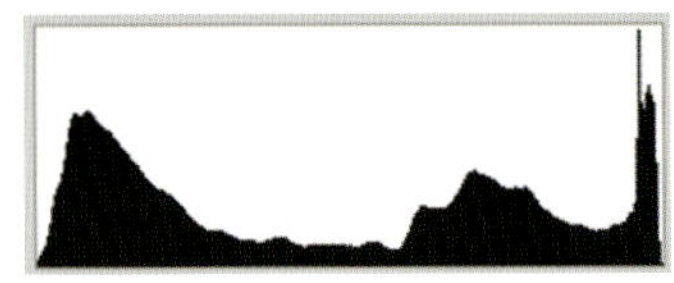

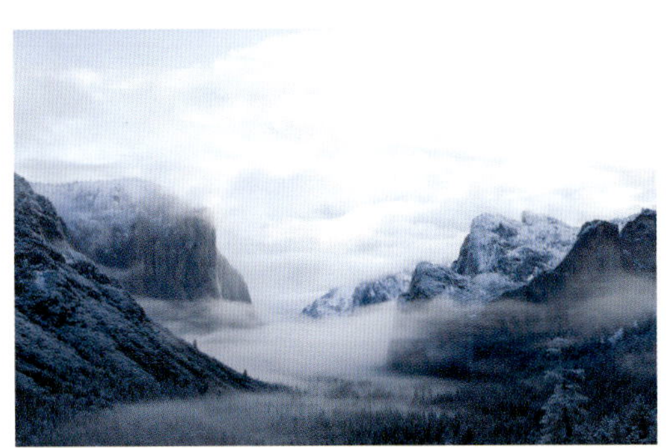

3

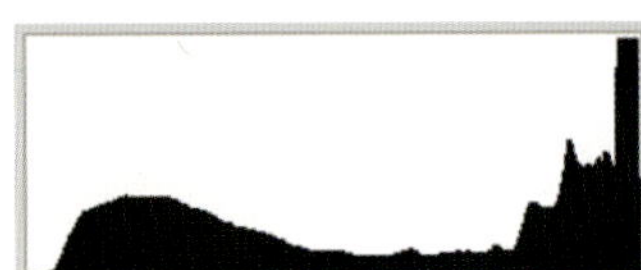

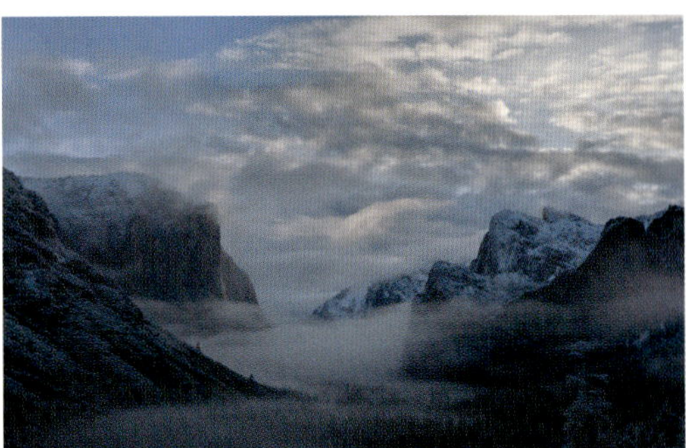

4

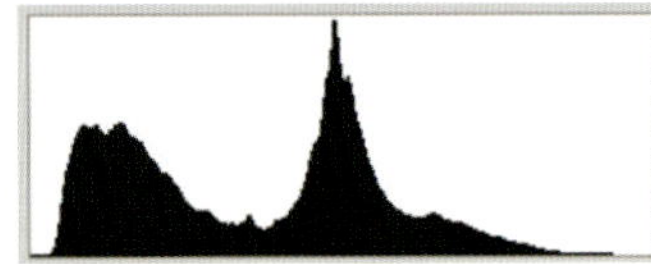

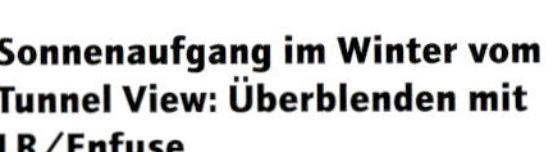

Sonnenaufgang im Winter vom Tunnel View: Überblenden mit LR/Enfuse

Bei dieser wunderschönen aber sehr kontrastreichen Winterszene vom Tunnel View in Yosemite verwendete ich eine automatische Belichtungsreihe, um drei Belichtungen aufzunehmen, mit je einer Belichtungsstufe Unterschied. Die dunkelste Belichtung hat Details in den Lichtern, jedoch tintenschwarze Schatten (1). Die mittlere Belichtung zeigt mehr Details in den Schatten, aber ausgebrannte Lichter (2). Im hellsten Bild ist der Himmel ausgewaschen, die Schatten sind jedoch recht hell (3).

Um diese drei Bilder mit LR/Enfuse zu überblenden, stellte ich in Lightroom zuerst den Weißabgleich ein, außerdem säuberte ich die Bilder von Flecken, reparierte chromatische Aberrationen und andere Kleinigkeiten, dann synchronisierte ich die Einstellungen zwischen den drei Bildern, wie auf Seite 119 beschrieben.

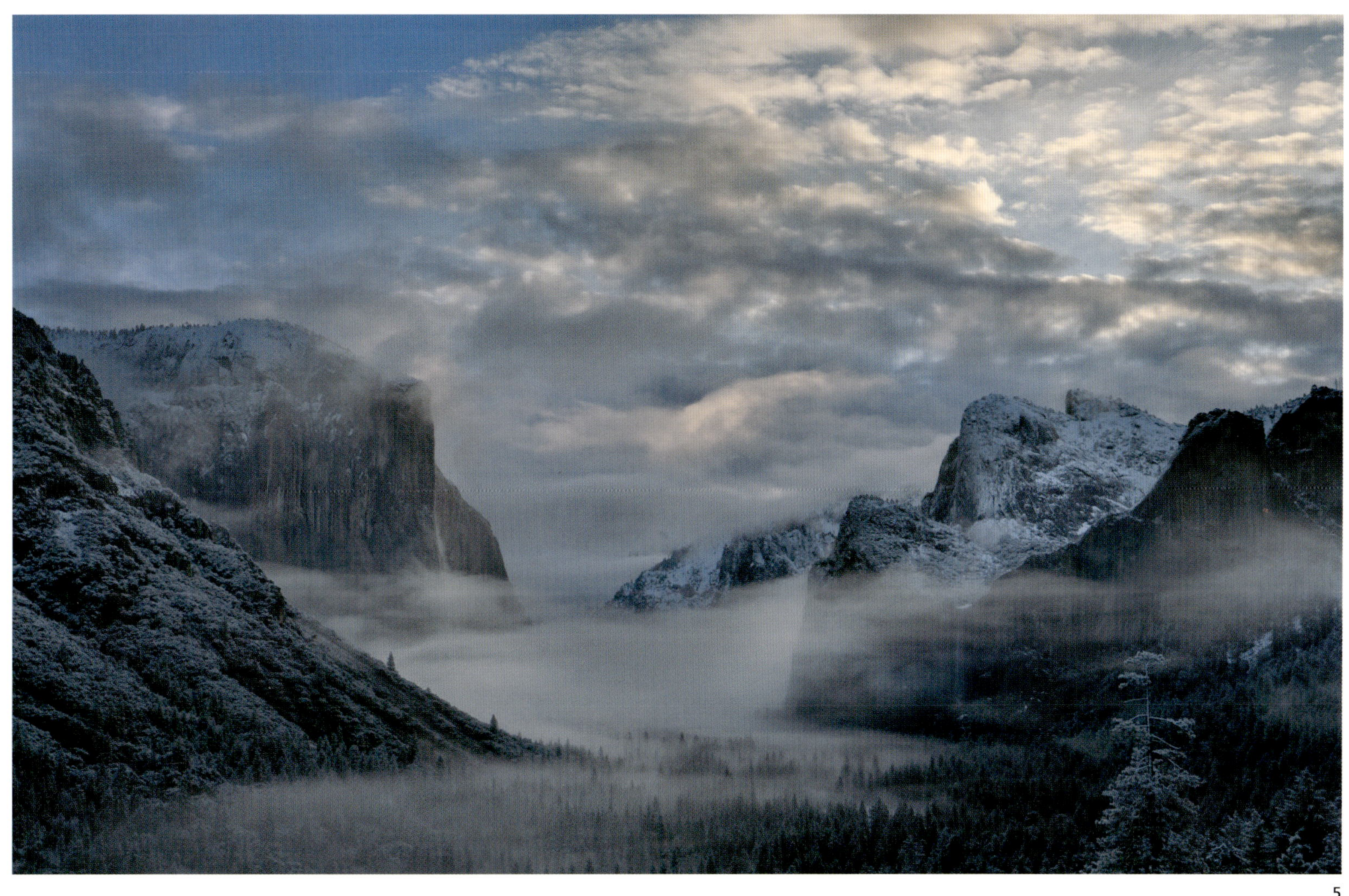

5

Dann wählte ich die drei Bilder in Lightroom aus und wählte DATEI/ZUSATZMODUL-OPTIONEN/LR/ENFUSE ... (natürlich müssen Sie LR/Enfuse installiert haben, um diese Option zu aktivieren). In der Dialogbox verwendete ich die Standardeinstellungen, bestimmte einen Dateityp (Photoshop) und wählte einen Namen für die Datei. Dann ließ ich den Vorgang ablaufen. Das montierte Bild enthält viele Details sowohl in den Lichtern als auch den Tiefen (4).

Ich öffnete die überblendete Datei in Photoshop, richtete den Baum in der rechten unteren Ecke aus und fügte sieben Einstellungsebenen hinzu, um den Kontrast weiter auszugleichen, indem ich den Himmel abdunkelte und den Vordergrund aufhellte. Das fertige Bild sieht so aus, wie ich die Szene in Erinnerung habe, mit Details in den dunkelsten und hellsten Tonwerten, die die dunstige Stimmung der Szene wiederspiegeln (5).

HDR mit Tone-Mapping in Lightroom

Die Überblendung mehrerer Bilder, ob in Photoshop oder LR/Enfuse erzeugt meist natürlichere Bilder mit besserem lokalen Kontrast als mit einer HDR-Software entstehen. Aber nicht in jedem Fall. Manchmal, wenn ich mit dem lokalen Kontrast nicht zufrieden bin, probiere ich HDR aus, das Tone-Mapping mache ich jedoch in Lightroom. Bei dieser Methode bediene ich mich der hochentwickelten Lichter- und Tiefen-Regler in Lightroom, die sehr natürliche Bilder mit gutem lokalen Kontrast erzeugen.

Früher musste man für diese Methode zuerst eine 32-Bit, HDR-TIFF-Datei in Photoshop, Photomatix, Nik HDR Efex o.ä. anlegen. Aber die HDR-Funktion seit Lightroom 6, Lightroom CC und Adobe Camera Raw 9 vereinfacht diesen Prozess und erzeugt auch eine editierbare DNG-Raw-Datei statt nur ein TIFF, was Ihnen jetzt auch bei der Arbeit mit HDR-Bildern einen komplett nicht-destruktiven Workflow gestattet. Die nachfolgenden Bilder und Texte zeigen, wie das funktioniert.

Nebelwirbel vom Tunnel View: HDR mit Tone-Mapping in Lightroom

Dies war eine besonders schöne Sonennaufgangsszene an einem Morgen im Spätfrühling am Tunnel View in Yosemite. Die Kontraste waren extrem, also nahm ich eine Belichtungsreihe aus drei Bildern im Abstand von zwei Blendenstufen auf (1, 2 und 3). (Ich hätte gern Reihen von fünf oder mehr Aufnahmen mit je einer Stufe Unterschied aufgenommen, aber die automatischen Belichtungsreihen meiner Kamera sind auf drei Aufnahmen begrenzt.)

Ich hatte die Bilder eigentlich mit LR/Enfuse zusammengefügt und war damit recht zufrieden, aber die Mitteltöne waren etwas flau und einige der Übergänge zwischen Himmel und Bergen waren nicht so nahtlos, wie sie hätten sein sollten. Also entschied ich mich, das Ganze noch einmal mit Lightrooms HDR-Funktion zu probieren.

Vor dem Überblenden korrigiere ich normalerweise die Bilder und synchronisiere die Grundeinstellungen zwischen den Raw-Dateien, wie auf Seite 119 beschrieben. Da in Lightrooms HDR-Funktion jedoch eine editierbare DNG-Datei entsteht, ist das vorher gar nicht nötig, denn alle Grundeinstellungen lassen sich auch später noch korrigieren. Also wählte ich einfach die drei Originalbilder in Lightroom aus und wählte dann FOTO/ZUSAMMENFÜGEN VON FOTOS/HDR.

In der folgenden Dialogbox schaltete ich die Checkbox AUTOMATISCH AUSRICHTEN aus, denn die Bilder waren mit Stativ aufgenommen und die Kamera bewegte sich zwischen den Aufnahmen nicht. Ebenso die Checkbox AUTOMATISCHER TONWERT, denn ich wollte das Tone-Mapping lieber selbst vornehmen. Die Einstellung STÄRKE DER GEISTEREFFEKTBESEITIGUNG versucht, Bewegungen des Motivs zu korrigieren, aber auch hier wählte ich KEINE, denn bei einer automatischen Belichtungsreihe sind keine Wolkenbewegungen zwischen den Aufnahmen sichtbar (4).

Nachdem ich auf ZUSAMMENFÜGEN geklickt hatte, erschien eine unverarbeitete HDR-Datei in Lightroom. Sie enthielt alle Details in den Tiefen und Lichtern, diese überstiegen jedoch den Dynamikbereich des Monitors und waren nicht zu sehen - noch nicht (5).

Ab hier behandelte ich die Datei wie alle anderen kontrastreichen Bilder auch (siehe Beispiel auf Seite 144), indem ich mich für einen Kompromisswert bei der Belichtung entschied, dann mit den Lichter- und Schatten-Korrekturen Details in den helleren und dunkleren Bildbereichen herstellte und mit dem Korrekturpinsel nachhalf.

Und weil die HDR-Funktion von Lightroom eine DNG-Datei erzeugt hatte, blieben auch alle zugrundeliegenden Einstellungen bearbeitbar, ich konnte also weiterhin den Weißabgleich ändern, nachschärfen, das Objektivprofil einstellen etc. Das ist, als hätten Sie eine Raw-Datei mit riesigem Dynamikumfang und könnten sie mit all der Leistung und Flexibilität des Entwickeln-Moduls in Lightroom bearbeiten. Bei allen vorherigen HDR-Methoden waren die Korrekturen an den Raw-Dateien mit der Umwandlung in HDR in Stein gemeißelt, und man konnte sie nur ändern, indem man in die Original-Raw-Dateien zurückkehrte, Änderungen vornahm und von vorn begann.

Das fertige Bild hat den Tonwertbereich, den ich mir vorgestellt hatte, mit guten Details in Lichtern und Schatten und ausgezeichnetem lokalen Kontrast. Vor allem kommt die Stimmung rüber, die ich einfangen wollte (6).

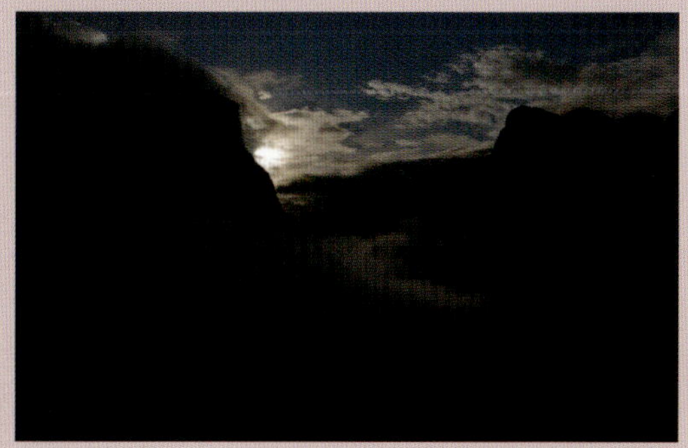

1

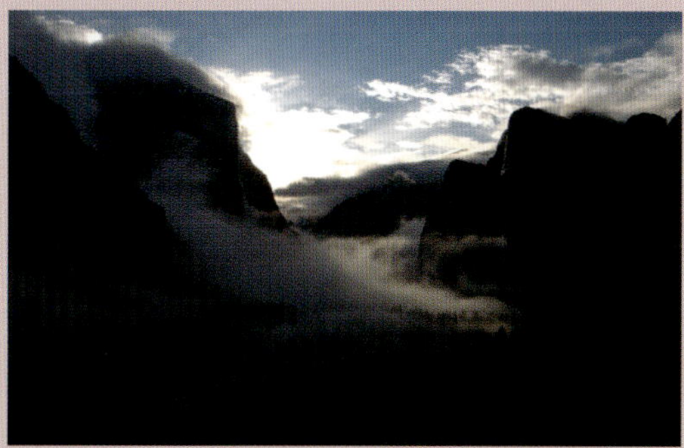

2

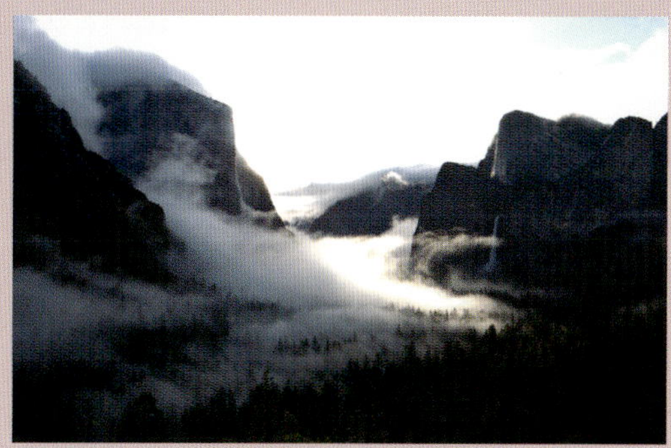

3

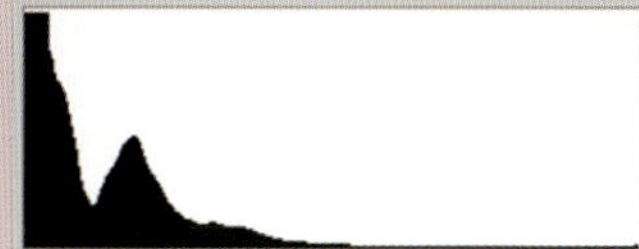

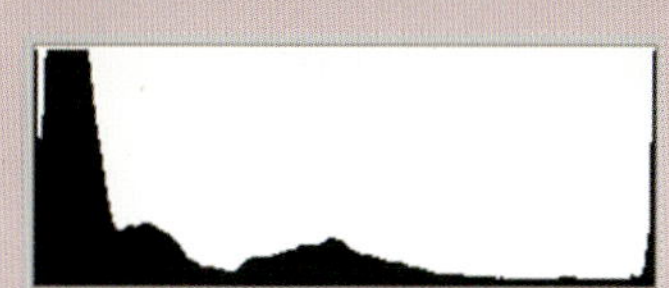

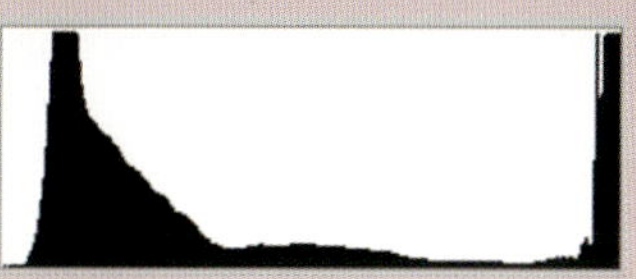

HDR Options

- [ ] Auto Align
- [ ] Auto Tone

Deghost Amount

None

Low

Medium

High

- [ ] Show Deghost Overlay

Cancel

Merge

4

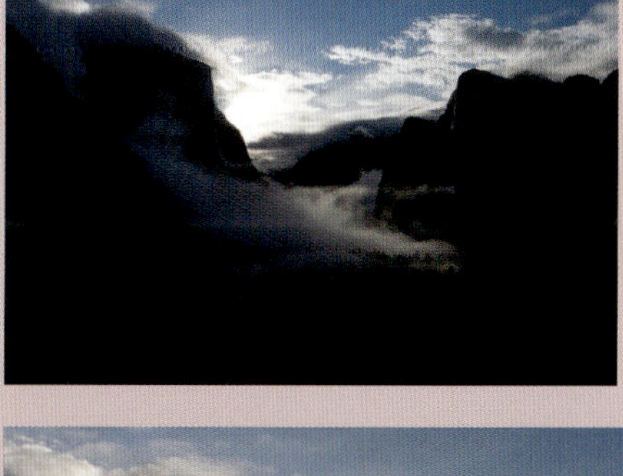

5

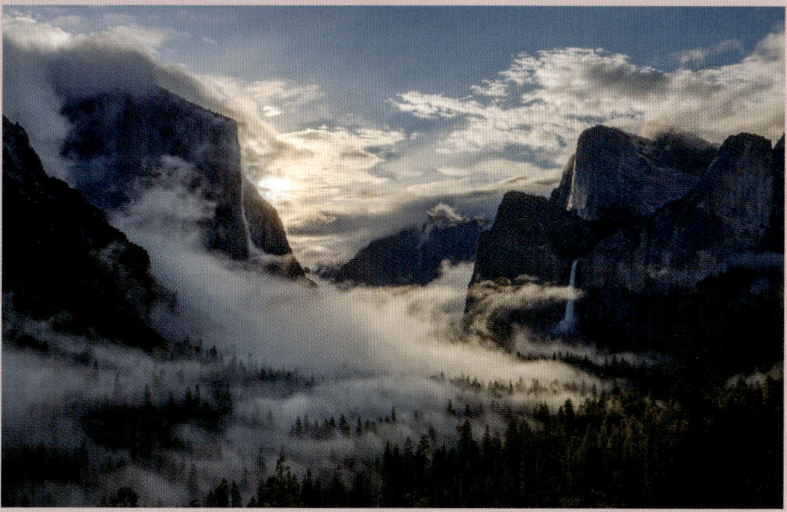

6

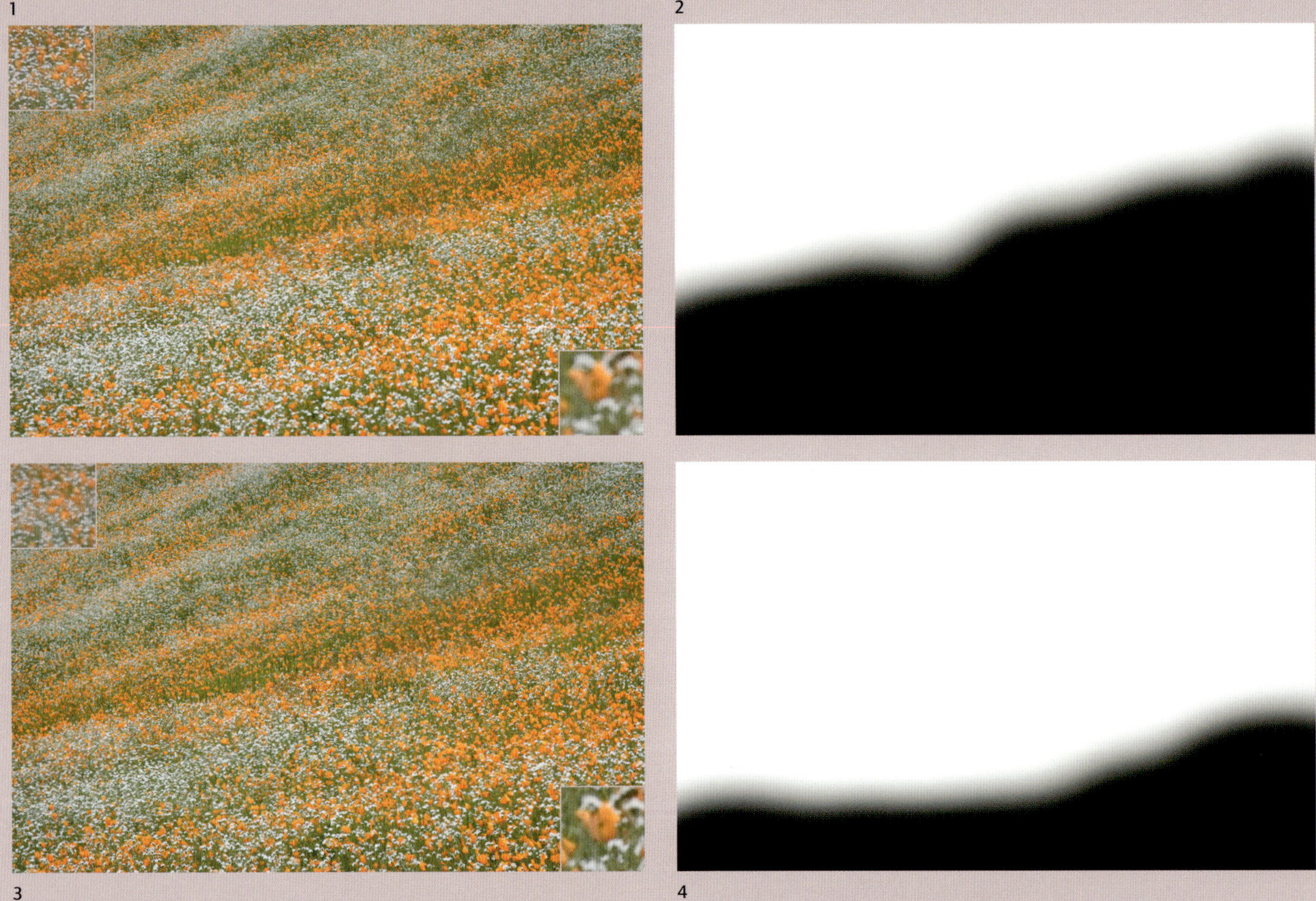

Schärfentiefe ausdehnen

Selbst mit der kleinsten Blende ist es nicht immer möglich, alles im Fokus zu halten. Die Landschaftsmeister der Vergangenheit nutzen die Flügel und Klappen ihrer Großformatkameras, um die Fokusebene zu ändern und eine größere Schärfentiefe zu erzielen. Mit einer digitalen Spiegelreflexkamera kann derselbe Effekt mit einem Tilt-Shift-Objektiv erreicht werden, aber diese Objektive sind groß, schwer und teuer. Eine andere Möglichkeit ist, zwei oder mehr Bilder miteinander zu kombinieren, um alles scharf abzulichten.

Es gibt auch automatisierte Lösungen, um Bilder für eine größere Schärfentiefe miteinander zu kombinieren – inklusive der Option EBENEN AUTOMATISCH ÜBERBLENDEN in Photoshop und verschiedener Plug-Ins. Diese Werkzeuge werden immer besser, die besten Ergebnisse erzielen Sie derzeit aber immer noch, wenn Sie die Bilder in Photoshop per Hand zusammenfügen. Mein aktuelles Lieblings-Plug-in ist Helicon Focus, das meist ausgezeichnete Ergebnisse erzielt. In manchen Situationen funktionieren jedoch manuelle Überblendungen in Photoshop besser. Wie das geht, zeigen die folgenden Bilder und Texte.

5

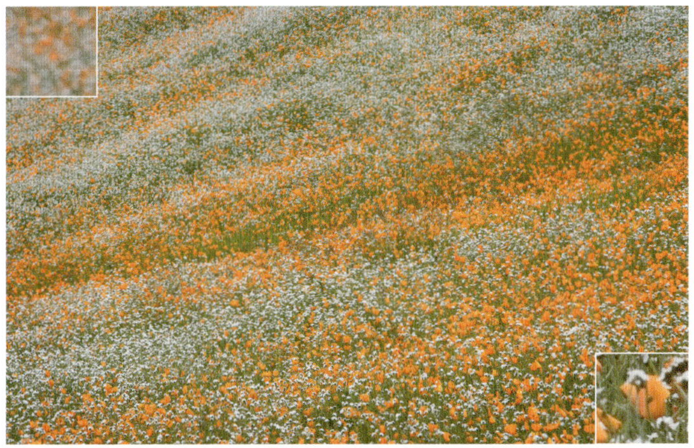

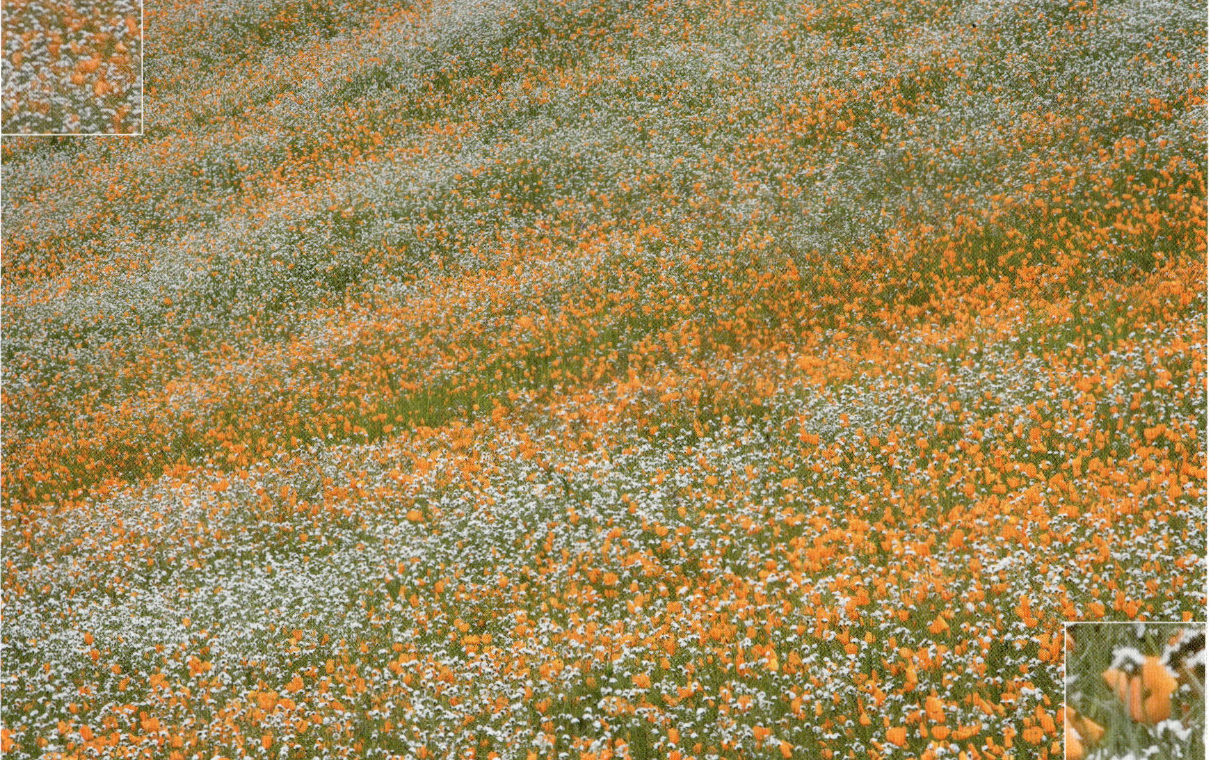

6

1. Obere Ebene
2. Ebenenmaske der oberen Ebene
3. Mittlere Ebene
4. Ebenenmaske der mittleren Ebene
5. Untere Ebene
6. Fertiges Bild

Ich blendete diese drei Aufnahmen – eine mit Fokus auf dem Vordergrund, ein Fokus auf dem Hintergrund und einer auf der Mitte – mithilfe von Ebenenmasken in Photoshop ineinander über. Von unten nach oben wählte ich folgende Reihenfolge – die Ebene mit dem Fokus auf dem Hintergrund ganz oben (1), die Ebene mit dem Fokus auf dem Vordergrund ganz unten (5). Anschließend fügte ich zur oberen Ebene eine Ebenenmaske hinzu (2), aktivierte den Pinsel mit einer weichen Spitze sowie Schwarz als Vordergrundfarbe und malte über die Bereiche, die sich nicht im Fokus befinden – die untere Bildhälfte. Dadurch können die schärferen Bereiche der mittleren Ebene durchscheinen. Anschließend fügte ich zur mittleren Ebene eine Ebenenmaske hinzu (4) und malte erneut mit Schwarz über die unscharfen Bereiche, damit die scharfen Bereiche der unteren Ebene durchscheinen können.

DRUCKEN

In diesem digitalen Zeitalter werden die meisten Fotos online verteilt und betrachtet. Das ist super, denn so bekommen Fotografen die Chance, leichter gesehen und bewundert zu werden.

Für mich, und sicher auch für Adams, Weston und Porter, ist ein guter Abzug bzw. Ausdruck die ultimative Umsetzunge eines Fotos. Einen Abzug kann man in den Händen halten, an eine Wand hängen und lange anschauen und begutachten. Seine Farben, Töne und Details ändern sich nicht mit der Qualität des Monitors, auf dem sie angeschaut werden, oder mit einer Helligkeitseinstellung. Ein Abzug existiert als feste, greifbare und langlebige Ausdruckweise der Idee und Sichtweise des Fotografen.

Druckeroptionen

Hybriddrucker

Diese Drucker, bekannt unter den Namen Lambda, LightJet und Chromira, arbeiten mit Lasern oder LEDs, um eine digitale Datei auf herkömmlichem, chemisch-entwickeltem Fotopapier zu belichten. Sie sind sehr teuer, weshalb sie eigentlich auch nur in Fotolaboren zu finden sind. Da es sich beim Endergebnis um einen Fotoabzug handelt, sind die Maschinen die beste Wahl, um den klassischen Foto-Look zu erzeugen. Der Hauptnachteil bei dieser Methode ist, einen akkuraten Proof zu erstellen. Ein reflektierender Abzug unterscheidet sich deutlich von einem Negativ und selbst der bestkalibrierte Monitor bietet nur eine Annäherung dessen, was im finalen Druck zu sehen ist. Bei wichtigen Arbeiten bleibt Ihnen nichts anderes übrig, als die Proofs in ein Labor zu schicken, damit diese dort auf demselben Gerät ausgegeben werden können wie später die Ausdrucke - das kostet natürlich viel Zeit und Geld.

Inkjet-Drucker

Diese Drucker sind die beliebtesten heutzutage, und das aus einem guten Grund. Sie erstellen schöne Ausdrucke, sind relativ günstig und geben dem Fotografen die Chance, einen qualitativ hochwertigen Drucker zu Hause zu besitzen. So kann man viel experimentieren und Proofs in einer relativ kurzen Zeit erstellen. Die Qualität der besten Drucker dieser Art ist sehr gut, es gibt aber Unterschiede. Die Hersteller tendieren dazu, mit Funktionen und Zahlen zu werben, die nichts über die Druckqualität aussagen. Am besten Sie drucken Ihre Bilder und vergleichen die Ergebnisse. Fragen Sie Freunde, ob Sie deren Drucker ausprobieren können oder schicken Sie eine Datei an eine Druckerei, um dort ein spezielles Modell zu testen.

Um feine Tonwertübergänge in Schwarzweißausdrucken darzustellen, sollte ein Inkjet-Drucker natürlich mit schwarzer Farbe und mindestens zwei Grautönen ausgestattet sein. Wenn Sie ernsthaft Schwarzweißaufnahmen drucken wollen, halten Sie auch nach speziellen Druckerfarben für Schwarzweißausdrucke Ausschau. Einige Drittanbieter verkaufen Druckerpatronen-Softwarepakete, die einen Drucker in einen speziellen Schwarzweißdrucker verwandeln und vier, sechs oder noch mehr Schwarz- und Grautöne erzeugen.

Hier sind noch ein paar Dinge, auf die Sie achten sollten.

Schwarz
Nicht alle Abzüge von Ansel Adams enthalten reines Schwarz, die, die es jedoch enthalten, bieten eine Reichhaltigkeit, die nur tiefe Schwarztöne erzeugen - etwas, wonach Adams immer gestrebt hat. Inkjet-Drucker sollten ebenfalls tiefes Schwarz drucken können. Die besten erreichen einen Dmax von 2,0 oder besser mit glänzendem oder halb glänzendem Papier.

Farbumfang
Wie geht der Drucker mit stark gesättigten Farben um? Manche Drucker kommen mit bestimmten Farben besser klar als mit anderen. Bedenken Sie sowohl die Reichhaltigkeit der Farben als auch die Tonwerttrennung in den gesättigten Bereichen. Sehen Sie feine Übergänge oder Farbblöcke?

Tonwert- und Farbübergänge
Im Ausdruck sollten feine Tonwert- und Farbübergänge zu sehen sein - ohne Farbschleier oder deutliche Punktmuster. Achten Sie vor allem auf die Tonwerttrennung in den Tiefen und Lichtern - sehen Sie bestimmte Farbwerte oder vollfarbige Bereiche Schwarz oder Weiß?

Bronzing und Gloss Differential
Wenn Sie glänzendes oder halb glänzendes Papier in einem bestimmten Winkel zum Licht halten, sehen Sie, ob in den dunklen Bereichen ein Bronzeschein zu sehen ist. Vielleicht sehen Sie in den dunklen Bereichen auch »gloss differential«. Mich stört gloss differential nicht so sehr wie das bronzing, aber das kommt auch immer auf die Stärke an.

Die Wahl des Papiers

Inkjet-Drucker können auf nahezu jeder Oberfläche wunderschöne Bilder erzeugen - inklusive Leinwand, Wasserfarbenpapier und den traditionelleren Glanz- und Mattpapieren. Als Reaktion auf den malerischen Stil der Fotografie, der Anfang des 20. Jahrhunderts sehr beliebt war, wollten Ansel Adams und Edward Weston die Fotografie deutlicher von anderen Medien trennen und bevorzugten weiche Glanzpapiere. Heutzutage ist die Fotografie eine eigene Kunstform und die Linien zwischen der Fotografie und anderen Kunstformen sind verschwommen, so dass jeder Ersatz ein akzeptables Medium für die Fotografiekunst sein kann.

Aber das Papier sollte die Aussage, die Sie mit dem Foto übermitteln wollen, gut übertragen können. Für einen impressionistischen Look benötigen Sie Leinwand oder Wasserfarbenpapier. Soll das Bild eher traditionell aussehen, verwenden Sie eher Glanz- oder Mattpapier - damit bleiben auch mehr Bilddetails und Schärfe erhalten. Einige der neuesten Inkjet-Papiere weisen eine erstaunliche Ähnlichkeit mit herkömmlichen Schwarzweiß-Faserpapieren auf.

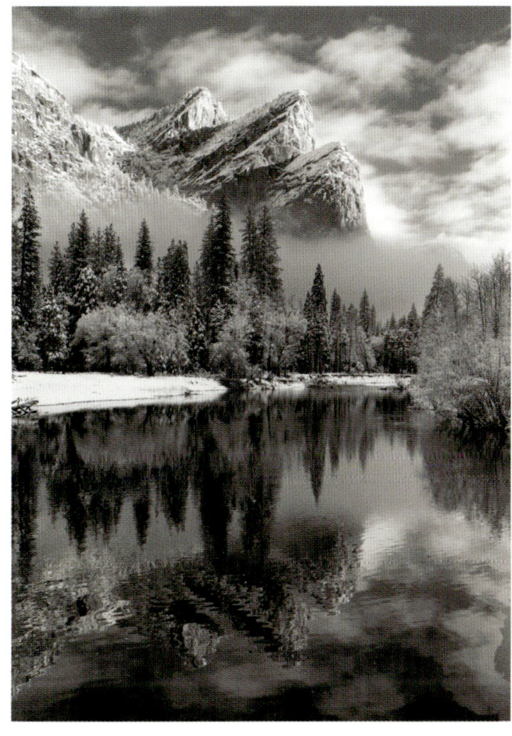

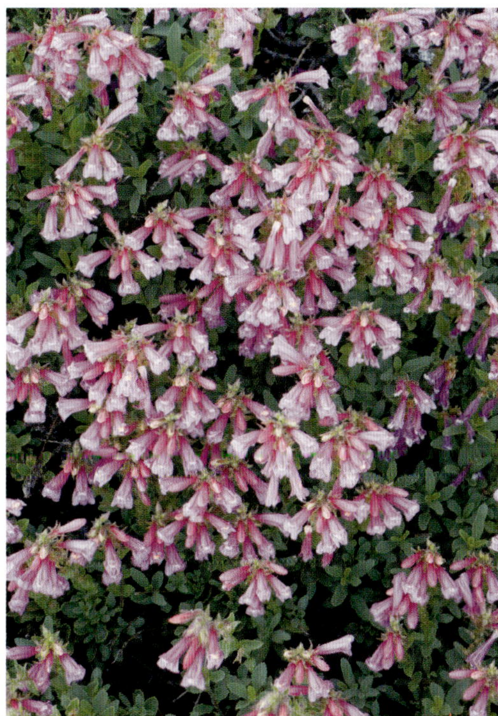

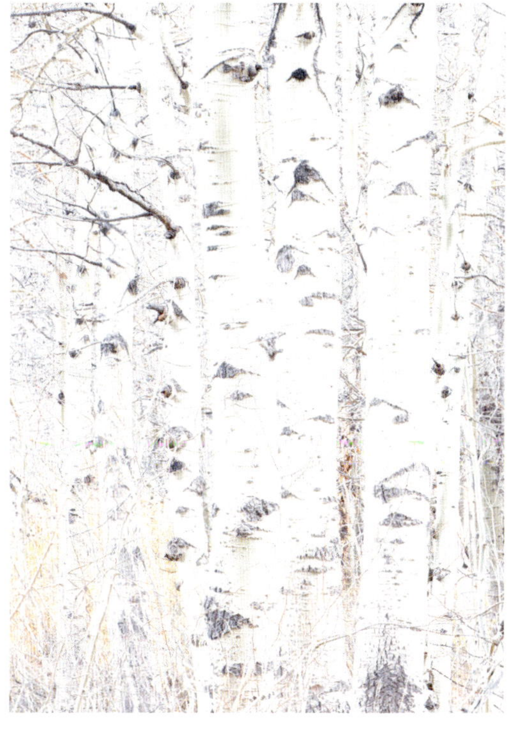

Druckqualität

Ein guter Fotodrucker muss in der Lage sein, tiefe Schwarztöne, feine Tonwertübergänge und stark gesättigte Farben darzustellen.

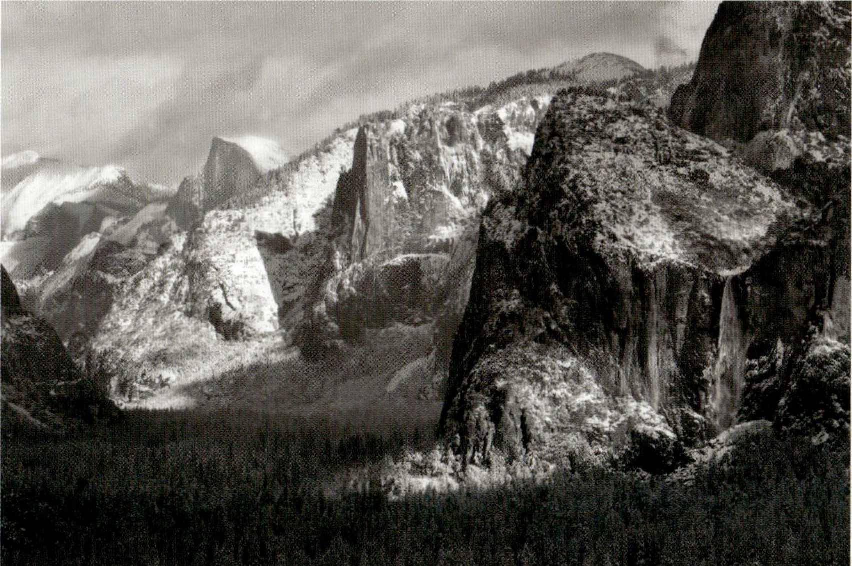

Weicher Look, weiches Paper

Wasserfarbenpaper, Reispapier oder Leinwand sind passende Oberflächen für impressionistische Bilder wie diese.

Traditionelle Werte

Klassische Landschaften werden eher auf weichen Papieren mit einem traditionellen Foto-Look und passender Struktur präsentiert.

Proofing und Bewertung

Ein Bild vom Bildschirm auf Papier zu übertragen kann Probleme bereiten. Häufig erscheint es im Ausdruck dunkler als auf dem Bildschirm, denn ein Bildschirm leuchtet und gibt dem Bild Luminanz, die nicht auf das Papier übertragen wird. Dieses Problem hat sich in dem Maße verschärft, in dem Bildschirme immer heller und heller wurden.

Der erste Schritt von einer besseren Umsetzung vom Monitor aufs Papier ist, den Monitor zu kalibrieren. Dazu verwenden Sie ein Kolorimeter am Bildschirm und die entsprechende Software, um den Monitor kalibrieren und Farbprofiele einzustellen. Auch die richtigen Druckerprofile und -einstellungen sind wichtig (siehe Seite 166).

Außerdem ist es wichtig, Ausdrucke bei guter Beleuchtung zu bewerten. Manche verwenden dazu 5000K-Tageslicht-Leuchten, die meisten Galerien sind jedoch mit Kunstlicht ausgerüstet (ca. 2700K) und nur die wenigsten Menschen haben Tageslicht-Leuchten zu Hause. Um die Ausdrucke im selben Licht zu bewerten, unter dem sie betrachtet werden, verwende ich ein Licht-Schienensystem mit Standard-Kunstlicht ähnlich dem, was in den meisten Galerien zum Einsatz kommt und was die meisten Leute in ihren Häusern haben.

Aber selbst bei einerm kalibrierten Monitor, dem richtigen Druckerprofil und guter Beleuchtung sind die Ausdrucke meist zu dunkel, Sie müssen also die Bilddatei etwas anpassen. Meine Fotos werden häufiger online angeschaut als auf Papier, darum sind meine Masterdateien für den Bildschirm optimiert - kalibiert auf den Standard-Luminanzwert (für LCDs) von 120 cd/m2. Beim Drucken optimiere ich eine Kopie der Masterdatei für die Ausgabe auf einem bestimmten Drucker. Außerdem reduziere ich die Helligkeit meines Monitors etwas, während die ich Proofs erstelle (natürlich nur temporär, ich drehe sie wieder hoch, wenn ich fertig bin). Wenn es Ihnen vor allem ums Drucken geht und Sie Ihre Bilder nicht oft online zeigen, können Sie ihren Monitor auf 80 cd/m2 kalibrieren.

Wenn die Masterdatei vollständig in Lightroom verarbeitet wurde (wie heutzutage 90% meiner Bilder), fertige ich in Lightroom eine virtuelle Kopie an, wenn ich drucken will. Nach dem ersten Proof-Druck nehme ich an dieser Datei nötige Änderungen vor, bis ich mit dem Ergebnis zufrieden bin.

In Photoshop können Sie für den neuen Proof eine neue Kopie der Masterdatei anfertigen oder alle Einstellungsebenen in einer Gruppe zusammenfassen, diese kopieren und an den Kopien der Einstellungsebenen Korrekturen vornehmen. Wenn Sie mit Lightroom und Photoshop arbeiten, können Sie in Lightroom eine virtuelle Kopie der Photoshop-Datei anlegen und diese für den Druck optimieren.

Proofdrucke müssen nicht groß sein; A4 reicht völlig aus, um Helligkeit, Kontrast und Farbe zu bewerten. Am besten beschriften Sie die Proofs, falls Sie später zu einer früheren Version zurückkehren wollen. Sie können in Lightroom Schnappschüsse oder Ebenengruppen in Photoshop als »Proof 1«, »Proof 2« etc. benennen und die Namen einfach auf die Rückseite des Ausdrucks schreiben. Wenn Ihnen dann der zweite Ausdruck besser gefällt als der fünfte (was oft passiert), klicken Sie einfach auf die entsprechenden Einstellungen und kehren dorthin zurück.

Wie gesagt, Ausdrucke sind häufig zu dunkel. Meist betrifft das aber nur die Schatten, die Lichter stimmen bereits. Statt also die allgemeine Helligkeit des Bildes einzustellen (mit dem Belichtungs-Regler in Lightroom oder Camera Raw oder durch Korrektur der mittleren Gradationskurve) sollten Sie versuchen, die Details in den Schatten zu stärken, indem Sie den Schwarzpunkt oder den unteren Kurvenbereich korrigieren oder den Tiefenregler anpassen.

Und da Sie sich den Ausdruck wahrscheinlich unter einer Wolfram-Glühlampe bei 2700K oder weniger ansehen, während der Monitor bei 6500K kalibriert wurde, kann die Farbbalance des Ausdrucks zu warm sein. Bedenken Sie, dass sich Ihre Augen der Farbtemperatur der Lichts anpassen. Trotzdem sollten Sie den Ausdruck etwas kühler oder blauer machen, um ein ausgewogeneres Gleichgewicht zwischen den warmen und den kühlen Tönen zu erreichen.

Es hilft, einen eigenen Fotodrucker zu haben, um viele Proofs in kurzer Zeit machen zu können. Mit Ihrem eigenen Drucker brauchen Sie kein Soft-Proofing mehr – es wäre sogar kontraproduktiv. Ein Hard-Proof – ein aktueller Ausdruck – ist viel besser, da er vollkommen genau ist. Wenn Sie einmal einen Hard-Proof haben, machen Sie weitere Anpassungen an der Kopie Ihrer Masterdatei und orientieren Sie sich dabei an dem Ausdruck und nicht an dem, was Sie auf dem Monitor sehen.

Wenn Sie keinen Fotodrucker haben oder ein Bild vorbereiten, um es auf einem anderen Drucker zu drucken, kann ein Soft-Proof ein grober Anhaltspunkt sein. Erwarten Sie aber nicht, dass er genau wie der spätere Ausdruck aussieht. (Soft-Proofs können Sie sowohl mit Lightroom als auch mit Photoshop erstellen, wenn Sie das passende Druckerprofil geladen haben.)

Vom Bildschirm auf Papier

Bilder sehen im Ausdruck meist dunkler aus als auf dem Bildschirm, selbst bei kalibriertem Monitor und passenden Druckerprofilen. Am besten ist es, Sie fertigen eine aufs Drucken optimierte Kopie der Masterdatei an und hellen diese entweder generell oder nur in den Schatten auf - oder beides. Zwar funktioniert die erste Version dieser Aufnahme vom Half Dome in Yosemite auf dem Bildschirm gut (1), dennoch ist die zweite im Ausdruck deutlich besser (2).

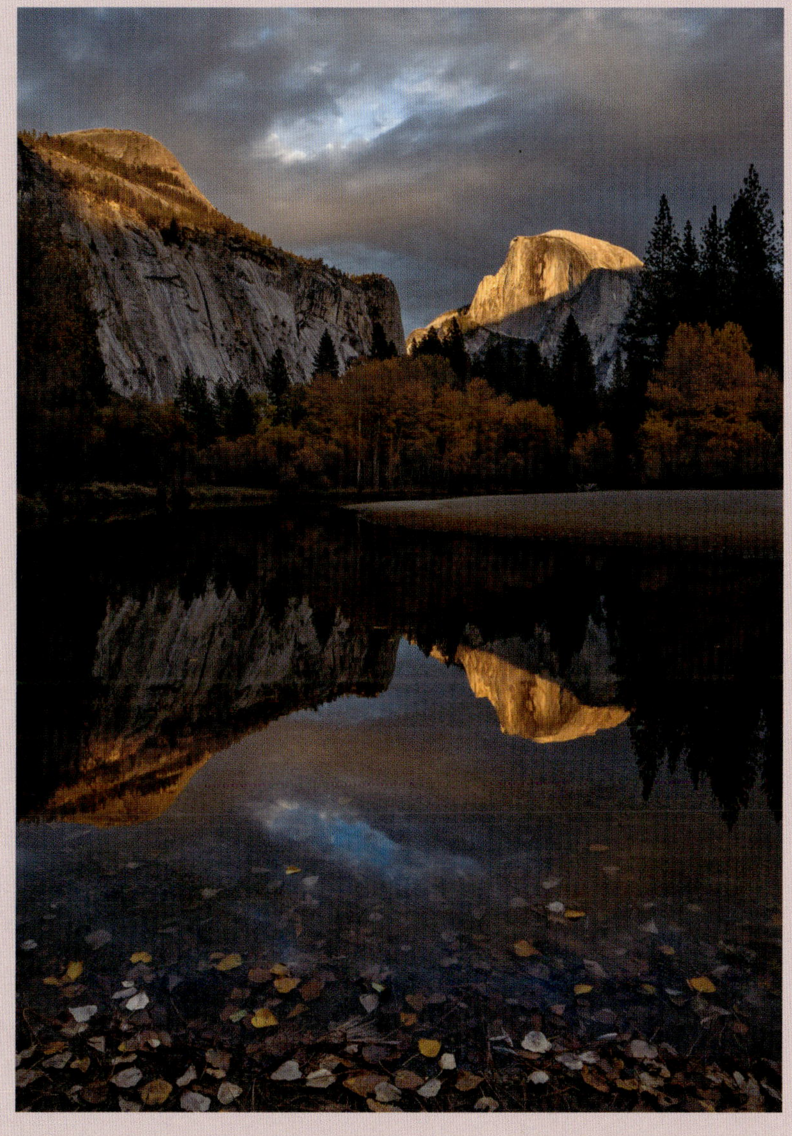

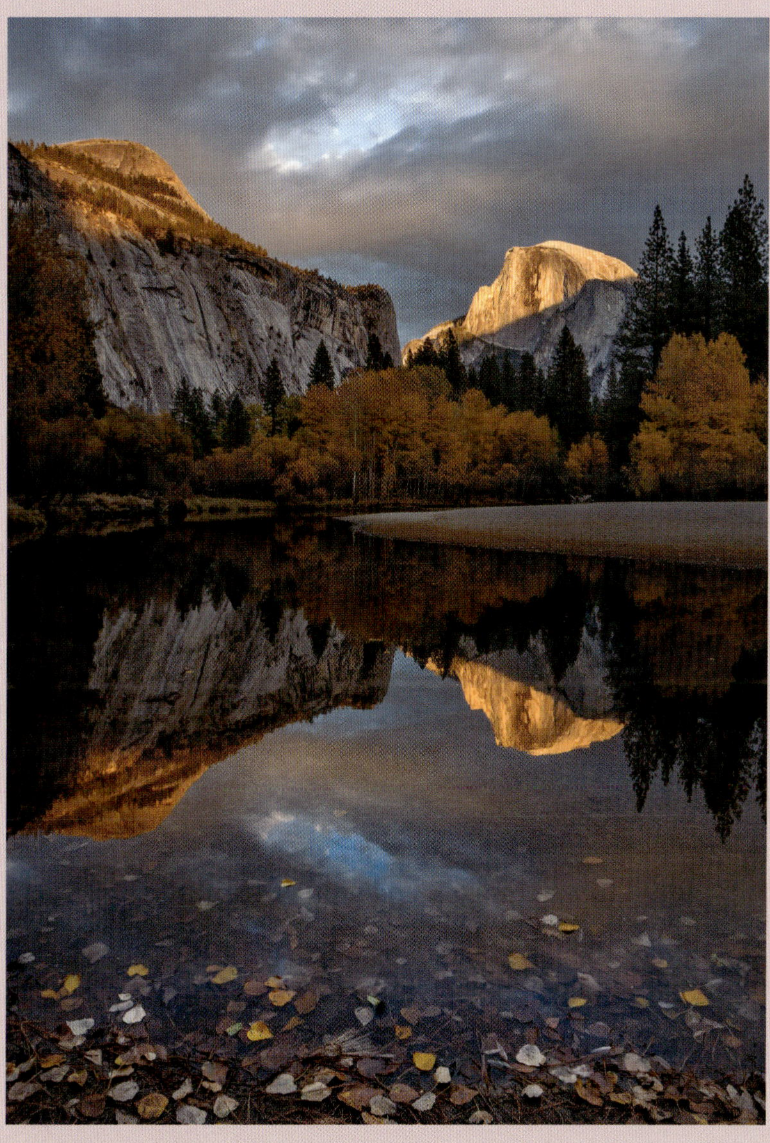

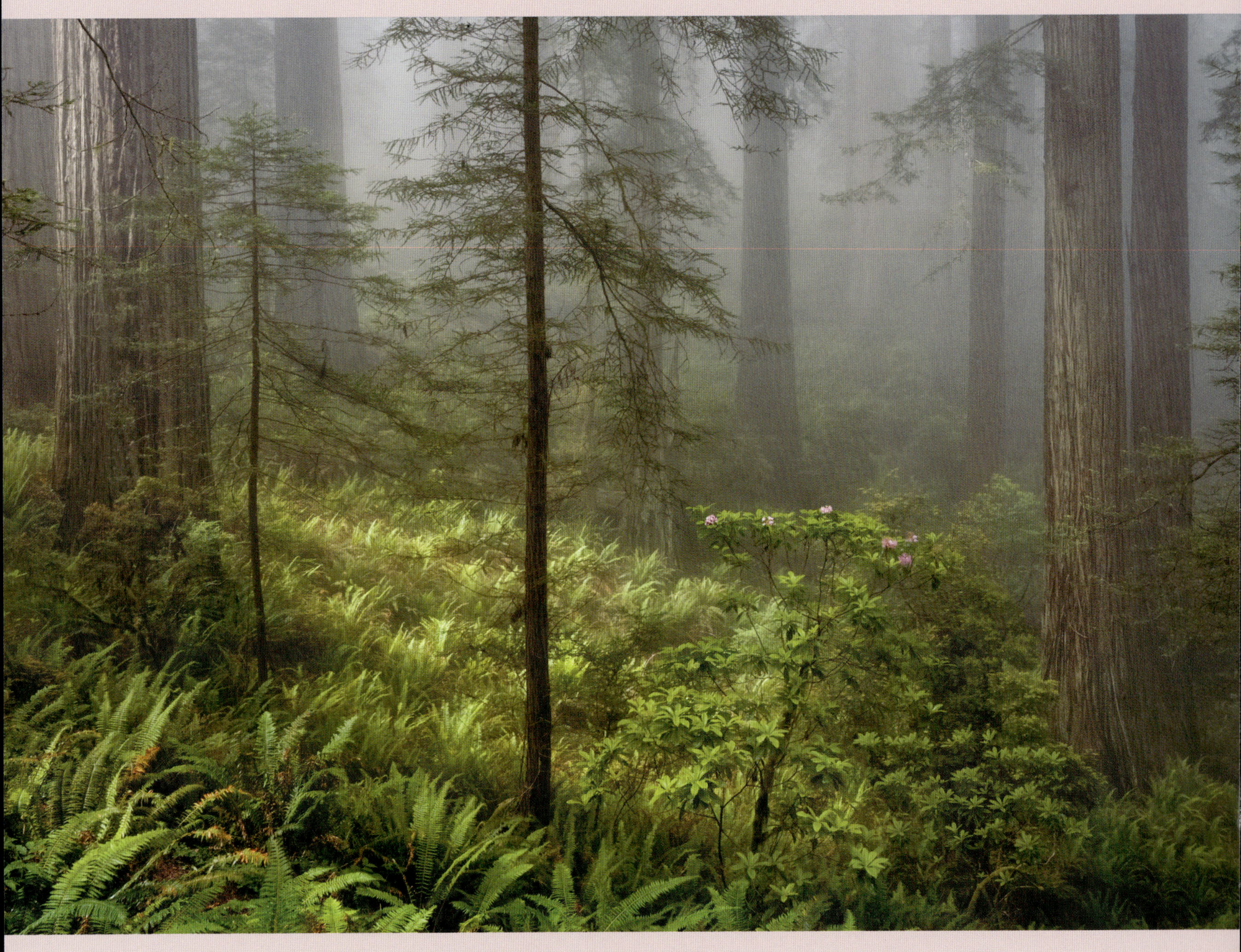

Das Auge entwickeln

Welches ist das stärkste Werkzeug in der digitalen Dunkelkammer? Gradationskurven? HDR? Inhaltsbasiertes Füllen?

Leider nein – das Wertvollste in der digitalen Dunkelkammer sind Ihre Augen. Die tollsten Softwaretools sind nutzlos, wenn Sie nicht wissen, wie ein Bild aussehen sollte – oder wichtiger noch, wenn Sie nicht wissen, wie Sie es haben wollen.

Wie entwickeln Sie Ihr Auge? Zuerst betrachten Sie viele Fotos. Sie können online Millionen von Bildern anschauen, aber nichts ist so gut wie Besuche in Galerien und Museen, wo die echten Meister zu sehen sind.

Oder Sie gehen einen Schritt weiter und kaufen sich einen Ausdruck von einem echten Meister. Charles Cramer beherrscht die Techniken der traditionellen Dunkelkammer, darunter auch den Farbtransferdruck, und er hat seine Erfahrungen jetzt in die digitale Welt umgesetzt und ist ein Meister des digitalen Drucks. Er sagte mir: »Selbst bei Farbdruckern würde ich empfehlen, immer eines von Ansel Adams Special Edition Fotos als Referenz und Inspiration zur Hand zu haben, denn meist geht es um Aufhellen, Abdunkeln und Kontrast – die Farbe ist recht unkompliziert. Ein Schwarzweißdruck als Beispiel funktioniert deshalb großartig.« (Die Special Edition Photographs sind Silber-Gelatine-Drucke nach Adams' Spezifikationen, die von Originalnegativen von seinem früheren Assistenten Alan Ross angefertigt und von der The Ansel Adams Gallery in Yosemite und online verkauft werden.)

Zweitens sollten Sie sich Zeit nehmen. John Sexton, Adams' früherer Assistent, sagte: »In der analogen Dunkelkammer können Sie den Prozess nicht endlos beschleunigen, ohne das Ergebnis zu beschädigen. In Lightroom oder Photoshop können Sie schneller sein als die meisten Menschen kreativ arbeiten können, darum schießen sie leicht über das Ziel hinaus. Bei vielen Digitalfotos liegt das Problem, wenn es eines gibt, nicht darin, dass es zu wenig ist. Meist ist es zu viel.

Wenn sich Ansel heute einige Digitaldrucke anschauen würde, würde er sagen: 'Sie sind zu laut und übertrieben. Fahren Sie etwas zurück – die Botschaft ist vorhanden, Sie müssen sie nicht laut von allen Berggipfeln ins Land brüllen.' Nun ist es ja nicht so, dass jemand am Morgen aufwacht und beschließt: 'Heute übertreibe ich es mal in Photoshop.' Die Leute verfangen sich einfach im Prozess, und das geht so schnell, dass Korrekturen leicht über das Ziel hinausschießen. Indem Sie bereits früh im Workflow drucken, und dann später immer wieder, entschleunigen Sie den Arbeitsprozess und erhalten eine gewisse Objektivität und Einfachheit im fertigen Bild zurück.«

Wenn Sie es mit Kontrast, Sättigung oder HDR-Effekt zu weit treiben, damit das Bild mehr Biss bekommt, wirkt das Bild einfach nur grässlich und gekünstelt. Sie wollen ja nicht, dass die Betrachter über die Verarbeitung des Bildes nachdenken – wie es maniluliert wurde oder ob die Farben wirklich echt sind. Wenn die Betrachter die Echtheit eines Bildes anzweifeln, denken sie nicht über die Schönheit der Szene nach, die hamonische Komposition oder den besonderen Moment, den Sie eingefangen haben, und Ihre Botschaft ist verloren.

Beim Verarbeiten und Drucken meiner Bilder bin ich immer auf Balance bedacht. Ich möchte, dass das Motiv eine Wirkung hinterlässt, dennoch aber natürlich aussieht. Ich bin eher ein Fan der Unter- als der Übertreibung. Charles Cramer sagt: »Ich rate den Leuten immer, bei der Bearbeitung einer Datei zuerst mit geringerem Kontrast und weniger Sättigung zu Werke zu gehen und dann den Ausdruck zu machen, denn Kontrast und Sättigung lassen sich später noch immer verstärken. Sich aber zu überzeugen, einen Schritt zurück zu gehen, ist viel schwerer.«

Lassen Sie die Bilder auch eine Weile ruhen. Wenn Sie etwas fertig bearbeitet haben oder einen Proof-Ausdruck machen, legen Sie ihn für ein, zwei Wochen zur Seite und schauen Sie ihn erst dann wieder an. Sie können ihn dann objektiver betrachten, und wenn es Ihnen geht wie mir oder den meisten Leuten, werden Sie hin und wieder denken: »Was in aller Welt habe ich mir dabei gedacht?« Darum ist ein flexibler, nicht-destruktiver Workflow so wichtig, so dass Sie ändern können, ohne von vorn beginnen zu müssen.

Denken Sie schließlich daran: Fotografie ist ein Mittel der Kommunikation. Wenn Sie nicht wissen, was Sie sagen wollen, sind Sie völlig verloren, wenn Sie über Kontrast und/oder Farben entscheiden müssen. Bevor Sie sich in Photoshop oder Lightroom knien, nehmen Sie sich einen Moment Zeit und denken Sie an die ursprüngliche Idee, Ihre Inspiration zu diesem Foto. Nur dann entwickeln Sie eine klare Vision, wie Sie das Bild verarbeiten können.

Oder wie es Ansel Adams formulierte: »Sie bemühen sich, sich an die Visualisierung zu erinnern – was Sie gesehen und gefühlt haben – genau in dem Moment, als Sie das Bild aufgenommen haben.«

Redwoods, Farbe und Rhododendren nahe der Küste Nordkaliforniens

Scharfzeichnen

Schärfen und Rauschreduzierung sind bei kleinen JPEGs, die online betrachten werden sollen, nicht wirklich wichtig. Diese Details in den Pixeln werden jedoch bei große Ausdrucken entscheidend.

Scharfzeichnen bei der Aufnahme

Beim Schärfen benutzen viele Fotografen (auch ich) einen zweistufigen Prozess. Ich zeichne zuerst die Aufnahme, die Raw-Datei, scharf, um Unschärfen des Objektivs und des Tiefpassfilters der Kamera zu kompensieren. Das ist für mich der wichtigste Teil beim Scharfzeichnen für Digitalkameras. In diesem Stadium müssen Sie den richtigen Schärfegrad erwischen, um so viele Details wie möglich im Abzug zu behalten.

Eine relativ starke Scharfzeichnung mit geringem Radius funktioniert am besten, um die feinen Details in Landschaftsfotos zu verstärken. Beim Scharfzeichnen wird der Kontrast entlang von Kanten erhöht - oder immer dort, wo ein Unterschied zwischen nebeneinanderliegenden Pixeln besteht. Je höher der Grad der Scharfzeichnung ist, desto mehr Kontrast gelangt ins Bild. Der Radius bestimmt, in welchem Umkreis einer Kante der Kontrast erhöht wird. Die folgenden Illustrationen zeigen, wie das funktioniert, und wie sich ein niedriger Radius besser an die Kantendetails anschmiegt.

Wenn Sie die Einstellungen für Bildschärfe oder Rauschreduzierung festlegen, betrachten Sie das Bild immer bei 1:1 (100 %) oder 1:2 (50 %). Bei anderen Vergrößerungen ist die Darstellung der Effekte ungenau.

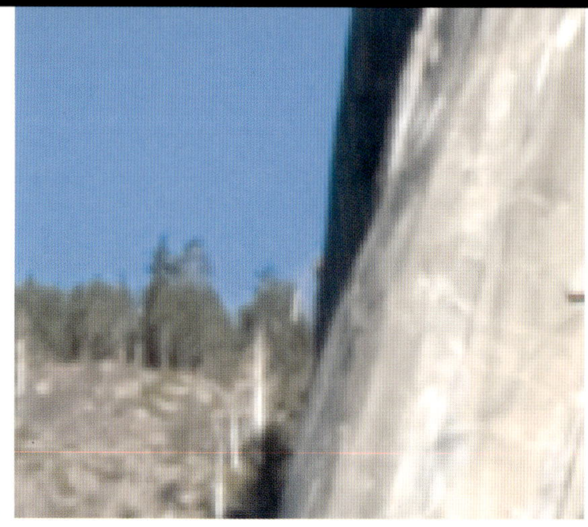

1

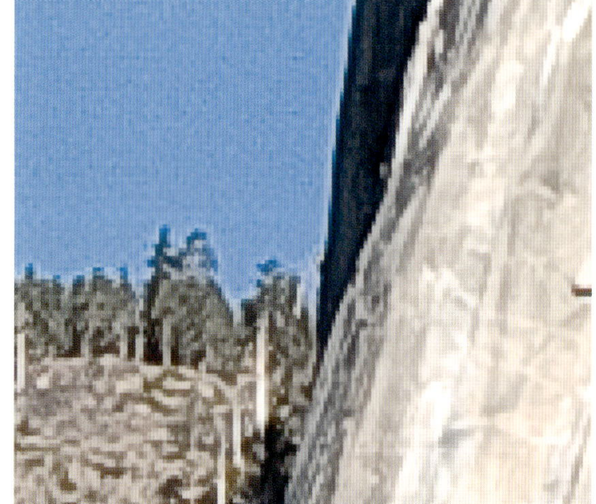

2

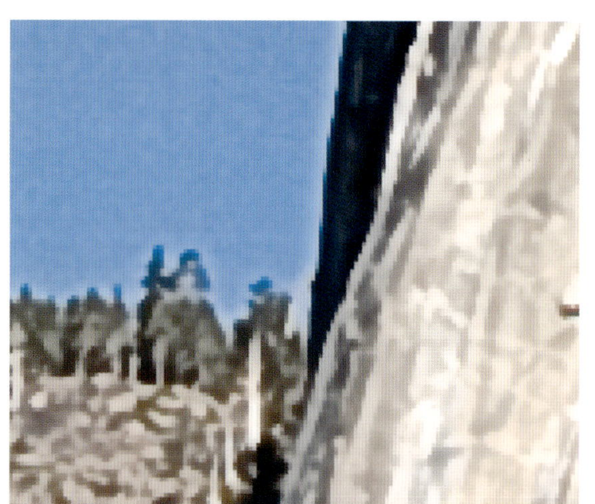

3

Stärke und Radius

Das erste Beispiel zeigt eine vergrößerte Ansicht (4:1 oder 400 %) eines Fotos des El Capitan ohne Scharfzeichnung (1). In der zweiten Version wurde im Entwickeln-Modul von Lightroom so stark wie möglich geschärft (150 - nur zur Demonstration!), während der Radius beim Niedrigwert 0.5 blieb (2). Scharfzeichnen erhöht den Kontrast entlang der Kanten, darum wurden die Pixel direkt neben dem El Capitan aufgehellt, während die Kantenpixel des El Capitan abgedunkelt wurden. Im dritten Beispiel blieb die Stärke bei 150, der Radius wurde auf den Maximalwert 3.0 gestellt (3). Damit weiten sich die Auren durch das Scharfzeichnen (die helleren und dunkleren Bereiche zwischen Himmel und El Capitan) weiter aus.

Sie sehen, dass die Bäume in dieser letzten Version weniger scharf aussehen als in der zweiten. Ein zu hoher Radius lässt den Schärfeeffekt von einem Baum zum nächsten überlaufen und zeichnet das Bild weich. Zwar ist dieses Beispiel übertreiben, es zeigt jedoch, wie ein geringer Radius bei Landschaftsfotos besser wirkt, denn er bleibt eng an den Kanten feiner Details wie Ästen, Blättern, Tannennadeln und Gräser.

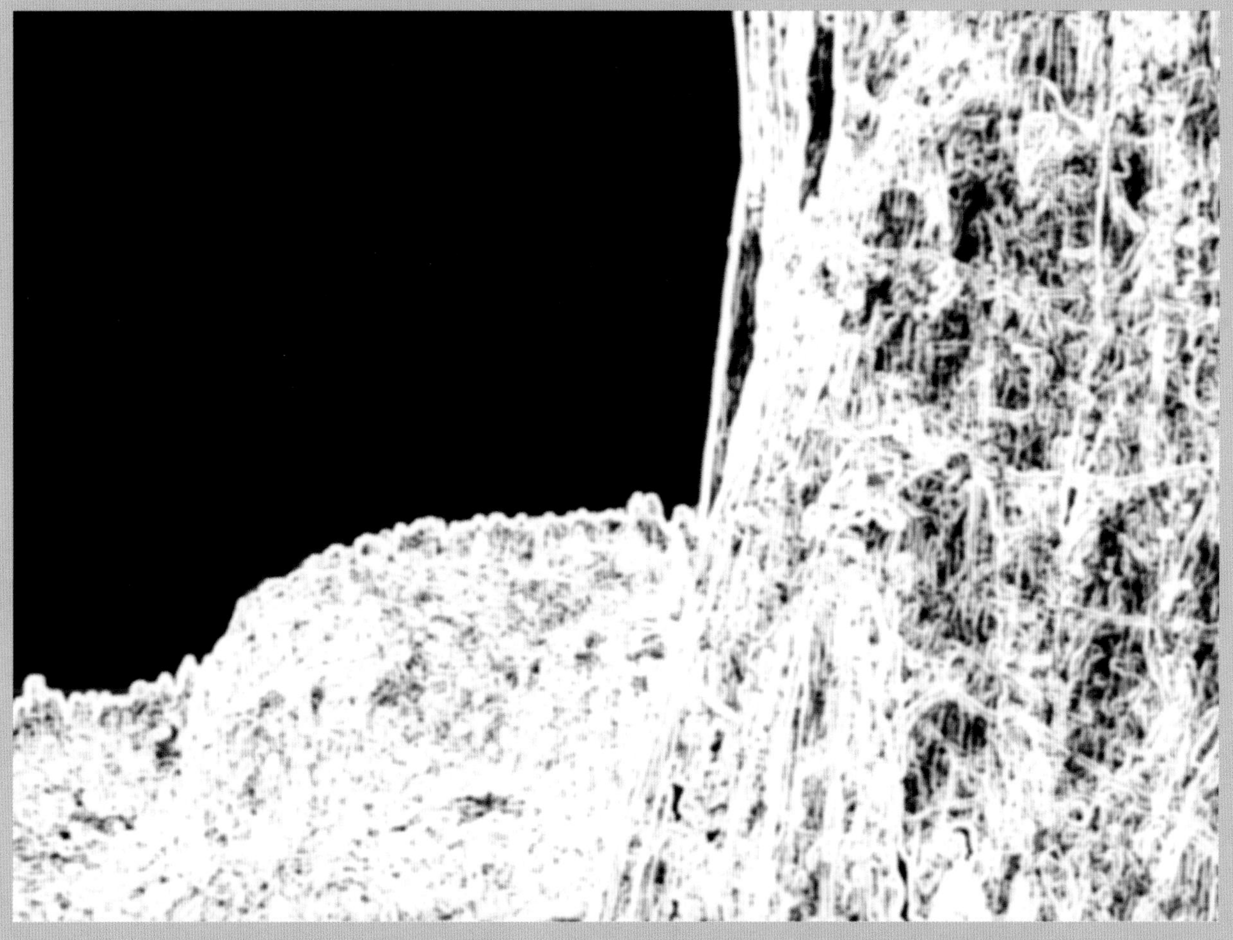

Maskieren

Mit dem Maskieren-Regler in Lightroom und Adobe Camera Raw können Sie die Scharfzeichnung auf Kanten und Strukturen beschränken. Halten Sie die Option-(Alt-)Taste gedrückt, um die Maske einzublenden (weiße Bereiche werden scharfgezeichnet, schwarze nicht). Hier hielt ich die Option-Taste gedrückt und schob den Maskieren-Regler auf 30. Die Maske zeigt, dass El Capitan und die Bäume geschärft werden, der Himmel hingegen nicht, denn dort würde eine Scharfzeichnung das Bildrauschen betonen.

In Lightroom und Adobe Camera Raw werden die feinen Details mit zunehmender Details-Einstellung verstärkt. (Geringere Werte führen zu unscharfem Maskieren, während höhere Werte scharfzeichnen.) Bei zu hohen Detail-Werten entstehen unerwünschte Artefakte und das Bild wirkt eckig.

Der Maskieren-Regler in Lightroom und Adobe Camera Raw bestimmt, welche Bereiche des Bildes geschärft werden. Bei 0 wird das gesamte Bild scharfgezeichnet. Bei höheren Werten werden die Kanten und strukturierten Bereiche geschärft, glattere Bereiche wie Himmel oder Wasser werden ausgelassen, denn dort würde nur das Bildrauschen betont. Sie blenden die Maske ein, indem Sie die Taste Option (Mac) oder Alt (Windows) gedrückt halten.

Bei Landschaftsfotos beginne ich in Lightroom und Adobe Camera Raw normalerweise bei Stärke 40, Radius 0.5 (so niedrig wie möglich), Detail 50 und Maskierung 0. Dann betrachte ich das Bild bei 1:1 bzw. 100 %: Eventuell erhöhe ich die Stärke etwas – so weit, dass gerade so keine Artefakte zu sehen sind (und selten höher als 70). Vielleicht erhöhe ich auch den Radius ein wenig auf 0.6 oder 0.7.

Meist lasse ich die Details bei 50, erhöhe sie höchstens dann, wenn es ohne Überschärfung möglich ist. Die Maskierung bleibt bei 0, es sei denn, das Bild enthält Bildrauschen.

Ausgabe scharfzeichnen

Außer der Scharfzeichnung bei der Aufnahme brauchen die meisten Bilder auch etwas Schärfung bei der Ausgabe, als letzten Schritt vor dem Druck. Siehe Datei für den Druck vorbereiten auf Seite 166.

Bildrauschen reduzieren

Bildrauschen kann durch einen hohen ISO-Wert, eine lange Belichtungszeit oder aufgehellte Schatten erzeugt werden. Jede Rauschreduzierung ist ein Kompromiss zwischen Schärfe und Glättung. Sie dürfen keine Wunder erwarten, dass ein Foto mit ISO 6400 ebenso rauschfrei wie ein Bild bei ISO 100 aussieht. Solange Ihre Erwartungen jedoch realistisch sind, finden Sie viele exzellente Programme zur Rauschreduzierung. Der Einfachheit und Flexibilität halber korrigiere ich das Bildrauschen meist in Lightroom oder Adobe Camera Raw, denn dort gibt es dazu ausgezeichnete Werkzeuge.

Schärfen und Rauschreduzieren gehören zusammen, der erste Schritt zur Rauschreduzierung sind also die Schärfeeinstellungen - vor allem in Lightroom und Adobe Camera Raw der Maskieren-Regler. Durch Erhöhen der Maskierungs-Stärke wird die Schärfe nur auf Kanten und strukturierte Bereiche angewendet, während Schärfe aus glatten Bereichen wie Himmel und Wasser entfernt wird, denn dort wäre sie unnötig und würde das Bildrauschen nur verstärken. Drücken Sie wieder die Option/Alt-Taste um zu sehen, wo Schärfe angewendet wird. Eine reduzierte Detail-Einstellung von 30 oder 40 kann auch bei der Rauschreduzierung helfen.

Wenn diese Schritte nicht ausreichen, erhöhen Sie die Luminanz-Rauschreduzierung. Das Rauschen verschwindet komplett, wenn Sie den Regler weit genug schieben, aber das Bild wird auch weichgezeichnet. Versuchen Sie, einen guten Kompromiss zu finden. Ich persönlich habe lieber einen scharfen, notfalls leicht verrauschten Abzug als einen rauschfreien unscharfen.

Die Farbrauschreduzierung zeichnet das Bild nicht annähernd so weich, Sie können also großzügiger zu Werke gehen, wenn Sie die fleckigen, ungleichmäßigen Farben loswerden wollen, die häufig bei Bildern mit hohem ISO-Wert oder langen Belichtungszeiten einhergehen.

Auch der Bereichsreparatur-Pinsel in Lightroom und Adobe Camera Raw kann in bestimmten Bildbereichen das Rauschen reduzieren. Bildrauschen ist zum Beispiel in Tiefenbereichen deutlicher zu sehen, Sie könnten ihn also nur auf die dunkleren Bereiche des Bildes einsetzen. Anspruchsvollere Auswahlen zum Scharfzeichnen und zur Rauschreduzierung erstellen Sie, indem Sie zwei Smartobjekte desselben Bildes in Photoshop kombinieren. Öffnen Sie jedes Smartobjekt mit verschiedenen Einstellungen für Scharfzeichnung und Rauschreduzierung in Photoshop, legen Sie beide übereinander, fügen Sie oben eine Ebenenmaske ein und verwenden Sie die ausgefeilten Auswahlwerkzeuge in Photoshop, um die Ebenen zu überblenden. (Die Vorgehensweise ist ähnlich wie auf Seite 146 beschrieben.)

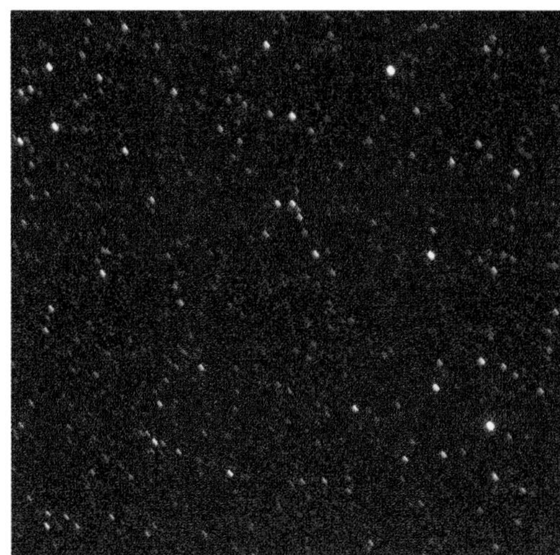

1

2

Farbrauschen reduzieren

Bildrauschen kann als ungleichmäßige Farbstreifen auftauchen. Hier erzeugen grüne und magenta Flecken ein Muster in einem ansonsten glatten Himmel (1). Ich erhöhte die Rauschreduzierung Farbe auf 74, um die Farbe zu glätten (2).

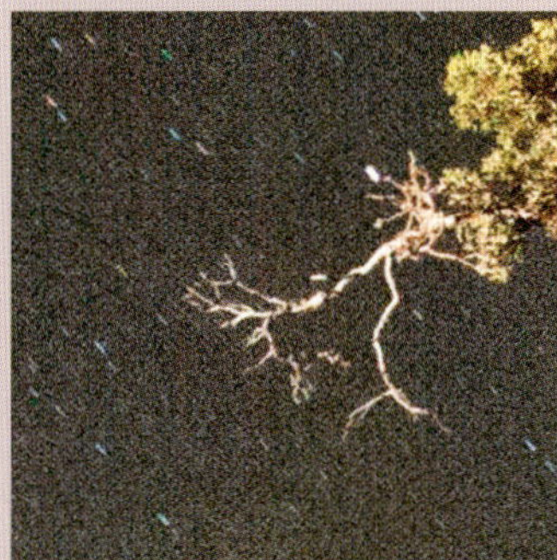

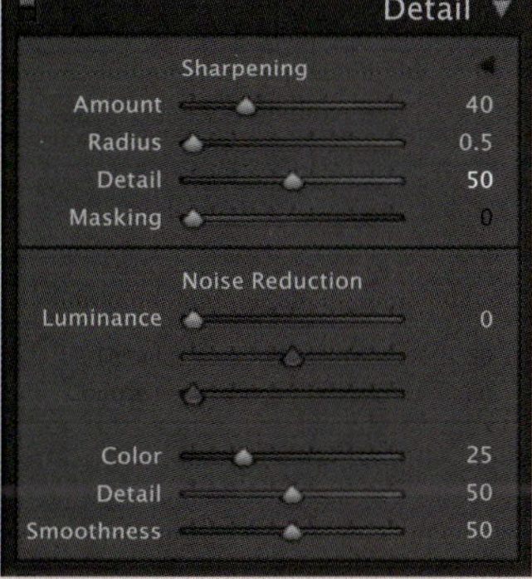

1

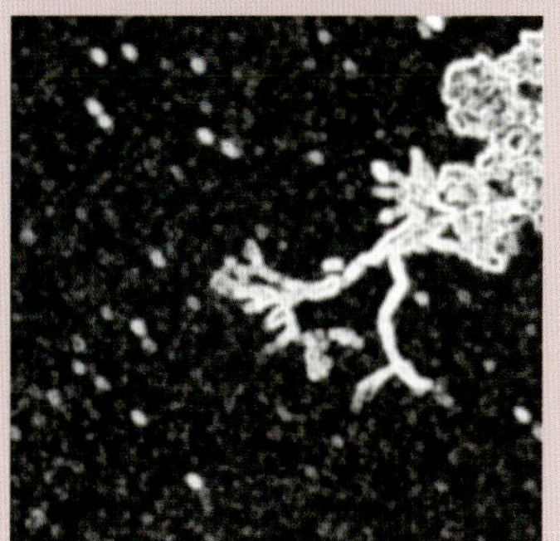

2

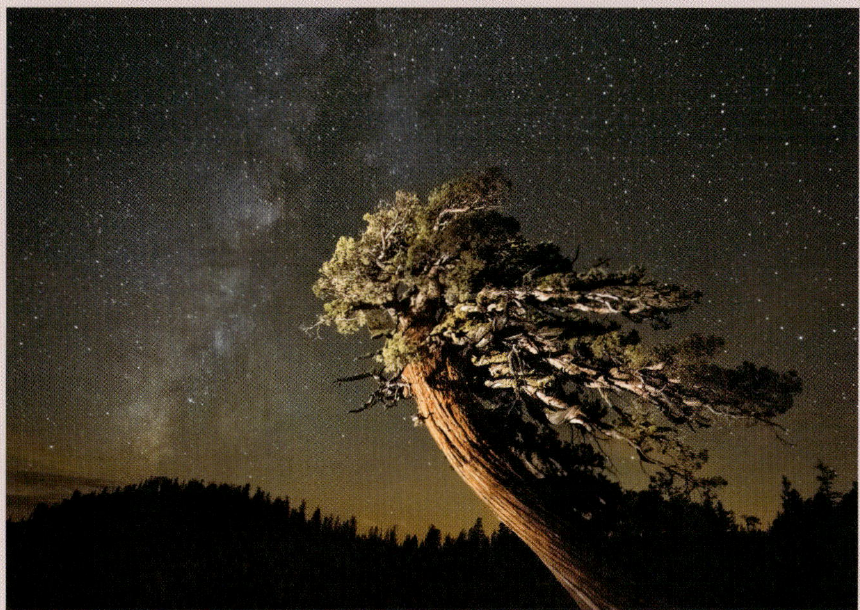

3

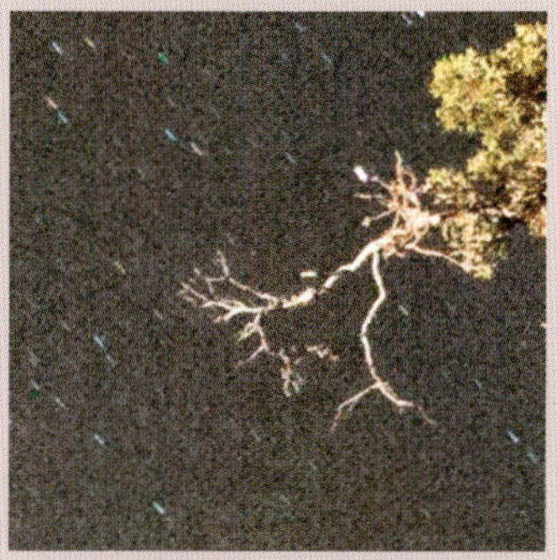

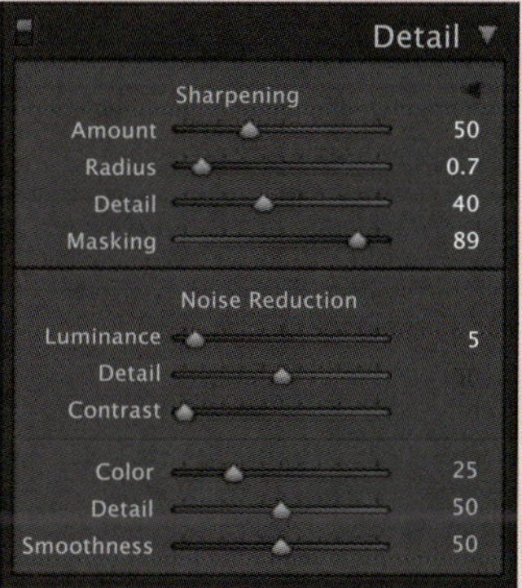

Rauschen bei hohem ISO reduzieren

Dieses Foto von der Milchstraße und einem Wachholder entstand bei ISO 12.800 in Yosemite. Bei meinen Standard-Schärfeeinstellungen ist das Rauschen in der 1:1-Ansicht (100%) deutlich zu sehen (1). Um es zu reduzieren, passte ich zuerst die Schärfeeinstellungen an. Zuerst schob ich den Detail-Regler von 50 auf 40. Dann hielt ich die Option-Taste (Alt unter Windows) und schob den Maskieren-Regler auf 74, bis nur Details wie der Baum und die Sterne geschärft wurden, nicht jedoch der leere Himmel (2). Als nächstes fügte ich etwas Luminanz-Rauschreduzierung hinzu – +5. Um die Unschärfe zu kompensieren, die durch die Korrekturen ins Bild gerät, erhöhte ich die Schärfe auf 50 und den Radius von 0.5 auf 0.7. Zusammen reduzierten diese Korrekturen das Bildrauschen, ohne Äste und Nadeln deutlich zu verwischen (3).

Die Datei zum Druck vorbereiten

Nach Proofs und den Scharfzeichnungen bei der Aufnahme bzw. der Ausgabe bleiben noch ein paar wichtige Schritte vor dem Druck. Zuerst muss eine Kopie der Masterdatei in der Größe angepasst und für den Druck geschärft werden.

Selbst wenn ich die Masterdatei in Lightroom anlege, öffne ich sie in Photoshop als Smartobjekt, um die ausgezeichneten Scharfzeichnungswerkzeuge von Photoshop zu nutzen (Foto/Bearbeiten in/Als Smart Objekt in Photoshop öffnen).

Wurde die Masterdatei in Photoshop erstellt, achten Sie darauf, dass alle Änderungen gespeichert sind. Wählen Sie dann Datei/Speichern unter und legen Sie einen Namen für die Datei fest (z. B. Dateiname_16x20). Da Sie ab dann auf einer Kopie der Masterdatei arbeiten, ist es in Ordnung, die Ebenen zu reduzieren und die Größe oder die Anzahl der Pixel zu ändern. Wenn diese Kopie der Masterdatei in Photoshop geöffnet ist, wählen Sie Ebene/Auf Hintergrundebene reduzieren. Wählen Sie dann Filter/Für Smartfilter konvertieren, um aus der reduzierten Datei ein Smartobjekt zu machen.

Egal, ob Sie die Masterdatei in Photoshop oder Lightroom erstellt haben, jetzt haben Sie eine Kopie als Smartobjekt in Photoshop. Sie erreichen damit die größtmögliche Flexibilität und können so die Schärfeeinstellungen später noch korrigieren, die Sie gleich hinzufügen werden.

Größe anpassen

Vor dem Schärfen müssen Sie die Größe anpassen. Wählen Sie Bild/Bildgrösse. Schalten Sie die Checkboxen Proportionen erhalten und Bild neuberechnen ein. Ich wähle meist Automatisch als Modus, in neueren Versionen von Photoshop (seit CC) wähle ich Details erhalten, wenn ich das Bild vergrößere. So gelingen Schärfe und Details besser. Bestimmen Sie die Ausgabegröße in Zoll oder Zentimeter und wählen Sie eine Auflösung zwischen 200 und 400 ppi.

In puncto Druckauflösung kursieren immer wieder Gerüchte und Falschinformationen. Unter 200 ppi könnte der Druck fehlschlagen und pixeln. Andererseits bietet eine Auflösung über 400 ppi keine Vorteile, die Datei muss nicht größer sein, als Sie sie unbedingt brauchen. Wenn Sie ausreichend Pixel zur Verfügung haben, wäre 360 ppi eine Auflösung, die perfekt zu den gängigen dpi-Druckauflösungen passt - wie 1440 und 2880. Ich kann aber kaum den Unterschied zwischen einem gleichgroßen Ausdruck bei 200 und 360 ppi erkennen. Wenn also für einen großen Ausdruck bei 360 ppi eine Neuberechnung erforderlich wäre (also die Anzahl der Pixel erhöht werden müsste), was bei 200 ppi nicht nötig wäre, bleibe ich bei 200 ppi, denn es gibt keinen Grund, die Datei ohne sichtbaren Unterschied zu vergrößern.

Scharfzeichnen für den Druck

Wie auf Seite 162 erläutert benötigen Raw-Dateien eine Scharfzeichnung in der Aufnahme und in der Ausgabe. Für die Druckscharfzeichnung finde ich, dass der Selektive Scharfzeichner besser funktioniert als Unscharf maskieren. Betrachten Sie das Bild auch beim Scharfzeichnen bei 1:1 (100%) oder 2:1 (50%). Andere Vergrößerungen geben den Schärfeeffekt eventuell ungenau wieder.

Wenn Sie meinen Empfehlungen für das Aufnahme-Scharfzeichnen auf Seite 162 gefolgt sind, haben Sie die Raw-Datei bereits geschärft und müssen jetzt nicht mehr viel tun - aber ein wenig hilft dennoch. Beginnen Sie mit einem Radius von 0.3 und einer Stärke zwischen 50% und 100%. Wählen Sie Verringern: Objektivunschärfe und schalten Sie in älteren Versionen die Checkbox Genauer ein. Erhöhen Sie die Stärke dann, bis eine kaum sichtbare Veränderung ins Bild kommt; wieder suchen Sie hier nach einem sehr feinen Effekt, denn die größten Scharfzeichnungen hat das Bild bereits als Raw-Datei hinter such. Klicken Sie auf OK, wenn Sie fertig sind.

Wenn Sie nach dem Ausdruck diese Einstellungen korrigieren wollen, doppelklicken Sie auf Selektiver Scharfzeichner unter den Smartobjekten im Ebenen-Bedienfeld. Damit öffnen Sie den Filter-Dialog erneut und können die Werte korrigieren. Speichern Sie diese Kopie der Masterdatei, damit Sie diese Schritte später nicht wiederholen müssen, wenn Sie noch einmal bei gleicher Größe drucken wollen.

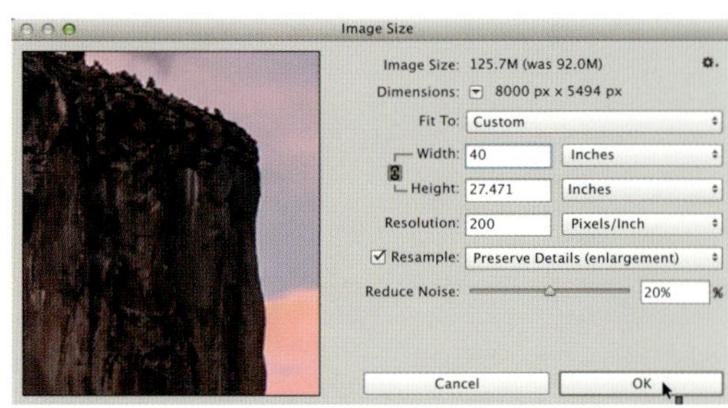

Bildgröße in Photoshop

Jede Auflösung zwischen 200 und 400 ppi führt zu guten Ergebnissen. Um Bilder zu verkleinern, ist Automatisch eine gute Wahl zur Neuberechnung. Wenn Sie die Anzahl der Pixel im Bild jedoch erhöhen müssen, wählen Sie Details erhalten, um das Bild schärfer zu drucken.

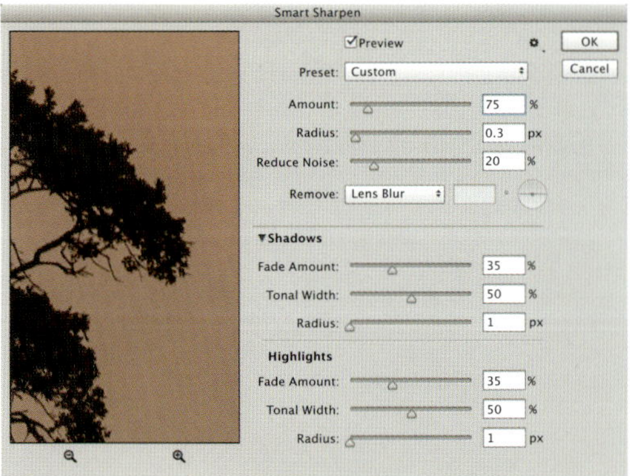

Einstellungen Selektiver Scharfzeichner

Beginnen Sie mit einer Stärke zwischen 50% und 100%, einem Radius von 0.3 und Verringern: Objektivunschärfe. Erhöhen Sie dann die Stärke, bis eine kleine Änderung zu erkennen ist, denn der Effekt hier soll eher subtil sein. Ein moderates Verblassen für Lichter und Schatten (nur in aktuelleren Photoshop-Versionen) hilft bei der Reduzierung von Auren und Artefakten.

Farbmanagement und Druckerprofile

Ist die Datei fertig zum Druck, müssen nur noch das richtige Profil und die passenden Einstellungen gewählt werden. Ein Druckerprofil übersetzt die Farben des Bildes in Zahlen. Photoshop beschreibt eine Farbe beispielsweise mit 80 Rot, 50 Blau und 120 Grün; das Profil muss vielleicht die Werte 90 Rot, 60 Blau und 105 Grün an den Drucker senden, damit er die Farben korrekt darstellen kann – damit das Bild so aussieht wie auf dem kalibrierten Monitor in Photoshop.

Die meisten Drucker besitzen eigene Profile, die zusammen mit der Treibersoftware installiert werden. Wie gut diese Profile arbeiten, hängt von der Konsistenz der Hersteller ab. Weisen alle Modelle eines Druckers nur eine geringe Toleranz auf (das ist eher bei teureren Druckern das Fall), dann funktioniert wahrscheinlich ein und dasselbe Profil für verschiedene Medien. Ist das nicht der Fall, müssen Sie für jedes Papier ein eigenes Profil erstellen. Es gibt Drittanbieter, die eigene Profile anbieten oder Sie kaufen eine entsprechende Software/Hardware-Lösung. Je teurer, desto besser.

Dann wählen Sie das richtige Profil in der Anwendung aus, aus der Sie drucken. Sie sollten auch die Farbkorrekturen des Druckers ausschalten und den richtigen Papiertyp wählen. Die Bildschirmfotos zeigen Beispiele, wie das bei Ihnen aussieht, hängt jedoch in großem Maße vom Drucker und Betriebssystem ab.

Farbmanagement

1. Lightroom
2. Profil wählen
3. Epson Color

1. Ich empfehle immer, das Druckerprofil selbst einzustellen. In Lightroom heißt das eine Auswahl im Bereich FARBMANAGEMENT im Bedienfeld DRUCKAUFTRAG. In diesem Fall habe ich ein Profil für meinen Epson 9600 mit Premium Luster Papier (9600 PrmLuster PLU1...) eingestellt. Als Renderpriorität eignen sich die Optionen PERZEPTIV und RELATIV FARBMETRISCH. Bei der dritten Option – FARBMETRISCH sind die Farben vielleicht etwas gesättigter, aber dafür gehen in den gesättigten Bereichen feine Tonwertübergänge verloren.

2. Photoshop hat einen ähnlichen Dialog. Wählen Sie bei Farbhandhabung FARBMANAGEMENT DURCH PHOTOSHOP, darunter dann das Druckerprofil und PERZEPTIV oder RELATIV FARBMETRISCH als Renderpriorität.

3. Die Druckerdialoge sind sehr verschieden, aber schalten Sie in jedem Fall die Farbkorrektur des Druckers aus und wählen Sie den richtigen Papiertyp.

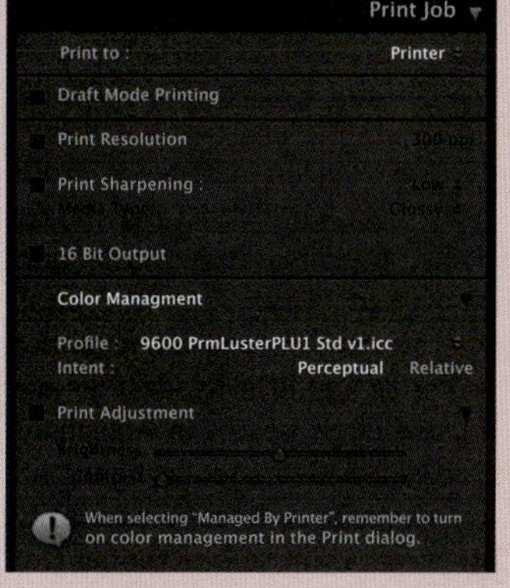

1

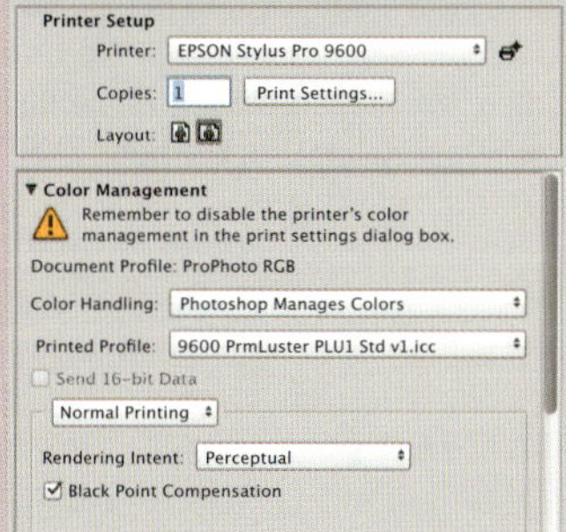

2

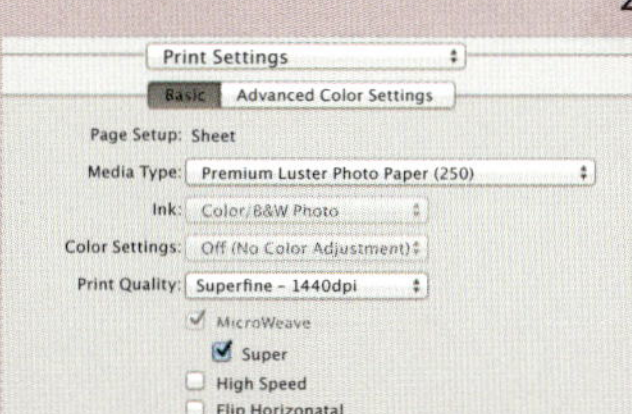

3

Schwarzweiß drucken

Haben Sie Ihr Schwarzweißbild in Farbe aufgenommen und dann mithilfe einer Bildbearbeitungssoftware in Graustufen umgewandelt, dann handelt es sich bei der Masterdatei ja immer noch um ein Farb-RGB mit einigen Anweisungen (in Form von Einstellungsebenen in Photoshop oder Einstellungen des Raw-Prozessors) für die Schwarzweißumwandlung. Wenn Sie diese Masterdatei für den Druck kopieren, können Sie diese in RGB belassen oder in Graustufen umwandeln und dann an den Drucker schicken. Der Vorteil von RGB ist, dass Sie das Bild einfärben können, allerdings ist das in Anlehnung an die traditionellen Schwarzweißabzüge nicht ganz einfach – die Färbungen sind meist zu intensiv oder es ist einfach nicht die richtige Farbe. Einige Drucker besitzen im Drucken-Dialog ein paar Optionen für das Einfärben, die ganz gut sind. Es sollte auch eine Option geben, nur graue Druckfarben zu verwenden – so können Sie das Bild zwar nicht einfärben, vermeiden jedoch immerhin Farbstiche. Es gibt auch spezielle Druckfarben, allerdings sehen dann alle Abzüge gleich aus.

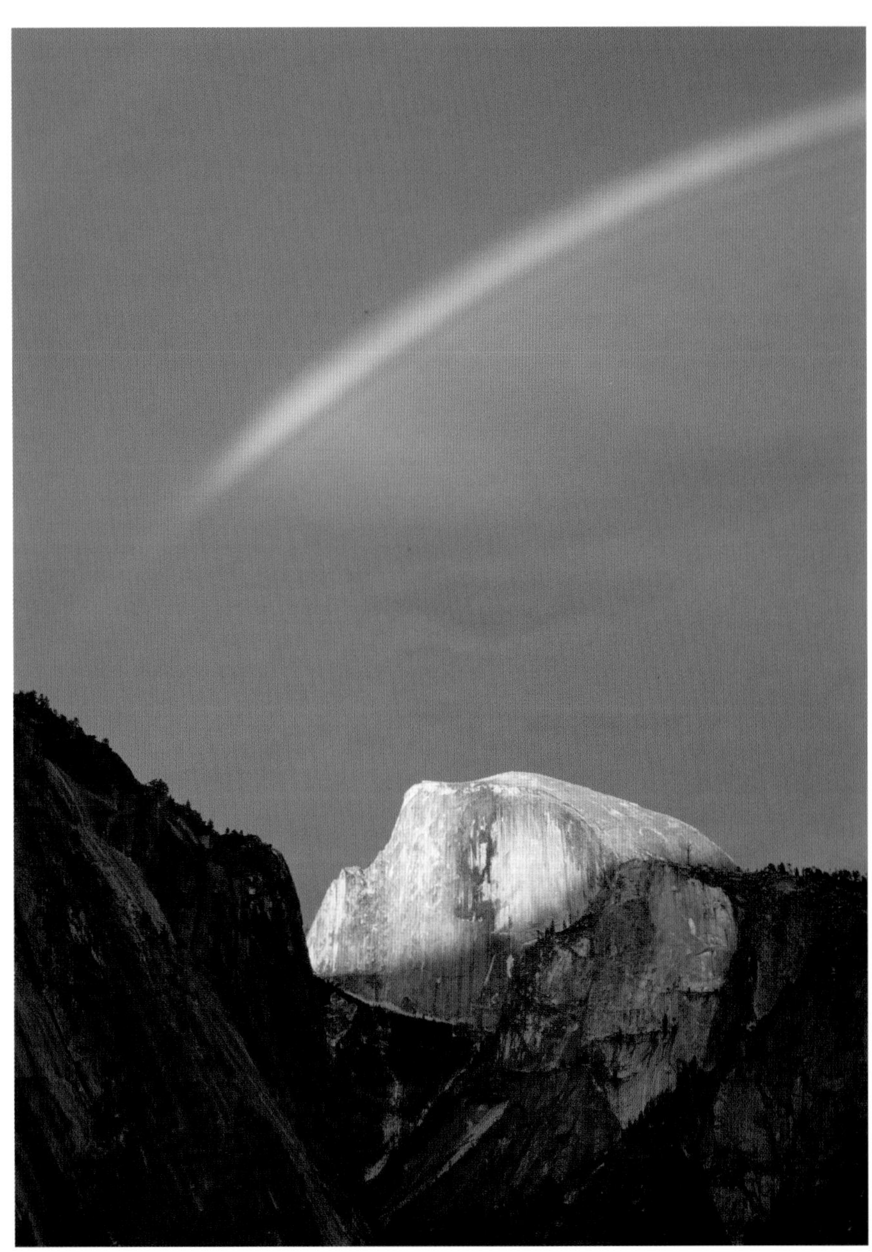

Schwarzweißabzüge einfärben

Ein leichtes Einfärben digitaler Schwarzweißabzüge ist nicht ganz einfach (und unmöglich hier darzustellen). Inkjet-Drucker für die Schwarzweißausgabe besitzen oft spezielle Einstellungen, um Farb- oder neutrale Grautöne zu produzieren.

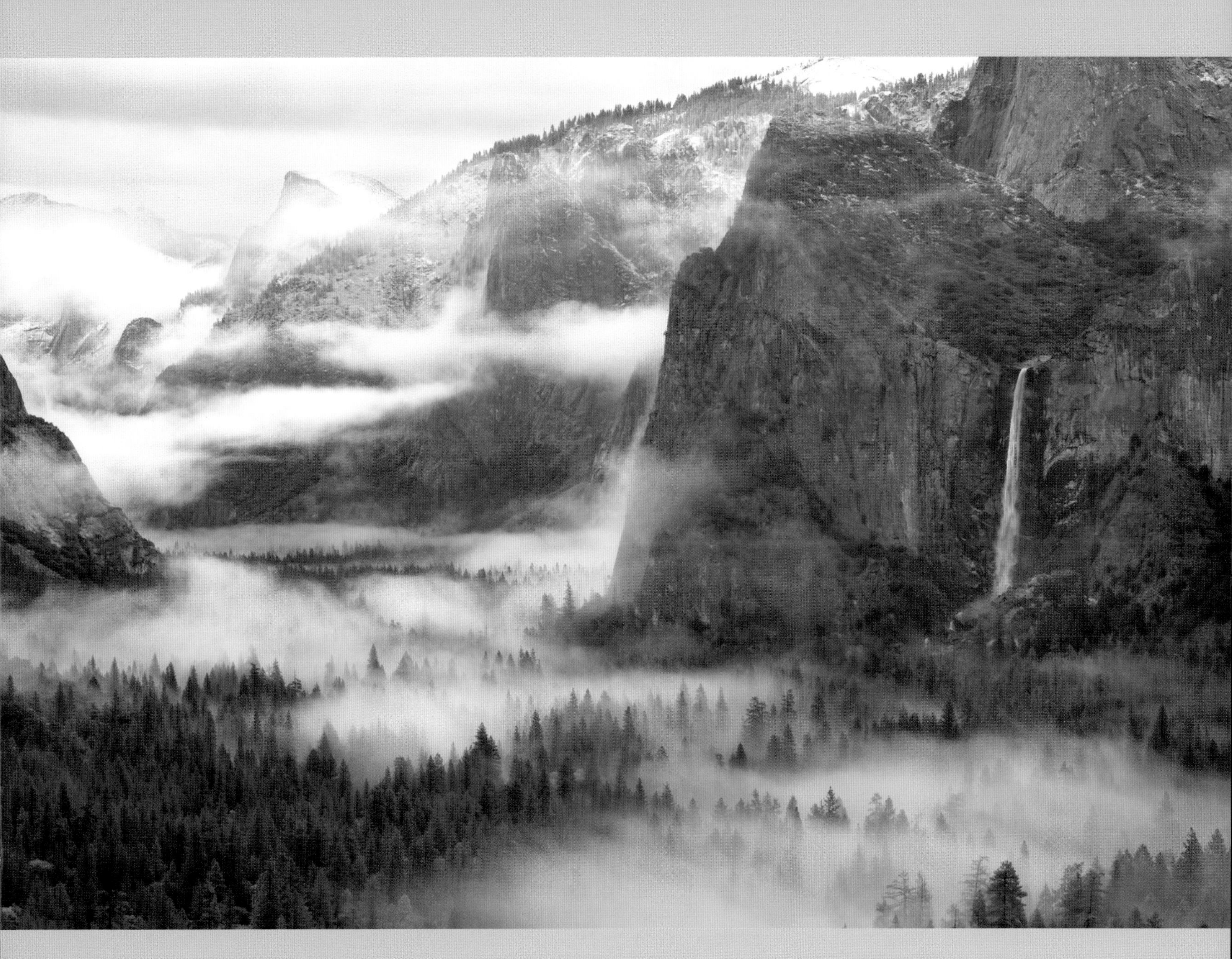

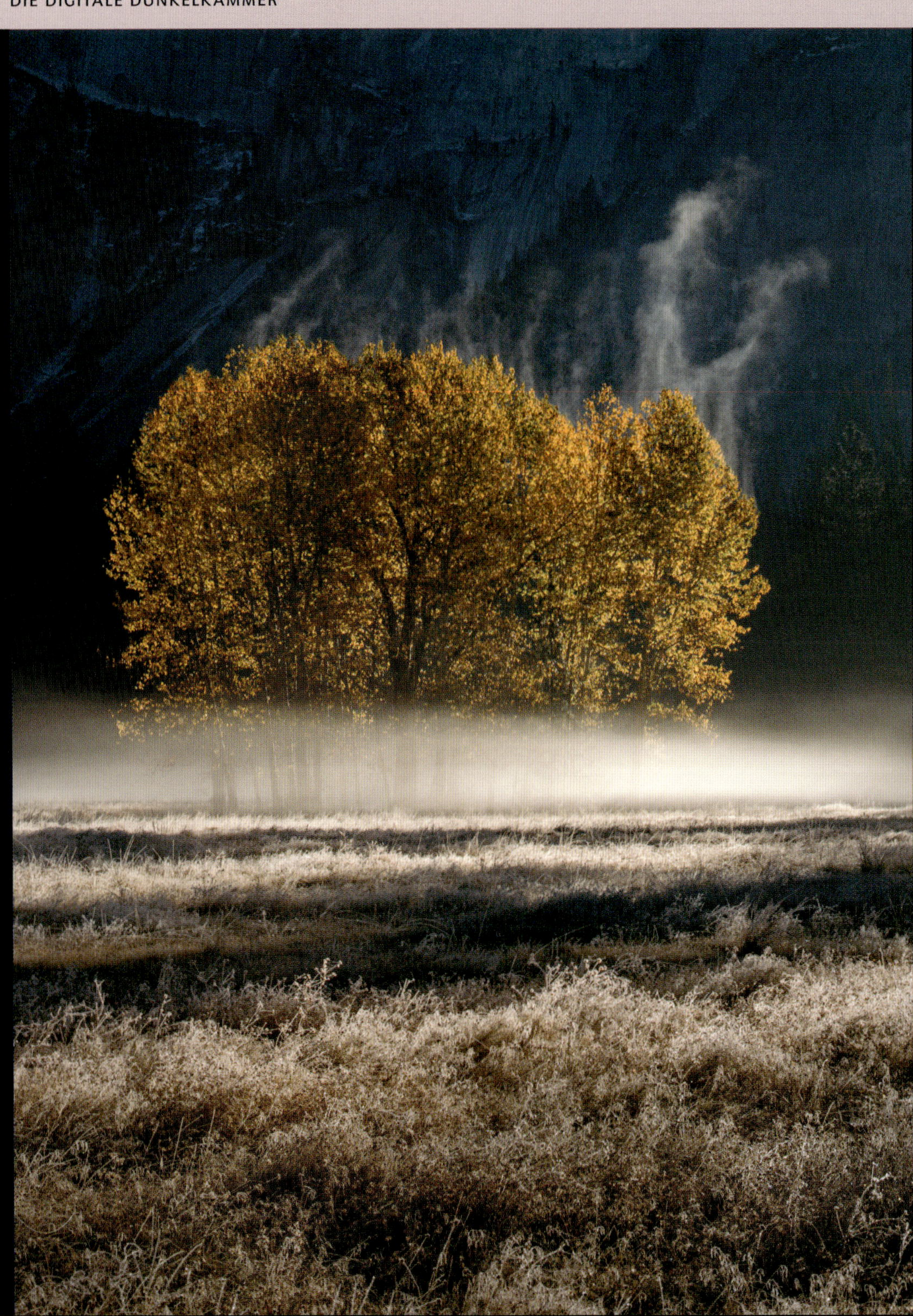

Nebel, Sonne und eine Kalifornische Schwarzeiche, Yosemite

FAZIT

»Ein großartiges Foto drückt genau aus, was man angesichts des Motivs fühlt, darum ist es der wahre Ausdruck des Lebens in seiner ganzen Tiefe.«
– Ansel Adams

Die ersten Digitalkameras wurden 1975 erfunden, aber die ersten Modelle waren eher Kuriositäten als sinnvolle Werkzeuge für ernstzunehmende Fotografen. Die Technologie entwickelte sich und man hörte mehr über die Digitalfotografie, der Weg schien jedoch noch sehr lang zu sein.

Dann kippte alles innerhalb weniger Jahre. Digitalkameras wurden von Raritäten zu Objekten des Alltags. Plötzlich waren Filmkameras selten.

Die Nachbeben dieses Technologiesprungs sind noch heute zu spüren, aber inzwischen kann man sicher behaupten, dass die Digitaltechnik die Fotografie grundlegend verändert hat. Und wahrscheinlich werden weitere Änderungen, vielleicht auch größere, folgen.

Die Fototechnik änderte sich seit ihrer Erfindung stetig. Das Medium wurden in den Laboren von Erfindern wie Daguerre und Talbot im 19. Jahrhundert geboren, aber ihre frühen, umständlichen Prozesse wurden schnell durch neue Methoden überflügelt, wie durch den »praktischeren« Silberplatten-Prozess. Fotografische Materialien und Ausrüstung entwickelten sich im 19. und 20. Jahrhundert weiter, mit Fortschritten wie dem Rollfilm, der Box-Brownie-Kamera, dem Farbfilm, Motorkameras, automatischer Belichtung, Autofokus etc.

Während sich jedoch die Technik änderte, blieben gewisse Grundlagen gleich. Gutes Licht ist immer noch gutes Licht. Und aufregende Kompositionen geraten niemals aus der Mode. Ein wunderschöner Druck ist immer fesselnd, egal, aus welchem Jahrhundert er stammt oder wie er angefertigt wurde. Die Fotografie mag in erster Linie eine technische Kunst sein, aber vor allem ist sie eine Kunst. Die Technik ist Nebensache, entscheidend ist das Auge des Betrachters. Ungeachtet der Zeitperiode sind für ausdrucksstarke, beeindruckende Fotos immer Vorstellungskraft, ein Auge für die Komposition, ein Gefühl für Licht und die Verbindung zwischen Fotograf und Motiv entscheidend.

Ansel Adams sagte: »Ich vertraue darauf, dass das kreative Auge weiterhin funktioniert, welche technischen Neuerungen sich auch ergeben.« Dieses Vertrauen ist durchaus gerechtfertigt. Das kreative Auge hat die Fotografie immer vorangebracht – und wird das auch immer tun.

»Schau einfach mit wachen Augen in die Welt um dich herum und vertraue Deinen Reaktionen und Deinem Urteilsvermögen. Und frage Dich: 'Veranlasst mich dieses Motiv zu traumen, zu fühlen und zu denken? Kann ich mir mit dem Motiv vor mir ein Bild vorstellen – mein persönliches Statement dessen, was ich fühle und kommunizieren will?'«
– Ansel Adams

»Die eigentliche Qualität eines Fotos ist die emotionale Wirkung, die es auf andere hat. Sie ist das, woran der Erfolg des Autors gemessen wird, seine emotionale Reaktion auf seine Umgebung ins Bildliche zu übersetzen. Je intensiver die Bindung des Fotografen an die Welt um ihn herum ist, was auch immer die Welt sein mag, ob es das ist, was wir natürliche Welt nennen, oder eher die menschliche Gesellschaft und ihre Produkte, und je besser er im Einklang mit der einfachen Darstellung ihrer Komplexität und Vielfalt ist, desto wahrscheinlicher ist, dass er seine Erfahrungen im Bild an andere weitergeben kann.«
– Eliot Porter

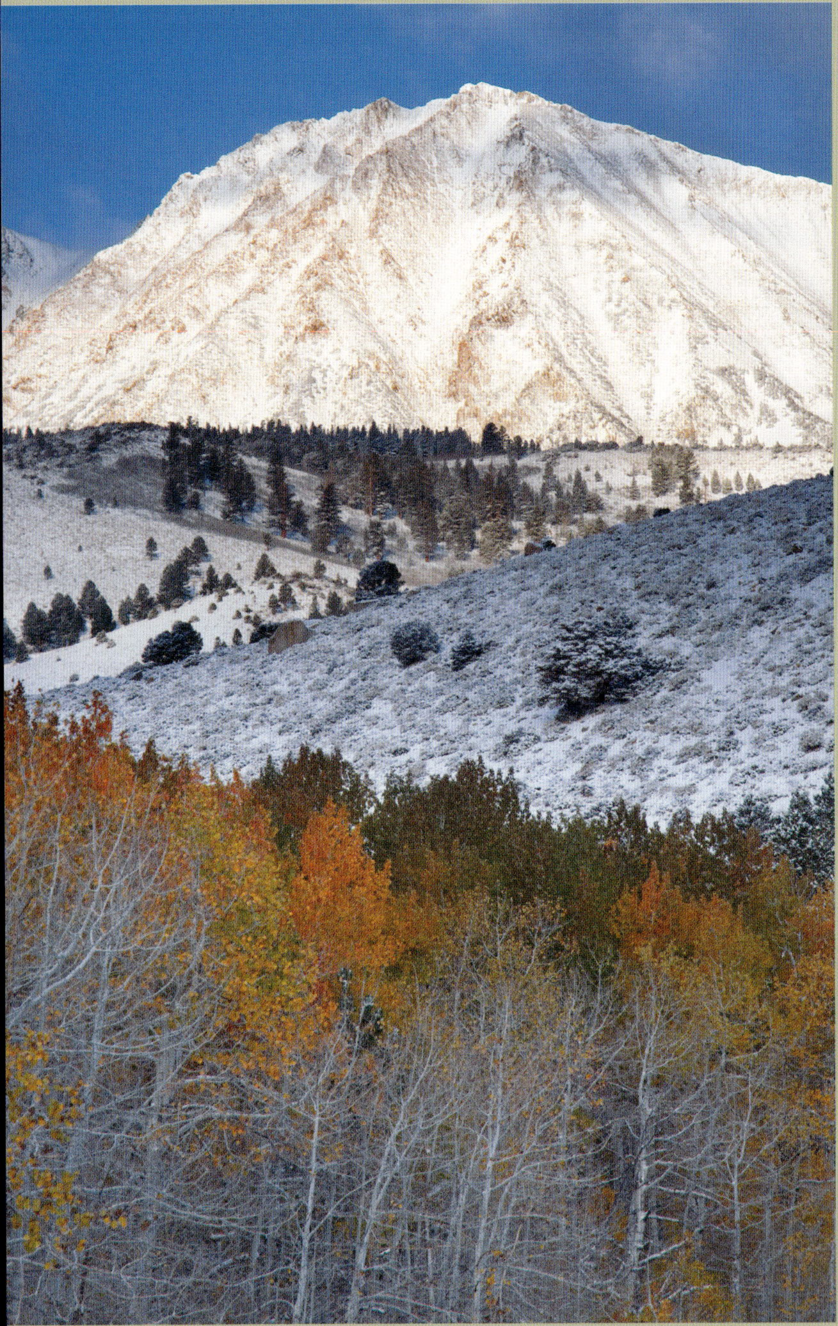

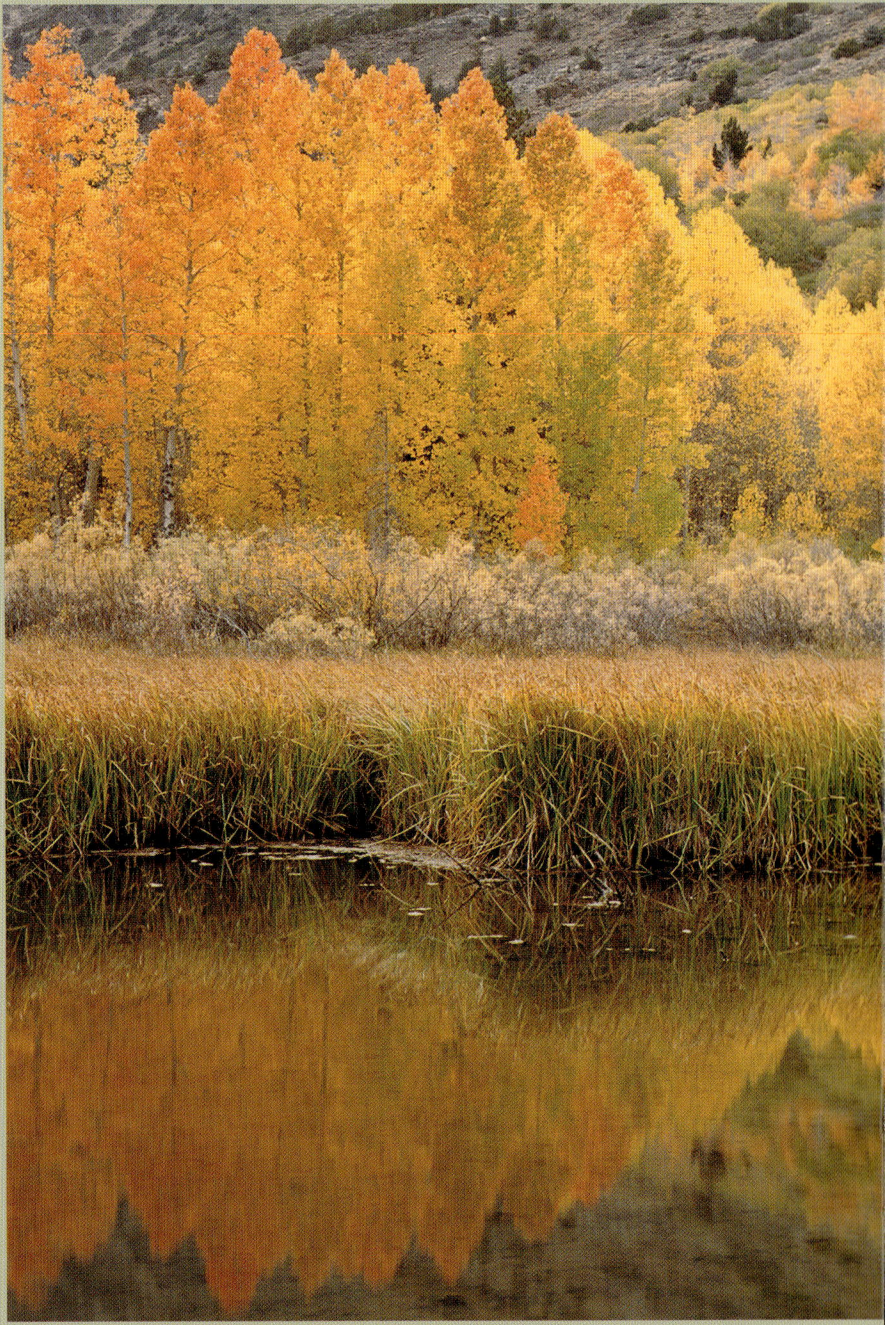

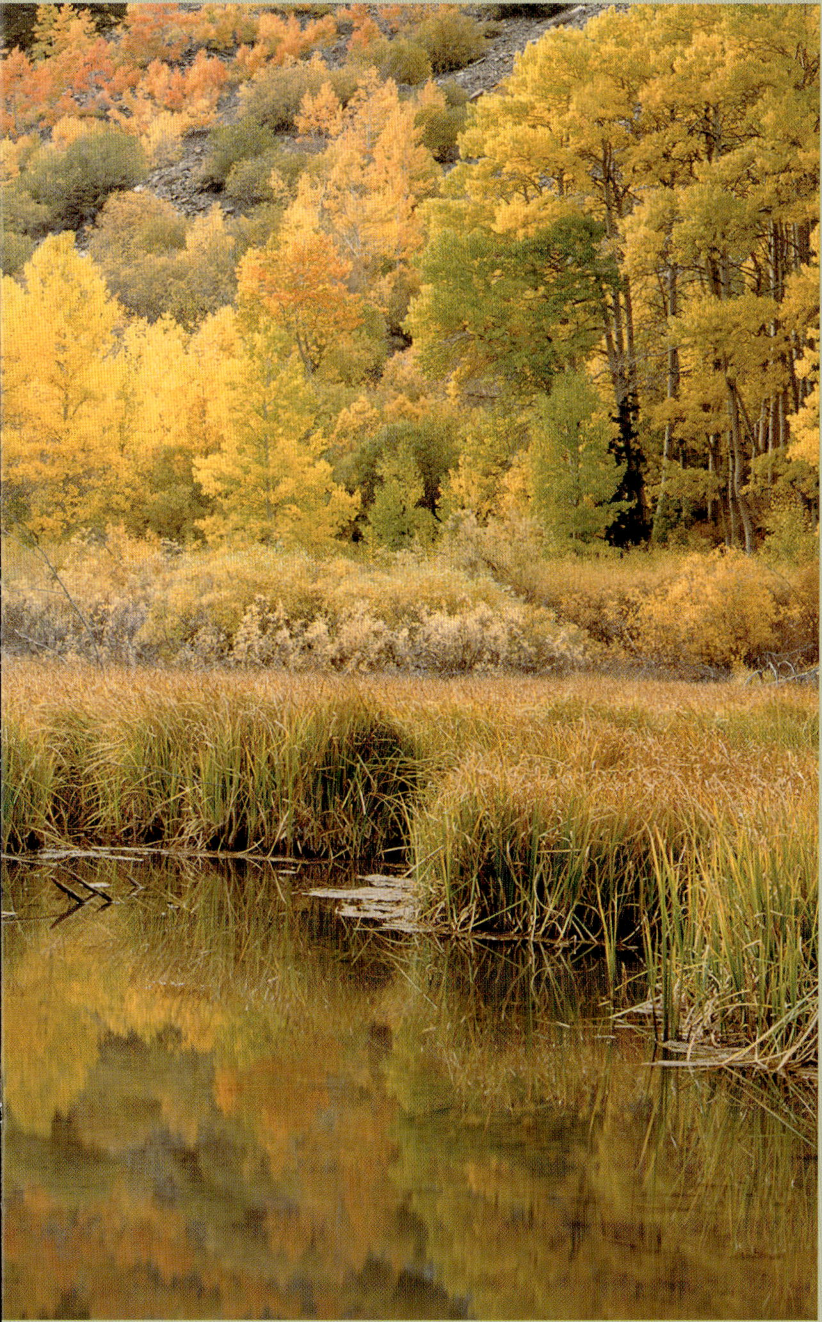

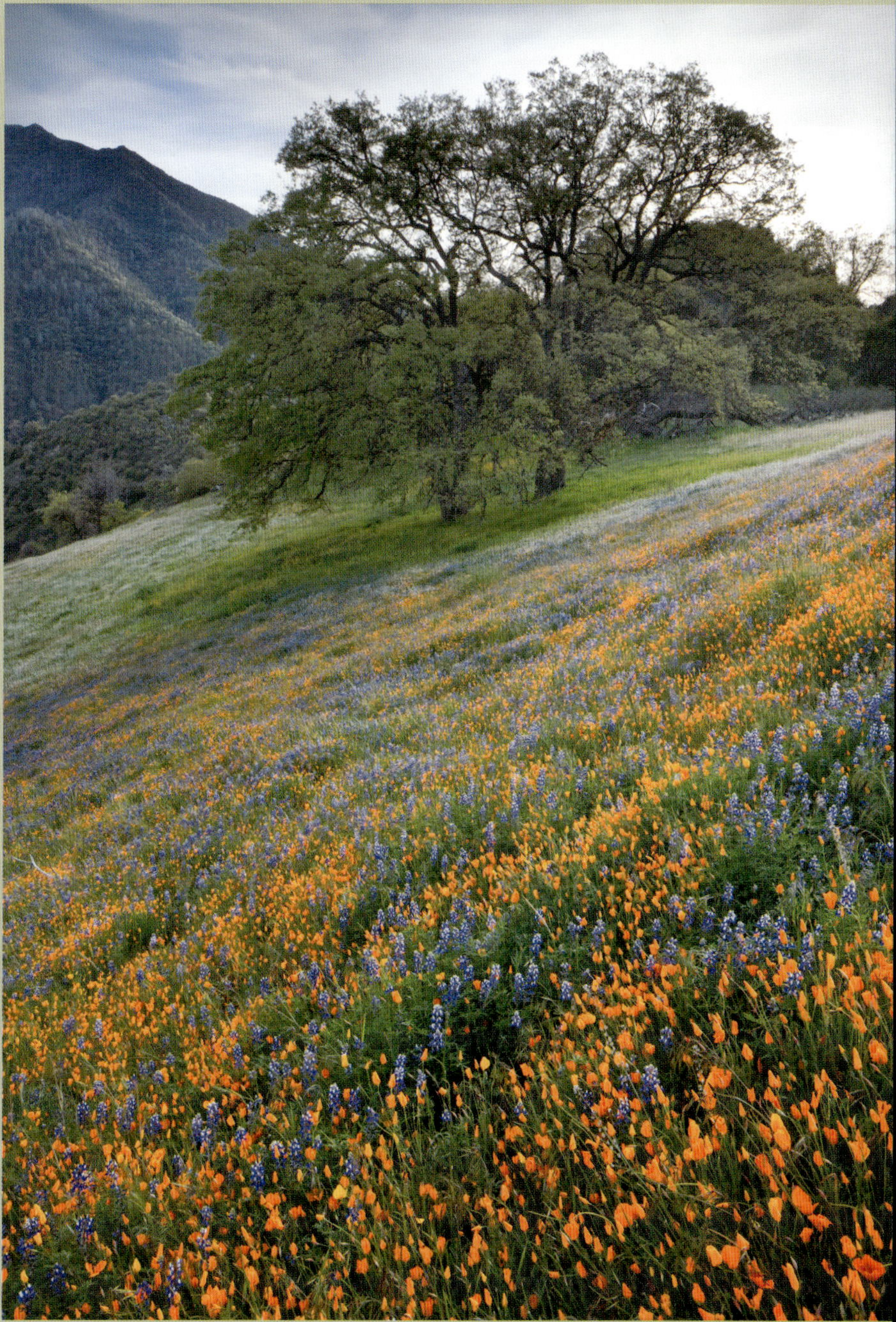

BILDNACHWEIS

Seite 6 Ansel Adams, Moonrise, Hernandez, New Mexico, 1941

Seite 10 Edward Weston, Dante's View, Death Valley, 1938

Seite 48 Minor White, Grand Teton National Park, Wyoming, 1959 Gelatinedruck
The Minor White Archive, Princeton University Art Museum, bequest of Minor White (MWA 59-207-1)

Seite 58 Eliot Porter, Tree and Mountain Valley, Great Smoky Mountains National Park, Tennessee, March 11, 1969 Dye imbibition print

Seite 72 Ansel Adams, Winter Sunrise, Sierra Nevada, from Lone Pine, California, 1944

Seite 105 Philip Hyde, Lava, Flowers, Craters of the Moon National Monument, Idaho, 1983

Seite 110 Ansel Adams, Clearing Winter Storm, Yosemite National Park, California, c. 1944

Seite 113 Ansel Adams, Moon and Half Dome, Yosemite National Park, California, 1960

DANK

Dankeschön an John Sexton und Charles Cramer für ihre Kooperation und die Bereitschaft, für dieses Buch interviewt zu werden, und an Adam Juniper und Frank Gallaugher für ihre Beiträge. Danke auch an meine Frau Claudia, weil sie meine Fotografie so unablässig unterstützt – natürlich auch dieses Buchprojekt. Schließlich bin ich Ansel Adams, Edward Weston, Eliot Porter, Minor White, Philip Hyde und all den meisterhaften Landschaftsfotografen zu großem Dank verpflichtet, die mich inspirierten und mit ihrer Leidenschaft, Passion und ihrem Engagement ansteckten.

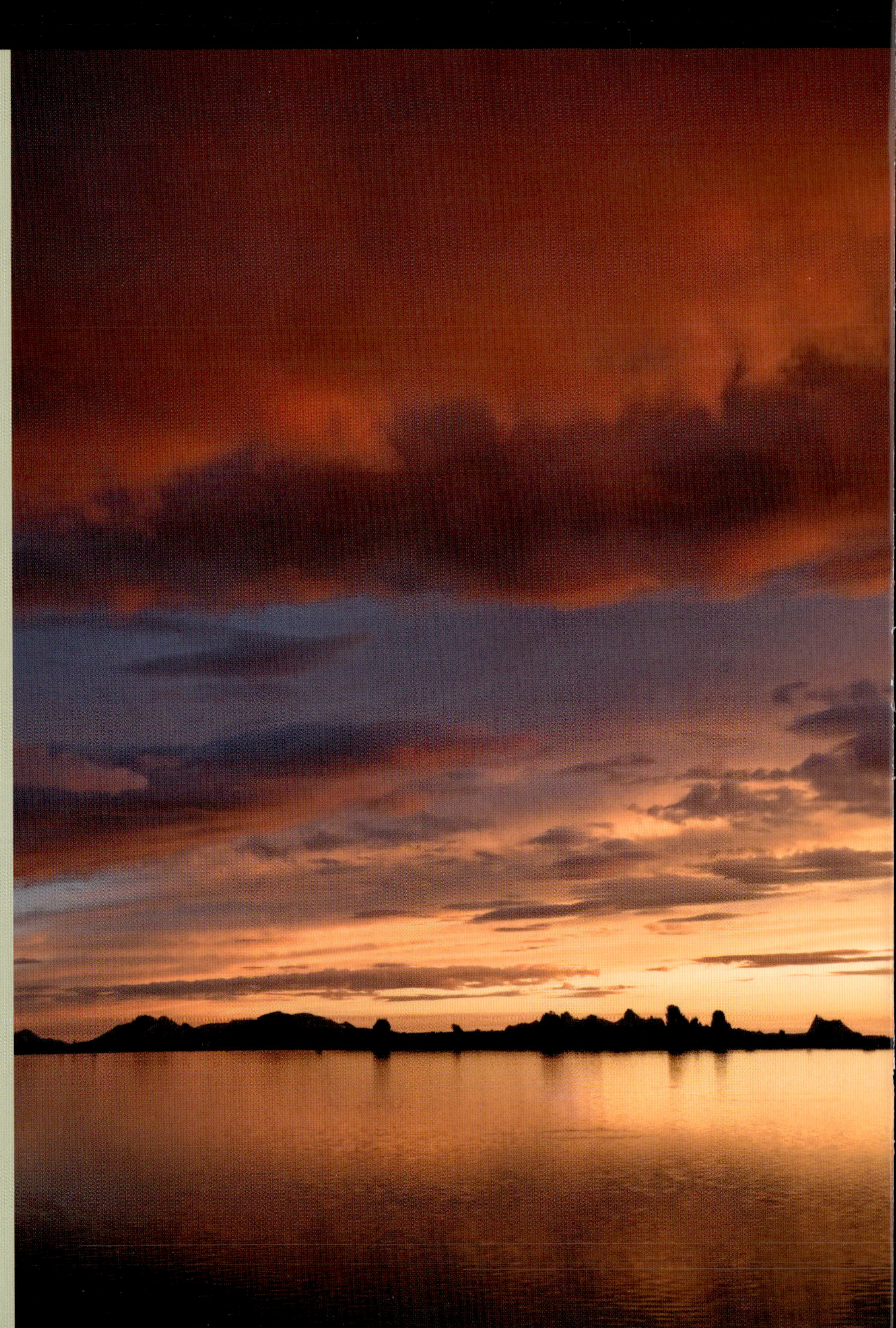